Joachim Streisand

Deutsche Geschichte

prv

Joachim Streisand

Deutsche Geschichte von den Anfängen bis zur Gegenwart

Eine marxistische Einführung

Pahl-Rugenstein

ISBN 3-7609-0056-9

Pahl Rugenstein Verlag, Köln, 1972.

Vom Deutschen Verlag der Wissenschaften, Berlin, genehmigte Lizenzausgabe.
Titel der Originalausgabe: Deutsche Geschichte in einem Band. Ein Überblick.

Vorbemerkung des Verlages

Das Geschichtsbewußtsein hat großen Einfluß auf Denken und Handeln der Menschen. Welche Verantwortung für Historiker, die dieses Bewußtsein formen! Sie können ihre Aufgabe darin sehen, die geschichtlichen Prozesse zu zeigen, die Siege und Niederlagen der ökonomisch, politisch und rechtlich Unterdrückten zu verfolgen und den Kampf der Völker für Humanität, Freiheit und gesellschaftliche Veränderungen wahrheitsgetreu zu überliefern. Historiker können die Geschichte aber auch im Interesse der Herrschenden interpretieren und verfälschen. Jeder weiß, daß sie bis 1945 und danach in der Bundesrepublik im allgemeinen den zweiten Weg gewählt haben. Der Untergang des Naziregimes hat die reaktionäre Geschichtsschreibung keineswegs mit sich gerissen. Während der Adenauer-Ära und bis heute vermitteln Historiker, Schulbuchautoren und Publizisten fast ausnahmslos Geschichtsbilder, die immer noch die Gewalttätigkeit und Inhumanität des deutschen Imperialismus als schicksalhafte Gegebenheit darstellen, ihn verharmlosen und die Menschen mit den fortexistierenden Macht- und Besitzverhältnissen versöhnen sollen.

Ablehnung und Widerstand gegen solche Manipulationen der Geschichtsschreibung mußten vor allem bei der lernenden Jugend und bei den Lehrenden, die vor diese Jugend treten sollen, unablässig wachsen. Besonders junge Lehrer waren in den letzten Jahren kaum noch bereit, das verfälschte Geschichtsbild weiterzugeben. Eher solle man den Geschichtsunterricht überhaupt abschaffen, schlugen sie vor. Es dauerte lange, bis der Ruf nach einem revidierten, an demokratischen und humanistischen Werten orientierten Geschichtsbild ersten, schwachen Widerhall bei einigen Historikern in der BRD fand. Ohne ein neues Bild der Vergangenheit, ohne Anknüpfung an die progressiven Traditionen der deutschen Geschichte ist jedoch an demokratische Erziehung und an Überwindung der Reaktion nicht zu denken.

Angesichts der Versäumnisse und des noch zögernden Beginnens der Historiker in der Bundesrepublik, unsere Geschichte aufzuarbeiten, entschloß der Verlag sich bereits im Jahre 1970, das von Historikern der DDR verfaßte Handbuch „Kritik der bürgerlichen Geschichtsschreibung" herauszubringen. Dieses Buch liegt inzwischen in der zweiten Auflage vor. Das deutliche Verlangen nach einer revidierten Geschichtsschreibung veranlaßt den Verlag, nunmehr eine „Deutsche Geschichte" des DDR-Historikers Joachim Streisand vorzulegen. Dieses Buch, so hofft der Verlag, dürfte der Diskussion um die neue Geschichtsschreibung nützliche Hinweise und neue Impulse geben, und zwar unabhängig davon, wieweit der Leser mit dem methodischen Ansatz und den Ergebnissen der marxistischen Geschichtswissenschaft übereinstimmt.

Pahl-Rugenstein Verlag

Vorbemerkung des Verfassers

Der hier vorgelegte Überblick erschien zuerst 1968 im VEB Deutscher Verlag der Wissenschaften Berlin unter dem Titel „Deutsche Geschichte in einem Band". Für die Neuausgabe wurden die abschließenden Kapitel zu einer Betrachtung über die Deutsche Demokratische Republik und die Wandlungen im gesellschaftlichen Kräfteverhältnis in Europa zusammengefaßt. Sie berücksichtigt vor allem Gesichtspunkte und Probleme, die für Leser in der Bundesrepublik Deutschland von Interesse sein können.

Berlin, Januar 1972 *Joachim Streisand*

Einleitung: Über historische Gesetze und ihr Wirken in der deutschen Geschichte

Noch bevor der Historiker das vielfältige, aus der Vergangenheit überlieferte Quellenmaterial sichtet und wissenschaftlich deutet, gibt es bereits im Leben selbst eine gleichsam „spontane" Begegnung mit der Geschichte. Schon im Alltag begegnet uns eine Fülle historischer Erscheinungen: Ein Werkzeug ist geronnene Erfahrung von ganzen Generationen, in Kunstwerken und Bauten wird vergegenständlichte Arbeit schöpferischer Menschen der Vergangenheit unmittelbar wahrnehmbar und in Verhaltensweisen und Gewohnheiten leben gute und schlechte Traditionen der Vergangenheit fort. Die ältere Generation der heute Lebenden war Zeuge früherer historischer Wandlungen, die jüngere aber lebt mit der älteren zusammen.

Bereits diese unmittelbare vorwissenschaftliche Begegnung mit der Geschichte ist parteilich. Die Praxis der Klasse, der der einzelne angehört, bringt bereits in diese Fülle von historischen Erscheinungen und Erfahrungen Auswahl und Ordnung. Fortschritt in der Geschichte – das ist uns Bürgern der Deutschen Demokratischen Republik eine selbstverständliche Erfahrung, wird uns doch ein solcher Fortschritt im Alltag ständig sichtbar: wir erleben ihn im stetigen Wachstum der Produktivkräfte, in der Entfaltung des Bildungswesens, in der Vertiefung der sozialistischen Lebensbeziehungen und nicht zuletzt in den Ansprüchen, die wir an unsere Gesellschaft und an uns selbst stellen.

Von solchen Erfahrungen zum wissenschaftlichen Begreifen der Gesetze der historischen Entwicklung ist es freilich noch ein gutes Stück Weges. Dieses Buch will helfen, diesen Weg zu gehen.

Historische Gesetze – das ist ein Begriff, der der Erläuterung bedarf. Karl Marx formulierte im Vorwort seines Werkes „Zur Kritik der politischen Ökonomie" Sätze, die klassisch geworden sind: „Auf einer gewissen Stufe ihrer Entwicklung geraten die materiellen Produktivkräfte der Gesellschaft in Widerspruch mit den vorhandenen Produktionsverhältnissen oder, was nur ein juristischer Ausdruck dafür ist, mit den Eigentumsverhältnissen, innerhalb derer sie sich bisher bewegt hatten. Aus Entwicklungsformen der Produktivkräfte schlagen diese Verhältnisse in Fesseln derselben um. Es tritt dann eine Epoche sozialer Revolution ein." So hat er gemeinsam mit Friedrich Engels nachgewiesen, daß der Weg der Menschheit von der Urgesellschaft über Gesellschaften, deren Geschichte durch Klassengegensatz und Klassenkampf geprägt ist, wie die Sklaverei, den Feudalismus und den Kapitalismus, zur sozialistischen und schließlich zur kommunistischen Gesellschaft führt.

Diese Erkenntnisse über das Wesen der sozialökonomischen Formationen und ihre gesetzmäßige Folge im Entwicklungsprozeß der Menschheit sind von der Praxis bestätigt worden, sie liegen jeder Geschichtsbetrachtung, die sich im vollen Sinne des Wortes als wissenschaftlich bezeichnen darf, zugrunde, und sie haben auch die Ausbildung einer präzisen Terminologie der Geschichtswissenschaft ermöglicht. (Wo wir etwa noch den Begriff „Mittelalter" gebrauchen, ist er für uns gleichbedeutend mit der Zeit des Entstehens, der Entwicklung und des schließlichen Verfalls des Feudalismus; am Ende des Mittelalters stehen die frühen bürgerlichen Revolutionen, die zur Epoche der Herrschaft der kapitalistischen Ordnung überleiten.)

Aber das bedeutet nicht, daß es ständig und überall nur aufwärtsgeht, daß es keine Stagnation und keine Rückschläge gibt. Solche Gesetze setzen sich nicht unabhängig vom Denken und Handeln der Menschen durch. In historischen Alternativen kann richtig entschieden werden – aber ganze Völker können in ihnen auch so versagen, daß sie um Epochen zurückgeworfen werden, ja, daß die Geschichte fortan nichts mehr von ihnen zu sagen weiß. Umgekehrt muß auch nicht jede Etappe dieses Prozesses von allen Nationen vollständig durchlaufen werden: Es gibt unter bestimmten Umständen auch das Überspringen ganzer Entwicklungsphasen. Und schließlich: Die Gesetze der Geschichte setzen sich im Leben der einzelnen Nationen nicht auf die gleiche Weise durch. Ungeachtet ihrer grundlegenden und bestimmenden Bedeutung werden sie in der Erscheinung durch die besonderen historischen Verhältnisse jeweils modifiziert. „Eine soziale Revolution muß sich manchmal in Etappen vollziehen – und zwar dann, wenn die objektiven und subjektiven Kräfte der Revolution zu einem vollständigen Sieg nicht ausreichen oder umgekehrt die Konterrevolution mehr oder weniger große Konzessionen machen muß", stellte Ernst Engelberg in einem Vortrag über Evolution und Revolution in der Weltgeschichte auf dem Internationalen Historikerkongreß in Wien 1965 fest, und er nannte als Beispiel dafür die Etappen der bürgerlichen Revolution in Deutschland.

Das „Klassische" ist eher die Ausnahme als die Regel. Eine „klassische" bürgerliche Revolution in ihrer Reinheit hat es wohl nur in Frankreich gegeben. Auch in der Gegenwart zeigt sich, wie vielfältig die Wege zum Sozialismus sind, wobei jedoch stets die Eroberung der politischen Macht durch die Arbeiterklasse mit ihrem Vortrupp an der Spitze die entscheidende Voraussetzung für die Vergesellschaftung der Produktionsmittel ist.

So ist die Aufgabe dieses Buches zu verstehen, das zeigen soll, wie die Gesetze der historischen Entwicklung in der deutschen Geschichte wirksam waren und wirksam sind. Unsere Darstellung erstrebt weder Vollständigkeit im Hinblick auf die angeführten Ereignisse und Persönlichkeiten, noch will sie sich auf die bloße Beschreibung einzelner interessanter Episoden beschränken. Es geht uns vielmehr darum, das Wirken dieser Gesetze in den vielfältigen Erscheinungen des wirtschaftlichen, politischen und kulturellen Lebens der Vergangenheit zu untersuchen und damit zugleich eine Antwort auf die Frage nach den nächsten Etappen dieses Prozesses zu geben. Weil die Eigenart, die Tiefe und die Erfolge der großen Übergangsperioden und Umwälzungen, die eine Nation erlebt hat, für ihre Geschichte natürlich von besonderer Bedeutung sind, werden wir uns vor allem mit den Wendepunkten der deutschen Geschichte, den Knotenpunkten des Übergangs von einer Gesellschaftsordnung zur anderen beschäftigen.

Zu den wesentlichen Wendepunkten zählen wir dabei etwa die Wende vom 18. zum 19. Jahrhundert, als mit der Veränderung des internationalen Kräfteverhältnisses zwischen Kapitalismus und Feudalismus infolge der Französischen Revolution auch die bürgerliche Umgestaltung Deutschlands begann. Ein Wendepunkt war aber vor allem die Große Sozialistische Oktoberrevolution. Sie leitete die tiefste gesellschaftliche Umwälzung in der ganzen Menschheitsgeschichte ein, indem sie die mehrere Jahrtausende währende Herrschaft der Ausbeuterordnungen durchbrach. Mit ihr begann eine neue weltgeschichtliche Epoche, deren Hauptinhalt der Übergang vom Kapitalismus zum Sozialismus ist. Das war auch in der Geschichte Deutschlands und der deutschen Arbeiterbewegung der Beginn einer neuen Epoche: Die Widersprüche, die diese Revolution löste, drängten seit der Jahrhundertwende auch in Deutschland zur Lösung, und darum übte sie auf die deutsche Arbeiterklasse und alle fortschrittlichen Deutschen einen besonders tiefen Eindruck aus.

Besondere Aufmerksamkeit widmen wir bei der Darstellung der Geschichte seit der Mitte des 19. Jahrhunderts der politischen Strategie der Hauptklassen, d. h. der politischen Linie, die sie im Kampf um die Eroberung bzw. Sicherung der politischen Macht konzipierten und zu verwirklichen suchten (etwa in den Auseinandersetzungen um die Wege der deutschen Einigung im 19. Jahrhundert, beim Eintritt in die imperialistische Epoche und in der Novemberrevolution, in der Zeit der Vorbereitung der faschistischen Diktatur, im Kampf gegen den Faschismus und in den beiden Jahrzehnten seit der Befreiung). Um dieses Problem innerhalb des relativ begrenzten Rahmens einer Überblicksdarstellung gründlicher behandeln zu können, wurden andere Themen, etwa der militärische Verlauf des ersten und des zweiten Weltkrieges, nur skizziert.

Unsere Darstellung soll zugleich jene Konzeption der deutschen Geschichte widerlegen, die seit mehr als einem Jahrhundert den Ausgangspunkt und das Ziel der bürgerlich-junkerlichen und der bürgerlich-imperialistischen Nationalgeschichtsschreibung in Deutschland bildet, die Konzeption, unsere Geschichte unterscheide sich durch absolute Besonderheiten von der anderer Völker. Das ist eine Legende, die seit der Niederlage der Revolution von 1848/49 von den herrschenden Richtungen der Geschichtsschreibung, im einzelnen variiert, im grundlegenden unverändert propagiert wurde und letzten Endes der Diffamierung aller progressiven Bestrebungen als der deutschen Nation wesensfremd dienen sollte. Sie wird heute auch noch von führenden westdeutschen Historikern vertreten und vor allem dazu verwendet, die Existenz und den Kampf der revolutionären Arbeiterbewegung, ja aller entschieden demokratischen Bestrebungen überhaupt, aus der Geschichte der Vergangenheit und der Gesellschaft der Gegenwart gleichsam zu eliminieren. In bewußtem und ausdrücklichem Gegensatz zu dieser Geschichtslegende ziehen wir aus der Untersuchung der Gesetzmäßigkeiten der Geschichte die Lehre, daß die klassenbewußten deutschen Arbeiter, Erben der revolutionären Traditionen unserer ganzen Geschichte, eine Politik vertraten und vertreten, die zugleich den Interessen des ganzen Volkes dient, und daß die Deutsche Demokratische Republik, in der der nationale Führungsanspruch der Arbeiterklasse staatlich organisierte Form angenommen hat, eine historische Legitimität besitzt, die sich auf den Verlauf der deutschen Geschichte selbst gründet.

In diesem Sinne sprechen wir von den vier Epochen der deutschen Geschichte – von der Zeit der Urgesellschaft, der Epoche des Feudalismus, der Epoche des Kapitalismus und schließlich der des Sozialismus, in die die Deutsche Demokratische Republik bereits eingetreten ist. Die Herausbildung einer sozialistischen Gemeinschaft – das ist für uns ein umfassender Prozeß, der sich in allen Lebensbereichen vollzieht. Wo Verhältnisse geschaffen werden, in denen für wirtschaftliche Ausbeutung, soziale Ungleichheit und politische Unterdrückung kein Raum mehr ist, ändern sich die Menschen gründlicher und dauerhafter, als dies den Mitlebenden vielleicht immer bewußt ist. Johann Gottlieb Fichte schrieb in einem unveröffentlichten Manuskript, der „Anfang einer neuen Geschichte“ würde auch dazu führen, daß ein „neuer Charakter der Deutschen“ entstände. Indem der Historiker den geschichtlichen Prozeß in seiner Gesetzmäßigkeit zu verstehen und in seiner Bedeutung zu erläutern versucht, trägt er auf seine Weise dazu bei, ihn zu fördern und damit auch jenen „neuen Charakter der Deutschen“ zu bilden, von dem Fichte vor eineinhalb Jahrhunderten sprach.

I
VON DER URGESELLSCHAFT ZUM FEUDALISMUS

1.
Die Urgesellschaft auf dem Boden des heutigen Deutschland

Geologen nehmen an, daß unsere Erde etwa fünf Milliarden Jahre alt ist. Das Auftreten der ersten Menschen liegt wohl etwa 600 000 Jahre zurück, vielleicht auch – wie einige Gelehrte auf Grund von Funden aus den letzten Jahren annehmen – noch Jahrhunderttausende mehr. Schriftliche Zeugnisse der Vergangenheit gibt es für mehr als fünf Jahrtausende. Das sind Zahlen, deren Bedeutung ein Vergleich erläutern mag. Betrachten wir die Zeit, für die uns schriftliche Quellen zur Verfügung stehen, einmal als räumliche Strecke von 1 m Länge. Dann würde die Zeit, die seit der Entstehung des Menschen vergangen ist, ungefähr so lang sein wie die Frontseite der Berliner Humboldt-Universität. Für die Geschichte der Erde kommen wir in unserem Bild auf eine Entfernung, die der Luftlinie von Berlin nach Warschau und zurück entspricht. Dieser Vergleich läßt den Menschen als eine gleichsam ephemere Gestalt in der Welt erscheinen – aber er zeigt auch, wie sich der Entwicklungsprozeß beschleunigt, seit Menschen die Gesetze der Wirklichkeit zu erkennen und sie immer besser auszunutzen verstehen.

Unser Bild veranschaulicht schließlich, wie groß die Zeitspanne ist, mit der es die Ur- und Frühgeschichte zu tun hat, eine Wissenschaft, die im allgemeinen als Spezialgebiet unabhängig von der Geschichte im engeren Sinne betrieben wird, tatsächlich aber denselben Gegenstand wie diese besitzt, eben die Entwicklung der menschlichen Gesellschaft. Freilich stützt sie sich auf Quellen besonderer Art. Hat es die Geschichte der späteren Gesellschaftsformationen vor allem mit schriftlichen Quellen (freilich nicht ausschließlich mit ihnen) zu tun, so sind die Hauptquellen der Prähistoriker die materiellen Zeugnisse jener weit zurückliegenden Vergangenheit – meist im Boden verborgen und erhalten, also nicht ohne geduldige materielle Arbeit zu gewinnen. Das ist eine Tätigkeit, die dem Gelehrten traditionellen Typs seit dem alten Griechenland, wo man körperliche Arbeit als Sache der Sklaven betrachtete, despektierlich erschien, so daß auch die Prähistorie erst um ihre Anerkennung ringen mußte. Tatsächlich pflegte die Ur- und Frühgeschichte schon im 19. Jahrhundert eine unbefangenere, nüchternere, wenn man will spontan-materialistische Betrachtungsweise. Karl Marx stellte dazu im „Kapital" fest: „So wenig die bisherige Geschichtsschreibung die Entwicklung der materiellen Produktion, die Grundlage alles gesellschaftlichen Lebens und daher aller wirklichen Geschichte kennt, hat man wenigstens die vorhistorische Zeit auf Grundlage naturwissenschaftlicher, nicht sogenannter historischer Forschungen, nach dem Material der Werkzeuge und Waffen in Steinalter, Bronzealter und Eisenalter abgeteilt."

Gegenstand wie Methode der Prähistorie führten dazu, daß um ihre Ergebnisse bereits seit vielen Jahrzehnten besonders lebhafte weltanschauliche und politische Auseinandersetzungen geführt werden. Theodor Fontane läßt in seinem Roman „Vor dem Sturm" (erschienen 1878) bereits im Jahre 1812, am Vorabend der Befreiungskriege, einen Pfarrer und einen Justizrat aus der Mark anhand prähistorischer Funde über die Frage, ob hier zuerst Germanen oder Slawen siedelten, streiten. Das ist etwas anachronistisch, der massive nationalistische oder gar rassistische Mißbrauch dieser Wissenschaft fällt erst in eine spätere Zeit, aber es zeigt immerhin, welche politisch-weltanschauliche Bedeutung der Interpretation archäologischer Funde seit langem zugesprochen wird.

Vor allem mit der Ausarbeitung der Entwicklungslehre durch Charles Darwin (1859) begannen Diskussionen grundsätzlicher Art, die auch heute noch nicht abgeschlossen sind. Wurde die Abstammungslehre von den klerikalen und konservativen Kreisen zunächst einfach ignoriert, so versuchte man später, sie zwar für das Gebiet der Biologie gelten zu lassen, Geist und Seele des Menschen hingegen weiter auf einen irrationalen Schöpfungsakt zurückzuführen. In den letzten Jahrzehnten des 19. Jahrhunderts, mit dem Erstarken der Arbeiterbewegung und dem wachsenden Einfluß der Ideen des wissenschaftlichen Sozialismus, rückte noch eine zweite Frage in den Mittelpunkt der Auseinandersetzung: die Frage nach dem „Ursprung der Familie, des Privateigentums und des Staates", wie Friedrich Engels seine grundlegende Untersuchung nannte.

Unser Versuch, wichtigste Ergebnisse der urgeschichtlichen Forschung zusammenzufassen, soll zugleich eine Antwort auf diese beiden Fragen geben.

Die eigenartige Stellung des Menschen in der Entwicklungsgeschichte des Lebens erklärt sich nicht einfach aus seinen anatomischen und physiologischen Besonderheiten. Marx und Engels schrieben bereits 1845 in der „Deutschen Ideologie": „Man kann die Menschen durch das Bewußtsein, durch die Religion, durch was man sonst will, von den Tieren unterscheiden. Sie selbst fangen an, sich von den Tieren zu unterscheiden, sobald sie anfangen, ihre Lebensmittel zu *produzieren* . . . Indem die Menschen ihre Lebensmittel produzieren, produzieren sie indirekt ihr materielles Leben selbst."

Gewiß: in der Entwicklung der subhumanen Hominiden gab es eine rein biologische Phase, die des Übergangs zum aufrechten Gang, der es ermöglichte, daß die vorderen Gliedmaßen von der Fortbewegung freigestellt wurden, daß sich die Hände zu unspezialisierten Organen mit opponierbaren Daumen entwickelten und in vielseitiger Weise zur Nahrungsgewinnung benutzt werden konnten. Die Gehirnmasse nahm zu, die Hirnzentren differenzierten sich, es entwickelte sich eine für Säugetiere ungewöhnliche Fähigkeit zum Lernen. „Auf dieser Grundlage muß eine lange biologisch-gesellschaftliche Übergangsphase eingesetzt haben, die vor etwa einer Million Jahren begonnen haben mag und in der sich die Herausbildung des Menschen aus dem Tierreich vollzog. Sie beginnt mit der Verwendung produzierter Arbeitsmittel (vor allem des Faustkeils), auf die man bei allen Fundarten humaner Hominiden stößt. Charakteristisch für diese Übergangsperiode dürfte gewesen sein, daß zwei Gruppen von Erscheinungen im Leben jener Hominiden wirksam waren und es bestimmten: einerseits biologische Beziehungen zwischen den Lebewesen und ihrer Umwelt und zwischen den Lebewesen selbst; andererseits aber die Herstellung künstlicher Arbeitsmittel, damit die schrittweise Begründung des Lebens auf Arbeit, auf gemeinsame Tätigkeit innerhalb eines weitgehend durch gemeinsame Arbeit bedingten familiär-sozialen Verbandes, damit aber auch auf Sprache und Denken. Anfänglich werden biologische Beziehungen vorherrschend gewesen sein. Die gesellschaftlichen Faktoren und Beziehungen wurden offenbar erst in einer langen Entwicklung zu den herrschenden." (Marxistische Philosophie, Lehrbuch)

Wenn dieser Entwicklungsprozeß auch im großen heute bekannt ist – das Übergangsfeld zwischen Tier und Mensch ist kein weißer Fleck auf der Landkarte der Entwicklungslehre –, so sind uns doch noch nicht alle Zwischenglieder im einzelnen vertraut. Immerhin sind wir aber genauer wenigstens über eine Erscheinung dieses Übergangsfeldes unterrichtet, ein Modell gleichsam, das uns zeigt, wie die direkten Vorfahren des Menschen ausgesehen haben werden, auch wenn sie infolge der Lückenhaftigkeit der Funde noch nicht im einzelnen bekannt sind. Das sind die sog. Australopithecinen, eine ausgestorbene Seitenart am menschlichen Stammbaum, die jenen hochentwickelten Menschenaffenarten ähneln mögen – „mit Baumästen bewaffnete Affenhorden", wie sie Lenin charakterisierte –, aus denen sich ständig Werkzeuge fabrizierende Wesen lösten. Natürliche Umwelt dieser Südaffen war etwa die Savanne, eine Mischlandschaft aus Gräsern, die bis zu 3 m Höhe wuchsen, und einzelnen, verstreut stehenden Gruppen von Holzpflanzen.

In diesen Landschaften gibt es eine Art Wettbewerbsgleichgewicht, kybernetisch ausgedrückt: es entsteht ein relativ stabiles System: die lichtliebenden Gräser werden durch den Schatten der baumartigen Gewächse aus deren Nähe verdrängt, dagegen siedeln sich junge Bäume, vor der Konkurrenz der Gräser geschützt, in der Nähe älterer Holzpflanzen an. Solche Savannen in Südafrika, der Sahara und China forderten vor etwa einer Million Jahren von den dort auftretenden Lebewesen des Tier-Mensch-Übergangsfeldes andere Formen der Nahrungssuche, als sie etwa im dichten Wald üblich wären. Unter den Steinen mag es Insekten gegeben haben, und von Raubtieren geschlagenes Wild wurde zum Verzehr untersucht. Steine, Geröll und Kiesel wurden verwendet, um Früchte zu öffnen oder die Knochen verendeten Wildes aufzuschlagen. Um Raubtiere in dem hohen Gras rechtzeitig zu erblicken, mußten sich die Südaffen immer wieder aufrichten, und da die Lautgebung hier nicht so gefährlich wie im unübersichtlichen Urwald war, konnten sich auch die Stimmwerkzeuge besser entwickeln. Wenn auch, wie gesagt, der Australopithecus kein direkter Vorfahre des Menschen war, gibt uns doch die aus zahlreichen Funden erkennbar gewordene Lebensweise des Südaffen ein recht präzises Bild des Übergangsfeldes mit seinen ersten Ansätzen ständiger Werkzeugbenutzung, mit seinen neuen Forderungen an Anatomie und Physiologie und seinem Zwang zu einem gewissen Zusammenwirken der in Horden vergesellschafteten Lebewesen. Noch handelte es sich in biologischer Hinsicht weitgehend um Tiere. Spinnennetz, Biberdamm und Bienenwachszelle zeugen davon, daß es auch im Tierreich keimhaften Gebrauch von Werkzeugen gibt. Dort sind aber die Werkzeuge noch gleichsam Glieder des Leibes: Die Art ist mit den ihr eigenen Werkzeugen wie mit physischen

Gliedmaßen verbunden; Verfertigung und Verwendung solcher Werkzeuge gehören zu den Instinkten der Art, und sie sind mit ihnen verwachsen wie die Schnecke mit ihrem Haus. Mit dem Sprung zum Menschen ändert sich dies Verhältnis: Hier entwickeln sich die Werkzeuge, aber es entsteht keine neue biologische Art; neue Werkzeuge sind beim Menschen nicht mit neuen Instinkten verknüpft. Diese wichtige Feststellung sei noch an einem Beispiel verdeutlicht, das der bedeutende englische Prähistoriker Gordon Childe angegeben hat und das uns bereits in unsere geographische Umwelt in jener Periode führt, in der die Urmenschen auftraten, in die Eiszeitperiode. Mit dem Abnehmen der Temperatur paßten sich gewisse Einzelwesen des Genus Elephas der eiszeitlichen Umwelt an und entwickelten sich zum Mammut, der Spezies Elephas primigenius, mit ihrem dichten Haarkleid, das besseren Schutz vor Kälte bot. Der Urmensch dagegen blieb in der gleichen Umwelt schließlich dadurch am Leben, daß diese Art ihre materielle Kultur verbesserte: Zum Schutz vor Kälte wurde das Feuer benutzt und grobe Kleidung aus Häuten verfertigt. Solche Formen des Überlebens waren freilich nicht an Instinkte geknüpft, sondern mußten von der älteren an die neue Generation jeweils bewußt weitergegeben, gelehrt werden. Gegen Ende der Eiszeit war das überspezialisierte Mammut zum Aussterben verurteilt, homo sapiens dagegen paßte sich der neuen Umwelt an.

Die Geschichte der frühen Menschengruppen in unseren Gebieten ist mit dem Wechselspiel von Eiszeiten und Zwischeneiszeiten von etwa 600000 Jahren eng verknüpft. Das Paläolithikum, die Altsteinzeit, die etwa mit dem 10. Jahrtausend vor unserer Zeitrechnung endet, ist auch die Zeit eines Wechsels von Kälteperioden, in denen Mitteleuropa von Skandinavien im Norden und von den Alpen im Süden aus bis auf eine schmale Zwischenzone mit kilometerhohen Gletschermassen bedeckt war, mit Jahrzehntausenden zeitweiliger Erwärmung, in denen sich auch in unseren Gebieten Lebewesen erhalten konnten.

Aus der ersten Zwischeneiszeit, etwa um 500000 vor der Zeitwende, stammt der 1907 in Mauer bei Heidelberg gefundene Unterkiefer, der uns mit dem ersten auf dem Boden des heutigen Deutschland lebenden Urmenschen bekannt macht. Die Jägerkollektive des Urmenschen haben Arbeitsmittel aus Steinen, Knochen und sicherlich auch aus Holz hergestellt und gebraucht, und sie konnten das Feuer nutzen, wenn auch noch nicht entzünden.

„Ein goldenes Zeitalter hat es niemals gegeben, und der Urmensch wurde förmlich erdrückt von der Schwierigkeit des Daseins, der Schwierigkeit des Kampfes mit der Natur“, hat Lenin einmal bemerkt. Auf dem Boden des heutigen Deutschland mögen in der Altsteinzeit nicht viel mehr als einige Hundert dieser Urmenschen gelebt haben.

Wie wir uns den Menschen am Ende der Eiszeit vorzustellen haben, zeigt uns der Fund, der bereits 1856 im Neandertal bei Düsseldorf gemacht wurde, das Schädeldach und andere Knochen eines Paläanthropus. Er war den extremen Lebensbedingungen am Eisrand angepaßt und bildete eine Sonderform innerhalb der Menschheitsentwicklung, die in der letzten Eiszeit ausgestorben ist, mit fliehender Stirn, starken Überaugenbogen und zurückweichendem Kinn. Der Neandertaler war von verhältnismäßig kleinem Wuchs. Von der Lebensweise des Altpaläolithikums zeugen Funde auf einem Rastplatz in Weimar/Ehringsdorf. Hier müssen ganze Horden gerastet haben, die das Fleisch von Großsäugern verzehrten, vom Waldnashorn sowie Waldelefanten, Bisons, Wildpferden, Bären usf. Man nahm lange Zeit an, daß diese Großtiere in Fallgruben gefangen und dann erlegt worden waren, hält es aber heute für unwahrscheinlich, daß die kleinen Gruppen von Urmenschen, die ja nur aus etwa 20 Individuen bestanden haben werden, derartig große Gruben ausheben und abdecken konnten. Eher ist anzunehmen, daß diese Tiere ursprünglich von Raubtieren getötet worden waren und die Urmenschen dann Hyänen, Schakale und Aasgeier von den Kadavern vertrieben. Das würde auch erklären, warum es für diese

Zeit einer gleichsam „passiven Jagd“ keine Funde von eigentlichen Angriffswaffen gegen große und teilweise gefährliche Tiere gibt. Die eigentliche „aktive Jagd“ begann jetzt erst.

Gegen Ende der Eiszeit erfolgte der Übergang zur mittleren Steinzeit. Klima und Landschaftscharakter näherten sich – freilich mit großen Schwankungen – dem aus historischer Zeit bekannten Zustand. Nordeuropa wurde von dem Druck der Eismassen entlastet, und Hebungen und Senkungen des Landes führten zur Entstehung jenes Bildes von Meer und Land unseres Kontinents, wie wir es heute vorfinden. Mit der Verbesserung des Klimas entwickelten sich dichte Wälder, die im Norden noch über die heutigen Verbreitungsgrenzen hinausdrangen.

In diesen Wäldern gingen die Menschengruppen des Mesolithikums auf Jagd, lernten den Fischfang an den Gewässern und sammelten Muscheln und Wildfrüchte. An die Stelle der wandernden Horden der Altsteinzeit trat allmählich die Sippe (Gens), in Höhlen oder auf Freilandwohnplätzen mehr und mehr stationär lebend, mit stabilen Formen des Zusammenlebens, zu denen wahrscheinlich auch die Exogamie gehörte, erste Ordnung des früher regellosen geschlechtlichen Umgangs, mit der nun die Paarung jeweils nur mit Angehörigen einer anderen Gruppe zur Regel wurde. Auf dem heutigen Gebiet der DDR ist der wichtigste Fundplatz für diese Zeit Hohen-Viecheln (Kreis Wismar), wo bei Ausgrabungen in den Jahren 1953/55 auf zwei Wohnplätzen mehrere tausend Werkzeuge aus Stein, Geweih, Knochen und Holz entdeckt wurden, insbesondere Kernbeile, Knochenspitzen mit einzelnen Widerhaken und Wurfspeere. Besonders interessant sind die in Hohen-Viecheln gefundenen Masken aus Rothirschschädeln, offenbar magischer Beschwörung des gejagten Tieres dienend.

Zwischen der Lebensweise der Jäger-, Sammler- und Fischersippen der älteren und mittleren Steinzeit und der der Stämme von Feldbauern und Viehhaltern des Neolithikums liegt ein deutlicher Sprung, der Prähistoriker von einer „neolithischen Revolution“ (Gordon Childe) sprechen ließ. Der Übergang zu Feldbau und Viehhaltung in größeren Teilen Europas ist so unvermittelt, daß die bäuerliche Wirtschaft als Ganzes dorthin gebracht worden sein muß, und zwar aus dem Südosten. Das wird zwischen dem 5. und 3. Jahrtausend geschehen sein. Die Jäger und Sammler der früheren Epochen sind von der Natur weitgehend abhängig: Der Jäger etwa muß sich nach dem Wild, seinen Gewohnheiten und seinem Aufenthaltsort richten. Mit Feldbau, Viehhaltung und beginnender Tierzucht – erstes Beispiel dafür war wohl der Hund – wandelte sich das Verhältnis zwischen Mensch und Natur: Jetzt wurde die Umwelt, mehr oder minder bewußt, verändert. Seßhaftigkeit ließ das Haus entstehen. Das erste einfache Werkzeug, das Eigenschöpfung des Menschen ist, tritt auf: das Rad, zuerst um 3000 v. u. Z. in Sumer, mehr als ein Jahrtausend später auch in unseren Gegenden. Das war eine bedeutende Erleichterung für den Transport, beeinflußte aber auch andere Arbeitsgebiete: Das Töpferrad war zugleich erster wesentlicher Fortschritt im Handwerk, nördlich der Alpen erst um 500 v. u. Z. bekannt. Aber das Rad zeugt zugleich und vor allem von einem bedeutenden Fortschritt im menschlichen Denken: Während die Natur mit den ihr zur Verfügung stehenden Mitteln nicht das Problem zu lösen vermochte, organische Substanz in einen um eine Achse rotierenden Körper zu übertragen, gelang es dem Menschen, dieses ebenso einfache wie revolutionierende Werkzeug zu schaffen.

Eine jungsteinzeitliche Siedlung ist südlich von Leipzig, in Zwenkau-Harth, ausgegraben worden. Die 1957 abgeschlossene Grabung erschloß eine Fläche von fast 7000 m² mit 14 größtenteils vollständig erhaltenen Hausgrundrissen und den Resten von zwei bis drei weiteren Häusern. Es handelt sich stets um rechteckige Pfostenhäuser mit drei parallelen Reihen von Innenpfosten, und es ist anzunehmen, daß es sich um fünf verschiedene Siedlungsphasen, die sich vom 3. bis zum Beginn des 2. Jahrtausends erstreckten, handelt. Solche dorfartigen Siedlungen zeugen von einer Festigung der Gentilordnung, von Sippengemeinschaften, die wahrscheinlich aus Großfamilien bestanden. Soziale Unterschiede, Tendenzen zur Reichtumsbildung oder Armut, archäologische Hinweise auf sozial bevorrechtete Gruppen sind nicht zu erkennen. Die Sippe besaß offenbar alle wesentlichen Produktionsmittel. Der Vorherrschaft des Feldbaues, der vor allem von Frauen ausgeübt wurde, während die Männer auf die Jagd gingen, entsprach die matriarchalische Ordnung: die Frau hütete Haus und Feuer und nahm als Mutter eine besondere Stellung in der Sippe ein, wie ja auch für die Abstammung die Mutterfolge, die mütterliche Linie, maßgebend war. Frauenidole, wie sie in neolithischen Siedlungen gefunden wurden, zeugen vom Fruchtbarkeitskult in den Sippengemeinschaften.

Die Fortschritte der Jungsteinzeit lassen besonders deutlich erkennen, wie die urgesellschaftlichen Verhältnisse noch der Weiterentwicklung der Produktivkräfte dienten. Stets wurde durch gemeinschaftlichen Besitz und gemeinschaftliche Arbeit erreicht, daß die lebensnotwendigen Existenzmittel immer besser gewonnen werden konnten. Dieser Höhepunkt der Entfaltung der Urgesellschaft wurde überschritten, als eine neue technische Errungenschaft auftrat, die Metallurgie. Die frühe Bronzezeit beginnt in unseren Gebieten etwa im 17./16. Jahrhundert. Die Menschen lernten es, Metallerz zu schmelzen und Kupfer und Zinn zu Bronze zu legieren. Der Schmelzofen trat als neues Produktionsmittel auf. Ihn zu bedienen erforderte spezielle Erfahrungen, und so tritt der erste Spezialist, der Metallwerker, auf. Bisher hatte die gesellschaftliche Produktion kein größeres Mehrprodukt geliefert: Was Feldbau und Viehhaltung erbrachten, reichte kaum über das hinaus, was zur Erhaltung des Lebens der Erwachsenen in der Sippe und für die heranwachsende Generation notwendig war. Mit Ackerbau und Viehzucht des späteren Neolithikums aber wuchsen die Erträge so, daß einzelne Angehörige der Sippe von der unmittelbaren gesellschaftlichen Produktion freigestellt werden konnten, wie dies etwa für den spezialisierten Metallhandwerker, der nicht unmittelbar an der Gewinnung des Lebensunterhalts beteiligt ist, notwendig wird. Noch aber handelt es sich lediglich um einzelne Menschen, die in dieser Weise spezialisiert waren, für das gesellschaftliche Leben wesentliche und einzige Arbeitsteilung blieb weiter die zwischen Hirten und Bauern.

Die Metallurgie der frühen Bronzezeit führte aber bereits zu Anfängen einer Warenproduktion, d. h. zur Produktion solcher Gegenstände, die nicht für den Verbrauch, sondern für den Austausch bestimmt waren. Das sog. Königsgrab von Seddin (Kreis Perleberg) zeugt von Veränderungen im Zusammenleben, die mit diesen neuen Erscheinungen verknüpft sind. Es handelt sich um ein großes, reich ausgestattetes Hügelgrab, das etwa um 1000 v. u. Z. entstand, mit kunstvoll gebauter steinerner Grabkammer, in der außer dem Haupttoten auch zwei junge weibliche Personen bestattet waren (zugleich Anzeichen dafür, daß die matriarchalische Ordnung durch die Vorherrschaft des Mannes abgelöst wurde). Daß einem einzelnen Toten so reicher Grabschmuck mitgegeben wurde, deutet darauf, daß die Gentilordnung in jenes Stadium hinüberwuchs, das den beginnenden Zerfall der Urgesellschaft anzeigte, die sog. militärische Demokratie. Eine Sippenaristokratie entstand. Ein Stammeshäuptling wurde, nicht zuletzt als Kriegsführer, unentbehrliches Organ der Gentilordnung, und er dürfte auch bereits den jeweiligen Stamm in den sich zusammenschließenden Stammesbünden vertreten haben.

Die Tatsache, daß die Ausbreitung der Kenntnis vom Bronzeguß uns von der nun beginnenden Periode als der der Bronzezeit sprechen läßt, bedeutet nicht, daß Bronzegegenstände in der Produktion selbst eine wesentliche Rolle gespielt haben. Das wurde allein schon dadurch verhindert, daß Kupfer und Zinn, aus denen dieses Metall legiert wird, nur an einzelnen Orten auftreten. Deshalb ist der Übergang zur Verhüttung von Eisenerzen und die Verwendung des Eisens bei der Geräte- und Waffenherstellung ein wesentlicher Markstein in der Entwicklung der Produktivkräfte. Von Kleinasien aus gelangten die neuen Kenntnisse etwa um 700 v. u. Z. in den Raum nördlich der Alpen. Eine eigenständige Eisenproduktion wurde dadurch erleichtert, daß Eisenerze in vielen Gegenden des heutigen Deutschland zur Verfügung stehen und auch die Beschaffung des zur Verhüttung notwendigen Holzes keine Schwierigkeiten bereitete.

Zu der Zeit, als sich die Eisenverarbeitung weitgehend durchgesetzt hatte, in der zweiten Hälfte des 1. Jahrtausends, konsolidierten sich im Europa nördlich der Alpen eine Reihe ethnischer Gruppierungen. Dieser Prozeß war verbunden mit einer sprachlichen Abgrenzung einzelner Stämme, der Grundwortschatz und Grammatik erfaßte. Er vollzog sich zuerst bei den Stämmen, die die antike Geschichtsschreibung als „Kelten" bezeichnete. Die Expansion der Kelten begann – vielleicht ursprünglich von der oberen Donau aus – um die Wende des 5. zum 4. Jahrhundert v. u. Z. Zeitweilig gerieten von einem Zentrum in Ostfrankreich und Südwestdeutschland aus ganz Westeuropa und der südliche Teil Mitteleuropas unter ihre Herrschaft, andere Gruppen zogen bis nach Kleinasien. Griechen und Römer drängten die Kelten freilich später wieder zurück. Wohl im 4. und 3. Jahrhundert v. u. Z. vollzog sich die Herausbildung der Stämme, die die Römer dann als Germanen bezeichneten. Die Entstehung der Germanen ist ihrem Wesen nach kein Vorgang biologisch-ethnischer Art gewesen, sondern vollzog sich als „sprachliche Abgrenzung zahlreicher Sippen und Stämme auf der Grundlage historisch gewachsener Beziehungen, insbesondere wirtschaftlicher, gesellschaftlicher und kultureller Art". (Karl-Heinz Otto) Die sog. erste germanische Lautverschiebung war wesentliches Kennzeichen dieses Prozesses, der keineswegs – wie die rassistische Geschichtsbetrachtung immer wieder behauptete – nur auf einen anthropologisch einheitlichen Typus beschränkt war. Germanische Stämme siedelten in größeren Gebieten Südskandinaviens und Mitteleuropas zunächst nördlich der Mittelgebirge, dann auch südlich von ihnen. Wie es für die zerfallende Urgesellschaft im Stadium der militärischen Demokratie überhaupt charakteristisch ist – auch die Keltenexpansion wurde davon bestimmt –, wird die Konsolidierung der germanischen Stämme sicherlich mit Überlagerung und Unterwerfung zwischen verschiedenen Stämmen verbunden gewesen sein. Der siegreiche Stamm zwang dem anderen im Laufe der Zeit auch seine Sprache auf. Neben der Masse der Sippenangehörigen bildete sich allmählich ein Kriegeradel im Dienste einer Oberschicht heraus, abenteuerlustig und zum Kriegführen auf eigene Rechnung bereit. So kam es seit dem Ende des 3. Jahrhunderts zur Berührung und zum Zusammenstoß zwischen Germanen und Römern. Die Expansion des römischen Sklavenhalterstaates traf mit den Bewegungen der germanischen Stämme im Stadium der zerfallenden Urgesellschaft aufeinander. Dieses Zusammentreffen spitzte sich in den letzten beiden Jahrzehnten v. u. Z. zu, als unter Tiberius die Römer bis über die Elbe vordrangen.

Um das Jahr 6 u. Z. befanden sich fast alle germanischen Stämme vom Rhein bis zum Mittel- und Unterlauf der Elbe in römischer Abhängigkeit, wenn diese auch oft nur sehr lockerer Art war. „Schon seit den letzten Zeiten der Republik war die Römerherrschaft auf rücksichtslose Ausbeutung der eroberten Provinzen ausgegangen; das Kaisertum hatte diese Ausbeutung nicht abgeschafft, sondern im Gegenteil geregelt.“ (Friedrich Engels) In der Nähe römischer Garnisonen und Ansiedlungen mögen sich gelegentlich friedliche Beziehungen zwischen Germanen und Römern entwickelt haben – römische Märkte wurden sicherlich auch von Germanen besucht –, aber der Druck der Fremdherrschaft, der vor allem darin zum Ausdruck kam, daß die Unterworfenen für den Unterhalt der römischen Legionen aufkommen mußten, und das ihnen aufgezwungene römische Recht, das auf dem Privateigentum an Produktionsmitteln beruhte, den germanischen Stämmen mit dem Gemeineigentum an Grund und Boden daher fremd und verhaßt war, veranlaßten schließlich immer heftigeren Widerstand.

Es war ein Angehöriger des cheruskischen Gentiladels,

der sich um den Zusammenschluß der germanischen Stämme gegen die römische Fremdherrschaft bemühte. Arminius hatte mehrere Jahre als Führer germanischer Hilfstruppen im Römerheer gedient, kannte das Militärwesen der Unterdrücker und beherrschte ihre Sprache. Sein Versuch, Verbündete für den Kampf gegen die Römer zu gewinnen, hatte zwar nicht in allen Fällen Erfolg, aber die Freiheitsbewegung war doch stark genug, um einen entscheidenden Sieg erringen zu können: Im Jahre 9 u. Z. überfielen die nach Freiheit strebenden Germanen unter Arminius die von Varus geführten römischen Legionen in unwegsamem Waldgebirge, sicherlich im Teutoburger Wald, und schlugen sie in einer vernichtenden Schlacht. Friedrich Engels schrieb, als im Jahre 1875 das Hermanns-Denkmal im Teutoburger Wald, mit einer aus Kupfer getriebenen, romantisch verklärten Monumentalfigur des Cheruskers, eingeweiht wurde: „So kindisch auch das dem Arminius bei Detmold errichtete Phantasiestandbild ist . . ., so richtig bleibt es, daß die Varusschlacht einen der entscheidendsten Wendepunkte der Geschichte bildet. Mit ihr war die Unabhängigkeit Deutschlands von Rom ein für alle Mal entschieden."

Es gelang den Römern nicht, die Gebiete östlich des Rheins in ihr Imperium einzugliedern. „Darüber hinaus hatte Arminius mit seinen Kriegern den Römern einen solch entscheidenden Schlag zugefügt, daß der Einfluß der Schlacht sich auf das folgende historische Geschehen in Mitteleuropa auswirkte. Der große Sieg über die wohlausgerüsteten Römer war das Ergebnis eines echten Freiheitskampfes." (Karl-Heinz Otto)

Im 1. und 2. Jahrhundert blieben die im Rheinland und in Süddeutschland lebenden Germanen noch unter der Herrschaft der Römer mit ihrer auf der Sklaverei beruhenden Produktionsweise, mit einer voll entwickelten Warenproduktion und mit Privateigentum an den wichtigsten Produktionsmitteln. Die sog. provinzialrömischen Gebiete waren durch zahlreiche Städte geprägt – Köln, Bonn, Trier, Mainz, Augsburg und Regensburg sind römische Gründungen, in denen zum Teil prachtvolle Bauten für die herrschende Klasse der Okkupanten errichtet wurden. Staatliche und private Produktionsbetriebe (etwa Ziegeleien, Töpfereien und Metallbetriebe, nicht zuletzt für den Bedarf des römischen Heeres) konzentrierten sich in diesen Städten. Die Heerstraßen der Römer waren für Jahrhunderte die bedeutendsten Verkehrswege zu Lande. Die Grenze zwischen provinzialrömischen Gebieten und dem der freien Germanen verlief entlang des niederen und mittleren Rheins bis etwa in die Höhe von Bonn und setzte sich dann in einem großen Befestigungswerk, dem sog. Limes, in südöstlicher bzw. östlicher Richtung bis Kehlheim, südwestlich von Regensburg fort, um dann weiter entlang der Donau zu verlaufen.

Diesseits dieser Grenze lebten die Germanen weiter in Stämmen bzw. Stammesverbänden. Die Sippe bildete die Siedlungsgemeinschaft, und der Boden war wohl meistens Sippeneigentum, so daß das wichtigste Produktionsmittel der im wesentlichen Ackerbau treibenden Germanen weiter in gesellschaftlichem Besitz blieb. „Patriarchalische Hofverbände" (Joachim Herrmann) bildeten sich wenigstens bei den an der Nordsee und der unteren Elbe lebenden Germanen in den ersten Jahrhunderten unserer Zeitrechnung heraus. Über Ackerland und Großvieh verfügte die führende Familie des jeweiligen Verbandes, über Wald und Weide wohl die Gemeinde als Zusammenschluß der Spitzen dieser einzelnen Höfe. Untersassen mit minderen Rechten und minderen Pflichten innerhalb der einzelnen Hofverbände waren von diesen oberen Schichten bereits deutlich geschieden, auch wenn es höchstens Ansätze zur Sklaverei gegeben hat. Die Tendenz der Entwicklung bestand in einer Erhöhung der Zahl der Untersassen der Hofverbände und einer Vergrößerung der Unterschiede zwischen den einzelnen Hofverbänden hinsichtlich ihrer Größe und ihrer wirtschaftlichen Stärke. Über diesen Verbänden erhob sich – immer deutlicher abgeschieden – ein Sippen- bzw. Stammesadel mit wachsenden Privilegien und einer immer größer und gewichtiger werdenden Gefolgschaft.

Während im 3. und 4. Jahrhundert der Zerfall des römischen Reiches zu einem allmählichen Rückzug der Römer aus den Rheinprovinzen führte – zunächst dürften die privaten Wirtschaftszweige abgewandert sein, so daß nur noch Truppen zurückblieben, und in ihrem Dienst die von Militärbehörden verwalteten Betriebe zur Waffenproduktion –, schlossen sich diesseits des Limes größere Stammesverbände zusammen. Während der Zeit der Völkerwanderung bildeten sich aus diesen Stammesverbänden dann Völkerschaften, die bereits eine gewisse historische Tradition und Stabilität besaßen und meistens auch durch eine gemeinsame Sprache verbunden waren. Der wichtigste unter ihnen waren die Franken, im 5. Jahrhundert unter einem einzigen König vereint, Chlodwig, unter dem das Frankenreich sich vom Rhein südwestwärts bis zur Loire ausdehnte. Chlodwig trat 498 zum Christentum über. Hier zum ersten Mal können wir von einem eigentlichen Staat bei den germanischen Völkerschaften sprechen, als einem Instrument der sich aus der Gentilaristokratie entwickelnden Klasse eines frühfeudalen Adels zur Sicherung und Erweiterung seines Eigentums und seiner Herrschaft nach innen und nach außen. Dauerhafter als die verschiedenen Eroberungszüge germanischer Völkerschaften während der Epoche der Völkerwanderung blieb dieses Ergebnis der Übergangszeit: Der Zerfall der Urgesellschaft hatte zuerst bei den Franken zu unverkennbaren Ansätzen von Klassenunterschieden und Klassengegensätzen und zur Entstehung eines frühfeudalen Staates geführt, Tatsachen, die den Ereignissen im fränkischen Reich auch den bestimmenden Einfluß auf die deutsche Geschichte der folgenden Jahrhunderte geben sollten.

2.
Über Wirtschaft, Gesellschaft und Staat im mittelalterlichen Deutschland

Die Auflösung der Urgesellschaft hatte sich bei den germanischen Völkerschaften zu einer Zeit vollzogen, da die Sklavenhalterordnung welthistorisch bereits überholt war. Das bewies der Zerfall des weströmischen Reiches, das ja eben aus diesem Grunde in den Stürmen der Völkerwanderungszeit zusammengebrochen war. So gingen die Ansätze zu einer Klassengesellschaft, die sich, wie wir gesehen haben, bereits in den vorangegangenen Jahrhunderten bei einigen germanischen Stämmen entwickelt hatten, nicht in eine auf Sklaverei beruhende Produktionsweise über, sondern wurden Ausgangspunkt für die Herausbildung der feudalen Gesellschaftsordnung. Das ist keine absolute Besonderheit der deutschen Geschichte. Ernst Hoffmann (der auch kürzlich den von Marx und Engels zeitweilig verwendeten Begriff der „asiatischen Produktionsweise" untersucht hat) zeigte, daß auf urgesellschaftliche Verhältnisse je nach dem Zeitpunkt, zu dem sich der Übergang in eine Klassengesellschaft anbahnt, sehr verschiedenartige Verhältnisse folgen können. Zuerst, bei den Völkern des alten Orients (wo meistens Kulturen entlang großer, periodisch die Ufer überschwemmender und sie mit Nährstoffen anreichernder Ströme angebaut wurden), begann eine sich staatlich organisierende, priesterlich-militärisch-bürokratische Kaste die Kooperation der Arbeitskräfte in erster Linie bei den Wasserbauten zu zentralisieren und sich dabei das Mehrprodukt bzw. die Mehrarbeit der Dorfgemeinden anzueignen. Bei den Griechen und Römern entstand später aus dem Zerfall und der Auflösung der Urgesellschaft die Sklavenhalterordnung. Der Übergang aus einer klassenlosen Gesellschaft zum Feudalismus ist nicht einmal die letzte Form dieses Entwicklungsprozesses: Beispiele bei den Völkern der Sowjetunion in unserer Zeit beweisen, daß sogar ein Sprung unmittelbar in eine sozialistische Gesellschaft erfolgen kann. Das alles widerspricht nicht der Tatsache, daß die Menschheit als Ganzes die gesetzmäßige Aufeinanderfolge der einzelnen Produktionsweisen durchläuft. Ein solcher Sprung konnte nur dann erfolgen, wenn andere Völker diese Entwicklungsstufe bereits erreicht hatten. Ihr Beispiel oder ihr Einfluß förderten mittelbar oder unmittelbar auch die Umwandlungsprozesse bei denen, die später die Auflösungsphase der Urgesellschaft erreichten.

Das gilt auch für die germanischen Völkerschaften beim Übergang zur feudalen Ordnung. Für den mittel- und westeuropäischen Feudalismus ist es charakteristisch, daß er erwuchs aus einer Synthese feudaler Elemente, die sich in der spätrömischen Sklavenhalterordnung entwickelt hatten, und solcher Elemente der Klassengesellschaft, die sich im Zerfall der Gentilordnung bei den Germanen herausbildeten.

Unter solchen Gesichtspunkten erweist sich die Frage als unhistorisch-abstrakt gestellt, ob der mittel- oder der westeuropäische Feudalismus als „klassisch" zu bezeichnen ist oder ob nicht vielmehr Feudalgesellschaften etwa in Asien den klassischen Typus dieser Gesellschaftsordnung darstellen; gewisse Unterschiede erklären sich jeweils nicht zuletzt aus der Entstehungsgeschichte. Die grundsätzlichen Züge des Feudalismus aber – wenn auch zu einem gewissen Grade modifiziert durch das Fortwirken von Elementen der vorausgegangenen historischen Epoche – finden wir auch und gerade im Feudalismus des mittelalterlichen Deutschland.

Vorherrschender Produktionszweig war die Landwirtschaft, wobei aus der ungeregelten Feldgraswirtschaft um die Jahrtausendmitte allmählich geregelte Formen des Anbaues wurden. Seit dem Ende des 8. Jahrhunderts setzte sich die Dreifelderwirtschaft, also der jährliche Wechsel von Wintergetreide, Sommergetreide und Brache, von den westrheinischen Gebieten aus auch östlich des Rheines durch. Produziert wurde im wesentlichen für den Eigenbedarf des einzelnen Hofes. Reste der Geldwirtschaft, die noch aus der Römerzeit stammten, wurden in den folgenden Jahrhunderten zunächst noch weiter zurückgedrängt. Das frühe Mittelalter kannte im wesentlichen nur eine Naturalwirtschaft. Soweit es überhaupt einen Fernhandel gab, diente er allenfalls dem Luxusbedarf einer Oberschicht.

Die Verfügungsgewalt über das wichtigste Produktionsmittel, den Boden, besaß die herrschende Klasse, der Feudaladel. Im Unterschied zur asiatischen Produktionsweise mit ihrer Konzentration der Verwaltung beim Herrscher und seinen Beamten war die Klasse von Grundbesitzern im europäischen Feudalismus recht breit. Vorherrschende Organisationsform des großen Grundbesitzes des frühen Mittelalters war die Villikationsverfassung: der Besitz des einzelnen Herrn lag oft über größere Gebiete verstreut, und einzelne Verbände (Villikationen) wurden jeweils um einen Fronhof (nach dem althochdeutschen fro, der Herr) gruppiert, dem als Beauftragter des Grundherrn ein Villicus oder Meier vorstand. Die in feudale Abhängigkeit gebrachten Bauern gaben das von ihnen geschaffene Mehrprodukt ganz oder teilweise in Form von Abgaben oder Diensten an den feudalen Grundeigentümer ab. Mit der Ausbildung des feudalen Großgrundeigentums verband sich die Ausbeutung der Masse der Produzenten.

Waren die Sklaven in der Sklavenhaltergesellschaft einer bloßen Sache gleich Eigentum ihrer Herren und völlig rechtlos gewesen, so verbesserte sich demgegenüber selbstverständlich die Lage der feudalabhängigen Bauern. Sie waren aber an den Boden gebunden und von dem feudalen Grundeigentümer persönlich abhängig, wobei diese Abhängigkeit sehr unterschiedliche Formen haben konnte, die von der eigentlichen Leibeigenschaft bis zu einer lockeren Tributpflichtigkeit reichen konnten.

Die feudalen Produktionsverhältnisse standen zunächst mit dem Charakter der Produktivkräfte in Übereinstimmung, sie förderten deren Entwicklung und bildeten somit zeitweilig einen historischen Fortschritt; die Grundherrschaft förderte den Übergang zu neuen Produktionsmethoden, die in der kleinen Wirtschaft einzelner Bauern kaum hätten durchgesetzt werden können, etwa den Übergang zur Mehrfelderwirtschaft, den Garten- und Obstbau, den Anbau von Spezialkulturen wie Wein, die Organisation von Rodungen und auch die Trennung des Handwerks von der Landwirtschaft.

Rechte, die in der modernen Gesellschaft staatliche Angelegenheit sind, lagen im Feudalismus großenteils beim einzelnen Feudalherrn, so daß zur Charakterisierung des feudalen Staates heute der von sowjetischen Gelehrten geprägte Begriff „Feudalgutstaat“ verwendet wird: So lag im Feudalgutstaat beim einzelnen Feudalherrn insbesondere die Gerichtsbarkeit.

Staatliche Verhältnisse frühfeudaler Art haben sich um die Wende des 5. zum 6. Jahrhundert zuerst bei den Franken herausgebildet. Wichtigste Funktion des Staates war dabei, die fränkischen Eroberungen in Gallien zu organisieren, daneben aber wurde der Staat immer mehr zum politischen Machtinstrument des grundbesitzenden Adels, der in den folgenden Jahrhunderten zur Klasse der Feudalherren wurde. Am Ausgang des 5. Jahrhunderts brach der mächtigste fränkische Feldherr, der Merowinger Chlodwig, die Macht der übrigen fränkischen Stammesfürsten und Kleinkönige und begründete das fränkische Königtum. Chlodwig trat zum katholischen Christentum über.

War das Christentum als Religion der „Mühseligen und Beladenen“ entstanden, war die päpstliche Kirche dann zur Stütze des Sklavenhalterstaates geworden, so wandelte sich nun ihr Charakter: die Kirche wurde zur stärksten Stütze des fränkischen Staates. Schenkungen von Königtum, Adel und Freien machten sie zugleich zum größten Grundbesitzer des Reiches. Die Kirche wurde damit zur Institution der feudalen Klassengesellschaft – eine Tatsache, die auch darin ihren Ausdruck findet, daß im Verlaufe des Feudalisierungsprozesses der folgenden Jahrhunderte es bei den einzelnen Völkerschaften stets der Adel war, der zuerst zum Christentum übertrat, während die Masse der freien Bauern dem alten Glauben noch treu blieb und auch nach einer mehr oder minder formellen „Bekehrung" den Widerstand gegen Feudalisierung und Christianisierung fortsetzte.

Seit der Mitte des 7. Jahrhunderts wurden die Merowinger mehr und mehr zu bloßen Schattenkönigen des Frankenreiches herabgedrückt, während die Familie der Karolinger ihre Stellung als Hausmeier immer mehr ausbaute und festigte. Sie nutzte dafür vor allem die Entwicklung des Lehnswesens aus, also der Weitergabe von Land an kleine Feudalherren, die dafür ihre Dienste zusicherten. Im Jahre 751 wurde der letzte Merowingerkönig in ein Kloster gebracht und der Karolinger Pippin mit päpstlicher Hilfe zum König des Frankenreiches erhoben.

Den Höhepunkt seiner Macht erreichte das fränkische Karolingerreich um die Wende des 8. zum 9. Jahrhundert. Karl der Große unterwarf die sächsische Völkerschaft, wobei dieser Unterwerfungsprozeß zugleich mit der Christianisierung verbunden war. Eine Verschwörung gegen die fränkische Herrschaft wurde von ihm im Jahre 782 mit Hilfe von Teilen des sächsischen Adels blutig unterdrückt. Zeitgenössische Quellen berichten, daß damals in Verden an der Aller 4500 Aufständische hingerichtet worden sein sollen, eine Zahl, die aber sicherlich, wie es uns bei solchen Angaben dieser Jahrhunderte (auch antike Schriftsteller und Historiker waren in dieser Hinsicht alles andere als zuverlässig) oft begegnet, weit übertrieben ist. Widukind, der bedeutendste unter ihren Führern, unterwarf sich drei Jahre später. Karl der Große hat nicht nur mit der Unterwerfung der Sachsen und Bayern den fränkischen Staat zum zeitweilig wichtigsten Machtfaktor Mittel- und Westeuropas gemacht, sondern, indem er sich im Jahre 800 vom Papst zum Kaiser krönen ließ, den Anspruch auf die Erbschaft des weströmischen Reiches proklamiert. Aber trotz der Bezeichnung des Reiches als „Imperium christianum" erhob er keinen Anspruch auf Hegemonie in der christlichen Welt überhaupt: Die Kaiser des oströmischen Reiches wurden als gleichberechtigt angesehen, und Karl wurde auch umgekehrt 812 von ihnen anerkannt.

Wie die Politik Karls des Großen zu beurteilen ist, hat immer wieder Kontroversen hervorgerufen. So pflegten in den ersten Jahren der faschistischen Diktatur die Naziideologen ihn als den „Sachsenschlächter" zu bezeichnen. Bald entdeckten freilich die Großraumideologen des Nazismus, daß eine positive Bewertung des Karolingischen Imperiums den Expansionsbestrebungen des faschistischen deutschen Imperialismus mehr zugute kommen würde als eine aus dem Überschwang der Begeisterung für die angeblichen Ahnen des Erbhofbauern des dritten Reiches erwachsene Glorifizierung der sächsischen Bauern und ihres Führers Widukind.

Das Reich Karls des Großen sollte nicht nur von den Ideologen des deutschen Faschismus als Vorläufer der „Neuordnung Europas" in Anspruch genommen werden, sondern stand auch bei den Plänen einer Integration des „christlichen Abendlandes" nach dem zweiten Weltkrieg Pate. Aber derartige Geschichtslegenden widersprechen den wirklichen Verhältnissen jener Zeit: Das Karolingische Reich war „ein mit militärisch-administrativen Mitteln zusammengefügtes Konglomerat von Völkerschaften, die im Verband des Reiches weiterhin ihr Eigenleben führten und ihre eigenen Sprachen besaßen. Das einzige Band, das diese einander fremden Teile zusammenhielt, war die relativ starke Zentralgewalt unter Karl dem Großen mit einer strengen Verwaltungsordnung. Bei den sozialökonomischen Verhältnissen um die Wende des 8. zum 9. Jahrhundert blieb aber selbst die beste Verwaltungsordnung nur sehr beschränkt aktionsfähig, weil in den entwickelteren Gebieten des Westens die erstarkten Feudalherren die lokalen Verwaltungs- und Gerichtsbefugnisse in ihre Hände brachten und den Einfluß der Zentralgewalt einzuengen wußten, während in den noch nicht so weit fortgeschrittenen östlichen Gebieten die Verwaltungsordnung erst im Aufbau und daher noch wenig wirksam war.“ (Hans-Joachim Bartmuß)

Karl der Große hat zwar mit der Eroberung Sachsens eine Sonderentwicklung der nordwestdeutschen Gebiete verhindert und damit eine Voraussetzung für die Herausbildung des späteren deutschen Staates gesichert. Aber die Zentralgewalt, die sich faktisch nur auf den königlichen Grundbesitz stützte und die nicht einmal einen festen Königshof besaß – aus Versorgungsgründen wechselte der Sitz des karolingischen Hofes –, zerfiel bereits wieder mit dem Tode Karls im Jahre 814. Die Kräfte, die an ihrer Aufrechterhaltung interessiert waren, eine kleine Reichsaristokratie, die in allen Teilen des Imperiums begütert war, und die Kirche, waren nicht stark genug, das Auseinanderbröckeln zu verhindern. Drei Jahrzehnte später, im Jahre 843, wurde in Verdun das Karolingische Reich in drei Teile aufgeteilt, auch wenn seine Einheit formal als weiterbestehend anerkannt wurde. Auch die mit dem zentralen Verwaltungsapparat verbundene Reichskirche verfiel der Teilung.

Ausgangspunkt für die Entwicklung zu einem selbständigen deutschen Staat wurde das ostfränkische Reich. Auch wenn das Karolingische Großreich auseinandergebrochen war, entschieden sich doch die politisch ausschlaggebenden Kräfte der ostfränkischen Germanenstämme schließlich nicht für ein neues stammesmäßiges Sonderdasein.

Bis zur Konsolidierung eines eigentlichen frühfeudalen deutschen Staates sollten freilich noch mehr als sieben Jahrzehnte vergehen, in denen das Reich in kleine Königreiche und Adelsherrschaften auseinanderzufallen drohte. Im Jahre 919 wurde aber Herzog Heinrich von Sachsen von den sächsischen und einem Teil der fränkischen Feudalherren zum König gewählt. Auf dem Boden des ostfränkischen Reiches entstand „ein mit den Mitteln der Naturalwirtschaft vorübergehend zentralisierter Feudalstaat mit einem starken Königtum an der Spitze". (Eckhard Müller-Mertens)

Über Ursachen und aktuelle gesellschaftliche Aufgabe der Begründung des sächsischen Königtums und der damit verbundenen Konstituierung eines frühfeudalen Staates, der die Entwicklung zur deutschen Nation förderte, besteht noch keine Übereinstimmung zwischen den marxistischen Historikern. Einhelligkeit besteht in der Anerkennung der Tatsache, daß der deutsche Staat nicht in eine urgesellschaftlich-vorfeudale Vergangenheit zurückreicht, seine Entstehung sich vielmehr mit der Feudalepoche verband. Wieweit aber der Feudalisierungsprozeß zu Beginn des 10. Jahrhunderts im ostfränkischen Gebiet vorgeschritten war, ist kontrovers, und dementsprechend unterscheiden sich die Auffassungen über die Ursachen für die Herausbildung einer starken Königsherrschaft. Nach E. Müller-Mertens waren die sich entwickelnden Feudalgewalten im Rahmen der einzelnen Stämme nicht in der Lage, die barbarisch-vorfeudalen Organisationen zu zerbrechen und feudale Verhältnisse gegen den Widerstand der abhängigen Bauern durchzusetzen. Eine starke Königsherrschaft war nach dieser Auffassung vor allem für das im Vergleich zu anderen Gebieten rückständige Sachsen notwendig, weshalb gerade von hier aus mit der Königswahl des Jahres 919 eine starke Königsherrschaft auch über den gesamten ostfränkischen Bereich errichtet wurde. So wie der fränkische Staat, in dem sich zu Beginn der Feudalepoche der Feudalisierungsprozeß konzentrierte, Ausgangspunkt des karolingischen Imperiums wurde, wäre also auch für den Feudalisierungsprozeß in Sachsen die Herausbildung einer expansiven Königsherrschaft vom sächsischen Zentrum aus für das 10. Jahrhundert kennzeichnend.

Während es nach der Auffassung von E. Müller-Mertens der Klassenkampf zwischen Feudalherren und Bauern um die Durchsetzung feudaler Verhältnisse war, der eine solche Staatsbildung erzwang, ist H.-J. Bartmuß der Ansicht, daß zu Beginn des 10. Jahrhunderts der Feudalisierungsprozeß auch in Sachsen schon so weit fortgeschritten war, daß bereits die Widersprüche innerhalb des Feudaladels und zwischen den Feudalherren in den Vordergrund getreten seien. Die großen geistlichen Feudalherren und der mittlere Stammesadel hätten gegenüber den auseinanderstrebenden Großen aus den Stammesherzogtümern an einer Einheit der Feudalität Interesse gehabt, die nicht nur zur Unterdrückung des Widerstandes der bereits feudalabhängig gewordenen Bauern, sondern auch zur Abwehr der Angriffe der Normannen und Ungarn notwendig war.

Auch wenn bei der Entscheidung dieser Kontroverse konkretere Kenntnisse des Standes des Feudalisierungsprozesses, als wir sie heute besitzen, eine Rolle spielen werden, ist doch ein von E. Müller-Mertens herausgearbeiteter Gesichtspunkt festzuhalten: für eine Beurteilung der Auseinandersetzung zwischen Zentralgewalt und Partikularmächten im Mittelalter können keine modernisierenden Vorstellungen angewandt werden. Die deutsche Verfassungsentwicklung im Mittelalter, so hat er richtig betont, ist nicht die wesentliche Ursache des späteren deutschen Partikularismus – dessen eigentliche Wurzeln liegen vielmehr in historischen Prozessen beim Übergang zur Neuzeit. Der relativ zentralisierte Staat der frühfeudalen Periode konnte ohne Schaden für den gesellschaftlichen Entwicklungsprozeß in die feudale Anarchie übergehen, wie dies etwa in Frankreich geschah. Wenigstens für Deutschland im späteren 10. und im 11. Jahrhundert ist es charakteristisch, daß hier gerade eine relativ starke Zentralgewalt bewahrt wurde, obgleich die feudalen Grundlagen der Gesellschaft dies nicht unabdingbar erzwangen.

Daß ein relativ starkes Königtum an der Spitze des deutschen Staates fortbestand, hat seine Ursache nicht zuletzt in der Existenz einer Reichskirche als eines mit diesem Königtum verbundenen relativ stabilen Organs. Gerade das aber mußte in der Folgezeit Auseinandersetzungen zwischen Papsttum und Königtum heraufbeschwören. In dem Versuch, den Einfluß des deutschen Königtums auf die Kirche dadurch zu sichern, daß auch der Papst in seine Abhängigkeit gebracht wurde, können wir eine der

Wurzeln der Italienpolitik erkennen, die um die Mitte des 10. Jahrhunderts unter Otto I. (936–973) begann. Eine der Wurzeln, aber nicht die einzige: Zugleich spielte das Streben, die reichen oberitalienischen Handelsstädte auszuplündern, eine Rolle, und da auch die süddeutschen Herzogtümer sich deshalb in Italien festsetzen wollten, versuchten die Könige, das Erstarken der Partikulargewalt dadurch zu verhindern, daß sie sie von dort verdrängten und selbst Einfluß auf Ober- und Mittelitalien zu gewinnen suchten. Die Dialektik solcher Versuche, innerstaatliche Schwierigkeiten durch Expansion nach außen aus dem Wege zu räumen, zeigte sich freilich auch hier: Statt daß die Italienexpansion die Zentralgewalt stärkte, war sie umgekehrt nur durch immer neue Zugeständnisse an die Partikularmächte fortzuführen. Immerhin hatte Otto wenigstens insofern Erfolg, als es ihm und seinem Nachfolger gelang, die Kaiserkrone zu erwerben, während die bereits im 9. und 10. Jahrhundert unternommenen Versuche einer Expansion nach Osten, gegen die slawischen Nachbarn, mit dem umfassenden Slawenaufstand des Jahres 983 wenigstens für $1^1/_2$ Jahrhunderte scheiterten und der erfolgreiche Widerstand der Elbslawen auch den weiter östlich lebenden slawischen Völkern die zeitweilige Unabhängigkeit sicherte und ihnen die Festigung selbständiger Staaten erleichterte.

Reichskirchensystem und Italienpolitik konnten freilich keine dauerhaften Erfolge zeitigen. Eine vom Kloster Cluny in Burgund (gegr. 910) ausgehende Reformbewegung beeinflußte auch die Geschicke der deutschen Königsmacht. Die cluniazensische Bewegung richtete sich gegen die Verweltlichung des Klosterlebens, wie sie mit der Erlangung weltlicher Macht durch geistliche Fürsten verbunden war, und gegen die Eingriffe weltlicher Herrscher in kirchliche Angelegenheiten. Dem ersten salischen Kaiser gelang es noch, eine Kloster- und Kirchenreform für die Stärkung der Königsmacht nutzbar zu machen. Wenn die Spannungen zwischen der weltlichen und geistlichen Feudalmacht aber zu dieser Zeit in allen Ländern wuchsen, wurden sie in Deutschland dadurch verschärft und kompliziert, daß die Expansion der deutschen Kaiser nach Italien zusätzliche Konfliktstoffe zwischen Staat und Kirche schuf. Die Herrschaftsansprüche Heinrichs IV. stießen mit weltlichen Ansprüchen des Papstes in Italien bald so scharf zusammen, daß Gregor VII., Papst seit 1073, in ihm seinen Hauptgegner erkannte. Im Mittelpunkt der Auseinandersetzungen stand die Laieninvestitur, d. h. das Recht weltlicher Mächte, Geistliche, vor allem Bischöfe, Äbte und andere hohe Kirchenfürsten, in ihr Amt einzusetzen. Im Kampf gegen den König besaß Gregor VII. auch die Unterstützung weltlicher Feudalherren, die ihre Macht auf Kosten der Zentralgewalt vergrößern wollten. Heinrich IV. dagegen konnte nur das junge Bürgertum der Städte, wie Worms am Rhein, das er vor Übergriffen der Feudalherren schützte, als sicheren Bundesgenossen ansehen. Als er Gregor VII. für abgesetzt erklärte, antwortete der Papst mit einem wirksamen Gegenschlag: Er verhängte über König Heinrich den Kirchenbann. Heinrich IV. konnte nur dadurch seinen Thron halten, daß er 1077 durch Ableistung der Kirchenbuße den Papst zwang, ihn vom Bann zu lösen.

Vor dem Bergschloß Canossa erlebte Heinrich IV. eine persönliche Demütigung, sicherte aber seiner Macht eine Grundlage, indem er es den deutschen Feudalherren unmöglich machte, sich unter Berufung auf den Bannfluch des Papstes noch länger ihres Treueides für entbunden zu erklären. Diese Macht völlig wiederherzustellen, gelang jedoch nicht: Mit dem Ausgang des Investiturstreites wurde der König zum Primus inter pares herabgedrückt, die Fürsten setzten das freie Wahlrecht gegenüber dem königlichen Geblütsrecht durch, und das Reichskirchensystem zerbrach.

Imperiale Bindungen und Ansprüche des deutschen Königtums blieben freilich stark genug, um auch in der hochfeudalen Periode, wie sie im 11. Jahrhundert begann, zu immer neuen Konflikten zu führen. Gerade die deutschen Könige haben bald besonders intensiv versucht, die Kreuzzugsbewegung in der Zeit zwischen dem endenden 11. und dem endenden 13. Jahrhundert für sich auszunutzen – eine Bewegung, die den Aufruf zur Pilgerschaft in das Heilige Land mit der Forderung, Palästina in einem heiligen Krieg von den türkischen Heiden zu befreien und dort einen christlichen Staat zu gründen, verband, der aber tatsächlich durchaus weltliche Motive zugrunde lagen. Feudaler Expansionsdrang und Abenteuererlust der Ritter spielten eine ebenso große Rolle wie das Bestreben, innere Spannungen der entwickelten Feudalgesellschaft auf diese Weise zu entladen, wie ja auch fast jeder Kreuzzug zunächst mit Pogromen gegen die jüdische Bevölkerung des eigenen Landes begann. Dauerhaftere Folgen als die beabsichtigte Bildung von Kreuzfahrerstaaten, die bald wieder zusammenbrachen, ergaben sich aus der Berührung mit der Kultur des Orients. Die oberitalienischen Seestädte nahmen durch den Orienthandel einen starken Aufschwung, und die Finanzierung der kostspieligen Reisen nach Jerusalem, die meist mit geliehenem Geld erfolgte, förderte das Kreditwesen und besonders die Schriftlichkeit im Geldverkehr.

Etwa zur selben Zeit, als das Papsttum zum Kreuzzug nach dem Orient aufrief, nahmen die deutschen Feudalherren, die durch den großen Slawenaufstand des Jahres 983 einen schweren Rückschlag erlitten hatten, nun auch ihre Eroberungszüge nach Osten wieder auf. Die Expansion gegen die Elb- und Ostseeslawen sollte aber nicht mehr nur Beute und Tribute erbringen. Für die neue Etappe der feudalen Expansion war es vielmehr charakteristisch, daß der Adel neues Land im Osten gewinnen wollte, um hier selbständige, vom Königtum mehr oder minder unabhängige Territorialherrschaften zu gründen. So wurde nicht nur den unterworfenen slawischen Stämmen und Stammesverbänden die politische Selbständigkeit genommen, sondern auch die weitere Herausbildung der deutschen Nation selbst erschwert: Die Konsolidierung der Macht der Landesfürsten gerade im Osten ließ zusätzliche Hindernisse für spätere Versuche, die territoriale Zersplitterung zu überwinden, entstehen. An der Ostexpansion des 12. und 13. Jahrhunderts haben sich zum Unterschied von ähnlichen Versuchen in früheren Jahrhunderten jetzt auch Bauern, Handwerker und Kaufleute beteiligt. Sie versuchten, feudaler Unterdrückung im eigenen Land auf diese Weise zu entweichen, und tatsächlich hat diese Expansions- und Siedlungsbewegung dazu geführt, daß das Austragen innerer Gegensätze in Deutschland selbst aufgeschoben und verzögert wurde. Die feudale deutsche Ostexpansion war also – wie Leo Stern und Horst Gericke zusammenfassend feststellen – ein Aggressionsakt, der einer Reihe slawischer Stämme die politische Selbständigkeit raubte, andere schwere Opfer kostete, der die deutsch-slawischen Beziehungen für Jahrhunderte vergiftete und der auch die deutsche Geschichte selbst mit drückenden Hypotheken belastet hat.

Mit all dem sind bereits neue Züge der hochfeudalen Gesellschaft charakterisiert, wie sie sich auf den verschiedensten Gebieten zeigten. Das 12. und 13. Jahrhundert war auch in den meisten Gebieten des Reiches selbst eine Zeit intensiver Rodungen und des Landesausbaues. Zuerst in den durch Rodungen neu gewonnenen Ländereien, dann aber allenthalben, löste sich die Villikationsverfassung auf. An die Stelle der noch bisher vorherrschenden Frondienste in der Eigenwirtschaft des Grundherrn traten Abgaben in der Form der Natural- oder Geldpacht.

Landesausbau und der Beginn der Bildung fürstlicher Territorien waren verbunden mit dem Anwachsen der Schicht unfreier Dienstmannen in der Verwaltung, an den Höfen und für den Krieg. In der herrschenden Klasse bildete sich eine neue Schicht, die Ministerialen, Ritter im engeren Sinne des Wortes. Das Rittertum, wie es sich über ganz Europa verbreitete, wurde besonders von den Kreuzzügen beeinflußt. Die Berührung mit dem Orient und die Begegnung zwischen den Standesgenossen aus vielen Ländern Europas, wie sie auf den Kreuzfahrten zustande kam, veränderten das Weltbild der Ritterschaft und trugen dazu bei, daß einige ihrer Vertreter kulturelle Leistungen hervorbrachten, wie sie jahrhundertelang bisher nur von Angehörigen des Klerus erbracht worden waren. Das gilt auch für die höfische Dichtung, die um die Wende vom 12. zum 13. Jahrhundert ihre Blüte erlebte. Aber auch ihre bedeutendste Form, der Minnesang, wurzelte im feudalen Dienstverhältnis und war mit den realen Bedürfnissen der damaligen Gesellschaft eng verbunden: Die „hohe Minne“ war im wesentlichen Ausdruck der Dienstbarkeit und Verehrung des Ritters für die Frau seines Herrn, enthielt gewiß genug Elemente sinnlicher Schwärmerei – verständlich für eine Zeit, welche die moderne Verknüpfung von Liebe und Ehe nicht einmal als Forderung kannte –, vor allem aber der Eitelkeit und des Prestigebedürfnisses. Wenn die Gedichte des größten unter den deutschen Minnesängern, Walther von der Vogelweide, über Jahrhunderte hinweg von fast unverändert eindringlicher Wirkung blieben, so beruht dies vor allem darauf, daß die höfische Lyrik von ihm nach Inhalt und Form verwandelt wurde. Er verknüpfte den hohen Minnesang mit volkstümlicher Liebeslyrik, und deshalb konnte in seiner Dichtung das wirkliche Leben pulsieren.

Das unvergängliche Lied „Unter der Linde“, ein inniges und offenes Bekenntnis erfüllter Liebe, sprengte die Schranken höfischer Konvention ebenso wie die zornige Anklage gegen den geistlichen und weltlichen Adel, der aus der Zersplitterung des Vaterlandes Nutzen zog. Die Hymne gar, in der Walther seine deutsche Heimat preist, drückt bereits ein Aufkeimen deutschen Nationalbewußtseins aus und bildet einen ersten Höhepunkt unserer politischen Lyrik.

Durchaus richtig ist im allgemeinen die Vorstellung vom Minnesänger verknüpft mit der ritterlichen Burg – so etwa mit dem Sängerkrieg, der um 1200 sich am Hofe des thüringischen Landgrafen auf der Wartburg abgespielt haben soll. An der Entwicklung der Burgen läßt sich besonders deutlich schon äußerlich der Wandel in den gesellschaftlichen Verhältnissen dieser Jahrhunderte erkennen. Für urgemeinschaftliche Gesellschaften war die meistens nur zeitweilig besetzte Volks- bzw. Fluchtburg charakteristisch, die der gesamten Bevölkerung Schutz vor einem äußeren Feind geben sollte. Derartige Volksburgen sind u. a. auf dem heutigen Gebiet der DDR noch aus den ersten Jahrzehnten nach der Jahrtausendwende als Zeugnisse der slawischen Besiedlung des Landes erhalten. Besonders bemerkenswert ist die spätslawische Burganlage nordwestlich von Behren-Lübchin (Kreis Teterow), die aus einer Vorburg am Ufer eines jetzt verlandeten Sees und einer Hauptburg bestand, die auf einem Horst im See gelegen war. Beide Anlagen waren durch eine etwa 100 m lange Brücke verbunden, die vor einigen Jahren in ihrer ganzen Länge freigelegt worden ist. Sowohl die Hauptburg als auch die Brückenanlage sind Zeugnisse von den technischen Fähigkeiten der slawischen Bewohner, und die gewaltsame Zerstörung der Anlagen am Ende des 12. Jahrhunderts ist ein Beweis mehr für die Gewaltsamkeit der feudalen Ostexpansion jener Zeit.

Im Unterschied zu diesen Volksburgen ist die feudale Burg eine dauernd bewohnte Wehranlage, die zur Sicherung und Erweiterung der politischen und wirtschaftlichen Macht der herrschenden Klasse errichtet wurde. Das zeigt sich schon im äußeren Bild daran, daß der durch Wall und Graben gesicherte Raum wesentlich kleiner wurde und daß zu ihr Anlagen gehörten, die eine ständige Besetzung durch eine kleine Mannschaft ermöglichten. Von hier aus wurden vor allem die erbitterten Fehden zwischen Burg und Burg geführt, die auf dem Rücken der Bauern ausgetragen wurden. Diese Ritterburgen entstanden in der Periode des entfalteten Feudalismus in so großer Zahl, daß man von einem ganzen Netz von Burgen, das zugleich das System der Adelsherrschaft sichern sollte, sprechen kann.

Mehr und mehr richtete sich der Burgenbau dann aber auch gegen die Städte. Die frühfeudale Stadt war eine bloße Marktsiedlung, Rastort für Kaufleute und Umschlagplatz für den Fernhandel, der sich übrigens wegen des kläglichen Zustandes der Landwege meist auf Flußschiffen abspielte, so daß an den Ufern der Ströme derartige Marktsiedlungen sich häuften. Von den Königen geschützt, unterstanden diese Marktsiedlungen zunächst der Herrschaft eines geistlichen oder weltlichen Feudalherrn. Die Existenz solcher Märkte förderte die Entwicklung des Handwerks, und bald begann sich die gewerbliche Produktion in ihnen zu konzentrieren. Gab es in der Karolingerzeit etwa 60–70 solcher Handelsplätze, so war ihre Zahl zu Beginn des 11. Jahrhunderts im Gebiet zwischen Rhein und Elbe bereits auf 200-300 angewachsen.

Die feudale Stadt hatte freilich noch eine zweite Wurzel, nämlich die Niederlassung geistlicher oder weltlicher Feudalherren, oft befestigt, und in vielen Fällen bestandenAltsiedlung des Feudalherrn und Neusiedlung aus Handwerkern und Kaufleuten unmittelbar nebeneinander.

An solchen Städten wird besonders deutlich sichtbar, daß sie zunächst von Feudalherren abhängig waren. Gegen die Ausplünderung durch die Feudalität, der die städtische Bürgerschaft Abgaben zu leisten hatte, wandten sich schon seit der ersten Hälfte des 10. Jahrhunderts die städtischen Bewegungen. Freilich gelang es zunächst dem Adel oft, diese Bewegungen noch für seine Interessen etwa in Auseinandersetzungen zwischen dem König und anderen Feudalherren einzuspannen. Seit der zweiten Hälfte des 11. Jahrhunderts jedoch wurden besondere städtische Interessen als Ursachen und Ziele dieser Empörungen immer deutlicher sichtbar. Die Stadtkommunen ertrotzten – zum Teil mit Hilfe des Königtums – Freiheiten von der Feudalität, die bis zur Selbstverwaltung gingen. Innerhalb der Städte schlossen sich Handwerkergruppen zu Zünften, Gilden usf. zusammen, die zunächst der Vermittlung von Erfahrungen und dem Schutz vor fremder Konkurrenz – nicht zuletzt der des immer noch verbreiteten Dorfhandwerks – dienen sollten. Die Städte „Glanzpunkt des Mittelalters", wie Karl Marx sie bezeichnete, waren es auch, die zusammen mit dem Aufstieg der Landesherrschaft und im Gegensatz zu ihr der neuen Periode der Feudalgesellschaft, die um die Mitte des 13. Jahrhunderts begann, das Gepräge gaben.

In Quellen aus dem Jahre 1231/32 taucht erstmalig das Wort „domini terrae" auf, Anzeichen für die Ausbildung einer eigentlichen Landesherrschaft mit einer Verwaltung, die von ständig tätigen Amtleuten ausgeübt wird, mit einem sich allmählich ausbildenden System fixierter Steuern und mit einer Strafjustiz, die an die Stelle des Gottesurteils tritt und in Folterwerkzeug, Rad und Galgen ihren sichtbaren Ausdruck findet. Wenn die Schwäche der Zentralgewalt in Deutschland in der Mitte des 13. Jahrhunderts in einem jahrzehntelangen Interregnum kulminierte und die herrscherlose Zeit erst 1273 mit der Wahl Rudolfs von Habsburg beendet worden war, so gab es doch Beweise genug, daß der Partikularismus sich noch nicht endgültig durchgesetzt hatte.

Die drei geistlichen und vier weltlichen Kurfürsten, bei denen das Recht zur Wahl des Königs lag, waren zwar gewiß an einer schwachen Zentralgewalt interessiert und wechselten deshalb mit Vorliebe die Krondynastie. Rudolf von Habsburg konnte seinem Sohn Albrecht zwar nicht von vornherein die Krone sichern, aber er hinterließ ihm die Macht, sie im Kampf zu erlangen. Mit der Unterstützung des rheinischen Bürgertums und unter Nutzung des finanziellen und militärischen Potentials der Städte für die Zentralgewalt schlug Albrecht im Kurfürstenkrieg der Jahre 1301/02 die rheinischen Fürsten, die sich seinem Königtum widersetzten, und gab damit ein Beispiel für die Möglichkeit, durch ein Zusammengehen von Königtum und Bürgerschaft die Zentralgewalt zum Erfolg zu führen. Der Versuch der Habsburger, die Grundlagen der Zentralgewalt durch eine Stärkung der eigenen Hausmacht zu sichern, ist nicht grundsätzlich verfehlt gewesen. Das gilt um so mehr, als der Territorialstaat, wie er seit dem 13. Jahrhundert sich auszubilden begann, doch nicht kontinuierlich und ungehemmt erstarkte, das 14. Jahrhundert vielmehr eine Krise der Landesherrschaft brachte: Die Städte übten einen immer stärkeren Einfluß auf das umliegende Land aus, und Städtebündnisse potenzierten die Kraft der Stadtkommunen. Chronischer Geldmangel behinderte vorerst eine Festigung der Landesherrschaft, und die Erbteilungen behinderten eine Konsolidierung der Territorialstaaten. So mußten sich die Landesfürsten zu dem Zugeständnis bequemen, Landstände, in denen der niedere Adel und die Städte vertreten waren, zuzulassen und ihnen mindestens das Recht der Bewilligung von Steuern zu überlassen. Wenn nach den Habsburgern zeitweilig die Königskrone an die Luxemburger übergegangen war, so verfolgten auch diese eine Politik, die darauf hinauslief, die Macht des eigenen Hauses zu stärken, um dem Königtum eine Grundlage zu sichern. Karl IV. von Luxemburg legte 1356 ein Reichsgesetz vor, das als „Goldene Bulle" in die Geschichte einging und bis 1806 gültig war. Doppelwahlen, wie es sie in den vergangenen Jahrhunderten gegeben hatte, sollten nun ausgeschlossen sein, und der Papst hatte fortan keinen ausdrücklichen Einfluß auf die deutsche Königswahl mehr. Wenn die Goldene Bulle zum „Grundgesetz der deutschen Vielstaaterei" (Karl Marx) wurde, dann deshalb, weil die Hausmachtpolitik Luxemburgs wie später Habsburgs durch ihr Ausgreifen in andere Länder – nicht nur Böhmen, sondern Polen und Ungarn wurden jetzt Ziel der Expansion des Hauses Luxemburg – gerade die Macht des Königtums im Reich selbst gefährden mußte. Auch 1356 war das Ringen zwischen Reichsgewalt und partikularen Kräften noch nicht endgültig entschieden. Die Blüte der Städte einerseits, die Schwierigkeiten, in die das Landesfürstentum geraten war, andererseits hatten es dem König ermöglicht, ein faktisches Übergewicht der Zentralgewalt herbeizuführen und dadurch die Voraussetzung dafür zu sichern, daß eines Tages die Rechte der Fürsten auch der Form nach wieder beseitigt werden konnten. Eine solche Politik war aber nur dann aussichtsreich, wenn sie innerhalb des Reiches und gegen die Fürsten betrieben wurde – auf diesem Wege hat sich ja in anderen Ländern auch tatsächlich die Entwicklung zur zentralisierten Monarchie abgespielt –, nicht aber durch eine Expansionspolitik nach außen, die den Territorialfürsten ihre Macht beließ, ja noch mehr, diese Macht stärkte.

Seit dem 15. Jahrhundert gelang es daher den Territorialfürsten allmählich, ihre Landeshoheit zu sichern. Der Territorialstaat mit Zentralbehörden, in denen Berufsbeamte, vor allem Juristen, gegen Gehalt tätig waren, mit einer festen territorialen Residenz und mit ständigen Finanzquellen – zu dieser Zeit vor allem das fürstliche Bergregal, als Mittel der Ausplünderung des aufblühenden Bergbaues – ermöglichte die Offensive des Landesfürstentums. Sie vollzog sich auch im nördlichen Deutschland: Waren in den Jahren 1413/14 von den Hohenzollern in der Mark widerstrebende Ritter, wie die Quitzows, mit Hilfe gerade der Städte niedergeworfen worden, so war die Mark Brandenburg das erste Land, in dem die Fürsten einen bedeutenden Sieg über eine Stadt errangen: Im Jahre 1442 gelang es den Hohenzollern, Berlin und Kölln zu unterwerfen und die Stadt in feudale Abhängigkeit zu zwingen.

Als Kaiser Sigismund 1437 starb und die luxemburgische Dynastie damit erlosch, als im folgenden Jahre mit Albrecht II. die Habsburger auf den Thron des Reiches zurückkehrten, den sie bis 1806 fast ununterbrochen besetzen sollten, brachte dieser Wechsel der Dynastie keine politische Wende mehr, und Reichsreformversuche, die in den folgenden Jahrzehnten mehrfach auch von seiten einzelner Fürsten unternommen wurden, zeitigten kein Ergebnis.

Angesichts der immer krasser zutage tretenden Schwäche der Zentralgewalt mußten daher Versuche, wenigstens einige ihrer Funktionen zu ersetzen, von besonderer Bedeutung werden. Deshalb ist die Geschichte der Hanse im spätmittelalterlichen Deutschland, bei deren Darstellung wir einem Überblick von J. Schildhauer folgen, auch von grundsätzlicher Bedeutung für das Verständnis der nationalen Problematik dieser Zeit. Es gelang der Hanse ja, wenigstens zeitweilig gewisse Erfolge in dieser Hinsicht zu erzielen – dauerhafte Ergebnisse konnte aber ein derartiger Versuch nicht erbringen, und ihr Geschick bildet in gewisser Weise ein Vorspiel des Versuchs einer Einigung gegen das Fürstentum, wie er dann in viel umfassenderem Maßstab in der frühbürgerlichen Revolution des 16. Jahrhunderts unternommen wurde.

Die Ausbildung eines Bündnisses des Handelsbürgertums vor allem der Ostseestädte beruhte auf zwei Voraussetzungen. Die eine von ihnen war die Herausbildung des mittelalterlichen Städtewesens mit dem Streben der Kaufleute und Handwerker nach Unabhängigkeit von der Feudalität. Die zweite war durch die Städtegründungen an der Ostseeküste gegeben, die der Ostexpansion gefolgt waren. Zu einer Zeit, da die gewerbliche Produktion, besonders die Tuchproduktion in Flandern, aufblühte, belebte sich auch der Handel. Um die Mitte des 12. Jahrhunderts entstand zunächst eine Kaufmannshanse als Verbindung von Kaufleuten. Im Jahre 1157 gründeten Kölner Kaufleute in London einen eigenen Hof, die Gildehalle. Der Handel der Hansekaufleute spielte gegenüber dem Bauern- und dem Adelshandel eine fortschrittliche Rolle für die Vorbereitung kapitalistischer Verhältnisse, und da in England noch keine einheimische Händlerschicht existierte, stieß die Hanse dort auch noch nicht auf ernsthafte Konkurrenz. Mittelpunkt der Kaufmannshanse wurde Gotland, seit 1161 Sitz der Gemeinschaft, und die wichtigste Städtegründung der Kaufleute wurde Lübeck, 1159 gegründet, seit 1226 reichsfreie Stadt.

In den letzten Jahrzehnten des 13. Jahrhunderts entwikkelte sich aus der Kaufmannshanse die Städtehanse. Ihren Kern bildeten die Städte Holsteins, Mecklenburgs und Pommerns, unter denen Lübeck die führende Stellung einnahm. In einem Handelskrieg gegen den norwegischen König (1283–1285) konnte eine Gruppe deutscher Seestädte, auch hier lag die Leitung bei Lübeck, sich erstmalig gegen eine fremde Macht durchsetzen. Da das Reich in seiner politischen Zersplitterung diese Aufgabe nicht lösen konnte, schufen sich so die Städtebürger ein eigenes Instrument zum Schutz der Handelsinteressen des Kaufmanns im Ausland und zur Verteidigung der Städte gegen den Feudaladel im Lande selbst.

Diese progressiven Züge dominierten bis zum Ende des 14. Jahrhunderts. Der Handel mit Massengütern sprengte die Abgeschlossenheit der einzelnen Märkte, in die gerade Deutschland damals noch zerfiel, und er förderte die Entwicklung der Produktion, wobei freilich nicht übersehen werden darf, daß gerade das faktische Handelsmonopol der Hanse mit ihren hohen Handelsgewinnen eine Verschärfung der Ausbeutung der unmittelbaren Produzenten verursachte. Schon seit der Mitte des 14. Jahrhunderts bildete so die Hanse nicht nur ein Machtinstrument des Handelsbürgertums gegen Feudalgewalten und fremde Konkurrenz, sondernstärkte direkt oder indirekt das städtische Patriziat, eine kleine Schicht reicher Kaufleute, die die Stadträte besetzte, gegen die Mehrheit der Stadtbevölkerung einschließlich der kleinen und mittleren Kaufleute.

Zu dieser Zeit konnte die Hanse noch einen weiteren großen Erfolg von internationaler Bedeutung erringen: Ein Versuch, das dänische feudale Königtum wiederherzustellen, wurde von der 1367 gegründeten „Kölner Konföderation“, die sich um die Hansestädte gruppierte, zurückgewiesen, und der 1370 geschlossene Friede von Stralsund machte die Hanse zeitweilig zur ökonomischen und politischen Vormacht an der Ostsee.

In den folgenden Jahrzehnten, in denen neben den Städten an der Ostsee und Nordsee auch Binnenstädte eine beträchtliche Rolle in dem Städteverband spielten, förderte diese die Tendenzen zur Ausbildung eines einheitlichen deutschen Marktes. Der norddeutsche Backsteinbau zeugt von der kulturellen Bedeutung der Hanse, und 1419 wurden in Rostock, 1456 in Greifswald Universitäten gegründet.

Die Periode der Behauptung der Vorherrschaft an der Ostsee war aber zugleich die der beginnenden Stagnation der Hanse. Die auf Grund des Handelsmonopols erzielten ungewöhnlich hohen Profite wurden eben deshalb kaum in der Produktion angelegt, sondern eher im großen Grundbesitz, und mit dem Vordringen der niederländischen Kaufleute und der englischen Merchant adventurers seit dem Anfang des 15. Jahrhunderts wuchs die Konkurrenz aus den sich herausbildenden Nationalstaaten immer mehr an. Auch die Festigung der Landesherrschaft schwächte die Hanse: Die Unterwerfung Berlins und Köllns unter die Hohenzollern (1442) hatte zur Folge, daß sie zum Austritt aus der Vereinigung gezwungen wurden.

So hat zum einen das Festhalten an alten Handelsformen, die Ausnutzung von Handelsmonopolen und der Versuch, den Eigenhandel der jungen Nationalstaaten zurückzudrängen, den Niedergang der Hanse verursacht, zum anderen aber auch ihre immer rückschrittlicher werdende Rolle in den innerstädtischen Auseinandersetzungen. Das Handelspatriziat hemmte die Herausbildung einer eigentlichen Bourgeoisie. Mit der Herausbildung zentralisierter Staaten verfiel die Hanse faktisch der Auflösung, 1494 wurde im Zusammenhang mit der Einigung Rußlands ihr Kontor in Novgorod geschlossen, nach der Niederlage der frühbürgerlichen Revolution und der Ausbildung der zweiten Leibeigenschaft okkupierten in den ostelbischen Gebieten mehr und mehr die Junker den Getreidehandel, und als nach den Machtverschiebungen des Dreißigjährigen Krieges, insbesondere dem Erstarken Schwedens, 1669 ein letzter Hansetag veranstaltet wurde, bildete dieser nur noch einen matten Abglanz früherer Tagungen des Bundes.

II.
DIE VORBEREITUNG DER BÜRGERLICHEN UMGESTALTUNG

1.
Von der frühbürgerlichen Revolution des 16. Jahrhunderts bis zum Dreißigjährigen Krieg

Am Beginn des 16. Jahrhunderts befand sich Deutschland an einem Wendepunkt seiner Entwicklung. Gesellschaftliche Widersprüche hatten sich auf allen Gebieten des Lebens zugespitzt. Die wesentliche Grundlage dafür, daß solche Konflikte aufbrachen, waren die Fortschritte in der Entwicklung der Produktivkräfte, die im 14. und 15. Jahrhundert erfolgt waren. Deutschland war damals neben Böhmen das führende Land des Bergbaues, insbesondere des Erzbergbaues sowie der Erzverhüttung und Metallbearbeitung. Auch die Textilproduktion hatte beträchtliche Fortschritte gemacht. Hier hatte sich die Spezialisierung besonders weit ausgebildet. Kapitalistische Formen traten dabei vor allem in Gestalt des Verlagssystems auf, eines Systems, in dem gewerbliche Produzenten Rohstoffe, die ihnen von einem Verleger geliefert wurden, verarbeiteten und die erzeugten Waren auch durch den Verleger auf den Markt gebracht wurden. Die ursprüngliche Akkumulation hatte eingesetzt, jener Prozeß also, aus dem die kapitalistische Produktionsweise hervorging und der, wie Karl Marx nachwies, zwei Seiten besitzt: „Das Kapitalverhältnis setzt die Scheidung zwischen den Arbeitern und dem Eigentum an den Verwirklichungsbedingungen der Arbeit voraus. Sobald die kapitalistische Produktion einmal auf eigenen Füßen steht, erhält sie nicht nur jene Scheidung, sondern reproduziert sie auf stets wachsender Stufenleiter. Der Prozeß, der das Kapitalverhältnis schafft, kann also nichts anderes sein als der Scheidungsprozeß des Arbeiters vom Eigentum an seinen Produktionsbedingungen.“ Das ist die eine Seite dieses Prozesses. Die andere ist die Konzentrierung von Produktionsmitteln und die Anhäufung von Reichtum in den Händen einer aufsteigenden bürgerlichen Klasse, wobei – wie Karl Marx am Beispiel Englands zeigte – die Ausplünderung von Kolonien, Seeräuberei und Sklavenhandel, kurz, die Anwendung aller Formen der Gewalt in diesem Prozeß eine wesentliche Rolle spielten.

Nicht nur in der gewerblichen Produktion vollzogen sich Veränderungen. Auch die Landwirtschaft, zwar noch von feudalen Produktionsverhältnissen bestimmt, war doch in eine neue Entwicklungsphase eingetreten. Mit dem Übergang zur Geldwirtschaft und der Ausweitung des Handels eröffneten sich den Bauern neue Märkte. Zugleich aber hatten die feudalen Abgaben im allgemeinen die Form der Geldrente angenommen. Die feudale Ausbeutung besaß nun keine natürliche Grenze im Konsumtionsvermögen des Grundherrn mehr, wie es sie in der Zeit der Naturalwirtschaft gegeben hatte – um mehr Geld zu erlangen, erhöhte der feudale Großgrundbesitz jetzt die Forderungen an die abhängigen Bauern immer mehr. Mit dem Erstarken der Städte vergrößerte sich auch ihr Einfluß auf das Land: Auf der einen Seite eigneten sich städtische Grundbesitzer und Wucherer einen Teil des bäuerlichen Mehrproduktes an, auf der anderen Seite bildete sich mit der Vergrößerung der städtischen Märkte eine Schicht wohlhabender Bauern heraus, die zwar selbst noch feudalabhängig waren, aber schon Knechte ausbeuteten.

Soziale Veränderungen vollzogen sich nicht zuletzt in der herrschenden Klasse und ihrem Anhang. Wenn sich mit der Herausbildung der Landesherrschaften die herrschende Schicht der Feudalität, die Fürsten, konsolidierte, zersetzte sich der niedere Adel, die Ritterschaft.

Ökonomisch, politisch und militärisch wurde sie überflüssig und entartete zu einer parasitären Kaste: „Lange bevor die Ritterburgen den neuen Geschützen zum Opfer fielen, waren sie schon vom Geld unterminiert; in der Tat, das Schießpulver war sozusagen bloß der Gerichtsvollzieher im Dienste des Geldes.“ (Friedrich Engels) In der Verwaltung der Territorialstaaten traten Fachbeamte an die Stelle der Ministerialen, und die neue Kriegsweise setzte an die Stelle des einzeln kämpfenden Ritters das Söldnerheer.

Leopold von Ranke erwähnte in seiner Geschichte der Reformation ein Wort, das zu Beginn des 16. Jahrhunderts in aller Munde war: „Wer sich einmal gütlich tun will, der schlachte ein Huhn, wer ein Jahr lang, der nehme eine Frau, wer es aber alle seine Lebtage gut haben will, der werde ein Priester.“ Wie der Klerus angewachsen war, zeigt das Beispiel Kölns, wo es bei 40000 Einwohnern damals 5000 geistliche oder halbgeistliche Personen gab. Aber nicht nur im Lande selbst waren Ziele und Ansprüche der Geistlichkeit gewachsen – der wachsende Geldbedarf der römisch-katholischen Kirche als das Zentrum des Feudalsystems ließ vor allem die Anforderungen wachsen, die vom Papst in Rom gestellt wurden.

Alle die hier geschilderten Erscheinungen traten mehr oder minder deutlich damals auch in den anderen Ländern Mittel- und Westeuropas auf. In Deutschland spitzten sich aber diese Gegensätze besonders zu. „Seit dem Ausgang des Mittelalters arbeitet die Geschichte auf die Konstituierung Europas aus großen Nationalstaaten hin.“ (Friedrich Engels) In Frankreich und England entstanden damals zentralisierte Monarchien, Italien blieb zwar weiter zersplittert, nach Rom aber, als dem Sitz des Papstes, floß weiter Geld aus dem Ausland, und die oberitalienischen Städte konnten noch von der Verstärkung der Handelsverbindungen profitieren. Das zersplitterte Deutschland dagegen konnte der Ausbeutung durch die katholische Kirche keinen ernsthaften Widerstand entgegensetzen, und mit der Konstituierung selbständiger Nationalstaaten wuchsen auch die Widerstände gegen Expansionsversuche der herrschenden Feudalität, die in den vergangenen Jahrhunderten oft erfolgreich gewesen waren.

Keime neuer wissenschaftlicher und gesellschaftlicher Verhältnisse gab es auch in Deutschland genug. Aber die herrschende Feudalität widersetzte sich geschlossen ernsthaften Veränderungen. In einer Reihe europäischer Länder wurden zwischen der Zentralgewalt, großen Feudalherren und Territorialfürsten heftige Kämpfe geführt, aus denen – zum Teil erst nach Überwindung ausländischen Widerstandes – nationale Monarchien hervorgingen. In Deutschland dagegen blieben diese Auseinandersetzungen in der herrschenden Klasse aus. „Karl V. konnte sagen, daß in seinem Reich die Sonne nicht unterging. Darüber ging das Reich Deutscher Nation zugrunde." (E. Müller-Mertens) Habsburgs Hausmacht erstreckte ihren Einfluß auf Böhmen, Ungarn, Deutschland und Burgund. Sie griff aus nach den Niederlanden, Italien und Spanien, ja, seit dem Ende des 15. Jahrhunderts nun auch zum neu entdeckten amerikanischen Kontinent. Die Territorialfürsten umgekehrt konnten ihre Herrschaften ungehindert von der Zentralgewalt ausbauen und festigen. Die Reichsgewalt trieb Expansionspolitik nach außen und verzichtete eben deshalb auf ein Bündnis mit den antifürstlichen Kräften im Lande, insbesondere mit der Bürgerschaft der Städte.

Damit rückte in Deutschland, und gerade in Deutschland, eine frühbürgerliche Revolution auf die Tagesordnung der Geschichte, durch die die Hemmnisse, die einer Umbildung der feudalen Gesellschaft und einer Weiterentwicklung kapitalistischer Formen im Wege standen, beseitigt werden sollten. Wenn in anderen Ländern aus den Kämpfen innerhalb der Feudalität ein zentralisierter Nationalstaat hervorging, war aus den geschilderten Gründen ein solcher Prozeß in Deutschland nicht möglich. Die Widersprüche, die im Laufe des 14. und 15. Jahrhunderts herangereift waren, konnten nicht durch die herrschenden Klassen oder Teile von ihnen überwunden werden, sondern nur durch das Volk selbst.

Das hatte auch das Schicksal der Pläne zu einer Reichsreform erwiesen, wie sie seit Jahrzehnten formuliert worden waren. Im Jahre 1495 war eine Reihe von Reichsgesetzen verkündet worden, nach denen ein ewiger Landfriede das Fehdeunwesen unterbinden und ein Reichskammergericht die Rechtsunsicherheit mindern sollte. Ein Gemeiner Pfennig, gedacht als gemischte Kopf- und Besitzsteuer, sollte ein Reichsaufgebot finanzieren. Aber diese Gesetze blieben im wesentlichen auf dem Papier stehen. Die Reichsacht gegen Adlige, die dem Verbot zum Trotz Fehden aufnahmen, blieb unwirksam, das Reichskammergericht blieb bis zum Ende des Reiches eine übel beleumundete Maschine zur Verschleppung von Gerichtsverfahren, und da keine Instanz existierte, die die Reichssteuer notfalls zwangsweise eintreiben konnte, kam auch das Reichsaufgebot nicht zustande.

Daß Veränderungen notwendig geworden waren, brachte auf seine Weise die wichtigste geistige Strömung der Wende vom 15. zum 16. Jahrhundert zum Ausdruck, der Humanismus. Die Humanisten – der bedeutendste unter ihnen war Desiderius Erasmus von Rotterdam (1467 bis 1536) – erklärten, daß Mensch, Natur und Geschichte ihren Wert in sich trügen und ihn nicht erst durch ihre Beziehung auf Gott erhielten. Der Mensch sei nicht nur Kreatur Gottes, die Natur wurde nicht mehr als durch den Sündenfall verdorben angesehen, sondern um ihrer selbst willen entdeckt, und die Geschichte betrachtete der Humanismus nicht – wie die mittelalterliche Geschichtsschreibung – unter dem Gesichtspunkt eines Heilplanes, der von der Schöpfung zum Weltuntergang und dem Jüngsten Gericht führen sollte, sondern er entdeckte zum Beispiel den Eigenwert der Nationen und gab dem erstarkenden deutschen Nationalbewußtsein etwa in der Neuherausgabe der „Germania“ des römischen Historikers Tacitus durch Conrad Celtes (1500) und einer ersten Darstellung der deutschen Geschichte durch Beatus Rhenanus (Basel 1531) Ausdruck.

Der Humanismus wandte sich zwar gegen die weltliche Macht und den weltlichen Einfluß der geistlichen Feudalität und der Kirche. Er blieb aber Sache der Gebildeten und scheute das Volk.

In städtischen Bewegungen – etwa einer Erhebung gegen die Stadtaristokratie, die im Jahre 1509 in Erfurt entstand –, vor allem aber in einer immer dichter werdenden Folge von Bauernerhebungen, kündigte sich der Ausbruch der Revolution an. Die neue Phase der bäuerlichen Klassenkämpfe wurde eingeleitet durch das Auftreten des Pfeifers von Niklashausen im Jahre 1476. Hans Böheim, schon der Name deutet auf die Tradition der revolutionären Hussiten, ein junger Hirt und Musikant, hielt im Taubertal damals Sonntag für Sonntag eindrucksvolle Predigten, denen 40 000 und mehr Bauern zugehört haben sollen. Je größer die Zahl der Zuhörer wurde, desto offener verkündete der Pfeifer von Niklashausen seine Pläne: Die Muttergottes sei ihm im Traum erschienen und habe ihm offenbart, daß es künftig weder Papst noch Kaiser geben solle, daß die Abgaben und Fronden beseitigt sein sollen und Wald, Wasser und Wiese frei werden würden. Chiliastische Vorstellungen von großen Umwälzungen, die damals verbreitet waren, wurden von Böheim mit den aktuellen und konkreten sozialen und politischen Forderungen der Bauern verbunden, und er versuchte darüber hinaus, sie in die Tat umzusetzen: Böheim rief zu den Waffen. Der Bischof von Würzburg aber schlug vorher zu, beschwichtigte zunächst die angeblich 16 000, die vor sein Schloß gezogen waren, und ließ sie schließlich hinterrücks durch seine Reiter überfallen und zersprengen. Hans Böheim wurde als Ketzer zum Tode verurteilt und sofort verbrannt.

Seit den neunziger Jahren erhoben sich vor allem in Südwestdeutschland immer wieder Bauern: Hier war die feudale Zersplitterung besonders groß, suchte der zahlreiche niedere Adel die feudalen Verpflichtungen der Bauern besonders stark auszudehnen, war umgekehrt ein einheitliches und geschlossenes Vorgehen der herrschenden Klasse erschwert. Im Jahre 1493 ging von Schlettstadt der erste Bundschuhaufstand aus, an dem sich auch Kräfte in den Städten beteiligten, und knapp ein Jahrzehnt später, im Jahre 1502, breitete sich die Bundschuhverschwörung, inspiriert von dem „Musterkonspirateur", wie ihn Friedrich Engels nannte, Joß Fritz, im Bistum Speyer aus. Während es sich beim Bundschuh noch um Verschwörungen, handelte, die von einem kleinen Kreis Eingeweihter getragen wurden, wuchs mit dem Aufstand des Armen Konrad 1514 in Württemberg die Bauernbewegung in die offene Aktion hinüber.

Der Aufstand dehnte sich auf das gesamte Herzogtum aus, blieb aber gleichwohl zersplittert und wurde von übermächtiger militärischer Gewalt niedergeworfen.

Wenn auch die verschiedenen städtischen Bewegungen und Bauernaufstände das Heranreifen einer frühbürgerlichen Revolution ankündigten, wenn auch die von ihnen erstrebten Ziele auf höherer Stufe, vor allem während des Bauernkrieges, wieder verkündet werden sollten, war doch eine Voraussetzung noch nicht erfüllt, ohne die diese Revolution selbst nicht ausbrechen konnte: Noch fehlte eine vereinende Ideologie, die den zersplitterten Bewegungen den gemeinsamen Rahmen gab und das gemeinsame Ziel begründete.

Die politisch-historische Bedeutung der Reformation Martin Luthers besteht darin, daß sie diese Aufgabe löste. Martin Luther (1483–1546), einer Bauernfamilie entstammend, die sich dem Bergbau zugewandt hatte, zunächst zum Juristen bestimmt, in den Unsicherheiten der Zeit aber statt dessen in Erfurt zum Augustinermönch geworden, hatte dann als Professor der Theologie in Wittenberg sich bereits 1513 zu der Konsequenz durchgerungen, daß die Rechtfertigung des Sünders nicht – wie die katholische Kirche lehrte – durch gute Werke erfolgen könne, sondern allein durch die Gnade Gottes. Damit wurde im Grunde die Kirche als „Heilsanstalt“ in Zweifel gestellt und die entscheidende Rolle des geweihten Priesters für das Heil des Gläubigen geleugnet, was in der Konsequenz (die Luther damals noch nicht zog) auf eben jene neue „wohlfeile Kirche“ hinauslief, die das Bürgertum forderte. Er formulierte aber nicht nur die Lehre, auf die sich die verschiedenen oppositionellen Bewegungen zeitweilig einigen konnten, sondern er gab auch das Signal zum Handeln, als er am 31. Oktober 1517 an die Tür der Schloßkirche in Wittenberg 95 Thesen gegen den Mißbrauch des Ablasses anschlug. Damit hatte er eine so zentrale Frage aufgegriffen, daß der Thesenanschlag zum Beginn der frühbürgerlichen Revolution werden konnte. Nach katholischer Lehre verwaltete der Papst den Schatz von Verdiensten, den Christus, Maria und die Heiligen erworben hatten, und konnte aus ihm dem Sünder den Erlaß der Strafe für seine Vergehen erwirken. Papst Leo X. hatte, um den Neubau der Peterskirche in Rom zu finanzieren, seit 1514 einen mit besonders hohen „Gnadengaben" ausgestatteten Ablaß in Deutschland verbreiten lassen, dessen Vertrieb der Dominikaner Johannes Tetzel leitete. Es war Tetzel zwar nicht gestattet worden, in den kursächsischen Gebieten, zu denen Wittenberg gehörte, mit dem Ablaß zu handeln, aber viele Gläubige waren über die Landesgrenzen nach Jüterbog gegangen, um die „heilige Ware", die Tetzel vertrieb, einzukaufen.

Es ging Luther zunächst nur um den Mißbrauch des Ablasses. Seine Thesen wandten sich aber faktisch gegen die Ausplünderung durch die römische Kirche und die geistliche Feudalität. Indem sie die Ausbeutung gerade des deutschen Volkes durch den Papst in Rom kritisierten, griffen sie ein zentrales Problem nationaler Politik auf (welchen Umfang der Ablaßhandel hatte, zeigt die Tatsache, daß Kurfürst Friedrich der Weise von Sachsen im Jahre 1520 19013 Reliquien besaß, die einen Ablaß für rund zwei Millionen Jahre Höllenstrafen verkörperten). Wenn Luther schließlich eine Rechtfertigung durch gute Werke ablehnte und demgegenüber betonte, daß allein die Gnade als Antwort auf den Glauben die Rechtfertigung des Sünders ermöglichen könne, dann warf er damit eine Grundfrage bürgerlicher Religiosität auf.

Luthers Thesen wurden bald überall in Deutschland im Druck verbreitet. Sein Protest gegen den Mißbrauch des Ablasses löste Ereignisse aus, die über den eigentlichen Anlaß weit hinausgingen. „Das ganze deutsche Volk geriet in Bewegung. Auf der einen Seite sahen Bauern und Plebejer in seinen Aufrufen wider die Pfaffen, in seiner Predigt von der christlichen Freiheit das Signal zur Erhebung; auf der anderen schlossen sich die gemäßigteren Bürger und ein großer Teil des niederen Adels ihm an, wurden selbst Fürsten vom Strom mit fortgerissen. Die einen glaubten den Tag gekommen, wo sie mit allen ihren Unterdrückern Abrechnung halten konnten, die anderen wollten nur die Macht der Pfaffen, die Abhängigkeit von Rom, die katholische Hierarchie brechen und sich aus der Konfiskation des Kirchengutes bereichern." (Friedrich Engels)

Luther war in den Wittenberger Thesen ausdrücklich nur gegen Mißbräuche beim Ablaßhandel aufgetreten. Die Volksbewegung, die er damit in Gang gebracht hatte, führte ihn aber ihrerseits weiter. Als er 1519 in Leipzig mit Johann Eck disputierte, wagte er es, die Lehren des ein Jahrhundert zuvor als Ketzer verbrannten Johann Hus zu verteidigen und die Unfehlbarkeit der Konzilien zu bezweifeln. Ein Jahr später verbrannte er im Kreise von Professoren und Studenten der Universität Wittenberg einen Druck der päpstlichen Bulle, die ihn mit dem Bann bedrohte. Der endgültige Bruch mit dem Papst war vollzogen.

In demselben Jahr, 1520, erschienen Luthers bedeutendste reformatorische Schriften. „An den christlichen Adel deutscher Nation, von des christlichen Standes Besserung" forderte die Unabhängigkeit der deutschen Nation und des deutschen Kaisers von Rom, die Säkularisation des Kirchengutes, die Auflösung der Orden, die Errichtung einer deutschen Nationalkirche und die Verweltlichung der geistlichen Herrschaften. „So entwarf Luther in Umrissen das Bild eines von römischen Ansprüchen befreiten Staatswesens, das in erster Linie auf die Interessen des aufstrebenden Bürgertums unter Führung einer antirömisch denkenden Adelshierarchie zugeschnitten war." (Max Steinmetz) Die Schrift „Von der babylonischen Gefangenschaft der Kirche" kritisierte die sieben Sakramente der katholischen Kirche, die bisher das ganze Leben des Menschen umrahmt hatten und auf denen die besondere Stellung des Priesters als Mittler zwischen Gott und den Gläubigen beruhen sollte, und erkannte nur drei von ihnen,

Taufe, Buße und Abendmahl, an. „Von der Freiheit eines Christenmenschen“ schließlich verkündete die Freiheit des Gewissens von kirchlichen Bindungen und formulierte die folgenreiche Unterscheidung des inwendigen Menschen, der „ein freier Herr über alle Dinge und niemandem untertan“ sei, und des auswendigen, der „ein dienstbarer Knecht aller Dinge und jedermann untertan“ sei.

Unter Zusage sicheren Geleits wurde der Reformator für den April 1521 nach Worms beschieden, um seine Lehre vor Kaiser und Reich zu rechtfertigen. Jahrelang hatte er die Dogmen und den Aufbau der Kirche angegriffen, ohne daß die beiden Häupter der Christenheit (der Papst und der Kaiser) energisch gegen ihn vorgegangen wären. Daß er nicht als Ketzer vor Gericht gestellt, zum Tode verurteilt und verbrannt wurde, verdankte er vor allem der Unterstützung durch das deutsche Volk, welches das Vorgehen des Reformators begeistert begrüßte. Dazu kam, daß zwischen dem Papst, dem Kaiser und den deutschen Fürsten bedeutende Gegensätze bestanden, die auch auf dem Reichstag zu Worms nicht wirklich überwunden wurden.

Nachdem Luther zweimal vor dem Reichstag erschienen war und sich standhaft geweigert hatte, seine Lehre zu widerrufen, wurde das „Wormser Edikt“ gegen ihn erlassen, d.h., über ihn wurde die Reichsacht verhängt. Charakteristischerweise geschah dies erst, nachdem die beiden Kurfürsten, die mit Luthers Vorgehen am stärksten sympathisierten (der Herzog von Sachsen und der Pfalzgraf bei Rhein), den Reichstag bereits verlassen hatten und als der Reformator selbst schon in Sicherheit war. Auf der Heimreise nach Wittenberg war er von Reitern des sächsischen Kurfürsten „überfallen“ und in die sichere Verborgenheit der Wartburg, die sich seit knapp einem Jahrhundert in kursächsischem Besitz befand, gebracht worden.

Die Zeit von Luthers Aufenthalt auf der Wartburg bildet einen Höhepunkt im Wirken des Reformators, ja in der Geschichte der Reformation als der ersten Phase der frühbürgerlichen Revolution überhaupt. Während er sich als Junker Jörg auf der Burg „unter den Vögeln, die auf den Zweigen lieblich singen und Gott Tag und Nacht aus aller Kraft loben", aufhielt, entstand seine für die Entwicklung der deutschen Nation bedeutungsvollste und bleibendste Leistung, die Übersetzung des Neuen Testaments.

Er begann seine Arbeit im Dezember 1521. Im September 1522 erschien sie als sog. September-Bibel im Druck. Der Prozeß der Herausbildung der deutschen Nationalsprache wurde dadurch entscheidend gefördert und beschleunigt. Die Verbreitung der obersächsischen Kanzleisprache, die Luther seiner Bibelübersetzung zugrunde legte, war zu einer Zeit, da die einzelnen Dialekte noch immer Unterschiede in Grammatik und Grundwortschatz aufwiesen, ein großer Schritt vorwärts zur Gemeinschaft der Sprache. Es hat auch vor Luther Versuche gegeben, die Bibel ins Deutsche zu übersetzen, aber keiner der früheren Versuche kommt an Wirkung der Übersetzung Luthers gleich.

Das hat seine Ursache nicht zuerst und nicht allein in der dichterischen Kraft und Einprägsamkeit der Formulierungen des Reformators. Entscheidend war vielmehr, daß Luther, wie er selbst sagte, dem Volke aufs Maul schaute, daß aber auch das deutsche Volk zu dieser Zeit in ihm seinen Sprecher fand. Die Verdeutschung der Bibel war von aktueller Bedeutung für die gesamte reformatorische Bewegung: Gerade die konsequenten Strömungen der frühbürgerlichen Revolution konnten und mußten bei der Formulierung ihrer Forderungen an sie anknüpfen. Mit der Übersetzung wurde vor allem den Bauern das Verständnis der Lehren der Volksreformation erleichtert. So gab das Wirken Luthers vom Anschlag der 95 Thesen gegen den Mißbrauch des Ablasses bis zu der Veröffentlichung der Übersetzung des Neuen Testaments den Hoffnungen, Wünschen und Bedürfnissen des überwiegenden Teiles des deutschen Volkes Ausdruck, und so war auch die Verdeutschung der Bibel getragen von der unwiderstehlichen Gewalt einer Volksbewegung, der Luther in der weitesten Bedeutung dieser Wendung das Wort gab.

Aber dieser Höhepunkt der Tätigkeit Luthers war zugleich ein Wendepunkt. Was sich in den zehn Monaten vom Mai 1521 bis zum März 1522, die Luther auf der Wartburg verbrachte, änderte, war weniger die persönliche Haltung des Reformators als vielmehr die Bewegung, an deren Spitze er bis dahin gestanden hatte. Obwohl das städtische Patriziat, der Adel und diejenigen Fürsten, die sich der Bewegung gegen die geistliche Feudalität angeschlossen hatten, ihr Ziel noch nicht erreicht hatten, wandten sie sich gegen diejenigen Kräfte, welche die Reformation zu einer Beseitigung der Herrschaft sowohl der weltlichen als auch der geistlichen Feudalität weiterzutreiben versuchten.

Die Spaltung des reformatorischen Lagers wurde im Herbst 1521 sichtbar. In Wittenberg schritten Karlstadt und seine Anhänger zu Reformen der Messe, traten die sog. Zwickauer Propheten gegen die weltliche Obrigkeit und Feudalität auf.

Luther war gezwungen, sich zu entscheiden. Seine Entscheidung fiel noch während seines Aufenthaltes auf der Wartburg. Seine Verwandlung in den Junker Jörg war mehr als eine nur äußerliche Verkleidung zum Schutz gegen die Verfolger. Bereits im Titel einer auf der Wartburg entstandenen Schrift zeigt sich diese „Wendung", genauer „jene bestimmtere Feststellung der Richtung Luthers" (Friedrich Engels): seine 1522 erschienene „Treue Vermahnung zu allen Christen, sich zu hüten vor Aufruhr und Empörung", zeigt Luther als einen „Gegner der Gewalt, die die Unterdrückten anwenden, um mit den Unterdrückern fertig zu werden", zugleich aber als einen „Anhänger der Gewalt, welche die Unterdrücker anwenden, um die Unterdrückten niederzuhalten oder niederzuwerfen". (Alfred Meusel)

Gegen den Willen des sächsischen Kurfürsten gab Luther seine Zufluchtsstätte Anfang März 1522 auf und kehrte nach Wittenberg zurück. Obwohl er weiter in Acht und Bann blieb, zeigte er sich in der Öffentlichkeit, und tatsächlich schonten ihn Papst und Kaiser, als er nun gemeinsam mit allen Besitzenden den Plänen der Bauern und Plebejer entgegentrat.

Mit der Aufspaltung der antirömischen Bewegung, mit dem Auftreten von Strömungen, die sie weiter und in eine soziale Revolution gegen das ganze Feudalsystem hinüberführen wollten, war die frühbürgerliche Revolution in eine zweite Phase eingetreten. Das zeigte sich auch in dem Adelsaufstand, den Franz von Sickingen und Ulrich von Hutten im Jahre 1522 unternahmen. Die Reichsritter, deren Stellung sich unter dem Einfluß der ökonomischen und sozialen Wandlungen unaufhaltsam verschlechtert hatte, versuchten, die revolutionäre Situation in Deutschland noch einmal auszunutzen, um ihren Einfluß zurückzugewinnen. Sickingen griff im Herbst 1522 Trier an und versuchte, durch einen Sieg zunächst über den Trierer Erzbischof eine Bewegung gegen die Fürsten überhaupt auszulösen. Das Unternehmen mißlang jedoch, Sickingens Burgen wurden ihrerseits von seinen Gegnern erobert, und er selbst wurde während der erfolglosen Verteidigung seiner Feste Landstuhl im Mai 1523 tödlich verwundet.

Ulrich von Hutten, Humanist und Politiker zugleich, bedeutend als Kritiker des Papsttums und als Publizist, dessen Worte „Oh Jahrhundert, oh Wissenschaft, es ist eine Lust zu leben“ den Geist einer ganzen Epoche zusammenfaßten, starb ein Jahr später einsam und verlassen auf einer Insel im Züricher See.

Sickingens Unternehmen war historisch auch dann aussichtslos, wenn er nur den Erzbischof von Trier und nicht – nach dem Rittergrundsatz „viel Feind, viel Ehr“, einem Grundsatz, dessen Durchführung jede Politik scheitern lassen muß – auch eine Reihe weltlicher Fürsten gegen sich aufgebracht hätte. Sein Plan, durch einen Sieg über die Fürsten die Voraussetzung für die Wiedererrichtung eines wirklichen Kaisertums zu sichern, wurde deshalb illusorisch, weil die Reichsritterschaft auch Gegner des städtischen Bürgertums war, die Unterdrückung der Bauern fortsetzte und Deutschland in eine Adelsdemokratie mit einem machtlosen Kaiser an der Spitze verwandeln wollte. Indem sie sich an die rückständigsten gesellschaftlichen Verhältnisse klammerte, hätte sie allenfalls – wie Franz Mehring feststellte – jene junkerliche Anarchie herbeigeführt, an der der polnische Staat im 18. Jahrhundert zugrunde ging.

Zukunftsträchtig war dagegen jene Strömung innerhalb des ursprünglich einheitlichen Lagers der Reformation, die sich seit 1521 herauszubilden begann und deren bedeutungsvollster Vertreter Thomas Müntzer werden sollte. Müntzer wurde vor 1490 in Stollberg (Harz) als Sohn einer begüterten Handwerkerfamilie geboren und hatte in Leipzig und Frankfurt (Oder) studiert. 1520 in Zwickau als Prediger tätig, fand er dort unter dem Einfluß der Zwickauer Tuchknappen und ihrer sozialen Nöte und angeregt vor allem von dem Tuchmacher Nikolaus Storch, einem der bereits erwähnten Zwickauer Propheten, den Weg zum einfachen Volk und seiner Bewegung. Er wandelte sich vom Anhänger zum Gegner Luthers, mußte Zwickau verlassen, ging zeitweilig nach Böhmen, in das Land der revolutionären Hussitenbewegung, und kam Anfang 1522 nach Nordhausen (Harz). Aus Nordhausen und bald darauf auch aus Halle vertrieben, wurde er im Frühjahr 1523 in Allstedt, das zu Kursachsen gehörte, als Pfarrer angestellt. Wie Luther entschiedener Gegner des römischen Papsttums, aber in der Auseinandersetzung mit den Halbheiten des Reformators zu der Erkenntnis gelangt, daß das Volk selbst handeln müsse, nahmen seine demokratischen Vorstellungen hier in Allstedt politisch-historische Formen an. Auf dem Schloß in Allstedt entwickelte er im Jahre 1524 in seiner „Fürstenpredigt“ seine Geschichtskonzeption. „Diese gipfelt in der Überzeugung, daß die Beseitigung der bestehenden Ordnung auf Erden unausbleiblich und gottgewollt und daß der Zeitpunkt dieser Umwälzung herangereift sei.“ (Max Steinmetz) In der Einsicht, daß das Volk zum Kampf für allgemeine Interessen noch nicht genügend politisch gereift war, versuchte er zunächst, die Fürsten für die Sache der Volksreformation zu gewinnen, sollte sich aber bald davon überzeugen, daß sie seine Stimme, die vor dem herannahenden Sturm warnte, mißachteten. Seit dem Sommer 1524 setzte er deshalb alle seine Kräfte für die Vorbereitung des Volksaufstandes ein. Seit dem Herbst 1524 verband er seine theologischen Leitsätze mit sozialen Forderungen, mit denen er ein Bündnis zwischen den Bauern und den anderen revolutionären Kräften erwirken wollte, hatte er doch erkannt, daß sich verschiedene Kräfte in der Volksreformation vereinigen müßten. Um der drohenden Gefangennahme zu entgehen, mußte Thomas Müntzer in der Nacht vom 7. zum 8. August 1524 aus Allstedt fliehen, wandte sich erst nach Mühlhausen, wo er bald ausgewiesen wurde, dann nach Süddeutschland, wo er den Beginn des Bauernkrieges erlebte, und kehrte Ende Februar 1525 nach Mühlhausen zurück, um von dort aus in der letzten Phase seines Lebens für den Großen Deutschen Bauernkrieg zu wirken.

So hatten sich während der zweiten Phase der frühbürgerlichen Revolution und am Vorabend der dritten Phase, des Bauernkrieges, vier verschiedene Lager in Deutschland herausgebildet, bei deren Charakteristik wir Max Steinmetz folgen. Diese Unterscheidung knüpft an die Feststellungen von Friedrich Engels an, der zuerst in seinem Werk über den deutschen Bauernkrieg (1850) diesen Differenzierungsprozeß geschildert, bürgerlich-gemäßigtes und bürgerlich-radikales Lager damals aber zusammengefaßt hat.

Das konservativ-katholische Lager umfaßte alle Elemente, die an der Erhaltung der bestehenden Verhältnisse in Staat, Kirche und Gesellschaft interessiert waren. Kaiser Karl V. und die Reichsgewalt, die geistliche und ein Teil der weltlichen Feudalität sowie das Patriziat der Städte bildeten seinen Kern. Im Schwäbischen Bund verfügte dieses Lager über ein wirksames militärisches Machtinstrument.

Das bürgerlich-gemäßigte Lager rekrutierte sich aus dem wohlhabenden und aus Teilen des mittleren Bürgertums vor allem der fürstlichen Landstädte sowie aus einem großen Teil des niederen Adels. Sein Ziel war, die geistliche Feudalität ihrer Macht zu berauben oder diese Macht wenigstens einzuschränken. Das bürgerlich-gemäßigte Lager machte aber Halt vor der weltlichen Feudalität. Wenn in diesem Lager zu Beginn der frühbürgerlichen Revolution, in den ersten Jahren nach Luthers Auftreten in Wittenberg, das politisch ausschlaggebende Element beim Bürgertum gewesen sein mochte, so ging in dem Maße, in dem sich Luther und seine Bewegung an die Fürsten anlehnte, auch immer mehr die Führung an diese über. Sein bedeutendster Repräsentant war der sächsische Kurfürst, politisch aktivster und militärisch fähigster Führer dieses Lagers jedoch der hessische Landgraf, der eine maßgebende Rolle bei der Niederwerfung Sickingens gespielt hatte. Obgleich eine Reihe von Versuchen unternommen wurde, zwischen dem reaktionär-katholischen und dem bürgerlich-gemäßigten Lager zu vermitteln, kam doch ein solcher Kompromiß zunächst nicht zustande: Die protestantischen Fürsten fürchteten, bei einem solchen Kompromiß den kürzeren zu ziehen. Insbesondere in Thüringen und Sachsen versuchten die evangelischen Fürsten, den beginnenden Aufstand gütlich beizulegen, da sie gewärtigten, daß gerade die katholische Partei von einer militärischen Auseinandersetzung am meisten profitieren würde. Diese Tatsache erleichterte die schnelle Ausbreitung des Thüringer Aufstandes im Jahre 1525.

Ein drittes, das bürgerlich-radikale Lager der Reformation entstand vor allem aus der Unzufriedenheit fortschrittlicher Kräfte mit den Halbheiten der lutherischen Bewegung. Seine Vertreter waren in Deutschland verstreut und relativ isoliert. Festere Formen gewann es dort, wo bürgerliche Verhältnisse in den Städten weiter entwickelt waren, in Oberdeutschland und vor allem in der Schweiz, dem eigentlichen Zentrum der bürgerlich-radikalen Bewegung. Huldrych Zwingli (1484–1531) vertrat in Zürich aus einer republikanischen und antifürstlichen Grundhaltung heraus eine humanistisch-rationalistisch gefärbte Theologie und Soziallehre, die fortgeschrittenen bürgerlichen Bedürfnissen am ehesten entsprach. Weil das Zentrum dieses Lagers aber nicht in Deutschland selbst lag, seine Kräfte hier vielmehr zerstreut blieben, konnten sie hier nur dann zu politischem Einfluß gelangen, wenn sie einen Rückhalt an der bäuerlich-plebejischen Bewegung fanden.

Dem bäuerlich-plebejischen Lager war zwar eine revolutionäre Tendenz gegen die gesamte Feudalität gemeinsam, aber wenn schon eine gewisse Lokalborniertheit allen bäuerlichen Bewegungen, die nicht unter der Führung der jeweils fortschrittlichsten Klasse in den Städten stehen, anhaftet, so wurde es diesem Lager im politisch zersplitterten Deutschland noch besonders erschwert, zu äußerer und innerer Geschlossenheit zu gelangen. Es war gerade Thomas Müntzer, der für einen Zusammenschluß der revolutionären Kräfte in großen Teilen Deutschlands wirkte und sich in Thüringen für ein Zentrum des deutschen Bauernkrieges einsetzte. Daß dieses Ziel nicht erreicht wurde, darf uns nicht dazu veranlassen, die Leistungen Thomas Müntzers und des revolutionären Lagers geringzuschätzen, und zu Beginn des Jahres 1525 waren auch die reaktionären Kräfte so zersplittert, daß sie dem ersten Ansturm der Volksmassen nicht standhalten konnten.

Der Große Deutsche Bauernkrieg 1524–1526 bildet die dritte Periode der frühbürgerlichen Revolution und war ein Versuch, die 1517 begonnene Umgestaltung weiterzuführen. Seine Grundtendenz war, die zunächst auf den Angriff gegen die römisch-katholische Kirche und die geistliche Feudalität beschränkte Reformation zum Kampf gegen die Feudalität überhaupt zu erweitern und damit die Hemmnisse zu beseitigen, die der Herausbildung bürgerlich-kapitalistischer Verhältnisse im Wege standen. Er ist damit von den früheren Phasen dieser Revolution nicht grundsätzlich unterschieden, sondern er stellt ihre Konsequenz und ihren Höhepunkt dar. Dieser Zusammenhang zwischen Reformation und Bauernkrieg, die Tatsache, daß es sich um eine einheitliche, wenn auch in mehreren Phasen verlaufende frühbürgerliche Revolution handelt, ist vor allem von der älteren bürgerlichen deutschen Geschichtsschreibung protestantischer Prägung geleugnet worden: Wenn man eine Linie von Luther über Friedrich II. zu Bismarck oder zu den jeweils prominentesten Politikern der herrschenden Klassen im imperialistischen Deutschland ziehen wollte, dann mußte man leugnen, daß die Reformation Luthers Teil einer umfassenden gesellschaftlichen Bewegung war, und so wurde behauptet, die aufständischen Bauern hätten in ihrer Einfalt Luthers Lehre einfach mißverstanden, wenn sie weltliche Konsequenzen aus ihr zogen. Umgekehrt hat in der Zeit des Kulturkampfes der siebziger Jahre des vergangenen Jahrhunderts ein katholischer Historiker, Johannes Janssen, diesen Zusammenhang auf seine Weise betont – aber er tat dies mit dem Ziel, Luther als verkappten Revolutionär zu denunzieren und damit das zeitweilige Bündnis zwischen Bismarck und den Nationalliberalen gegen die katholisch-partikularistische Opposition den besitzenden Klassen verdächtig zu machen. In den letzten Jahrzehnten freilich ist zwischen protestantischen und katholischen Richtungen der bürgerlich-imperialistischen Geschichtsschreibung im Zeichen abendländisch-ökumenischer Bestrebungen auch in dieser Frage Waffenstillstand geschlossen worden: Von katholischer Seite wird zugestanden, es habe damals gewiß genug Anlaß zur Unzufriedenheit gegeben, von protestantischer Seite dagegen besonders betont, Luther hätte allenfalls die Kirche reformieren wollen, zu weitergehenden Konsequenzen sei er nur gegen seinen Willen gedrängt worden. Demgegenüber ist bereits von Marx und Engels der historisch-soziale Inhalt der frühbürgerlichen Revolution (auch wenn sie noch nicht den Begriff gebrauchten) herausgearbeitet worden: Marx nannte schon 1844 den Bauernkrieg die radikalste Tatsache der deutschen Geschichte, und Engels hat in seiner klassischen Schrift über den Großen Deutschen Bauernkrieg 1850 gerade aus dem Zusammenhang von Reformation und Bauernkrieg begründet, daß auch das deutsche Volk seine revolutionäre Tradition besitzt.

Bauernerhebungen hat es an der Schwelle der Neuzeit in fast allen Ländern Europas gegeben. Aus den besonderen Verhältnissen, wie sie sich im 15. und zu Beginn des 16. Jahrhunderts in Deutschland herausgebildet hatten, ergab sich aber, daß diese Erhebungen hier zu einem Bauernkrieg als Höhepunkt einer frühbürgerlichen Revolution wurden. Dem widerspricht nicht, daß sich die bäuerlichen Massen dieser Tatsache nicht bewußt waren, ist es doch für viele derartigen Erhebungen charakteristisch, daß ihre historische Funktion und Zielstellung über das hinausging, was ihren Teilnehmern selbst zu klarem Verständnis gelangte.

Wenn schon seit den Bundschuhverschwörungen früherer Jahrzehnte in Südwestdeutschland lokale bäuerliche Bewegungen nicht mehr abgerissen waren, so wurde durch die Erhebung der Bauern von Stühlingen Ende Juni 1524 der Bauernkrieg ausgelöst. Ihre Bewegung breitete sich schnell über Südwestdeutschland aus, und gegen Ende des Jahres war das gesamte Gebiet zwischen Donau, Rhein und Lech in Bewegung geraten. Das wurde dadurch erleichtert, daß das Haus Habsburg zu dieser Zeit im Krieg gegen Frankreich stand, der vor allem auf italienischem Boden geführt wurde, und die Kräfte des Schwäbischen Bundes dadurch geschwächt waren. Im Frühjahr 1525 erlangte das programmatische Dokument dieser Bewegung, „Die Zwölf Artikel der Bauern", zum ersten Male gedruckt am 19. März 1525, weite Verbreitung. Das verdanken sie nicht nur und nicht zuerst Einzelforderungen wie der nach Beseitigung der Leibeigenschaft – sie war ja etwa in Mitteldeutschland zu dieser Zeit nicht verbreitet –, sondern vor allem der Einleitung, die das Vorhaben der Bauern als gottgefällig und gerecht begründete und verteidigte.

Wenn die Zwölf Artikel in einer Periode entstanden, in der noch Verhandlungen für ein Übereinkommen mit den Feudalherren geführt wurden, so wurde Ende März 1525 offenkundig, daß Kompromisse vor allem mit dem Schwäbischen Bund nicht zustande kommen konnten. Der radikalere „Artikelbrief" als Kampfprogramm, das sich die Schaffung einer Gesellschaft ohne Obrigkeit und ohne obrigkeitlichen Zwangsapparat zum Ziel setzte, gab dieser neuen höheren Stufe des Bauernkrieges Ausdruck. Schlösser, Klöster und Stifte sollten geächtet werden. Adel und Geistlichkeit sollten in die „christliche Vereinigung", als die sich die Volksreformation sammelte, Aufnahme finden, falls sie ihren Privilegien entsagten und gleich den anderen Bundesbrüdern lebten.

So wie Thomas Müntzer zunächst versuchte, Fürsten für die Sache des revolutionären Lagers zu gewinnen – er dürfte einer der Initiatoren des Artikelbriefes gewesen sein –, wollten auch seine Verfasser den neuen gesellschaftlichen Zustand ohne Blutvergießen herbeigeführt wissen. Ideologisch innerhalb des Rahmens des Christentums bleibend, führte der Artikelbrief in seiner politisch-sozialen Tendenz die Kritik bis zur Forderung, die feudale Ordnung als ganzes zu beseitigen.

Etwa in diesen Wochen des März 1525 griff die Erhebung nach Franken, dem Odenwald und dem Gebiet des Neckars über. Ein Bauernhaufen, der auf 8000 Mann angewachsen und mit Geschützen ausgerüstet war, erschien am 16. April vor Weinsberg. Die Burg wurde gestürmt, ein bedeutender militärischer Erfolg, und der württembergische Vogt Ludwig von Helfenstein, ein Schwiegersohn Kaiser Maximilians, zum Spießrutenlauf verurteilt – eine Tatsache, die die Zuspitzung der Gegensätze sichtbar macht.

Es gelang freilich der feudalen Partei, die verschiedenen Bauernhaufen voneinander zu isolieren und sie so lange mit Versprechungen hinzuhalten, bis das Heer des Schwäbischen Bundes sich soweit gerüstet hatte, daß es seinerseits zur Offensive antreten konnte. Sein militärischer Führer, Georg Truchseß von Waldburg, konnte im April 1525 ein zahlenmäßig überlegenes Heer der Bauern zum Vertrag von Weingarten bewegen, einem Waffenstillstand, mit dem der Schwäbische Bund faktisch freie Hand erhielt und in den folgenden Monaten unter Bruch der Zusagen eines der Bauernheere nach dem anderen schlagen konnte.

Später als in Schwaben und Franken, erst Mitte April 1525, breitete sich die revolutionäre Massenbewegung auf Thüringen aus. Von Mühlhausen aus wirkte Thomas Müntzer als Organisator, der einen Aufstandsplan entwickelte, der auf einem Bündnis zwischen den plebejischen Kräften in den Städten und den Massen der Bauern beruhte. Auch hier aber konnte die in verschiedene Haufen zersplitterte Bewegung zwar bedeutende Anfangserfolge erringen, war jedoch nicht in der Lage, die sich sammelnde und nun auf Thüringen vorrückende Fürstenpartei abzuwehren. Die Schlacht bei Frankenhausen (14./15. Mai 1525), der Höhepunkt der revolutionären Bewegung in Mitteldeutschland, war zugleich die Entscheidungsschlacht des Bauernkrieges. Es gelang dem hessischen Landgrafen, sein Heer mit dem Georgs von Sachsen zu vereinigen, 6000 der Aufständischen zu töten und 600 von ihnen gefangenzunehmen. Unter den Gefangenen befand sich auch Thomas Müntzer. Nachdem man ihn grausam gefoltert hatte – selbst in der „Historia Thoma Müntzers“ (1526), die ein erbitterter Gegner verfaßte (sie ist Philipp Melanchthon zugeschrieben worden), wird zugegeben, man sei „greulich mit ihm umgegangen“ –, ließen ihn die Sieger am 27. Mai 1525 enthaupten.

In den folgenden Wochen warf das Heer des Schwäbischen Bundes die voneinander isolierten und durch den Waffenstillstand getäuschten Bauernheere Südwestdeutschlands nieder. In dieser Niedergangsphase des Bauernkrieges entstand noch ein Reformprogramm, das grundsätzliche Bedeutung besitzt, das „Heilbronner Programm“, das wohl von Wendel Hipler und Friedrich Weigandt verfaßt wurde. Dieses Programm, das eine Reform des Gerichtswesens, Beseitigung der Zölle und Steuern mit Ausnahme der Reichssteuer, einheitliche Maße und Münzen verlangte und damit fortschrittlichen bürgerlichen Forderungen Ausdruck gab, zeigt, daß es Potenzen für ein antifeudales Bündnis zwischen fortschrittlichen Kräften in den Städten und der bäuerlichen Massenbewegung gab. Noch bevor das Heilbronner Bauernparlament, dem dieses Programm zur Grundlage dienen sollte, zusammengetreten war, trafen die Nachrichten von vernichtenden Niederlagen der Bauernheere ein. Ende Mai 1525 war in den Kerngebieten die Bauernbewegung niedergeschlagen. Nur der alpenländische Bauernkrieg in Tirol konnte noch bis zum Frühling des folgenden Jahres einzelne militärische Erfolge erzielen, bis auch dort die Übermacht des Schwäbischen Bundes die revolutionäre Bewegung niederwarf.

Mit der Niederlage der Bauern war auch die frühbürgerliche Revolution beendet. Ausläufer, in denen die Traditionen großer Revolutionen auch im Falle ihrer Niederlage fortzuleben pflegen, gab es auch in diesem Falle, insbesondere in der Bewegung der Täufer. Sie verwarfen die Taufe der kleinen Kinder und propagierten statt dessen die Taufe der Erwachsenen. Die Täufer bildeten meist Sekten, die im allgemeinen in einem – meist passiven – Widerspruch zu den geistlichen und weltlichen Obrigkeiten standen, deren Mitglieder oft ihre Güter gleichmäßig verteilten und auf das Herannahen eines Tausendjährigen Reiches hofften, in dem die Hohen erniedrigt, die Niedrigen aber erhöht werden sollten. Höhepunkt dieser Bewegung war die zeitweilige Errichtung einer Täuferherrschaft in Münster (Westfalen) im Jahre 1534, in deren Verlauf die Eigentumsverhältnisse in der Stadt umgestaltet wurden, in der es aber auch solche Auswüchse des Sektengeistes wie die Vielweiberei, ja sogar einen zeitweiligen Ehezwang für Frauen gab. Fast $1^1/_2$ Jahre dauerte der Kampf um Münster, Nachspiel und letzte große Schlacht in den Klassenkämpfen der frühbürgerlichen Revolution. Der Versuch, der in Münster unternommen worden war und der von der zeitgenössischen Reaktion und der späteren Geschichtsschreibung maßlos diffamiert worden ist, mußte freilich scheitern. „Für ein kommunistisches Gemeinwesen waren weder die objektiven Bedingungen vorhanden, noch konnte eine sektiererisch deformierte sozial-religiöse Bewegung wie das Täufertum die subjektive Reife für die Bewältigung einer Aufgabe aufbringen, die zur weltgeschichtlichen Mission der Arbeiterklasse wurde.“ (Max Steinmetz)

Das aber war, wie erwähnt, nur noch ein Nachspiel der frühbürgerlichen Revolution. Ihre wesentlichen Ergebnisse waren bereits durch die Ereignisse des Jahres 1525 besiegelt worden – Ergebnisse auf wirtschaftlichem, politischem und ideologischem Gebiet, die für Jahrhunderte maßgeblichen Einfluß auf die deutsche Geschichte nehmen sollten.

Ergebnisse auf wirtschaftlichem Gebiet: Blutiger Terror der triumphierenden Reaktion dezimierte die aufständischen Bauern. Über dieser Tatsache darf aber nicht übersehen werden, daß gerade in den Aufstandsgebieten in der Folgezeit keine wesentliche Verschlechterung der ökonomischen Lage der Bauern eintrat, die Feudalität vielmehr nur zu deutlich auf die Grenzen des Zumutbaren hingewiesen worden war. Eine Verschlechterung der Lage der Bauern folgte aber der Niederlage des Bauernkrieges in den ostelbischen Gebieten, dem Norden und Nordosten, wo keine wesentlichen Erhebungen stattgefunden hatten. Hier breitete sich nun die sog. „zweite Leibeigenschaft" aus, eine Form bäuerlicher Abhängigkeit, die mit dem Übergang zur Gutswirtschaft verknüpft war. In den ostelbischen Gebieten, in denen der Getreideanbau vorherrschte, für den mit dem Aufblühen der gewerblichen Produktion in den entwickelteren Ländern Westeuropas neue Märkte entstanden, paßten sich die Junker der Tatsache an, daß die kapitalistische Produktionsweise außerhalb ihres eigenen Herrschaftsgebietes erstarkte. Sie bauten größere Eigenwirtschaften, Güter aus, in denen gelegte, in die Leibeigenschaft gezwungene Bauern den Boden bearbeiteten und Frondienste auf dem Gutsland zu leisten hatten. Auf den ostelbischen Gütern monopolisierten die Junker den Getreidehandel, was zur Folge hatte, daß ein eigentliches Handelsbürgertum nicht entstehen konnte und die Städte, insbesondere im preußischen Staat, bis zum Beginn des 19. Jahrhunderts nach einem Wort Franz Mehrings halb Domänen, halb Garnisonen blieben.

Hatte es schon früher bei allen Tendenzen zu einem einheitlichen Markt, wie er durch die Verdichtung der Handelsverbindungen im 15. Jahrhundert zu entstehen begann, in Deutschland doch mehrere, voneinander getrennte ökonomische Zentren gegeben, so ergab sich nun noch ein weiterer ökonomischer Unterschied zwischen den ostelbischen Gebieten und dem südlichen und westlichen Deutschland: Der Unterschied zwischen Teilen, in denen die Gutsherrschaft dominierte, und solchen, in denen die feudalen Verhältnisse von der Grundherrschaft geprägt wurden.

Mit der Beibehaltung oder Festigung der feudalen Bindungen als Ergebnis der Niederlage der Bauern stagnierte auch die Überwindung feudaler Verhältnisse wie der Zunftschranken im städtischen Gewerbe: Die Ansätze der ursprünglichen Akkumulation wurden nicht weitergeführt, da der Entstehung einer Klasse ökonomisch und rechtlich freier Lohnarbeiter die feudalen Agrarverhältnisse entgegenstanden.

Zur Vertiefung der ökonomischen Unterschiede zwischen den verschiedenen Teilen Deutschlands und zur Hemmung der ursprünglichen Akkumulation trat als weitere Folge der im wesentlichen niedergeschlagenen frühbürgerlichen Revolution die konfessionelle Spaltung. Der Gegensatz zwischen Katholiken und Protestanten vertiefte sich vor allem, als in der zweiten Hälfte des 16. Jahrhunderts sich die katholische Kirche auf die neuen Verhältnisse umzustellen begann, im Jesuitenorden ein Instrument schuf, in dem Organisationsformen vorherrschten, die den neuen Gegebenheiten entsprachen, und eine systematische Gegenreformation unternommen wurde. Darüber hinaus entstand noch innerhalb des deutschen Protestantismus der Gegensatz zwischen Lutheranern und den Anhängern des Schweizer Reformators Johannes Calvin (1509–1564). Kernstück des Calvinismus war die sog. Prädestinationslehre, nach der jedem einzelnen bereits vorbestimmt sei, ob er zur Gnade erwählt sei oder nicht. An sich waren gerade die Beziehungen zwischen dem Calvinismus und bürgerlichen Anschauungen besonders eng: Friedrich Engels wies auf den Zusammenhang zwischen der Lehre von der Gnadenwahl und der Tatsache hin, daß „in der Handelswelt der Konkurrenzerfolg oder Bankrott nicht abhängt von der Tätigkeit oder dem Geschick des einzelnen, sondern von Umständen, die von ihm abhängig sind“. Diese Beziehungen sind dann von dem bedeutenden bürgerlichen deutschen Soziologen Max Weber näher untersucht worden, der in seiner 1904 erschienenen Arbeit „Die protestantische Ethik und der Geist des Kapitalismus“ zwar versuchte, eine Entstehungsgeschichte des Kapitalismus zu geben, die den historischen Materialismus widerlegen sollte, tatsächlich aber zu Ergebnissen gelangte, die ihn gerade bestätigen.

Nach Webers Auffassung hatte der Katholizismus des Mittelalters das Ideal einer „außerweltlichen Askese“ gepredigt, wirtschaftlichen Erfolg im Diesseits aber geringgeschätzt. Der Protestantismus, vor allem seine calvinistische Spielart, später auch der Pietismus, hatten zwar nicht auf das asketische Ideal überhaupt verzichtet, aber es in einer „rationellen“ Form, die Weber als „innerweltliche Askese“ bezeichnete, vertreten. Als Beispiel dafür führt er einen Ausspruch des deutschen Humanisten Sebastian Franck an: „Du glaubst, Du seiest dem Kloster entronnen; es muß jetzt jeder sein Leben lang ein Mönch sein.“

Vor allem der Calvinismus habe die Kapitalbildung gestattet, ja noch mehr: Er habe beruflichen Erfolg im Diesseits als Beweis dafür angesehen, daß der Betreffende zur jenseitigen Seeligkeit vorbestimmt, daß er zur Gnade erwählt sei. Er habe die Verwendung von Vermögen zum unproduktiven Genuß verboten und damit die Verwendung des Kapitals im Produktionsprozeß erleichtert. In dieser ursprünglich in religiösem Gewand vorgetragenen bürgerlichen Berufsmoral wurzelt, so zeigte Max Weber, letzten Endes noch jener Ratschlag, den zuerst Benjamin Franklin im 18. Jahrhundert einem jungen Kaufmann gab: „Zeit ist Geld.“ Mochte in anderen fortgeschrittenen Ländern sich tatsächlich gerade diese bürgerliche Tendenz des Calvinismus durchsetzen, wurde er doch in Deutschland in den Territorialstaaten, in denen er Einfluß gewann, so etwa der Pfalz, nicht maßgebend. Wie das Luthertum, so trat hier auch der Calvinismus im wesentlichen in den Dienst der Fürstenmacht, und die Auseinandersetzungen innerhalb des protestantischen Lagers waren oft noch stärker von orthodoxer Intoleranz geprägt als die zwischen Protestanten und Katholiken. Das aber führt bereits zu dem wesentlichen politischen Ergebnis der frühbürgerlichen Revolution und ihres Scheiterns. Es war zwar gelungen, die weltliche Macht der geistlichen Feudalität in einer Reihe deutscher Territorialstaaten zu beseitigen, Nutznießer dieser Veränderungen waren aber nur die Fürsten, die die geistlichen Güter „säkularisierten“, d. h. in ihren Besitz nahmen, und die zu obersten Kirchenherren in ihren Ländern wurden. Die Tendenz, die Reformation in eine Fürstenreformation münden zu lassen, war von keinem anderen als von Martin Luther selbst verfolgt worden, als er zur Zeit des Höhepunktes des Bauernkrieges im Mai 1525 eine Schrift „Wider die räuberischen und mörderischen Rotten der Bauern“ veröffentlicht hatte, in der er den Fürsten zurief: „Steche, schlage, würge hier, wer da kann.“

Hatte die Schwäche der Zentralgewalt die Erfolge der ersten Phase der frühbürgerlichen Revolution erleichtert – Luther konnte ja, wie wir gesehen haben, zunächst von dem Gegensatz zwischen Papst, Kaiser und Fürsten profitieren –, so hatte die Macht der Fürsten und die Abkehr des Bürgertums von der frühbürgerlichen Revolution die Niederlage ihrer späteren Etappen ermöglicht. Leidtragende dieser Niederlage waren aber nicht nur die Bauern, sondern auch das Bürgertum selbst, dessen wirtschaftliche, soziale und politische Entwicklung mit dem Sieg der Fürstenmacht auf Jahrhunderte gelähmt wurde. Wenn der Einfluß der römisch-katholischen Kirche auf große Teile Deutschlands zurückgedrängt worden war, so wurde doch die Zersplitterung Deutschlands und damit auch die nationale Ohnmacht durch den Sieg der Fürstenreformation vertieft. So hat die Niederlage der frühbürgerlichen Revolution wesentlich dazu beigetragen, daß in Deutschland keine zentralisierte Monarchie in nationalstaatlichem Rahmen entstand, charakteristisch für die folgenden Jahrhunderte vielmehr die Ausbildung des territorialfürstlichen Absolutismus wurde.

Unter solchen Gesichtspunkten wird auch die Stellung Kaiser Karls V. (1519–1556) zur reformatorischen Bewegung verständlich, die letzten Endes nur von habsburgischen Hausmachtinteressen und insbesondere von der jeweiligen außenpolitischen Situation bestimmt wurde. „Die drei Bestimmungsstücke, aus denen er seine jeweilige Haltung konstruierte, waren: Papst, Orient, Frankreich.“ (Egon Friedell) Im Jahre 1521 brauchte Karl V. die Bundesgenossenschaft des Papstes für seinen ersten Krieg gegen Franz von Frankreich, und daher verbot das Wormser Edikt – auch wenn es erst verabschiedet worden war, nachdem die mit Luther sympathisierenden Kurfürsten den Reichstag verlassen hatten – alle Neuerungen und tat den Reformator in die Reichsacht. Fünf Jahre später verband sich der Papst mit Frankreich gegen den Kaiser, und so mußte Karl V. auf dem ersten Reichstag in Speyer Zugeständnisse an die Reformation machen. Wieder drei Jahre darauf, im Jahre 1529, wurde in Cambrai ein allgemeiner Frieden geschlossen, und die Türken, die bis vor Wien vorgedrungen waren, mußten die Belagerung der Stadt angesichts ihres entschlossenen Widerstandes aufgeben. Infolgedessen erneuerte der zweite Reichstag von Speyer das Wormser Edikt entgegen dem Protest der Anhänger der neuen Konfession, die seither den Namen „Protestanten" trugen. Im Jahre 1530 krönte der Papst Karl V., und der Augsburger Reichstag des gleichen Jahres wandte sich äußerst schroff gegen die neue Lehre. Im gleichen Jahre schlossen sich die Fürsten, die zum Protestantismus übergetreten waren, zum „Schmalkaldischen Bund" zusammen. Das Vorrücken der Türken zwang Karl V. jedoch im Jahre 1532, mit dem Religionsfrieden von Nürnberg bis zu einem allgemeinen Konzil den Protestanten freie Religionsausübung zuzugestehen. 1544, nach neuen Kriegen mit Frankreich und weiteren Kämpfen gegen die Türken, die zu einem Waffenstillstand geführt hatten, unternahm der Kaiser eine neue Offensive zur gewaltsamen Wiederherstellung der Einheit der Kirche. Der Schmalkaldische Krieg 1546 bis 1548 endete mit einer Niederlage des Bundes und einem provisorischen Beschluß des Reichstages zu Augsburg (1547/48), dem sog. Interim. Wenige Jahre später fiel aber der mächtige Kurfürst Moritz von Sachsen vom Kaiser ab, das Interim wurde abgeschafft, und der Augsburger Religionsfrieden 1555 gab den Landesherren und freien Städten das Recht, die Religion ihrer Untertanen zu bestimmen. Karl V., der bald darauf abdankte, mußte darauf verzichten, die Alleinherrschaft der römischen Kirche in Deutschland wiederherstellen zu wollen. Katholiken und Protestanten galten nun als gleichberechtigt. Zwinglianer, Calvinisten und Täufer waren freilich von dem Religionsfrieden ausgenommen, und der „geistliche

Vorbehalt“, wonach geistliche Fürsten bei einem Übertritt zur neuen Lehre ihre Würde verloren, sollte künftig neuen Konfliktstoff schaffen. „Zum Grundgesetz des Reiches geworden, gab der Augsburger Religionsfriede praktisch die religiös-kirchliche Grundlage des Reiches auf und förderte den Ausbau der weltlichen Territorialstaaten.“ (Max Steinmetz) Die antinationalste Klasse des damaligen Deutschland, die Fürsten, hatten einen Sieg errungen. Territorialfürstliche Herrschaft und territorialfürstliche Zersplitterung hatten sich in Deutschland gefestigt. Außerhalb Deutschlands dagegen waren zentralisierte Monarchien entstanden, die sich auf unterschiedlicher gesellschaftlicher Entwicklungsstufe befanden und in Konflikt untereinander gerieten. Daß die Fürsten die eigentlichen Nutznießer der Niederlage der frühbürgerlichen Revolution geworden waren, war zugleich eine wesentliche Voraussetzung dafür, daß ein europäischer Krieg von dreißigjähriger Dauer ausbrechen und sich im wesentlichen auf deutschem Boden abspielen konnte: um ihre antinationalen Klassenziele durchzusetzen, gingen sie Bündnisse mit ausländischen Mächten ein und übertrugen damit deren Konflikte auf Deutschland.

Zu Beginn des 17. Jahrhunderts war Europa in zwei Lager gespalten. „Zwei Mächtegruppierungen standen einander gegenüber, die sich im Ergebnis des niederländischen Freiheitskampfes gegen Spanien sowie infolge des Machtkampfes zwischen den einzelnen deutschen Staaten herausgebildet hatten. Um Madrid und Rom – die beiden Kristallisationszentren – hatte sich unter der Flagge eines militanten Katholizismus und durch Geheimverträge verbunden das spanisch-habsburgisch-katholische Lager gebildet.“ Auf der anderen Seite stand das antispanisch-antikatholische Lager. „Ein führender Platz in dieser ausgesprochen heterogenen Gruppierung mußte den Generalstaaten zufallen, dieser im Verlauf des niederländischen Freiheitskampfes entstandenen frühbürgerlich-aristokratischen föderativen Republik, deren Kern die Provinz Holland war.“ (Roland-Franz Schmiedt) Um sie gruppierten sich diejenigen europäischen Staaten, die von den Expansionsabsichten der Habsburger und ihrer Verbündeten bedroht waren. Nach einer kurzen prospanischen Orientierung des französischen Königshofes trat das katholische Frankreich auf die Seite der Gegner Habsburgs über, ja, sollte schließlich die führende Stellung unter diesen Gegnern einnehmen. Das allein zeigt bereits, daß das religiöse Bekenntnis keine bestimmende Rolle für die Zugehörigkeit zu den jeweiligen Mächtegruppierungen spielte und der Dreißigjährige Krieg seinem Wesen nach nicht zuerst ein Religionskrieg war.

Auch auf deutschem Boden formierten sich die beiden politisch-konfessionellen Lager in militärisch organisierter Form. Der Versuch, in der Stadt Donauwörth gewaltsam die Gegenreformation durchzusetzen, veranlaßte eine Reihe protestantischer Fürsten, sich im Jahre 1608 zu einer Union zusammenzuschließen, in der die Kurpfalz die führende Stellung einnahm und zu der u. a. Baden und Württemberg gehörten. Zwei Jahre später traten ihr auch Hessen und Brandenburg bei. Im Jahre 1609 wurde unter bayrischer Führung die katholische Liga gegründet, der bis zum folgenden Jahre fast alle katholischen Stände beitreten sollten. Damit waren die Gegensätze offen aufgebrochen, aus denen 1618 der Dreißigjährige Krieg entstand. Unmittelbarer Anlaß zum Ausbruch des Krieges wurde der Widerstand der böhmischen Stände gegen das feudalklerikale Regime des Hauses Habsburg und seine Versuche, im Königreich Böhmen eine katholische Restauration durchzusetzen. Zwei kaiserliche Räte wurden in Prag aus dem Fenster gestürzt, Erzherzog Ferdinand, der ohne Zustimmung der Stände zum böhmischen König eingesetzt worden war, wurde abgesetzt, und Friedrich von der Pfalz, das Oberhaupt der Union, an seiner Stelle zum König erhoben. Die böhmischen Stände hofften, bei der antihabsburgischen Gruppierung militärische Unterstützung zu finden, ergriffen die Offensive und gelangten im Juni 1619 bis vor Wien. Das katholisch-spanische Lager ging aber nun fest organisiert zum Gegenangriff über. Spanische Truppen brachen in die Pfalz ein, und ein Heer der Liga unter dem Grafen Tilly siegte vor den Toren

Prags, in der Schlacht auf dem Weißen Berge (8. November 1620), über die Truppen der böhmischen Stände. Friedrich von der Pfalz floh nach Holland und überließ das Land der Rache der Sieger: Habsburg nahm die Bestrafung der „Rebellen" zum Anlaß, nicht nur die führenden Persönlichkeiten des Ständeaufstandes hinrichten zu lassen, sondern auch die Güter des böhmischen Adels zu konfiszieren und mit der Verfolgungskampagne Rekatholisierung, Refeudalisierung und nationale Unterdrückung des tschechischen Volkes zu verbinden.

War der Krieg in seiner ersten Phase, dem böhmisch-pfälzischen Krieg (1618–1623) noch auf einzelne Gebiete beschränkt geblieben, so weitete er sich mit dem Eingreifen Dänemarks in seiner zweiten Phase, dem dänisch-niedersächsischen Krieg (1625–1629), weiter aus. Gestützt durch englische, niederländische und französische Subsidien griff der dänische König in die Auseinandersetzungen ein, wobei ihn vor allem die Absicht leitete, seine Position in Nordwestdeutschland zu erweitern. Das koordinierte Handeln der antispanisch-antihabsburgischen Gruppierung bedrohte trotz der bisherigen Erfolge die Stellung des katholischen Lagers. In dieser Situation wurde Albrecht von Wallenstein (1583–1634) zu einer zentralen Persönlichkeit der europäischen Politik. Wallenstein entstammte dem böhmischen Adel. Durch eine reiche Heirat war er zu einem der einflußreichsten Großgrundbesitzer in Mähren geworden. Er war einer der wenigen böhmischen Adligen, die sich im Ständeaufstand auf die Seite der Habsburger gestellt hatten, und er hatte sich darüber hinaus dem Kaiser dadurch empfohlen, daß er ihm die Kriegskasse der mährischen Stände übergeben hatte. Durch den Ankauf enteigneter böhmischer Güter weiter bereichert, nutzte er seine Geldmittel, um ein für die damalige Zeit geradezu riesenhaftes Heer zu organisieren und es dem Kaiser zur Verfügung zu stellen. Tilly und Wallenstein drängten die dänischen Heere zurück und unterwarfen fast ganz Norddeutschland. Damit war die kaiserliche Macht auf einen Höhepunkt gelangt. Statt aber diese Situation dazu auszunutzen, durch eine maßvolle Behandlung der besiegten protestantischen Fürsten einen Ausgleich innerhalb des Reiches zustande zu bringen und damit seine Einheit zu ermöglichen, erließ Kaiser Ferdinand im Jahre 1629 ein „Restitutionsedikt", nach dem alle geistlichen Gebiete, die nach 1552 in protestantischen Besitz gekommen waren, zurückgegeben werden sollten. Diese unmäßigen Forderungen des Kaisers und der triumphierenden Gegenreformation brachten aber nicht nur die protestantischen Reichsstände, die ihre Existenz bedroht sahen, gegen den Kaiser auf, sondern beunruhigten auch die katholischen Fürsten, die um ihre Unabhängigkeit besorgt wurden. Der Generalissimus hatte sich als nüchterner Realpolitiker gegen das Restitutionsedikt ausgesprochen und sich damit die katholische Kirche und katholische Fürsten zum Feinde gemacht, so daß der Kaiser, dem allgemeinen Druck folgend, ihn im Jahre 1630 entlassen mußte. Er zog sich auf seine böhmischen Besitzungen zurück, überzeugt davon, daß der Kriegseintritt Gustav Adolfs von Schweden, der zur gleichen Zeit erfolgt war, ihm die Chance eines neuen Eingreifens in den Krieg geben würde.

Die Landung eines schwedischen Heeres auf Usedom leitete eine entscheidende Wende des Dreißigjährigen Krieges ein. Mit dem schwedischen Krieg (1630–1635) begann die Phase, in der er sich zum europäischen Machtkampf ausweitete, dessen Schauplatz Deutschland war. Gustav Adolf, mit Subsidien Frankreichs ausgestattet und auch von Rußland unterstützt, nahm die Bedrohung des Protestantismus durch die Siege der Heere Wallensteins zum Anlaß, um Schweden die Vormachtstellung im Ostseeraum zu verschaffen. Im folgenden Jahre gelang es zwar einem kaiserlichen Heer unter Tilly, Magdeburg zu erobern, wobei die Stadt fast völlig zerstört wurde, aber in der Schlacht bei Breitenfeld errangen die Schweden einen Sieg. Das schwedische Heer drang bis Bayern vor. In dieser Bedrängnis entschloß sich der Kaiser, Wallenstein zurückzuberufen und ihm nicht nur den Oberbefehl über das kaiserliche Heer zu übertragen, sondern ihn auch mit ungewöhnlich weitgehenden Sondervollmachten auszustatten. In der Schlacht bei Lützen (1632) behaupteten zwar die Schweden das Schlachtfeld, König Gustav Adolf fiel jedoch. In dieser Situation nahm Wallenstein, durch den Kaiser nur teilweise gedeckt, geheime Verhandlungen mit Schweden über einen Friedensschluß auf. Dem Kaiser und der Hofpartei war Wallenstein zu mächtig geworden, als daß sie ihn zu einem Zeitpunkt, da seine Pläne vor allem zu den Interessen der spanischen Politik in Widerspruch gerieten, weiter an der Spitze des kaiserlichen Heeres geduldet hätten. Ferdinand II. ließ Wallenstein fallen, worauf ihn auch seine eigenen Offiziere im Stich ließen und Landsknechtführer den General auf der Flucht vor seinem eigenen Heer in Eger im Februar 1634 ermordeten.

„Das in der Geschichtsschreibung so heiß umstrittene Wallensteinproblem reduziert sich im wesentlichen auf die Frage, ob im damaligen Deutschland die objektiven Voraussetzungen dafür bestanden, ‚eine rein weltliche Monarchie‘ zu schaffen, ‚die sich frei von allen konfessionellen Gegensätzen über die hadernden Fürsten erheben, die Klassengegensätze im Innern mildern und die gesamte Kraft der Nation nach außen kehren sollte‘ (Franz Mehring). Entscheidend ist, daß der Herzog von Friedland keine Verbindung mit dem aufstrebenden Bürgertum suchte, sondern durch eine Militärdiktatur – gestützt auf ein riesiges Söldnerheer, für dessen Erhaltung die ohnehin schon ruinierte Bevölkerung aufkommen mußte – die Macht der Fürsten brechen bzw. einschränken wollte. Zur Verwirklichung seiner Pläne fehlte ihm die soziale Basis.“ (R.-F. Schmiedt)

Die militärischen Erfolge, die die kaiserlichen Heere in den folgenden Monaten errangen und durch die die schwedischen Heere wieder aus Süddeutschland vertrieben wurden – im Mai 1635 wurde sogar in Prag zwischen dem Kaiser und Sachsen unter Verzicht auf das Restitutionsedikt Frieden geschlossen, und die meisten norddeutschen Reichsstände traten dem Prager Frieden bei –, veranlaßten Frankreich, nun offen in die militärischen Auseinandersetzungen einzugreifen: die Ohnmacht der deutschen Zentralgewalt sollte aufrechterhalten, die fürstlichen Partikulargewalten sollten dagegen gestärkt werden. In seiner letzten Phase, dem französisch-schwedischen Krieg (1635–1648), zeigte der Dreißigjährige Krieg den Wesenszug, den er von Anfang an besessen hatte, nun in der schrecklichsten Weise. War Frankreich eben dadurch zum Eingreifen veranlaßt worden, daß ein Friedensschluß in Aussicht stand, so wurde nun Deutschland vollends zum Schauplatz des Kampfes französischer und schwedischer Heere zur Aufrechterhaltung und Erweiterung des Einflusses dieser Staaten in Mittel- und Westeuropa und im Ostseeraum. Der Krieg löste sich mehr und mehr in Einzelaktionen auf. Weite Gebiete Deutschlands wurden verwüstet. Die Söldnerheere verwandelten sich mehr und mehr in Räuberbanden, die nur noch um des Soldes und der Beute willen Krieg führten.

Deutschland war aber so ausgeplündert, daß nun auch die Versorgung dieser Heere gefährdet war und der Krieg schließlich an allgemeiner Erschöpfung starb. Während des ganzen Verlaufes des Krieges waren besonders im Harz, in Bayern und in Oberösterreich bäuerliche Widerstandsbewegungen gegen die Soldateska beider kriegführender Parteien entstanden, die z. T. ausgesprochen antifeudalen Klassencharakter besaßen. Nun sahen auch die herrschenden Kräfte der beiden Lager ein, daß es an der Zeit sei, Frieden zu schließen. Nach mehrjährigen Verhandlungen wurde 1648 in Münster und Osnabrück (die Verhandlungen waren in den beiden Städten getrennt nach Konfessionen geführt worden) Frieden geschlossen. Mit dem Westfälischen Frieden traten wesentliche territoriale Veränderungen im Reich ein. Schweden erhielt Rügen, Stettin, Vorpommern, Wismar und die Herzogtümer Bremen und Verden, so daß es die Mündungen der Weser, der Elbe und der Oder kontrollierte. Frankreich erhielt zwar nicht Straßburg – es wurde erst vier Jahrzehnte später in den Raubkriegen Ludwigs XIV. erobert, die dem französischen König „nur 7 Dörfer wöchentlich" einbrachten –, aber Teile des Elsaß und konnte auf dem rechten Rheinufer Fuß fassen. In dem jahrhundertelangen Kampf zwischen den Habsburgern und den Bourbonen trat nun eine Wendung ein: Hatte sich zu Beginn des 16. Jahrhunderts das französische Königtum gegen die Versuche des Hauses Habsburg, Frankreich vom Süden, von Spanien, und vom Nordosten aus einzukreisen, wehren müssen, so wurde diese Einkreisung nun endgültig gesprengt.

Die Niederlande und die Schweiz schieden nun endgültig aus dem Reich aus, womit das faktische Ergebnis der Befreiungskriege dieser Völker in den vorausgegangenen Jahrzehnten nun auch formell besiegelt wurde.

Das Reich war nun faktisch aufgelöst. Schweden und Frankreich erlangten Sitz und Stimme im Reichstag, wurden zu „Garanten des Friedens" erklärt und erhielten dadurch das Recht, jederzeit unter Berufung auf den Friedensvertrag in innerdeutsche Angelegenheiten einzugreifen. Die „Libertät" der Fürsten triumphierte auf der ganzen Linie. Sie erhielten das Recht, Bündnisse mit dem Ausland abzuschließen, wobei die Klausel, daß sich diese Verträge nicht gegen Kaiser und Reich richten dürfen, eine bloße Floskel war. Durch den Krieg verwüstet, einer Zentralgewalt faktisch beraubt, von Fürsten beherrscht, deren politische Interessen und deren Konfession auseinandergingen und die nur durch das Interesse zusammengehalten wurden, die Volksmassen nach Kräften auszuplündern, war Deutschland für „zweihundert Jahre aus der Reihe der politisch tätigen Nationen Europas gestrichen". (Friedrich Engels)

2.
Territorialstaatlicher Absolutismus und Aufklärung im 18. Jahrhundert

Wenn der Versuch, durch eine frühbürgerliche Revolution die bürgerliche Umgestaltung vorzubereiten und zu fördern, im 16. Jahrhundert gescheitert war, so wurde nach der Katastrophe des Dreißigjährigen Krieges diese Umgestaltung von neuem, aber nun auf andere Weise, nämlich durch ein „Emporkriechen des deutschen Bürgertums" (Friedrich Engels) unternommen. Ein Emporkriechen: denn die Ereignisse der vorausgegangenen Jahrzehnte hatten beträchtliche Hindernisse für die Durchsetzung kapitalistischer Verhältnisse aufgetürmt. Die Zerstörung des Landes, die Dezimierung der Bevölkerung und die massenhafte Vernichtung von Produktivkräften während des Dreißigjährigen Krieges konnten um so schwerer überwunden werden, als die politischen Verhältnisse, die durch den Westfälischen Frieden besiegelt worden waren, die Kräfte lähmten, die einen Wiederaufstieg bewirken konnten. Auch in Deutschland setzte sich die Tendenz zum Absolutismus als der letzten und höchsten Form des feudalen Staates durch – jener Form, in der der Adel zum Teil nach heftigen Kämpfen einem einzelnen Fürsten die politische Initiative und Exekutive überlassen mußte. Während aber in den meisten anderen europäischen Staaten sich dieser Absolutismus mit seinen neuen Organen, einer immer fester organisierten Bürokratie und einem stehenden

Heer, auf dem Boden eines zentralisierten Staates herausbildete und damit die Konstituierung der Nation förderte, während dort das Bürgertum zwar nicht an der politischen Macht beteiligt, aber zunächst durch die Zurückdrängung der Adelsfronden und durch eine zielstrebige Wirtschaftspolitik zur Festigung des nationalen Marktes gefördert wurde, entwickelte sich der Absolutismus in Deutschland in verkrüppelter und verstümmelter Form. Er trat als territorialstaatlicher Absolutismus auf, meist als bloße Karikatur des Vorbildes, wie es vor allem der französische Hof den deutschen Duodezfürsten bot. Geschäftige Vielregiererei der Form nach konnte den parasitären Charakter der Fürstenherrschaft in den meisten Fällen nicht nur nicht verhüllen, sondern machte ihn erst recht offenbar. „Es muß schwer sein, in der ganzen Weltgeschichte eine Klasse aufzufinden, die durch so lange Zeit so arm an Geist und Kraft und so überschwenglich reich an menschlicher Verworfenheit gewesen ist, wie die deutschen Fürsten vom fünfzehnten bis zum achtzehnten Jahrhundert." (Franz Mehring) Das war – und auch darauf wies Mehring hin – nicht in erster Linie eine Frage des Charakters oder der psychischen Eigenart der einzelnen Landesväter, sondern ergab sich aus den Existenzbedingungen des deutschen Landesfürstentums. Die Hunderte von Reichsständen konnten ihre Herrschaft über einzelne Territorialstaaten nur dann aufrechterhalten, wenn sie allen gesellschaftlichen Kräften den Weg versperrten, die diese Zersplitterung zu beseitigen versuchten, also vor allem dem Bürgertum. Die deutschen Städte waren im allgemeinen nun nicht mehr Stätten des Gewerbefleißes und des Handels, charakteristisch wurden vielmehr jene Residenzstädte, in denen ein ökonomisch gelähmtes, politisch willenloses Bürgertum von Gnaden des jeweiligen Landesvaters vegetierte.

Die deutsche Geschichte in der Zeit zwischen dem Dreißigjährigen Krieg und der Französischen Revolution löste sich dementsprechend, wenigstens was die politischen Ereignisse betrifft, weitgehend in die Geschichte einzelner Staaten auf. Auch für die Großen von ihnen, Österreich und Preußen, gelten im wesentlichen die Merkmale, die dem territorialstaatlichen Absolutismus in Deutschland überhaupt eigen waren.

Gewiß hat es auch in der Habsburger Monarchie Versuche gegeben, Veränderungen zu erwirken. Dazu zwang schon die Bedrohung durch die Türken, die nach längerer Unterbrechung von neuem vorrückten und im Jahre 1683 vor Wien erschienen. Das belagerte Wien wurde nicht durch die Kräfte Habsburgs entsetzt, sondern erst die Hilfe eines aus anderen Ländern zusammengestellten Entsatzheeres, das von dem polnischen König Johann Sobieski geführt wurde, konnte die türkische Bedrohung abwehren.

Die Erfahrungen des Türkenkrieges ließen bürgerliche Forderungen erstarken. Philipp Wilhelm von Hörnigk veröffentlichte 1684 eine Schrift „Österreich über alles, wann es nur will", in der er sich für die Errichtung von Manufakturen einsetzte und die staatlichen Handelsmonopole kritisierte, die einer Entwicklung kapitalistischer Verhältnisse im Wege standen.

Im Gegensatz zu dem reaktionären Modekult um den „edlen Ritter", der im Zeichen des „christlichen Abendlandes" in den beiden letzten Jahrzehnten vor allem in Westdeutschland entfaltet worden ist, betonen wir mit Eva Priester gerade die progressiven Züge des Prinzen Eugen, des bedeutendsten österreichischen Feldherrn und Staatsmannes der Wende vom 17. zum 18. Jahrhundert, eines Freundes des Philosophen Leibniz: manches von dem, was die Reformer forderten, versuchte er in die Praxis umzusetzen. Prinz Eugen von Savoyen war ein Großneffe des Kardinals Mazarin, der zwei Jahrzehnte lang der maßgebende Staatsmann Frankreichs gewesen war. Eugen war vom französischen König Ludwig XIV. wegen seiner kleinen Gestalt abgewiesen worden, hat zuerst 1683 als Offizier im Heer des Markgrafen von Baden gedient und war im gleichen Jahre in österreichische Dienste getreten. Die von ihm geführten österreichischen Heere drängten die Türken aus Ungarn und bis über Belgrad zurück.

Zu Beginn des 18. Jahrhunderts lebten die Vormachtkämpfe zwischen Habsburg und Bourbon wieder auf. Im spanischen Erbfolgekrieg 1701–1714 schlossen sich England, Österreich sowie Holland, Portugal und Preußen gegen Frankreich und Bayern zusammen. Zur gleichen Zeit wurde im Nordischen Krieg Schwedens Vormachtstellung an der Ostsee von Rußland, wo Peter der Große einschneidende Reformen im Rahmen der Feudalordnung durchführte und die absolute Monarchie endgültig durchsetzte, vor allem mit dem Sieg bei Poltava gebrochen.

Wenn der spanische Erbfolgekrieg zunächst Erfolge der englisch-österreichischen Koalition gebracht hatte, so wechselte im Jahre 1711 England die Fronten: Um eine österreichische Hegemonie zu verhindern, wandte es sich Frankreich zu, und der Friede von Utrecht (1713), Ausdruck jener Politik des europäischen Gleichgewichts, die die Kabinette der Großmächte in den folgenden Jahrzehnten bestimmen sollte, führte zur Teilung Spaniens zwischen dem Hause Anjou und dem Hause Habsburg. Im gleichen Jahr wurde von Kaiser Karl VI. eine Neuregelung der Thronfolge im Hause Österreich festgelegt; nach der sog. Pragmatischen Sanktion sollte die weibliche Thronfolge gesichert und die Krone später an Maria Theresia übergeben werden, eine Festlegung, die zum Anlaß immer neuer Konflikte zwischen den Habsburgern und anderen europäischen Mächten werden sollte, auch wenn die Pragmatische Sanktion zunächst von den meisten von ihnen anerkannt wurde.

Nach der Abwehr der Türkengefahr, nach einer gewissen Stabilisierung der Einflußgebiete Habsburgs und im Zusammenhang mit der Errichtung zentraler Behörden im österreichischen Vielvölkerstaat konnten wenigstens in den habsburgischen Erbländern zu Beginn des Jahrhunderts einige ökonomische Fortschritte erzielt werden. Wien wurde in jenen Jahren zu einem politischen und kulturellen Mittelpunkt des Reiches – Zeugnis dafür sind die Bauten des österreichischen Barocks wie etwa die Wiener Karlskirche von Johann Fischer von Erlach oder Schloß Belvedere von Lukas von Hildebrand.

Vergleicht man Schloß Schönbrunn bei Wien mit dem

in mancher Hinsicht verwandten, nur wenige Jahre später entstandenen Schloß Sanssouci bei Potsdam, dann wird schon äußerlich deutlich, wie unterschiedlich die Dimensionen waren, in denen sich die Habsburger und die Hohenzollern bewegten, und welche Überraschung der Aufstieg Preußens für die Zeitgenossen war.

Das schwäbische Hochadelsgeschlecht der Hohenzollern, Burggrafen von Nürnberg, hatte 1415 die Mark Brandenburg erworben und sich dort nicht nur gegen die einflußreichsten Junkerfamilien durchgesetzt, sondern im Jahre 1442 auch die Bürgerschaft der Städte Berlin und Kölln zur Botmäßigkeit gezwungen. Die Hohenzollern hatten sich der Reformation angeschlossen. Ihre von rein dynastischen Interessen bestimmte Politik hatte den Markgrafen von Brandenburg im 17. Jahrhundert eine Reihe geographisch zusammenhangloser Landstücke verschafft. Sie waren zugleich Herzöge von Pommern und Kleve, Grafen von der Mark und Ravensberg, sie hatten Halberstadt, Minden und Magdeburg erworben, und sie waren darüber hinaus außerhalb des Reiches, wenn auch noch zunächst in einer gewissen Abhängigkeit erst von polnischer und dann von schwedischer Lehnsherrschaft, Herzöge von Preußen. Die Vereinigung der verschiedenen Territorien, „politischen Halbwaisen", wie man sie genannt hat, war um so schwieriger, als die Macht der Stände innerhalb der einzelnen Landesteile noch im 17. Jahrhundert kaum angetastet war. Kurfürst Friedrich Wilhelm I. (1640–1688) leitete eine Zentralisierung ein, aber er mußte dies in einer Form tun, in der sich bereits der spezifisch preußische Militarismus ausprägte. Im Brandenburgischen Landtagsrezeß von 1653 stimmten die Stände zwar der Errichtung eines stehenden Heeres zu, aber der Adel erhielt dafür große wirtschaftliche Vergünstigungen. Die Junker blieben abgabenfrei, wurden von Zöllen für die Korn-, Holz- und Wollausfuhr verschont und sicherten sich das Vorrecht, Getreide auszuführen. Das Getreidehandelsmonopol der Junker, Hemmnis für die Ausbildung eines städtischen Handelsbürgertums, und vor allem die Festigung der zweiten Leibeigenschaft waren der Preis für die

Ausbildung des Absolutismus in Brandenburg, und nach dem Muster der Mark Brandenburg wurde auch in anderen Landesteilen der Aufbau des stehenden Heeres von den Hohenzollern durchgesetzt.

Die Anfänge des Absolutismus in Brandenburg-Preußen waren verknüpft mit Behinderungen einer kapitalistischen Entwicklung, und in dem am schnellsten aufstrebenden deutschen Staat zeigte der Absolutismus zugleich die Merkmale eines Militarismus auf junkerlicher Grundlage: Um das Heer zu sichern, lieferten die Hohenzollern die Bauern den Junkern aus – bereits im 17. Jahrhundert also wurden hier innere Verhältnisse nach den Bedürfnissen des Heeres und nach den Gesichtspunkten der Kriegsvorbereitung geregelt, gaben Gewicht und Bedeutung der Armee den Ausschlag bei der Gestaltung der Klassenverhältnisse im Innern des Landes. Dem Nachfolger Friedrich Wilhelms I. gelang es im Jahre 1700, gegen französischen Widerstand, aber mit Unterstützung Habsburgs, die Krone eines Königs in Preußen zu erwerben – eine Politik des Wiener Hofes, die dem mißtrauischen Prinzen Eugen die Worte entlockte, die Minister, die dem zugestimmt hatten, gehörten gehängt zu werden. König Friedrich I. stimmte der Gründung einer Akademie der Wissenschaften in Berlin zu, wie sie vor allem der große Philosoph und Gelehrte Gottfried Wilhelm Leibniz angeregt und gefordert hatte. Aber solche Versuche, das junge Königtum als Förderer der Wissenschaften und Künste erscheinen zu lassen – so bescheiden sie blieben und so groß die Widerstände waren, mit denen Leibniz zu ringen hatte, konnte sich doch die Akademie zunächst nur aus dem Monopol auf die Herausgabe von Kalendern finanzieren –, brachen vollends ab, als mit Friedrich Wilhelm I. (1713–1740) ein Monarch den Thron bestieg, dessen einziger Zweck in der Staatsführung die Errichtung und Festigung des Heeres wurde. Der „Soldatenkönig“ war Realist genug, um bürgerliche Fachleute in der Bürokratie zu dulden, und zu seinen Lebzeiten gab es auch eine Reihe bürgerlicher Offiziere. Das ändert aber nichts am junkerlich-militaristischen Charakter des preußischen Staates, der für die Söldnerwerbung im Ausland, die sich vom Menschenraub besonders dann nicht unterschied, wenn die Vorliebe des Königs für die „langen Kerls" ins Spiel kam, in ganz Europa berüchtigt war. Die sog. Kompaniewirtschaft brachte den Junkern unmittelbare materielle Vorteile: Der adlige Kompaniechef durfte z.B. Mannschaften für längere Zeit, während derer sie sich selbst ihren Unterhalt erwerben mußten, beurlauben und die dadurch eingesparten Mittel in die eigene Tasche stecken.

Friedrich II. hatte in dem politischen Testament, das sein Vater 1722 verfaßt hatte und in dem die Scheu Friedrich Wilhelms I., „die Leistungsfähigkeit seines Staates, dessen Ausbau zur militärischen Despotie er so stark forcierte, im Ernstfall zu erproben" (Gerhard Schilfert), zum Ausdruck kam, die Warnung gelesen, „fanget niemahlen einen ungerechten Krieg an", und es war ihm dort auch geraten worden, „niemals mit Frankreich eine Alliance gegen das Römische Reich zu machen". Er selbst hatte in seinem Anti-Macchiavelli diejenigen kritisiert, die ohne Rücksicht auf die Gebote der Moral dynastische Eroberungspolitik trieben. Kaum hatte er den preußischen Thron bestiegen – Friedrich Wilhelm I. starb am 31. Mai 1740 –, wurde mit dem Tode Karls VI. (20. Oktober 1740) der Kaiserthron vakant. Das genügte für Friedrich II., für den Theorie und Praxis ja stets wenig miteinander zu tun hatten (das war letzten Endes auch bestimmend für die zeitweilige Freundschaft mit Voltaire und den Bruch mit ihm), die erwähnten Mahnungen und Vorsätze zu vergessen, einen Aggressionskrieg zu beginnen, in Schlesien einzufallen und ein Jahr später mit Frankreich sowie Sachsen und Bayern gegen den traditionellen Träger der Kaiserwürde, das Haus Habsburg, „eine Alliance zu machen". Bei Kriegsbeginn erklärte sich der preußische König bereit, die Wahl Franz I., des Gatten Maria Theresias, zum Reichsoberhaupt zu unterstützen, wenn ihm dafür Schlesien überlassen würde. Umgekehrt war aber auch für Habsburg diese Zustimmung keine Provinz aus der österreichischen Hausmacht wert, so daß das preußische Angebot entschieden abgelehnt wurde. Kurfürst Karl Albert von Bayern, mit französischer und preußischer Unterstützung 1742 als Kaiser Karl VII. zum Reichsoberhaupt gewählt, hat unter diesen Umständen natürlich sein Amt nicht wahrnehmen können. In den drei Jahren zwischen der Kaiserwahl und dem Tode Karls VII. (er starb 1745) wurde vielmehr sichtbar, daß das Schicksal des Heiligen Römischen Reiches Deutscher Nation besiegelt war: die kümmerlichen Reste seiner Autorität wurden im Dualismus zwischen Habsburg und Hohenzollern aufgerieben, in dem Habsburg immer mehr zur defensiven, Hohenzollern immer mehr zur offensiven Seite wurde.

Der Friede von Dresden (1745) beließ das in zwei Kriegen umkämpfte Schlesien in der Hand Preußens. Friedrich II. erklärte sich dafür mit der Wahl Franz' I. zum Kaiser einverstanden. Das heißt nicht, daß den Habsburgern der Preis für die Kaiserwürde, den sie 1740 nicht erlegen wollten, jetzt doch lohnend erschien, sondern besagt nur, daß im Augenblick keine Möglichkeit bestand, Friedrich II. seinen Raub wieder abzunehmen.

In den ersten Monaten des Jahres 1756 vollzog sich eine Umwälzung in den internationalen Beziehungen, eine „diplomatische Revolution". Bisher waren die Beziehungen der Großmächte vom Gegensatz zwischen Habsburg und Bourbon bestimmt worden, wobei England die österreichische Politik, Preußen die Frankreichs zu unterstützen pflegte. Das änderte sich: England verbündete sich mit Preußen – wenn es Tradition der englischen Diplomatie ist, die jeweils zweitstärkste Kontinentalmacht zu unterstützen, also ein Zeichen dafür, daß Preußen begann, Österreich eben diesen zweiten Platz hinter Frankreich als stärkster Macht streitig zu machen. Der französische König Ludwig XV. dagegen schloß ein vor allem von dem österreichischen Diplomaten Graf Kaunitz betriebenes Bündnis mit der Habsburger Monarchie ab. Durch den Beitritt der russischen Zarin Elisabeth erweiterte sich die Reihe der Gegner Preußens zur „großen Koalition". Damit waren die Fronten für den Krieg entstanden, der noch im selben Jahr ausbrach, als Friedrich II. dem von ihm vermuteten Angriff seiner Gegner durch einen Überfall auf Sachsen, das an diesen Plänen beteiligt war, zuvorkommen wollte. Der Siebenjährige Krieg war vor allem ein Kampf zwischen England und Frankreich um die Kolonialherrschaft und den Seehandel. Er hat die innerdeutsche Situation nicht grundlegend gewandelt und ist in dieser Hinsicht tatsächlich nicht mehr als der Dritte Schlesische Krieg, dessen Ausgang das Ergebnis der beiden ersten Kriege bestätigte. Der Sieg, den die preußische Armee 1757 bei Roßbach über die Franzosen – aber auch über die Reichsarmee – errang, ist von vielen Deutschen als Zeichen dafür aufgefaßt worden, daß die Zeit vorbei war, in der französische Heere nach dem Gutdünken ihres Monarchen in Deutschland einfallen konnten. Diese Tatsache ist aber mindestens ebenso dem Niedergang des Feudalismus in Frankreich und dem Aufkommen der bürgerlich-nationalen Bewegung in den europäischen Staaten zuzuschreiben wie der Schlagkraft des preußischen Heeres. Friedrich II. und der preußische Junkerstaat wurden im Siebenjährigen Krieg ja auch trotz einzelner Erfolge vor dem Untergang letzten Endes nur durch das „Mirakel des Hauses Brandenburg", wie es der preußische König selbst nannte, den Tod der Zarin Elisabeth, gerettet, der den Zerfall der großen Koalition zur Folge hatte. Ihr Nachfolger, ein Bewunderer Friedrichs II., schloß 1762 Frieden mit ihm. Einige preußische Siege taten das übrige, um Maria Theresia davon zu überzeugen, daß ein Sieg nun nicht mehr zu erwarten sei, und der Friede von Hubertusburg bei Leipzig (1763) beließ Schlesien in der Hand Friedrichs II.

Gewiß: Friedrich II. führte einige neue Elemente in die preußische Kriegskunst ein, und in der Zeit seiner Regierung spielten privatkapitalistische Ansätze im wirtschaftlichen Leben des Junkerstaates eine größere Rolle als unter seinem Vorgänger. Diese Tatsachen verändern aber nicht das Bild Friedrichs II., wie es sich bereits aus dem hier geschilderten ergibt, sondern bestätigen es gerade.

Was die Kriegskunst betrifft, so blieb der strategische Grundzug der Kabinettskriege des 18. Jahrhunderts, nach dem es wichtiger sei, die eigene Armee zu erhalten, als die feindliche zu vernichten, auch unter ihm maßgebend. Friedrich II. tastete auch die Grundzüge der Lineartaktik nicht an, die gekennzeichnet war durch eine Gefechtsordnung, nach der sich die Truppen in starr ausgerichteten Linien auf dem Schlachtfeld entfalteten, was schon dadurch erzwungen wurde, daß nur so eine Desertion der zwangsweise im In- und Ausland geworbenen Söldner zu verhindern war. Die zahlenmäßige Überlegenheit seiner Gegner einerseits, die Hoffnung auf eine durch perfektionierten Drill erzwungene hohe Disziplin der preußischen Truppen andererseits ließen ihn aber das Risiko einer Schlacht eher eingehen, als dies seine Gegner taten. Er schrieb selbst, „dass Unsere Kriege kurtz und vives seyn müssen, massen es uns nicht conveniret, die Sachen in die Länge zu ziehen, weil ein langwieriger Krieg ohnvermerckt Unsere admirable Disciplin fallen machen, und das Land depeupliren, Unsere Ressources aber erschöpfen würde“. Daraus ergaben sich – innerhalb des gegebenen strategischen und taktischen Rahmens – Keime neuer Elemente besonders der Schlachtentaktik: „Die Zusammenfassung der Feuerwirkung der Artillerie, das verbesserte Zusammenwirken der drei Waffengattungen, die beginnende Untergliederung der Armee in selbständige Abteilungen, das staffelweise Antreten der Armee und die steigende Bedeutung der Funktion der Unterführer.“ Der marxistische Militärhistoriker Olaf Groehler, dessen Untersuchungen über die Kriegskunst Friedrichs II. wir diese Zusammenfassung entnehmen, weist aber auch darauf hin, daß gerade diese neuen Elemente in Verbindung mit der durch technische Fortschritte gesteigerten Feuerkraft der Waffen unter den bestehenden gesellschaftlichen Verhältnissen schließlich die Schlacht für den Feldherrn noch riskanter machten. „Typisch für die Kriegskunst des ausgehenden 18. Jahrhunderts wurde nun, diesen Widerspruch dadurch auflösen zu wollen, indem man die risiko- und verlustreiche Schlacht nur als äußersten Notbehelf gelten ließ und einseitig dem Manöver den Vorzug gab. Die Herrschaft der reinen Manöverstrategie hatte zur Folge, daß die beachtlichen Ansätze in der Entwicklung der Kriegskunst am Ausgang des Siebenjährigen Krieges in der Folgezeit in Vergessenheit gerieten. Der sich am Horizont abzeichnende nahe Untergang einer überlebten Gesellschaftsordnung wurde durch die Stagnation und die Reaktion in der Kriegskunst, die in starre Fesseln geschlagen blieb, begünstigt und gefördert."

Grundsätzlich Ähnliches gilt für die wirtschaftliche Entwicklung Preußens in den späteren Regierungsjahren Friedrichs II. In der ersten Hälfte des 18. Jahrhunderts befand sich die bedeutendste Manufaktur Preußens nicht zufällig in staatlichem Besitz, und nicht zufällig stand sie im wesentlichen im Dienste des Militärs, nämlich das Lagerhaus in Berlin, eine Wollmanufaktur, die im Jahre 1738 4730 Arbeiter beschäftigte. (Dabei wurden übrigens die Offiziersuniformen, die aus kostbarerem Material bestanden und deren Herstellung höhere Anforderungen stellte, in einer zentralisierten Manufaktur hergestellt, Tuche für Mannschaften dagegen dezentralisiert, also v. a. in Heimarbeit.)

Das änderte sich nun. Da Privatunternehmen billiger produzierten und auf dem Markt überlegen waren, wurde das Lagerhaus nach dem Siebenjährigen Krieg Privatkapitalisten verpachtet und auch die Gold- und Silberwarenmanufaktur privaten Unternehmern übergeben.

„Seit dem Siebenjährigen Krieg trat der absolutistische Staat nicht mehr als Unternehmer von Textilmanufakturen auf. Die nach privatkapitalistischen Gesichtspunkten geleiteten Unternehmen hatten ihre Überlegenheit bewiesen." (Horst Krüger) Ernsthafte Fortschritte zum Kapitalismus wurden aber weiter durch die feudale Gesellschaftsverfassung verhindert – schon die Gewinnung von Lohnarbeitern in größerem Umfange war angesichts der bäuerlichen Abhängigkeitsverhältnisse kaum möglich, und Ansätze Friedrichs II. zur Lockerung feudaler Fesseln der Bauern scheiterten am Widerstand der Junkerklasse, die im Staat und vor allem im Heer dominierte. Diese Situation wird noch klarer, wenn man – worauf Klaus Vetter hinwies – berücksichtigt, daß etwa $^1/_3$ der Einwohner der preußischen Städte – vor allem die der mittleren und kleineren unter ihnen – noch im 18. Jahrhundert in sog. Mediatstädten lebten, das heißt solchen Städten, die einem Adligen oder einer

Domänenverwaltung unterstanden und deren Bürger wie erbuntertänige Bauern zu Diensten gezwungen waren. In diesen Städten vegetierten nur solche Gewerbezweige, die für den unmittelbaren Bedarf der Einwohner benötigt wurden. Da sie nicht einmal der Konkurrenz des Dorfhandwerks gewachsen waren, erstreckte sich der Einfluß des städtischen Gewerbes hier nicht auf die benachbarten Landgebiete. Es entwickelte sich in diesen Städten kein eigentliches Bürgertum. Gewiß gab es Verweigerungen feudaler Dienste, in denen die Unzufriedenheit zum Ausdruck kam. Innerstädtische Auseinandersetzungen beschränkten sich jedoch auf kleinliche Zänkereien, die nicht den gesellschaftlichen Fortschritt förderten, sondern eher die Kräfte der Stadtgemeinden lähmten.

Auch die Zeitgenossen waren sich darüber im klaren, daß die Praxis Friedrichs II. seinen aufgeklärten Deklarationen kraß widersprach. Lessing nannte Preußen das sklavischste Land Europas, und Wieland schrieb 1780 über den preußischen König „vor dem Glücke, unter seinem Stabe zu leben, bewahre uns der liebe Herrgott". Goethe hat zwar in einer viel zitierten Stelle aus „Dichtung und Wahrheit" geschildert, man war in seinem Elternhause während des Siebenjährigen Krieges „preußisch oder, um richtiger zu reden, fritzisch gesinnt, denn was ging uns Preußen an?". Bereits in seiner „Lessinglegende" hat Franz Mehring aber nachgewiesen, daß daraus nicht ein Bündnis zwischen klassischer deutscher Literatur und preußischem Junkerstaat abgeleitet werden kann. Goethe selbst pflegte ja auch bald vom friederizianischen Preußen nur noch mit Furcht und Abneigung zu sprechen.

Die Ironie der Geschichte wollte es, daß die spätere Hohenzollern-Legende in ihrer ersten, der sog. nationalen Form, gerade an eine – bei aller guten Absicht freilich zwiespältige – progressive Strömung anknüpfen konnte. Als 1840 Friedrich Wilhelm IV. den preußischen Thron bestieg, versuchte die liberale Publizistik, den neuen König durch die Berufung auf seine Vorfahren auf fortschrittliche Bahnen zu drängen: der Junghegelianer Karl Friedrich Köppen veröffentlichte damals eine (übrigens keinem anderen als „seinem Freund Karl Heinrich Marx aus Trier" gewidmete) Kampfschrift, in der er die aufgeklärten Ansichten Friedrichs II. – freilich über Gebühr – feierte.

In den beiden folgenden Jahrzehnten trat, zunächst an solche Bestrebungen anknüpfend, die kleindeutsche Schule der Geschichtsschreibung auf – eine bürgerliche Richtung, die die Einigung Deutschlands unter Führung Preußens forderte, womit sie die Politik der deutschen Bourgeoisie, die sich notfalls den preußischen Junkern unterzuordnen bereit war, wenn nur ihre dringendste ökonomische Forderung nach einem einheitlichen Nationalstaat erfüllt würde, historisch rechtfertigen wollte. Aus dem Fürstenbund von 1786 – einem Versuch Friedrichs II., einige norddeutsche Landesväter in ein Bündnis gegen Österreich zusammenzuzwingen – machte Johann Gustav Droysen, der Begründer dieser Schule, „die erste Skizze des Werkes, das die Siege von 1870 vollendet haben". Heinrich von Treitschke, ihr militantester Vertreter, bezeichnete Friedrich II. sogar als einen „Mehrer des Reiches", womit er die erste Teilung Polens 1772, die Preußen, Österreich und Rußland unternahmen und die ein besonders krasser Ausdruck der dynastisch-antinationalen Politik des in diesen Staaten herrschenden Adels war, zu rechtfertigen versuchte.

Mit dem Erstarken der Arbeiterbewegung und angesichts des mißlungenen Versuchs Bismarcks, sie durch das Sozialistengesetz aus dem öffentlichen Leben zu verdrängen, entstand eine zweite Form der Hohenzollern-Legende, ihre soziale Form, wonach die Hohenzollern und besonders Friedrich II. eine ausgesprochen bauernfreundliche Politik betrieben haben sollen. Franz Mehring, der diese Legende in klassischer Form widerlegt hat, bemerkt dazu: „Selbst unter dem König Friedrich, dessen ebenso allmächtiger wie aufgeklärter Despotismus von den preußischen Geschichtsschreibern überschwenglich gefeiert wird, war der preußische Staat keine wirkliche Monarchie, kein moderner Klassenstaat, sondern ein mittelalterlicher Ständestaat, eingeschachtelt in die drei Geburtsstände des allmächtigen Adels, der unmündigen Städte und der unfreien Bauern, eine feudale Ruine, die in all ihrer feudalen Verrottung zu erhalten niemand eifriger und sorgfältiger bedacht gewesen ist, als eben König Friedrich."

Mehring konnte nicht voraussehen, daß noch eine dritte Form besonders der Fridericus-Legende entstehen sollte, die „antifaschistische" Legende. Sie wurde vor allem von dem westdeutschen Historiker Gerhard Ritter vertreten und behauptet, es bestehe ein unüberbrückbarer Gegensatz zwischen dem „einsamen Selbstherrscher und nüchternen Rationalisten zu jeder Form des nationalistischen Rausches". Selbstverständlich hat kein Herrscher des 18. Jahrhunderts Sympathien für die damals progressive bürgerlich-nationale Bewegung empfunden, und die faschistische Demagogie hat sich gerade zu Unrecht auf das Erbe jener Bewegungen berufen. Das ist jedoch nicht das eigentliche Problem. Ihrem Wesen nach konnten die Weltherrschaftsbestrebungen des deutschen Finanzkapitals gerade die Traditionen des preußisch-junkerlichen Militarismus nutzen, und insofern gibt es eben jene Kontinuität, die Ritter leugnet. Die Tendenz dieser Legende, die konservativ-autoritären Bestrebungen der heute in Westdeutschland herrschenden Kreise als Gegensatz zur faschistischen Diktatur und als Anknüpfung an ein angeblich progressives Erbe erscheinen zu lassen, ist allzu offenkundig, als daß wir hier noch näher auf sie eingehen müssen.

Die verschiedenen Formen der Fridericus-Legende sind hier deshalb etwas ausführlicher behandelt worden, weil gerade aus der Auseinandersetzung mit ihr klar wird, welches die Kräfte waren, die in jener Zeit die Perspektive eines deutschen Nationalstaates auf progressiver Grundlage vertraten. „Wenn wir Preußen und seine Politik antinational nannten, dann stand dabei nicht im Vordergrund das Argument, daß die preußische Politik zur Verschärfung des Dualismus zwischen Österreich und Preußen führte und sich gegen Kaiser und Reich richtete. Eine solche Frontstellung hätte sich unter bestimmten Bedingungen sogar als positiv erweisen können, wenn nämlich ein Territorialstaat, dessen Politik auf einer progressiven und tragfähigen gesellschaftlichen Grundlage basierte, das überlebte Reich auf revolutionäre Art ‚insurgiert' hätte. Das aber war bei Preußen nicht der Fall. Im Gegenteil: sein antinationaler Charakter beruhte auf der Konservierung der feudalen Ökonomie und des Partikularismus, auf der Verzerrung der bürgerlichen Entwicklung, auf der Deformierung des gesellschaftlichen Bewußtseins." (G. Vogler)

Das Neue fand sich vielmehr bei den Kräften, die sich zuerst auf dem Gebiet der Ideologie in Gestalt der Aufklärungsbewegung formierten. Hier kann selbstverständlich nicht die Geschichte der deutschen Aufklärungsbewegung überhaupt auch nur skizziert werden. Wir beschränken uns vielmehr auf die Entwicklung der historisch-politischen Ideen.

In den Jahren 1699/1700 erschienen die beiden Bände der „Unparteiischen Kirchen- und Ketzerhistorie" Gottfried Arnolds. Dieses monumentale, weitverbreitete und heiß umstrittene Buch – „der Zeit nach das erste deutsche Geschichtswerk", wie es der Literaturhistoriker Hermann Hettner vor einem Jahrhundert genannt hat – bildete einen Versuch, die Geschichte der Kirchen und darüber hinaus die Geschichte überhaupt aus der Perspektive der unterdrückten Klassen darzustellen. Arnold wollte in dem Sinne „unparteiisch" sein, daß er der Voreingenommenheit derjenigen entgegentrat, die im Interesse der Herrschenden Geschichte schrieben. Deshalb nahm er sich schützend aller Ketzer der Kirchengeschichte an, und deshalb richtete er den Hauptstoß der Kritik gegen Ketzermacher und Ketzerrichter.

Es ist charakteristisch, daß neue Ideen über die Geschichte damals zunächst unter theologischer Hülle auftraten. Weil der Entwicklungsgang der deutschen Bourgeoisie gelähmt war, fehlte es noch an einem Lesepublikum für freie Schriftsteller. Die Universitäten – unter der unmittelbaren Aufsicht der absolutistischen Behörden und der Geistlichkeit – hatten ein faktisches Monopol auf die Geschichtsschreibung. Das Neue konnte sich also nur innerhalb der Formen, in denen man dort Geschichte trieb, herausbilden, zuerst in theologisch-kirchengeschichtlicher Form, dann in juristischer.

Mit dem Erstarken des Absolutismus in den deutschen Staaten wuchs der Bedarf der Fürsten an geschulten Beratern, Beamten und Juristen. Sollte die Kirchengeschichte der Rechtfertigung des jeweiligen Fürsten als Inhaber der jeweils wahren Religion dienen, die ideologische Bindung der Untertanen an den Landesherrn sichern und damit seine Herrschaftsansprüche nach innen garantieren, so sollte die nun in den Vordergrund tretende Staaten- und Reichsgeschichte als Hilfswissenschaft der Jurisprudenz vor allem die Ansprüche der einzelnen Territorialherren gegenüber anderen Fürsten stützen. Auch hier trat das Neue zunächst in alter Hülle auf. Innerhalb der Staaten- und Reichsgeschichte wurde die Naturrechtslehre vertreten, die von der Auffassung ausging, zur Natur des Menschen gehöre das Bedürfnis, sich zu vergesellschaften, und die aus diesem Bündnis den Abschluß eines Staatsvertrages zwischen Herrscher und Untertanen ableitete. Samuel Pufendorf hatte 1667 in einem pseudonym veröffentlichten Buch über die Verfassung des Reiches aus naturrechtlichen Erwägungen die Forderung nach einer festeren Verbindung zwischen den Reichsständen, nach einer Einschränkung der weltlichen Macht des Klerus und nach Schutz des Reichsgebietes vor ausländischen Interventionen zu begründen versucht. Christian Thomasius setzte sich am Ende des Jahrhunderts für ein Bündnis zwischen dem Pietismus, wie ihn Arnold vertrat, und der Naturrechtslehre ein und bemühte sich damit um eine Zusammenfassung der zersplitterten antifeudalen Bewegung im geistigen Leben. Aus der Opposition, die sich bisher auf einzelne Gebiete des gesellschaftlichen Lebens beschränkt hatte, wurde damit übergeleitet zu einer Befreiungsbewegung des Bürgertums, die im geistlichen und weltlichen Bereich zugleich die bürgerliche Umgestaltung vorbereitete.

Zwei Begriffe der Geschichtsschreibung sind für die ersten Jahrzehnte des 18. Jahrhunderts charakteristisch: der Begriff der „Staatsräson“ und der des „europäischen Gleichgewichts“. Zu einer Zeit, da die herrschenden Auffassungen das Interesse des absoluten Fürsten mit den Forderungen der Vernunft identifizierten, sprach man von

„Staatsräson", um den Interessen des Fürsten eine pseudowissenschaftliche Rechtfertigung zu geben. In diesem Zweckbegriff deutet sich freilich bereits etwas Neues an: Wenn die Forderungen der Vernunft mit den Interessen des absoluten Fürsten gleichgesetzt wurden, wurde doch damit zugleich dem rationalen Denken eine höhere Bedeutung für die gesellschaftliche Praxis zugesprochen, als dies früher üblich war. Auch das Bild vom „europäischen Gleichgewicht" ist – ähnlich wie der Begriff der Staatsräson – eng mit der Politik der absolutistischen Epoche verbunden. In beiden Fällen zeigt sich die Ablösung religiöser Verbrämungen des feudalen Interesses durch weltliche Argumente, in beiden Fällen bleibt aber auch die neue Denkweise noch im Dienste der absoluten Fürstenmacht. Zunächst, im 17. Jahrhundert, nur auf das Gleichgewicht zweier Mächte, nämlich Habsburgs und Bourbons, bezogen, erhielt dieses Bild dann einen umfassenden Sinn und wurde – zuerst bei englischen Historikern – Leitbild für die Darstellung der Geschichte des europäischen Staatensystems der Neuzeit überhaupt.

Nun war es freilich etwas anderes, wenn ein Angehöriger der herrschenden Klasse Englands die außenpolitischen Interessen dieser Klasse mit dem Bild des europäischen Gleichgewichts erläuterte, als wenn diese Lehre an den Universitäten eines der ohnmächtigen deutschen Kleinstaaten vorgetragen und den Untertanen als Richtschnur der Politik ihres Landesvaters dargestellt werden sollte. Es wäre aber unbillig, über die deutschen Anhänger der Lehre vom europäischen Gleichgewicht, wie etwa Johann Jakob Schmauss, Professor in Göttingen, lediglich zu lächeln. Meist waren sie von dem Wunsch beseelt, ihrem Vaterland den Frieden zu sichern. In einer Zeit, in der auf dem Kontinent die absolute Monarchie nun einmal die herrschende Staatsform war, konnte tatsächlich durch Bündnisse einzelner Mächte das Expansionsstreben einer anderen Macht wenigstens zeitweilig gebändigt, wenn auch nicht in seinen Wurzeln beseitigt werden. Insofern konnte also auch die Lehre vom europäischen Gleichgewicht Ansatzpunkte für oppositionelle Auffassungen bilden.

Etwa um die Mitte des 18. Jahrhunderts begann eine neue Phase sowohl in der Entwicklung der deutschen als auch in der französischen Aufklärung. Freilich hatte die französische Aufklärung einen zeitlichen Vorsprung, zielten darüber hinaus die historischen Arbeiten der führenden Aufklärer in Frankreich unmittelbar auf eine Veränderung der politischen Machtverhältnisse ab, während es in Deutschland noch um die Vorbereitung solcher Veränderungen ging, so daß hier das Motiv der Erziehung der Menschen gegenüber dem unmittelbar politischen zunächst noch das primäre blieb. Vor allem unter dem Eindruck des Siebenjährigen Krieges und der nationalen Krise, die er zugleich zum Ausdruck brachte und vertiefte, rückten aber auch in Deutschland nun zwei Begriffe in den Mittelpunkt der Diskussion: der Begriff des Fortschritts und der der Nation.

Es war vor allem jene Konzeption des Fortschritts in der Geschichte, die der große französische Aufklärer Voltaire vertrat, die nun in Deutschland Eingang fand – jene Konzeption, nach der die Geschichte ein gesetzmäßiger Prozeß des Fortschritts der Vernunft, der Aufklärung und der Einsicht sei – genauer freilich: der Vernunft, der Aufklärung und der Einsicht bei denen, die einflußreich, wohlhabend und gebildet waren. In klassischen Worten hat Voltaire diese Konzeption in einem Brief am 15. Juli 1735 an Thieriot zusammengefaßt: „Die Schleuse eines Kanals, der zwei Meere verbindet, ein Gemälde von Poussin, eine schöne Tragödie, eine endlich enthüllte Wahrheit sind tausendmal mehr wert als alle Annalen des Hofes und alle Kriegsberichte. Sie wissen, daß für mich die großen Männer die ersten sind und die sogenannten Helden die letzten. Groß nenne ich die Männer, die im Nützlichen oder im Angenehmen sich ausgezeichnet haben. Die Eroberer von Provinzen sind nur Helden."

Der erste, der den Versuch machte, diese Konzeption nach Deutschland zu übertragen und in deutscher Sprache die Weltgeschichte als Geschichte des menschlichen Fortschritts, oder besser: als Geschichte des Fortschritts der menschlichen Vernunft, zu behandeln, war der Schweizer

Isaak Iselin in seinen „Philosophischen Mutmaßungen über die Geschichte der Menschheit“ (1764). Er versuchte, ein Gesamtbild der Weltgeschichte als Prozeß des ökonomischen und geistigen Aufstiegs des Bürgertums zu zeichnen. Die These vom Fortschritt der Menschheit war für ihn vor allem eine Waffe gegen Feudalismus und Klerikalismus. Die Feudalverfassung war für ihn „die barbarischste aller Gesetzgebungen“. „Die meisten Edelleute saßen auf ihren Schlössern gleich Raubvögeln.“ Alles Licht fällt in seinem Buch auf das Bürgertum, und als Vorbild erschienen ihm die politischen Verhältnisse Englands.

Nun konnte freilich auch Iselin nicht die Frage umgehen, in welchem Verhältnis der Aufstieg der Bourgeoisie zum Schicksal der werktätigen Schichten in Stadt und Land stand. Für ihn löste sich dieses Problem freilich einfach damit, daß „die vermehrten Manufakturen und Fabriken Menschen, die bisher der Gesellschaft zur Schande und zur Last gelebt hatten, auf eine nützliche Weise beschäftigten“. Immer dann aber, wenn er von diesen Schichten sprach, wird sein Unbehagen spürbar, und dieses Unbehagen beeinflußte auch die politisch-aktuellen Konsequenzen seiner Geschichtsbetrachtung. Die Aufklärung sollte seiner Auffassung nach zur Monarchie streben, da die republikanische Staatsform die „Einheit“ gefährde, wobei mit dieser „Einheit“ natürlich nichts anderes als die widerspruchslose Unterwerfung der werktätigen Schichten und Klassen unter die Herrschaftsansprüche der Oberklassen gemeint ist.

In denselben Jahren begannen in Deutschland lebhafte Auseinandersetzungen über die nationale Frage.

Beachtung verdient ein Gespräch, das Friedrich II. am 18. Dezember 1760 in dem von Preußen besetzten Leipzig mit Christian Fürchtegott Gellert führte. Seinen Verlauf gab Gellert selbst aus unmittelbarer Erinnerung wieder. Als Friedrich II. von einer angeblichen Minderwertigkeit der deutschen Literatur und Geschichtsschreibung sprach, nannte ihm Gellert Gegenbeispiele und hielt dem gekrönten Gesprächspartner auch entgegen: „Ihre Majestät sind einmal gegen die Deutschen eingenommen . . ., wenigstens gegen die deutschen Schriftsteller." Gellert deutete an, daß es gerade die Herrschaft der Territorialfürsten und die deutsche Zersplitterung waren, die die Herausbildung einer nationalen Literatur behinderten. Dieses Gespräch zeigt die grundlegenden Differenzen zwischen der höfischen Aufklärung, die ja nur eine Spielart der feudalen Ideologie war, und der bürgerlich-nationalen Bewegung: Auf der einen Seite die hochmütige Ablehnung der nationalen Kultur, die Verteidigung der territorialen Zersplitterung und die Rechtfertigung des Krieges, auf der anderen Seite der aufkommende Stolz auf die Leistungen des eigenen Volkes, die Hoffnung auf einen festeren nationalen Zusammenschluß und die Forderung nach Beendigung der unablässigen Aggressionskriege der absoluten Fürsten. Friedrich Karl von Moser veröffentlichte 1765 das Werk „Von dem deutschen Nationalgeiste", in dessen Mittelpunkt die Klage über die Zersplitterung der deutschen Nation stand: „Wir sind ein Volk, von einem Namen und Sprache, unter einem gemeinsamen Oberhaupt, unter einerlei unsere Verfassung, Rechte und Pflichten bestimmenden Gesetzen, zu einem großen gemeinschaftlichen Interesse der Freiheit verbunden, auf einer mehr als hundertjährigen Nationalversammlung zu diesem wichtigen Zweck vereinigt, an innerer Macht und Stärke das erste Reich in Europa, dessen Königskronen auf deutschen Häuptern glänzen, und so, wie wir sind, sind wir schon Jahrhunderte hindurch ein Rätsel politischer Verfassung, ein Raub der Nachbarn, ein Gegenstand ihrer Spöttereien, ausgezeichnet in der Geschichte der Welt, uneinig unter uns selbst, kraftlos durch unsere Trennung, stark genug, uns selbst zu schaden, ohnmächtig, uns zu retten, unempfindlich gegen die Ehre unseres Namens, gleichgültig gegen die Würde der Gesetze, eifersüchtig gegen unser Oberhaupt, mißtrauisch untereinander, unzusammenhängend in Grundsätzen, gewalttätig in deren Ausführungen, ein großes und gleichwohl verachtetes, in der Möglichkeit glückliches, in der Tat selbst aber sehr bedauernswürdiges Volk."

Den Ausweg sollte eine Stärkung der Zentralgewalt

bilden. Moser betrachtete als Heimat des Nationalgeistes diejenigen Landschaften, wo man zwanzigerlei Herrschaften in einer Tagesreise erblicken könne. „Nun hat uns der Kaiser zu befehlen, sagten die Reisenden, wenn sie aus dem Kurbrandenburgischen ins Fuldasche hinüberfuhren.“

Moser erkannte durchaus richtig, daß die kleinen Reichsstände, die vom Kaiser Schutz vor den benachbarten größeren Territorialstaaten erhofften, die einzige gesellschaftliche Kraft waren, in deren Interesse eine Stärkung des Reichsoberhauptes lag. Aber diese Kraft war historisch längst überlebt, befand sich seit Jahrhunderten im Niedergang und konnte nicht mehr zum Träger und Führer der Nation werden. „Wo finden wir die Nation? An den Höfen? Dies wird niemand behaupten. In den Städten sind verfehlte und verdorbene Kopien; in der Armee abgerichtete Maschinen; auf dem Lande unterdrückte Bauern.“ Diese Kritik an den zeitgenössischen deutschen Zuständen bildet das Kernstück der Rezension, die Justus Möser von dem Buch Mosers über den deutschen Nationalgeist 1766 in der „Allgemeinen Deutschen Bibliothek“ veröffentlichte. Möser sah in den „gemeinen Landeigentümern . . . die wahren Bestandteile der Nation“. Er war der erste deutsche Historiker, der sich mit dem Zusammenhang zwischen Sozial-, Heeres- und politischer Verfassung beschäftigte, und er kritisierte den Untertanengeist als ein Hemmnis des echten Patriotismus. Dieses wachsende Selbstbewußtsein des Bürgers, der nicht länger bloßer Untertan sein wollte, kam auf historischem Gebiet auch in den Werken Thomas Abbts zum Ausdruck, der von Voltaire sagte, er entnehme ihm zwar nicht die Begebenheiten, die Charaktere und Umstände, wohl aber die Kunst, dabei zu denken, und die „Logik der Geschichte“.

Das leitet bereits in eine neue Phase über, die Zeit, die von etwa 1770 bis zum Ausbruch der Französischen Revolution reicht und die wir mit Heinz Stolpe als die „vorrevolutionäre Phase der deutschen Aufklärungsbewegung“ bezeichnen. Der amerikanische Unabhängigkeitskrieg „läutete“, wie Marx feststellte, „die Sturmglocke für die europäische Mittelklasse“. Seit 1770 fand der Physiokratismus in Deutschland eifrig wirkende Anhänger. Während aber in Frankreich, zu der Zeit, als die Physiokraten, die die landwirtschaftliche Arbeit als einzig produktive Arbeit betrachteten, auftraten, bereits eine antifeudale Massenbewegung heranreifte und wenige Jahre später die Revolution ausbrach, fehlte diese Bewegung in Deutschland. Der Physiokratismus – nach Marx „das erste System, das die kapitalistische Produktion analysiert" – beschränkte sich hier darauf, die Bemühungen zur Entwicklung der Produktivkräfte in der Landwirtschaft zu unterstützen, und nur in dieser mittelbaren Funktion wurde der deutsche Physiokratismus auch zu einem Instrument des antifeudalen Kampfes.

Da sich das „Emporkriechen" des deutschen Bürgertums beschleunigte, da gewerbliche und landwirtschaftliche Produktion an die Schranken der feudalen Verhältnisse stießen, da sich auch in Deutschland das Kräfteverhältnis zwischen Bürgertum und Adel veränderte und die Buchproduktion in diesen Jahrzehnten schnell anstieg (1770 erschienen zum ersten Male mehr als 1500 neue Titel, 1776 waren es schon über 2000 und 1788 über 3500), vergrößerte sich auch das Publikum für die deutschen Schriftsteller. Freilich führte dies zunächst auch zu einer Verschärfung der Zensur. Zu welchen Absurditäten sich die feudale Bürokratie verstieg, erhellt daraus, daß die 1777 erschienene Fassung des Katalogs, der die in der Habsburger Monarchie verbotenen Schriften aufführte, diesen selbst zu den verbotenen Schriften zählte.

Die Entstehung eines bürgerlichen Lesepuplikums veranlaßte nun einzelne Schriftsteller, den Versuch zu machen, allein vom Ertrag ihrer Feder zu leben. Der erste, der dies wagte, war Lessing. Aber bald, im Jahre 1770, war er gezwungen, seinen Lebensunterhalt als Bibliothekar des braunschweigischen Herzogs zu verdienen.

Vor diesem Hintergrund wird die Entstehung des „Sturm und Dranges" verständlich. In den Werken der Stürmer und Dränger war, wie in den Werken der Aufklärung, das Wesentliche die bürgerliche Freiheitsforderung.

Diese Forderung wurde aber jetzt im Namen der sich selbständig fühlenden bürgerlichen Persönlichkeit – vertreten durch den schöpferischen Künstler, das Genie – erhoben. Die Kritik an der feudalen Unterdrückung wandte sich jetzt an ein breiteres Publikum. Zentrales Thema war nicht mehr die Gegenüberstellung feudaler Unmoral und bürgerlicher Moral – Gegenstand der Dichtung wurde nun die wirkliche Unterdrückung. Auch das nationale Problem wurde nun tiefer erfaßt. Bürgertum und Volk wurden jetzt offen dem Adel und den Hofkreisen gegenübergestellt und als die eigentlichen Träger der Nation bezeichnet. Goethe unterschied 1772 zwischen der „polierten Nation“ und dem „Naturstoff unter der Politur“, zu der er „den Mann in seiner Familie, den Bauern auf seinem Hof, die Mutter unter ihren Kindern, den Handwerksmann in seiner Werkstatt, den ehrlichen Bürger bei seiner Kanne Wein und den Gelehrten und Kaufmann in seinem Kränzchen oder seinem Kaffeehaus“ zählte.

Wenn jetzt Schriftsteller versuchten, allein vom Ertrag ihrer Bücher zu leben, so waren solche Versuche allenfalls auf dem Gebiet der Publizistik und der schönen Literatur möglich. Ein gelehrter Autor fand noch kein Publikum, das groß genug war, seinen Lebensunterhalt zu sichern. Die Gelehrten blieben weiter darauf angewiesen, an den Universitäten, die von den feudalen Behörden kontrolliert wurden, zu wirken. Das ist einer der Gründe dafür, daß das Neue im Geschichtsdenken dieser Zeit in den populären Formen der Literatur eher Ausdruck fand als in der Geschichtswissenschaft im engeren Sinne und am wenigsten im Lehrbetrieb der Universitäten. Auch die 1737 neugegründete Universität Göttingen – so positiv es auch war, daß hier die theologische Fakultät nicht, wie es an den älteren Universitäten üblich war, ein Kontrollrecht über die anderen Fakultäten besaß – bot bürgerlich-demokratischen Auffassungen keinen Platz. August Ludwig von Schlözer, der an dieser Universität zeitweilig wirkte, wandte mit seiner „Vorstellung der Universalhistorie“ (1772) zwar den Gedanken des Fortschritts auf die Weltgeschichte an und gab mit dem „Staatsanzeiger“ die führende Zeitschrift der deutschen

Aufklärung heraus – aber als er es auch nur einmal wagte, die Einrichtung der Hannoverschen Post zu kritisieren, erhielt er sofort einen Verweis und die Mahnung, sich dergleichen Anmaßung nicht wieder zuschulden kommen zu lassen. Einen Fortschritt für die Geschichtsschreibung gab es im wesentlichen nur in der Hinsicht, daß hier die verschiedenen Hilfswissenschaften, vor allem die Statistik, systematischer als anderswo gepflegt wurden.

Die wichtigsten Leistungen dieser Phase des Geschichtsdenkens der Aufklärung entstammten somit nicht der Universitätsgeschichtsschreibung. Die Diskussion über das Problem des historischen Fortschritts wurde vor allem auf dem Gebiet der Geschichtsphilosophie geführt. Nicht zufällig waren es gerade Veröffentlichungen, die sich an einen breiten Leserkreis wandten, die die Idee des notwendigen historischen Fortschritts verkündeten und damit endgültig die erstarrten fürstlichen und höfischen Denkkonventionen und die kirchliche Orthodoxie durchbrachen, die dem Feudaladel als wichtigste ideologische Hilfsmittel dienten. Gotthold Ephraim Lessing verglich in seiner „Erziehung des Menschengeschlechts" (1780) die Weltgeschichte mit der Entwicklung des Menschen vom Kind über den Jüngling zum Mann. Das Alte Testament hatte Gebote, wie sie Kindern erteilt werden, durch den Hinweis auf zeitliche Belohnung oder Strafe unterstützt. Im Neuen Testament, das das Jünglingsalter der Menschheit repräsentierte, wurde bereits auf jenseitigen Lohn verwiesen und damit die Drohung mit der nackten physischen Gewalt durch ein neues, geistiges Prinzip ersetzt. Die Menschheit aber, so wollte Lessing nachweisen, sei erst erwachsen, wenn die Moral „als Vernunftwahrheit" erkannt und der Mensch „das Gute tun wird, weil es das Gute ist".

Immanuel Kant kam in seiner „Idee zu einer allgemeinen Geschichte in weltbürgerlicher Absicht" (1784) von ganz anderen Voraussetzungen zu ähnlichen Ergebnissen. Diese Schrift begründete den Gedanken des gesetzmäßigen Fortschritts nicht, wie die Lessings, mit moralischen Überlegungen, sondern mit der Herrschaft gerade des materiellen Interesses. Kant wollte in seiner Schrift zeigen, daß eben das Gegeneinander der Interessen in der Gesellschaft die Menschen zwingt, sich in einer „gerechten bürgerlichen Verfassung" zu vereinigen, und er leitete aus diesen Überlegungen auch die Notwendigkeit der Errichtung eines Völkerbundes, der den ewigen Frieden sichere, ab.

Johann Gottfried Herder näherte sich in seinen „Ideen zur Philosophie der Geschichte der Menschheit" (seit 1784) der Idee einer gesetzmäßigen Entwicklung sowohl in der Natur als auch in der Gesellschaft. Er sah in „Patriotismus und Aufklärung die beiden Pole ..., um welche sich alle Sittenkultur der Menschheit bewegt". Damit gelangte er zur Synthese der Forderung nach nationaler Einheit und Unabhängigkeit, der Sehnsucht nach Frieden unter den Völkern und der Kritik an Feudalismus und Absolutismus.

III.
VOM BEGINN DER BÜRGERLICHEN UMGESTALTUNG BIS ZUM ERSTEN WELTKRIEG

1.
Die erste Etappe der bürgerlichen Umgestaltung: Französische Revolution, Reform und Befreiung

Am 14. Juli 1789 stürmte das Volk von Paris die Bastille, die Feste und das Wahrzeichen des Absolutismus. Zwei Tage später stellte sich der eingeschüchterte französische König Ludwig XVI. vom Balkon des Rathauses im Schmuck des Symbols der Revolution, der blau-weiß-roten Kokarde, den Bewohnern der Hauptstadt zur Schau. Der englische Botschafter in Frankreich berichtete seiner Regierung: „Von diesem Augenblick an dürfen wir Frankreich als ein freies Land, den König als einen Monarchen, dessen Macht beschränkt ist, und den Adel als auf die gleiche Ebene mit der Nation gebracht betrachten." Den Diplomaten schien die Revolution bereits beendet zu sein – beendet durch einen Kompromiß zwischen den liberalen Teilen des Adels einerseits, der Finanz- und Handelsbourgeoisie andererseits. Wäre das einzige Ergebnis des 14. Juli dieser Kompromiß gewesen, dann wäre die Französische Revolution nicht viel mehr als eine innerfranzösische Angelegenheit geblieben. Dies erwarteten denn auch die Regierungen der meisten europäischen Staaten. Am preußischen Hof etwa erhoffte man von diesen Veränderungen sogar zunächst mehr Vor- als Nachteile: Graf Hertzberg, noch seit dem letzten Lebensjahrzehnt Friedrichs II. maßgebend für die auswärtigen Angelegenheiten, gewärtigte allenfalls, daß das 1756 geschlossene französisch-österreichische Bündnis nun auseinanderfallen würde. Das, so meinte er, würde es Preußen ermöglichen, den habsburgischen Einfluß im Reich noch weiter zurückzudrängen. „Er verkannte dabei nicht den gewaltsamen, aber wohl den historischen Charakter der Französischen Revolution; er bildete sich ein, an diesem Feuer die Eier der hohenzollernschen Hausmachtpolitik rösten zu können.“ (Franz Mehring) In Wirklichkeit hatte die Revolution erst begonnen.

Schneller als die Diplomaten, die sich so gewitzt dünkten, begriffen die werktätigen Schichten und Klassen in vielen Ländern, daß die Revolution in Frankreich das ganze internationale Kräfteverhältnis zwischen der alten, feudalen und der neuen, bürgerlichen Gesellschaft verwandelte. Diese Veränderung ließ die Volksbewegungen auch in den deutschen Einzelstaaten erstarken und trug dazu bei, daß die herrschenden Klassen dem Bürgertum und den Volksmassen gewisse Zugeständnisse machten. In derselben Richtung wirkte bald darauf der unmittelbare französische Einfluß in den von Frankreich im Laufe der Revolutionskriege annektierten linksrheinischen Gebieten und auch in den deutschen Staaten rechts des Rheins.

So begann in den Jahren um die Wende des 18. Jahrhunderts zum 19. Jahrhundert die bürgerliche Umgestaltung Deutschlands. Das war ein Prozeß, der sich über mehrere Jahrzehnte hinauszog. In sozialer Hinsicht war seine entscheidende Phase die industrielle Revolution, in politischer Hinsicht verlief er nicht kontinuierlich, sondern vollzog er sich in drei Hauptetappen, nämlich zum ersten in der Zeit der Französischen Revolution, der Reform und Befreiung, zum zweiten in der Revolution von 1848/49 und zum dritten schließlich während der Kämpfe um die Wege der deutschen Einigung in den sechziger Jahren. Im Verlaufe dieses Prozesses wurden die feudalen Bindungen der Bauern, die mittelalterliche Gewerbeverfassung und schließlich, mit der Einigung von oben, auch die nationale Zersplitterung beseitigt. Er führte zu einem qualitativen Sprung in der Geschichte Deutschlands: An die Stelle der feudalen trat die kapitalistische Gesellschaftsordnung.

Die besonderen Formen, unter denen sich die bürgerliche Umgestaltung in Deutschland vollzog – insbesondere der preußische Weg der kapitalistischen Entwicklung der Landwirtschaft und der Weg der Einigung von oben –, bürdeten dem deutschen Volk schwere Lasten auf und gefährdeten das weitere Schicksal der deutschen Nation. Derartige Belastungen zu erkennen heißt aber nicht, die Fortschritte zu leugnen, die mit der Ablösung feudaler durch kapitalistische Produktionsverhältnisse und mit der Überwindung der Klein- und Zwergstaaterei verbunden waren.

Zu Beginn dieser Umgestaltung, am Ende des 18. Jahrhunderts, lebten von den etwa 23 Millionen Einwohnern Deutschlands noch immer mehr als $^3/_4$ auf dem Lande. Die gesellschaftliche Arbeitsteilung zwischen Stadt und Land setzte sich nur langsam durch. Nur zwei der Städte, Wien und Berlin, hatten mehr als 100 000 Einwohner. Die meisten trugen noch ländlichen Charakter. Viele Stadtbewohner besaßen – wie etwa Goethe vom Vater Hermanns, dem Wirt zum Goldenen Löwen, in „Hermann und Dorothea" berichtet – zugleich einen Acker und waren in der Landwirtschaft tätig.

Die meisten Bauern lebten noch immer in feudaler Abhängigkeit. Noch immer war für die ostelbischen Gebiete die Gutsherrschaft charakteristisch, während den süd- und westdeutschen Agrarverhältnissen die Grundherrschaft das Gepräge gab. Vorschläge für neue Betriebsformen in der Landwirtschaft scheiterten meist am Widerstand des Adels: Die meisten Guts- und Grundbesitzer beharrten auf ihren Guts- und Triftrechten und behinderten Verbesserungen.

Für die gewerbliche Produktion der Zeit war es charakteristisch, daß das Handwerk immer noch ihren ausschlaggebenden Teil bildete und noch stark genug war, die Entwicklung der Manufakturen zu hemmen, daß aber die Manufakturen ihrerseits das Handwerk bereits zu einem hohen Grad zersetzt hatten. Die Zunftverfassung bestand zwar noch, war aber bereits überholt. In der Praxis wurden die Zunftprivilegien oft verletzt, ohne daß es den Zünften gelang, dies zu verhindern.

Noch gab es keine Gewerbefreiheit in Deutschland. Es war vor allem die feudale Agrarverfassung, die die Entwicklung der Manufakturen hemmte, konnte doch die Masse der künftigen Lohnarbeiter nur vom Lande kommen. Der wichtigste Zweig der Leichtindustrie, mit der auch in Deutschland die Industrialisierung begann, war die Textilindustrie. Die massenhafte Anlage von konstantem fixem Kapital, wie sie zur industriellen Revolution gehört, wurde aber noch durch die feudalen Bindungen und die Kleinstaaterei behindert.

Es gab am Ende des 18. Jahrhunderts wahrscheinlich nicht viel mehr als 50 000 kapitalistisch ausgebeutete Industriearbeiter in Deutschland. Der Arbeitstag war zu dieser Zeit etwa 12 Stunden lang und wuchs in der Folgezeit noch. Die Arbeitsproduktivität dagegen veränderte sich nicht wesentlich. Es war eine Zeit der extensiven Ausbeutung, in der die Arbeiter zugleich unter der Entwicklung des Kapitalismus und unter den feudalen Hemmnissen, die dieser Entwicklung entgegenstanden, litten. So ist es nicht verwunderlich, daß sich gerade das deutsche Frühproletariat aktiv an den Unruhen, die in diesen Jahrzehnten in den Städten ausbrachen, ebenso beteiligte wie in den Städten Bauern, die die feudalen Fesseln abzuschütteln versuchten.

So rückschrittlich Deutschland auch in wirtschaftlicher und politischer Hinsicht gegenüber Frankreich sein mochte – unter dem Eindruck des Beispiels der Französischen Revolution flammten doch bereits im Herbst 1789 in Baden, in der Pfalz und am mittleren Rhein Empörungen gegen Adel und Territorialfürsten auf, die zwar isoliert voneinander blieben, aber doch davon zeugten, daß auch in Deutschland jene Widersprüche heranreiften, die in Frankreich zum Ausbruch der Revolution geführt hatten.

Im Spätsommer 1790 brach auch weit entfernt von den Grenzen Frankreichs, in Sachsen, ein Bauernaufstand aus, der sich über ein so ausgedehntes Gebiet erstreckte, daß der feudale Zwangsapparat zeitweilig lahmgelegt war. Größere Truppenkontingente (etwa 5000 Mann) wurden von der Regierung in das Aufstandsgebiet, die Gegend um Meißen und Lommatzsch, entsandt. Erst dieser Einsatz der

Truppen führte zur Niederwerfung des Aufstandes. Johann Gottlieb Fichte berichtete von Leipzig aus seiner Braut von dieser Bewegung und erkannte, daß ihre Ursachen trotz, ja gerade wegen ihrer Niederlage nicht beseitigt waren: „Es sind also nur Palliative, die den einstigen Ausbruch des Feuers mit doppelter Kraft nicht verhindern werden."

Der „herrliche Sonnenaufgang", als den Hegel noch Jahrzehnte später in seinen Vorlesungen die Französische Revolution bezeichnete, begeisterte vor allem die deutschen Schriftsteller und Gelehrten, die den vielen Fürstenhöfen ihres Vaterlandes erhöhten Glanz geben sollten oder sich im Dienste der Kirche befanden, weil nur auf diesem Wege Kinder aus dem Volke eine akademische Ausbildung erhalten konnten. Feudaler, staatlicher und kirchlicher Zwang, so hofften sie, würde nun auch in ihrer Heimat ein Ende finden.

Der Klassenkompromiß, der im Juli 1789 in Frankreich zustande gekommen war, konnte nicht von Dauer sein. Die Revolution ging weiter, und sie gewann in dem Maße, in dem sie die Grundlagen des Feudalismus, des Absolutismus und des Klerikalismus in Frankreich beseitigte, zugleich wachsende internationale Bedeutung. Der gescheiterte Versuch Ludwigs XVI., aus Frankreich zu fliehen, und seine Folge, die Einschränkung der Bewegungsfreiheit des landesverräterischen Königs durch das Parlament, nahmen der Kaiser des Reiches und der König von Preußen zum Anlaß, die Pläne einer Intervention der Feudalmonarchien in Frankreich offen zu verkünden.

Am 20. April 1792 beschloß das französische Parlament, Kaiser Franz II. den Krieg zu erklären. Daß der feindliche Angriff nicht erst abgewartet wurde, sondern Frankreich seinerseits den Krieg erklärte, lag daran, daß man am französischen Hof den Sieg der preußischen und österreichischen Interventen erhoffte und erwartete und daß die Girondisten, die politischen Vertreter der Handels- und Industriebourgeoisie, sich vom Krieg eine Ablenkung der Massen von der Empörung über Hunger und großbürgerliche Mißwirtschaft sowie Eroberungen in Belgien versprachen.

Diese Tatsachen ändern aber nichts daran, daß die Abwehr der Intervention im Interesse des historischen Fortschritts lag. Preußen aber trat an der Seite des habsburgischen Verbündeten in den ungerechten Krieg gegen Frankreich ein.

Damit begann eine Epoche fast ununterbrochener militärischer Auseinandersetzungen, die sich über mehr als zwei Jahrzehnte erstreckte und in deren Verlauf – entgegen den Erwartungen derjenigen, die zum Kriege gehetzt hatten – nicht nur das französische Königtum und der französische Adel die letzten Positionen verloren, sondern auch die bürgerliche Umgestaltung in den meisten west- und mitteleuropäischen Staaten unwiderruflich in Gang kam. In diesen zwei Jahrzehnten wurden aus gerechten Verteidigungskriegen des französischen Volkes schließlich unter Napoleon Eroberungskriege, die Frankreich unabwendbar in eine Niederlage führen mußten. Aber die bürgerliche Gesellschaft war in Frankreich inzwischen so fest gegründet, und der Absolutismus war in ganz Europa so gründlich erschüttert worden, daß trotz dieser Niederlage „das ganze 19. Jahrhundert ... unter dem Zeichen der Französischen Revolution stand". (W. I. Lenin)

Die ersten Gefechte endeten mit Niederlagen der französischen Armeen. Das hatte seine Ursache darin, daß sie noch unvorbereitet und undiszipliniert waren und von adligen Offizieren geführt wurden, welche – wenn sie nicht direkten Verrat übten – keinerlei Interesse am Sieg der Revolution hatten.

„Ich verlasse mich nur auf das Volk, auf das Volk allein", erklärte Robespierre im Mai 1792. Er hatte zu den wenigen Abgeordneten der Nationalversammlung gehört, die der Kriegserklärung ihre Zustimmung verweigerten. Die Jakobiner betrachteten es als aktuellste Aufgabe, die Gegenrevolution im Lande selbst niederzuwerfen. Nach der Interpretation, die Walter Markov von ihren Vorstellungen über Krieg und Frieden im Jahre 1792 gegeben hat, erwarteten sie, daß dann auch die absolutistischen Mächte ihre Aggressionsvorbereitungen einstellen und auf eine Intervention verzichten müßten.

Am 11. Juli 1792 erklärte die Gesetzgebende Versammlung: „Das Vaterland ist in Gefahr“. Am 10. August erstürmten die Volksmassen das königliche Schloß und setzten Ludwig XVI. gefangen. Die Revolution trat in ihre zweite Phase ein, in der die Macht in den Händen der Gironde lag. Der Sturz des Königtums – am 22. September trat in Paris der Konvent zusammen und erklärte Frankreich zur Republik – sicherte nicht nur die Revolution nach innen. Er war auch eine Voraussetzung zum Sieg über die Interventen. Am 20. September wurden bei Valmy die feindlichen Armeen zum Rückzug gezwungen.

Der Wendepunkt des Krieges war gekommen. Es war nicht eine einzelne Schlacht, die ihn herbeigeführt hatte. Vielmehr kamen nun sowohl diejenigen Faktoren voll zur Wirkung, die zugunsten der Revolutionsarmee wirkten, als auch diejenigen, die dauerhafte Erfolge der Interventen verhinderten. Solche Faktoren waren die moralische Überlegenheit der Armeen der Revolution und deren feste Verbindung mit dem Volk, dessen Errungenschaften sie verteidigten. Umgekehrt machten zahlreiche Umstände einen Sieg der Interventen unmöglich: Die Bewegungen ihrer Armeen waren schwerfällig, und die Anhänger der Manöverstrategie waren ratlos gegenüber der neuen Kampfesweise der Revolutionsarmee. Darüber hinaus standen die Interessen der Interventionsmächte im Gegensatz zueinander: Für Preußen war ein wesentliches Motiv der Teilnahme an diesem Feldzug, daß es sich dafür als Kompensation polnisches Land im Osten versprach: Österreich dagegen wollte Preußens Anteil an der zu erwartenden Beute im Osten so klein wie möglich halten. So konnte auch das Heer, das diese Mächte ins Feld geschickt hatten, nicht einer wirklich einheitlichen Kommandogewalt unterworfen werden. Nicht zuletzt war es der berechtigte Widerwille bei den Soldaten, die gegen ihre eigenen Interessen ins Feuer geführt wurden, der dauerhafte Erfolge der Feudalmächte verhinderte. Letzten Endes siegten die Armeen der Revolution über die feudale Koalition, weil in ihnen die Volksmassen für den gesellschaftlichen Fortschritt kämpften, der damals den Übergang vom Feudalismus zum Kapitalismus erforderte, während diese für die Vergangenheit eintrat. Deshalb mußten die Interventen schließlich unterliegen, obwohl zunächst die größere Macht, der größere Reichtum, die Tradition und die militärische Erfahrung auf ihrer Seite waren und obwohl die französischen Truppen zu dieser Zeit noch nicht einmal die neue Strategie und Taktik anwendeten.

Auf den Erfolg von Valmy folgte ein Siegeszug der Armeen der Revolution, der sie bis vor die Tore von Frankfurt am Main gelangen ließ. Die bedeutendste Bewegung, die durch die Französische Revolution und den Vormarsch der Revolutionsarmeen in Deutschland ausgelöst wurde, hatte ihren Mittelpunkt in Mainz. Die „Gesellschaft der Freunde der Freiheit und Gleichheit", die dort am 23. Oktober 1792 nach dem Vorbild des französischen Jakobinerklubs gegründet wurde, war der Mittelpunkt der revolutionären Bewegung der Stadt und darüber hinaus weiter Gebiete Deutschlands. Ihr führender Kopf war der bedeutende deutsche Schriftsteller Georg Forster. Es war vor allem ein Erfolg der Tätigkeit des Mainzer Jakobinerklubs, daß am 17. März 1793 ein rheinisch-deutscher Nationalkonvent eröffnet werden konnte, der aus einer nach bürgerlich-demokratischen Grundsätzen durchgeführten Wahl hervorgegangen war. Bereits am Tage nach seiner Eröffnung verkündete dieser Konvent, daß sich die Gebiete zwischen Landau, Bingen und Mainz von der feudalen Ruine des Heiligen Römischen Reiches lossagten und daß in den befreiten Gebieten Adel und Geistlichkeit ihre Vorrechte verloren hatten. Damit war die erste bürgerlich-demokratische Republik auf deutschem Boden ausgerufen. Ohne französische Hilfe war es zu dieser Zeit jedoch nicht möglich, isoliert und ganz auf sich selbst gestellt die Feudalordnung zu beseitigen und diese Republik vor den Angriffen der feudalen Mächte zu schützen. Am 21. März erklärte deshalb die Mainzer Republik ihren Anschluß an das revolutionäre Frankreich. Lauthals zeterten eben jene Reaktionäre über „Landesverrat", deren Herrschaft ja gerade der nationalen Einheit und Unabhängigkeit im Wege stand. In Wirklichkeit jedoch war die Erneuerung, die sich hier anbahnte, auch die Voraussetzung für den Fortschritt zur Nation: eine Bestätigung der Erkenntnis, daß die nationale Frage wesentlich sozialen Inhalt besitzt.

Im Herbst 1792 errangen die französischen Truppen auch Siege in Belgien. wo österreichische Armeen standen, und erreichten, daß diese das Land räumten. Das hatte zur Folge, daß England in den Krieg gegen die französische Republik eingriff. Die britische Regierung nahm die Hinrichtung des französischen Königs zum Anlaß, die diplomatischen Beziehungen mit Frankreich abzubrechen. Tatsächlich aber brach der Krieg zwischen England und Frankreich aus, weil die Erwartungen der englischen Bourgeoisie, die inneren Auseinandersetzungen würden das Land außenpolitisch lähmen, sich nicht bewährheitet hatten. So trat der Kampf zwischen der englischen und der französischen Bourgeoisie um die Vorherrschaft in Europa und die Beherrschung der Meere für mehr als zwei Jahrzehnte in den Mittelpunkt der internationalen Politik. Es gelang der englischen Regierung zunächst, eine Koalition gegen Frankreich zu organisieren, der fast das gesamte feudale und monarchische Europa angehörte.

Im Frühjahr 1793 erlitt die französische Republik schwere militärische Rückschläge. Die Gironde erwies sich als unfähig, den Krieg, für den sie die Verantwortung vor der französischen Nation übernommen hatte, siegreich weiterzuführen. Vom 31. Mai bis 2. Juni erhob sich das revolutionäre Paris gegen die Gironde. „Die von den Sansculothen der großen Städte unterstützten Pariser Sansculotten schlugen die Gironde aus den gleichen Gründen nieder, aus denen sie den Thron gestürzt hatten: sie beschuldigten sie, die revolutionäre Verteidigung zu hindern." (Albert Mathiez) Die Macht ging an das von den Jakobinern repräsentierte demokratische Kleinbürgertum über, dessen revolutionäre Diktatur die Republik und die Nation in den schwersten Monaten rettete – dadurch rettete, daß sie der feudalen Konterrevolution im Lande selbst den Boden nahm und deshalb auch der zum Kompromiß bereiten Großbourgeoisie Einschränkungen auferlegte. Die allgemeine Wehrpflicht wurde in Frankreich eingeführt und das Kriegswesen erneuert. Junge Generale traten an die Spitze der Armeen. Die neue Tirailleur-Taktik, die zuerst von den amerikanischen Freiheitskämpfern im Unabhängigkeitskrieg gegen England angewendet worden war und die französische Offiziere dort kennengelernt hatten, wurde eingeführt. Die starre Schlachtordnung wurde aufgelockert. Die vorderste Linie setzte sich jetzt aus einzeln vorausschwärmenden Schützen zusammen, denen tiefgestaffelte Kolonnen folgten. Diesen Schützen war es ein leichtes, die starren Linien der feudalen Heere ins Wanken zu bringen, so daß sie dann durch die den Schützen folgenden Kolonnen zerbrochen werden konnten. Da die Armeen der Revolution für ihre eigenen Interessen kämpften, war Desertion nicht zu befürchten. Deshalb konnte man auch von der Verpflegung aus Magazinen zum System der Requisition für die Versorgung der Truppen übergehen, wodurch die militärischen Einheiten beweglicher wurden. Das ermöglichte wieder, eine neue Strategie zu verwirklichen, die auf der Konzentration der Kräfte für entscheidende Siege über die Masse der feindlichen Armeen beruhte.

Im Juli 1793 wurden die französischen Truppen zwar noch zum Rückzug aus den Gebieten am mittleren Rhein gezwungen, so daß auch das Schicksal der Mainzer Republik besiegelt war und die feudale Reaktion erbarmungslos an ihren Trägern Rache nehmen konnte – im Herbst dieses Jahres wurden aber die Anstrengungen belohnt, die das französische Volk auf sich genommen hatte: im Norden, in Belgien und am Rhein wurden die feudalen Interventen zurückgeworfen.

Unterstützt wurde dieser Kampf durch den Unabhängigkeitskampf des polnischen Volkes. Am 23. Januar 1793 war in Petersburg der russisch-preußische Vertrag über eine zweite Teilung Polens unterzeichnet worden, und in ganz Polen flammte der Haß gegen die Eroberer auf. Kleinadel und Bürgertum organisierten eine Verschwörung gegen den Zarismus, die von General Kosciusko geleitet wurde. Im März 1794 brach der Aufstand aus. Eine provisorische polnische Regierung wurde gebildet. Sie erklärte

Preußen und Rußland den Krieg. Die polnischen Freiheitskämpfer zwangen die russischen Truppen zum Rückzug und waren auch im Kampf gegen die preußischen Truppen erfolgreich. Angesichts des polnischen Aufstandes verzichtete Preußen auf größere militärische Aktionen im Westen. So wurde der Feldzug von 1794 vor allem zwischen Österreichern und Franzosen geführt, wobei Belgien das wichtigste Ziel und der bedeutendste Kriegsschauplatz war. Die Entscheidung fiel am 26. Juni 1794. Die französischen Truppen gewannen die Schlacht bei Fleurus. Österreich mußte Belgien wieder räumen. Die Jakobinerdiktatur hatte ihre wichtigste Aufgabe im Krieg gegen die Koalition erfüllt: Die Bedrohung der französischen Grenzen war abgewehrt.

Auch in Deutschland vollzog sich zu der Zeit, da sich in Frankreich die verschiedenen Klassen und Schichten innerhalb des dritten Standes politisch voneinander abgrenzten, da die Jakobiner den „Despotismus der Freiheit" (Marat) errichteten, eine schärfere Differenzierung der verschiedenen politischen Richtungen. Die bedeutendsten deutschen Dichter, Schriftsteller und Gelehrten hatten den Ausbruch der Französischen Revolution begeistert begrüßt. Diese Begeisterung hielt im großen und ganzen solange an, als ein Übereinkommen zwischen dem französischen Königtum einerseits, der Bourgeoisie andererseits möglich zu sein schien, solange es also möglich schien, daß der Monarch aus einem König der Feudalaristokratie zu einem König des Besitzbürgertums werden konnte. Die Stimmung änderte sich aber, als in Frankreich das Königtum beseitigt und die Republik ausgerufen wurde. Das Ergebnis dieser Wandlungen war natürlich nicht eine schematische Abspiegelung der Klassenfronten, wie sie in Frankreich bestanden. In den Mittelpunkt der Auseinandersetzungen traten dabei gerade unter dem Eindruck der Französischen Revolution die wichtigsten Fragen der bürgerlichen Entwicklung in Deutschland selbst.

Die deutsche Feudalreaktion formierte sich jetzt auch auf politisch-ideologischem Gebiet. Ihre Waffen entnahm sie dabei dem Arsenal gerade der bürgerlichen Bewegung, gegen die sie zum Gegenschlag ausholte. Der Gedanke der historischen Entwicklung, der von den Denkern der Aufklärung im Zusammenhang mit ihrer Lehre vom Fortschritt der Vernunft konzipiert worden war, sollte nun gegen alle revolutionären Maßnahmen gekehrt werden. Die „Betrachtungen über die Französische Revolution" des Engländers Edmund Burke, in denen jede Umwälzung als Vorstoß gegen das organische Wachstum, das für die Entwicklung in der Natur wie in der Gesellschaft charakteristisch sei, abgelehnt wurde, erlangte in Deutschland weite Verbreitung. Wegen ihrer philosophischen Grundlage – der Leugnung jedes qualitativen Umschlags im Entwicklungsprozeß – und in ihrer politischen Tendenz – der Rechtfertigung jedes bestehenden Zustandes aus der bloßen Tatsache, daß er historisch geworden sei – bildeten sie den Ausgangspunkt für die romantische Staatstheorie und später für die historische Schule.

Goethe und Schiller lehnten zwar die plebejisch-demokratischen Methoden, zu denen die französischen Revolutionäre in dieser Phase gegriffen hatten, ab, bejahten aber die neue Gesellschaftsordnung als eine höhere Stufe in dem bei all seiner Widersprüchlichkeit doch aufsteigenden Gang der Weltgeschichte. Für diese bürgerlich-nationalen Bestrebungen war die Französische Revolution eine praktische Bestätigung der welthistorischen Perspektive des Fortschritts des Menschengeschlechts und zugleich das Beispiel der revolutionären Konstituierung einer Nation. Goethe wurde durch die Erfahrungen dieser Jahre gerade in seinem Glauben bestätigt, daß die Menschheit fähig ist, aus eigener Kraft Jahrtausende alte Fesseln abzuwerfen. So beruht ja auch sein „Faust" auf dem Gedanken, daß der unaufhaltsame Fortschritt des Menschengeschlechts durch alle Konflikte, in die die Individuen verstrickt werden – Konflikte, die oftmals tragisch ausgehen –, sich durchsetzt und sich damit letzten Endes auch den Individuen eine optimistische Perspektive eröffnet. Zweifellos gibt es gerade in denjenigen Werken Goethes und Schillers, die im Jahrzehnt nach der Französischen Revolution entstanden, eine Tendenz, auf das politische Handeln in der Gegenwart zu verzichten, auf Reformen von oben durch einsichtige Fürsten zu hoffen, die Deutschland zu einem modernen Land machen würden, und in der Schönheit den einzigen Weg zur Freiheit zu sehen. Indem sich aber die Weimarer Klassik zur kulturellen als der Vorstufe der politischen Einheit bekannte, betrachtete sie eine ästhetische Erziehung als Nationalerziehung und konnte, indem sie in den Deutschen das Bewußtsein der geistigen Einheit über politische Grenzen und konfessionelle Spaltung hinweg festigte, auch zur politischen Einheit beitragen.

Von einem solchen welthistorischen Optimismus sind auch die großen Schöpfungen Beethovens, vor allem seine Sinfonien, erfüllt. Sie verkünden, daß Frieden und Freiheit nicht durch Dulden und Erwarten gewonnen werden, sondern daß man sie erkämpfen muß. (Die Marschrhythmen des ersten Satzes sowohl der Fünften Sinfonie als auch des Es-Dur-Klavierkonzertes zeigen darüber hinaus unmittelbar den Einfluß der Massenlieder und Märsche der Französischen Revolution.)

Auch der bedeutendste deutsche Denker dieser Epoche, Georg Wilhelm Friedrich Hegel, bejahte die bürgerliche Gesellschaft als etwas Neues und Fortschrittliches. Seiner Dialektik liegen der Eindruck der Umwälzungen dieser Jahrzehnte, der Erneuerung Frankreichs und Europas unter dem Einfluß der Revolution und die Auseinandersetzung mit den allmählich zutage tretenden Widersprüchen dieser neuen Gesellschaft zugrunde. Seine Lehre vom gesetzmäßigen Fortschritt in der Geschichte enthielt (auch wenn er diesen Fortschritt auf den Fortschritt der Vernunft zurückführte) zugleich eine entschiedene Bejahung der neuen Verhältnisse. Hegel zog Reformen, deren Ergebnis bürgerliche Verhältnisse bilden würden, jedoch der bürgerlichen Revolution vor. So sprach aus seinen politischen Anschauungen sowohl die nüchterne Einsicht, daß eine Massenbewegung gegen Adel und Territorialfürsten in Deutschland fehlte, als auch eine durch die Erfahrungen der Jakobinerdiktatur verstärkte Furcht vor solchen Massenbewegungen. Die Bewunderung, die er Napoleon zollte, hat in solchen Anschauungen ihre Wurzel. Gerade zu der Zeit, da er sein erstes großes Hauptwerk, die „Phänomenologie des Geistes“ vollendet hatte, sah er den Kaiser in Jena zwei Tage vor dem französischen Sieg über Preußen und bezeichnete ihn als die „Weltseele“. Hegel hat es bei der Beurteilung der in den Rheinbundstaaten durchgeführten Politik für entscheidend gehalten, daß dort bürgerliche Reformen verwirklicht wurden, und er sah in der Tatsache, daß diese Reformen ohne unmittelbare Mitwirkung der Volksmassen vor sich gingen, gerade einen Vorzug der deutschen vor der französischen Entwicklung. So zeigt sich auch in seinem politischen Denken eben der Zwiespalt, der seine Philosophie charakterisiert, in der das idealistische System der dialektischen Methode widerspricht.

Neben der aristokratisch-reaktionären und der bürgerlich-reformerischen trat unter dem Eindruck der Französischen Revolution aber auch eine entschieden-demokratische Strömung im politischen Denken Deutschlands auf. Diese Demokraten, voneinander isoliert und ohne den Rückhalt einer im gesamtnationalen Rahmen organisierten Massenbewegung, trugen ihre Ideen freilich in mehr oder minder abstrakter Form oder – wie etwa Fichte – im Gewand einer idealistischen Philosophie vor. Fichte setzte sich 1793 entschieden für die Französische Revolution ein und berief sich auf die Lehre Rousseaus vom Gesellschaftsvertrag, als er die Freiheit der Verbreitung bürgerlicher Ideen verteidigte.

Es blieb nicht bei demokratischen Forderungen einzelner Intellektueller. Im Frühjahr 1794 entstanden selbst im preußischen Staat Bauernunruhen, die sich auf Schlesien konzentrierten und anzeigten, daß der gesellschaftliche Fortschritt auch um den preußischen Junkerstaat keinen Bogen machen würde. Derartige Bewegungen trugen das ihre dazu bei, daß Preußen aus dem Krieg gegen Frankreich ausschied. Die Aufmerksamkeit der Berliner Regierung hatte sich mehr und mehr auf den polnischen Aufstand konzentriert. Preußische und russische Truppen hatten im Herbst 1794 die nationale Unabhängigkeitsbewegung des polnischen Volkes niedergeworfen. Die Feudalmächte Preußen, Österreich und Rußland gingen nun an die völlige Zerstückelung des Landes. Preußens Junker suchten jetzt im Osten reichliche Entschädigung für die Kosten der mißglückten Feldzüge gegen Frankreich. 1794 nahm die preußische Regierung offiziell Verhandlungen über einen Sonderfrieden mit Frankreich auf. Aber die unabdingbare Voraussetzung für einen Friedensschluß war für Frankreich, daß die Hohenzollernmonarchie ihre linksrheinischen Gebiete abtrat. Dieser französischen Forderung zuzustimmen, fiel den Unterhändlern Friedrich Wilhelms II. nicht leicht. Erst als bekannt wurde, daß sich Rußland und Österreich bereits insgeheim über eine dritte Teilung Polens geeinigt hatten und Preußens Anteil so klein wie möglich halten wollten, war man bereit, den von der französischen Regierung geforderten Preis, den für den Raub im Osten notwendigen Frieden im Westen zu erhalten, zu zahlen. So wurde am 5. April 1795 in Basel zwischen Frankreich und Preußen Frieden geschlossen. Preußen schied aus dem ungerechten Eroberungskrieg aus, und das bürgerliche Frankreich hatte damit einen großen Erfolg errungen, war doch der Zerfall der feudalen Koalition nun abzusehen. Das festzustellen bedeutet nicht, Preußens Verhalten zu rechtfertigen. Es schloß mit Frankreich vor allem deshalb Frieden, weil es nur auf diese Weise die Hände für weitere Annexionen polnischen Gebietes freibekam. Wenige Monate, nachdem der Baseler Frieden abgeschlossen worden war, am 24. Oktober 1795, wurde der schändliche Vertrag unterzeichnet, mit dem Polen für mehr als ein Jahrhundert aufhörte, als Nationalstaat zu existieren. Rußland, Österreich und Preußen teilten den Rest des Landes unter sich auf – ein schmachvolles Unrecht am polnischen Volk und zugleich ein Hemmnis für die Entwicklung der nationalen Bewegung in Deutschland, wurden doch die großen Feudalmonarchien, die Feinde der nationalen Einigung und des Fortschritts, nicht zuletzt durch den gemeinsamen Raub an Polen zusammengehalten.

Zu der Zeit, als der Baseler Frieden geschlossen worden war, waren Robespiere und die Jakobiner in Frankreich bereits gestürzt. Das radikale Kleinbürgertum hatte während der schwersten Jahre der Revolution alle patriotischen Kräfte der französischen Nation um sich gesammelt und die Republik vor ihren inneren und äußeren Feinden gerettet. Jetzt ergriff die in der Revolution reich gewordene Bourgeoisie, die die ihr unter der demokratischen Diktatur der Jakobiner auferlegten Beschränkungen nicht länger ertragen wollte, die Macht. Die bürgerliche Ordnung in Frankreich war zwar noch nicht endgültig gegen alle Bedrohungen der feudalen Reaktion von außen gesichert und deshalb behielt der Krieg von seiten Frankreichs weiter gerechten Charakter. Sie hatte sich aber schon so weit gefestigt, daß die Republik die militärische Initiative behielt und mit Erfolg versuchen konnte, Österreich eine so schwere Niederlage zuzufügen, daß damit auch der gesamte Krieg zugunsten Frankreichs entschieden würde. Diese Kämpfe wurden vor allem in Italien zwischen Frankreich und Österreich ausgefochten. Oberbefehlshaber der in Italien stehenden französischen Streitkräfte war seit dem 2. März 1796 der 26jährige Brigadegeneral Napoleon Bonaparte. Der Aufstieg Bonapartes beruht auf der Tatsache, daß seine militärischen und politischen Fähigkeiten voll und ganz den damaligen Bedürfnissen des französischen Bürgertums entsprachen. Er setzte eine militärische Strategie durch, die den in Frankreich bestehenden sozialen Verhältnissen entsprach und geeignet war, die außenpolitischen und militärischen Aufgaben im Kampf gegen die Koalition zu lösen. Die Voraussetzungen dieser Strategie waren bereits in der Revolution entstanden. Napoleon nutzte diese Voraussetzungen, um jeweils im entscheidenden Augenblick an der innerhalb des Gesamtplanes entscheidenden Stelle zahlenmäßig überlegen aufzutreten und den Feind nicht nur zu schlagen, sondern ihm auch den Rückzug zu verlegen und seine Truppenteile zu vernichten. In den Feldzügen 1796/97 errangen die von Napoleon geführten französischen Truppen eine Reihe von Erfolgen, die Österreich außerstande setzten, den Krieg fortzuführen. Im Oktober 1797 wurde zwischen Frankreich und Österreich Frieden geschlossen. Ende 1797 trat in Rastatt ein Kongreß zusammen, der den

Frieden zwischen dem Reich in seiner Gesamtheit und Frankreich vermitteln sollte. Die französische Delegation setzte die Abtretung der linksrheinischen Gebiete durch, so daß etwa 1½ Millionen Deutsche damit unter französische Fremdherrschaft kamen. Im Frühjahr 1799 flog der Kongreß auf, der viele Monate ergebnislos darüber beraten hatte, wie die von den Abtretungen betroffenen Fürsten durch geistliche Besitzungen entschädigt werden könnten: der Krieg hatte wieder begonnen. Schon seit dem Frühjahr 1798 hatten sich die internationalen Gegensätze von neuem verschärft. England hatte ja den Krieg weiter fortgesetzt, und als Bonaparte England in Ägypten zu schlagen versuchte, gefährdete er damit die russischen Pläne eines Vordringens im östlichen Mittelmeer. Das veranlaßte den Zaren, eine neue, die zweite Koalition der europäischen Monarchien gegen das bürgerliche Frankreich zustande zu bringen. Diese zweite Koalition, getragen von den Großmächten England, Rußland und Österreich, konnte zunächst einige militärische Erfolge gegen Frankreich erzielen. Das französische Großbürgertum forderte nun eine starke und stabile Staatsgewalt, von der es einen wirksamen Schutz gegen die Feudalmonarchien des Kontinents und den Sieg über England im Kampf auf den Meeren und Märkten erwartete. In dieser Situation unternahm Napoleon Bonaparte am 18. Brumaire (9. November) 1799 einen Staatsstreich, auf Grund dessen er, auf 10 Jahre zum ersten Konsul gewählt, die politische Macht in seiner Hand konzentrieren konnte. In den folgenden Jahren wurde er zu einer Persönlichkeit von welthistorischer Bedeutung, konnte doch unter seiner Leitung Frankreich zeitweilig die Hegemonie in Europa erringen und politische und soziale Wandlungen in vielen europäischen Ländern durchsetzen, die auch für die Folgezeit nachhaltige Wirkung hatten. Die in Napoleon gleichsam verkörperten Expansionsbestrebungen der französischen Bourgeoisie mußten schließlich jedoch scheitern, weil sie mit drei verschiedenen Gegnern zusammenstießen, die zeitweilig zusammenwirkten und denen sie notwendig erliegen mußten: der Konkurrenz des industriellen England, der feudal-monarchischen Reaktion der Kontinentalmächte und vor allem der nationalen Befreiungsbewegung der Völker, die sich gegen die napoleonische Unterdrückung zur Wehr setzten.

Bonaparte suchte die Entscheidung des zweiten Koalitionskrieges dort, wo er vier Jahre zuvor seinen Ruhm begründet hatte, in Oberitalien. Im Sommer 1800 gelang es seiner Armee, dort die österreichischen Truppen zu schlagen. Im Dezember 1800 fiel auch auf dem deutschen Kriegsschauplatz die Entscheidung, als östlich von München ein starkes österreichisches Heer von den Franzosen vernichtend geschlagen wurde, und am 9. Februar 1801 wurde zwischen Österreich und Frankreich der Frieden von Lunéville (Lothringen) geschlossen, durch den die Abtretung des linksrheinischen Gebietes an Frankreich bestätigt wurde. Ein Jahr später schlossen auch Frankreich und England Frieden.

In diesen Jahren beschleunigte sich der Zerfall der Feudalordnung in Deutschland. In den von Frankreich besetzten linksrheinischen Gebieten wurde die politische und wirtschaftliche Macht des Adels und der Geistlichkeit gebrochen. Die kapitalistische Entwicklung wurde freigesetzt. Den Franzosen gelang es aber nicht, hier endgültig Fuß zu fassen, so sehr auch die von ihnen durchgesetzten Reformen dem gesellschaftlichen Fortschritt dienten. Der nationale Zusammenhang zwischen den einzelnen Teilen Deutschlands war schon so fest geworden, daß er durch eine Fremdherrschaft nicht mehr zerrissen werden konnte, selbst wenn diese mit bürgerlichen Reformen verbunden war. Darüber hinaus wurden ja auch in den übrigen Teilen Deutschlands – wenn auch nicht so schnell und so gründlich wie in den französisch besetzten Gebieten – Reformen durchgeführt. Insbesondere die süddeutschen Fürsten mußten bald dem Erstarken der bürgerlich-antifeudalen Kräfte durch derartige Reformen Rechnung tragen. Die Volksbewegungen in diesen Ländern am Ende des 18. Jahrhunderts, die von Heinrich Scheel untersucht worden sind, verdienen auch insofern besonderes Interesse, als sie nicht selten mit französischer Unterstützung ausgelöst, in ihrem weiteren Fortgang aber von den französischen Offizieren und Beamten wieder gehemmt wurden. Die französische Bourgeoisie sah in diesen Bewegungen ein Mittel, die deutschen Fürsten einzuschüchtern und sie zum Abfall vom Reich zu veranlassen, die in französische Abhängigkeit geratenen und durch inneren und äußeren Druck zu Reformen veranlaßten Fürsten dann aber zu unterstützen. Das verwitterte Gebäude des mittelalterlichen Reiches stand nun kurz vor dem endgültigen Einsturz. „Deutschland ist kein Staat mehr", lautete der lakonische Eingangssatz einer Studie „Die Verfassung Deutschlands", die Hegel 1802 verfaßte. Dieser bittere Satz wurde durch die Verhandlungen über die Regelung der Entschädigungen, die die deutschen Fürsten für die an Frankreich abgetretenen linksrheinischen Gebiete erhalten sollten, nur zu nachdrücklich bestätigt. Der Form nach ging es dabei um Vereinbarungen zwischen dem Kaiser und den deutschen Fürsten, tatsächlich aber handelte es sich um eine Neuverteilung der Machtverhältnisse zwischen den deutschen Staaten gemäß den Interessen der französischen Großbourgeoisie. Bonaparte und sein Außenminister Talleyrand, die das entscheidende Wort bei dem Entschädigungsgeschäft sprachen, betrachteten diese Neuverteilung als ein Mittel, um die französische Hegemonie über ganz Deutschland durchzusetzen. Durch die Säkularisierung aller geistlichen Fürstentümer, d.h. durch ihre Überführung aus geistlichem in weltlichen Besitz, und durch die Mediatisierung der lebensunfähigsten Klein- und Zwergstaaten d.h. durch die Aufhebung ihrer Hoheitsrechte, sollte der Kaiser seiner Stützen im Reich beraubt werden, während Preußen und vor allem den Mittelstaaten soviel neue Gebiete zugeschanzt werden sollten, daß es im Reich fortan drei etwa gleich starke Kräfte geben würde: das zahlreicher süddeutscher Besitzungen entledigte Österreich, das im Norden und Nordosten vorherrschende Preußen und die dem französischen Einfluß unterworfenen Mittelstaaten. Dementsprechend wurde auch am 25. Februar 1803 ein „Reichsdeputationshauptschluß", also der Beschluß der Reichsdeputation über die Regelung der Entschädigungsfrage zum Abschluß gebracht, durch den die Klein- und Zwergstaaterei im wesentlichen bereinigt, Preußen und die süddeutschen Mittelstaaten für verlorene linksrheinische Gebiete reichlich entschädigt und Württemberg, Baden, Hessen-Kassel und Salzburg zu Kurfürstentümern erhoben wurden. Diese Festlegung, durch die drei neue protestantisch-weltliche Kurfürstentümer entstanden, sollte den österreichisch-katholischen Einfluß in Süddeutschland weiter einschränken. Durch den Reichsdeputationshauptschluß wurde aber nicht nur die Macht zwischen den deutschen Staaten neu verteilt. Mit der territorialen Neugliederung der Einzelstaaten wurden dort auch Reformen in Verwaltung und Justiz in Gang gebracht. Der Dualismus zwischen Österreich und dem nun stärker gewordenen Preußen sowie der Einfluß der neuen Mittelstaaten war stark genug, um noch für Jahrzehnte einer Einigung Deutschlands im Wege zu stehen. Für die Beurteilung der unter französischem Druck vollzogenen „Fürstenrevolution" des Jahres 1803, so nackt dynastischer Ehrgeiz in ihr zutage trat, fällt aber auch ins Gewicht, daß die Beseitigung der geistlichen und weltlichen Zwerg- und Kleinstaaten die bürgerlich-kapitalistische Entwicklung förderte. Dadurch, daß die größeren deutschen Fürsten sich über das „historische Recht" ihrer kleineren Standesgenossen hinwegsetzten, trugen sie darüber hinaus wider Willen dazu bei, den Glauben auch an ihre eigene Legitimität zu erschüttern.

Zugleich zeigte es sich, daß das Moment der Eroberung und Ausplünderung fremder Völker, das es in der Außenpolitik und in Kriegen des bürgerlichen Frankreich von vornherein gegeben hatte – auch wenn es bis 1807 nicht das ausschlaggebende war – weiter anwuchs. Bis 1807: Erst als die äußere Bedrohung der bürgerlichen Ordnung in Frankreich durch die feudalen Nachbarstaaten, die von England zugleich als Festlandsdegen gegen die französische Konkurrenz benutzt wurden, beseitigt war, konnten die Ergebnisse der bürgerlichen Revolution als nach außen endgültig gesichert gelten. Diese Bedrohung war erst nach den Niederlagen Österreichs und Preußens in den Kriegen der Jahre 1805/07 endgültig abgewandt.

Der dritte Koalitionskrieg, in den an der Seite Englands Österreich, Schweden, Neapel und auch Rußland eintraten, begann im Herbst 1805. Bereits am 2. Dezember fiel in der sog. Dreikaiserschlacht (an ihr nahmen Napoleon, der österreichische Kaiser und der Zar teil) bei Austerlitz in Mähren die Entscheidung. Österreich schloß wenige Tage darauf einen Waffenstillstand, und der Zar zog seine Truppen zurück.

Preußen hatte sich zur Zeit des Kriegsausbruches zunächst der Koalition genähert. Als der Ausgang des Krieges durch den französischen Sieg bei Austerlitz entschieden war, ließ es Österreich und Rußland, denen es kurz zuvor seinen Beistand in Aussicht gestellt hatte, im Stich und verständigte sich mit Frankreich – genauer, es unterwarf sich den Forderungen Napoleons, der sich seit 1804 als Kaiser der Franzosen bezeichnete (woraufhin übrigens Franz II. sich den Titel eines Kaisers von Österreich beigelegt hatte). Es erkannte u.a. im voraus alle Gebietsveränderungen auf Grund des zwischen Frankreich und Österreich bevorstehenden Friedensschlusses an und ließ sich dafür von Napoleon Hannover zusprechen – eine Festlegung, durch die Napoleon Preußen zum Bruch mit England, dem wichtigsten Gegner Frankreichs, zu provozieren verstand.

Mit der Niederlage Österreichs im dritten Koalitionskrieg war das letzte Hindernis beseitigt, das Napoleons Bemühungen, die süd- und westdeutschen Territorialfürsten völlig in französische Abhängigkeit zu bringen, noch im Wege gestanden hatte. Verstärkter französischer Druck auf die mittelstaatlichen Gewalten, die Zusicherung der Souveränität der Territorialfürsten (eine Reihe von ihnen verdankte Napoleon Rangerhöhungen, so etwa die Kurfürsten von Bayern und Württemberg, die zu Königen wurden) und Ermutigungen zu neuen Beutezügen gegen die letzten noch bestehenden reichsunmittelbaren Kleinstaaten wirkten zusammen, um den Abfall der deutschen Fürsten vom Reich zu vollenden. Im Juli 1806 unterzeichneten die Vertreter von 16 deutschen Staaten, darunter Bayerns, Württembergs und Badens, den Rheinbund-Traktat. Diese Staaten traten aus dem Reichsverband aus und schlossen sich zu einer „Rheinischen Konföderation“ zusammen, zu deren Protektor sich Napoleon erklären ließ. Jeder der sogenannten Rheinbundstaaten war verpflichtet, an einem Kontinentalkrieg auf der Seite Frankreichs teilzunehmen und ein festgelegtes Truppenkontingent zu stellen, so daß mit einem Schlage 63 000 deutsche Landeskinder zum Kriegsdienst für Napoleon gezwungen wurden. Unverhüllt wie nie zuvor stellte sich der Landesverrat der deutschen Partikularfürsten vor aller Welt bloß.

Unter französischem Einfluß und unter dem Druck des veränderten Kräfteverhältnisses zwischen Kapitalismus und Feudalismus in Europa wurden aber in den meisten Rheinbundstaaten weitere bürgerliche Reformen durchgeführt. Einige von diesen Reformen waren – und diese Seite der Rheinbundpolitik darf nicht übersehen werden – dauerhafter als der Bund selbst. Mit dem Rheinbund ist insofern für einen Teil Deutschlands eine – freilich komplizierte – Phase des Übergangs vom Feudalismus zum Kapitalismus verknüpft.

Mit der Gründung des Rheinbundes war das Reich faktisch aufgelöst. Der Kaiser hoffte zunächst, von Napoleon Entschädigungen für seine Würde einzuhandeln, fügte sich aber schließlich den Drohungen Napoleons, der auf die immer noch in Süddeutschland stehenden französischen Truppen verwies, und legte ohne die erhofften Kompensationen die Kaiserkrone nieder. Eine am 6. August 1806 ausgegebene öffentliche Proklamation des Kaisers besiegelte das Ende des Reiches.

Damit war das letzte staatsrechtliche Band gelöst, das Deutschland noch zusammengehalten hatte. Das Reich war historisch gewiß längst überlebt. Als Ausdruck des Umwandlungsprozesses, in dem sich auch Deutschland befand, hinterließ seine Auflösung aber bei den Zeitgenossen einen tiefen Eindruck. Ernst Moritz Arndt etwa schrieb in seinen „Erinnerungen“: „Als Deutschland durch seine Zwietracht nichts mehr war, umfaßte mein Herz seine Einheit und Einigkeit.“

Von solchen Stimmungen war man am preußischen Hof freilich weit entfernt. Zehn Jahre des Feilschens um Ländergewinn und des Buhlens um die Gunst des jeweils Stärksten hatten den preußischen Staat jedes zuverlässigen Verbündeten beraubt. Von den deutschen Patrioten gehaßt und von den Franzosen verachtet, vom Zaren mißtrauisch beargwöhnt und mit England durch die Annexion Hannovers völlig entzweit, trieb nun auch Preußen inmitten der Trümmer des Reichs unaufhaltsam der Katastrophe entgegen. Als Anfang August 1806 englische Diplomaten durchblicken ließen, Napoleon hätte während französisch-englischer Verhandlungen angeboten, das bereits von preußischen Truppen besetzte Hannover an England zurückzugeben, fühlte sich König Friedrich Wilhelm III. um den Preis für die nur zu willig geduldeten Demütigungen geprellt und ließ den größten Teil der preußischen Armee mobil machen. In dem nun beginnenden Krieg gegen Frankreich war Preußen unter den deutschen Staaten so gut wie isoliert. Nur Kursachsen und einige kleine Staaten waren bereit, ihm in den Krieg gegen Frankreich zu folgen. War schon die außenpolitische Situation alles andere als hoffnungsvoll, so sah es im Innern des morschen Junkerstaates noch trostloser aus. Die schlimmsten Wirkungen der überlebten Junkerherrschaft zeigten sich gerade auf dem Gebiet, auf dem sich der preußische Adel unfehlbar und unbesiegbar wähnte, auf dem Gebiet des Heerwesens. Der Gegensatz zwischen den dünkelhaften, überheblichen und selbstsüchtigen Offizieren und den zerprügelten, desinteressierten, kläglich besoldeten und auf Nebenerwerb angewiesenen Soldaten lähmte die Armee. Die Generalität war völlig überaltert. Die Ausrüstung der Truppen befand sich in einem kläglichen Zustand und war für Paraden, aber nicht für den Krieg geeignet. Trotz der Reformvorschläge weitblickenderer fortschrittlicher Offiziere, wie Gerhard Scharnhorsts und Hermann von Boyens, bestand noch immer die Taktik der Infanterie im Vorgehen in der Linie und dem ungezielten Massenfeuer. Auch das Magazinsystem für die Verpflegung der Truppen, das die Anwendung einer modernen Strategie verhinderte, wurde immer noch beibehalten.

So brach am 14. Oktober 1806 über das preußische Heer

in der Doppelschlacht von Jena und Auerstedt die Katastrophe herein. Napoleon hatte in der vorausgegangenen Nacht, trotz aller Schwierigkeiten unbemerkt, Kanonen auf den Landgrafenberg bei Jena bringen lassen, so daß die französischen Truppen das Schlachtfeld beherrschten. In den Hecken und Häusern des Dorfes Vierzehnheiligen eingenistet, zerschossen die französischen Soldaten die nahe vor ihnen in Reih und Glied aufmarschierten preußischen Bataillone. Gleichzeitig erfocht Davoust bei Auerstedt einen Sieg über die preußische Hauptarmee. Als gar die in den beiden Schlachten geschlagenen Armeen in der Nacht beim Rückzug aufeinander trafen, löste sich alle Ordnung auf. Die geschlagenen preußischen Armeen liefen in nördlicher Richtung auseinander. Der König floh in die östlichen Provinzen – „unser Dämel ist in Memel", sangen die Berliner Jungen.

Napoleon rückte auf Berlin vor und zog am 27. Oktober in die preußische Hauptstadt ein. Von hier aus erließ er am 21. November 1806 das Dekret über die Kontinentalsperre, durch das die britischen Inseln in Sperrzustand erklärt, Handel und Briefwechsel mit England verboten und allen englischen Schiffen die Aufnahme in den Häfen des Kontinents verweigert wurde. Er hoffte, daß die von Getreideeinfuhren abgeschnittene englische Bevölkerung ausgehungert und der englische Handel so gelähmt würde, daß damit England zum Frieden gezwungen wäre. Aber befehlen und den Befehl durchsetzen zu können ist zweierlei. Wo das französische Schwert nicht hinreichte, wurde auch der Handel mit England nicht unterbunden. Das gilt sowohl für Spanien als auch für Rußland.

Die Kontinentalsperre war jedoch wirksam genug, um die deutsche Wirtschaft beträchtlich zu beeinflussen. Die ostelbischen Gutsbesitzer waren am Getreide- und Holzexport nach England gehindert. Der schlesischen Leinenindustrie wurden ihre ausländischen Märkte gesperrt, so daß dieser Gewerbezweig fast vernichtet wurde. Auch die deutsche Ostseeschiffahrt wurde beträchtlich geschädigt. Gleich einem Schutzzoll förderte die Kontinentalsperre dagegen die vor der englischen Konkurrenz nun gesicherte

Festlandindustrie, soweit diese schon ein gewisses Niveau erreicht hatte. Das gilt vor allem für die sächsische Textilindustrie, die von 1807 bis 1811 ihre Produktion verdoppelte, und die westfälischen Gruben und Hütten. Dieser Tendenz wirkte freilich eine andere immer stärker entgegen. Die napoleonische Wirtschaftspolitik, in der die Kontinentalsperre nur ein, wenn auch wichtiges, Teilstück war, kehrte sich auf die Dauer auch gegen die Industrie der von Frankreich unterdrückten Länder. Die französische Bourgeoisie beanspruchte immer größere Vorrechte beim Bezug von Rohstoffen und beim Absatz von Fertigwaren. Zu den Wirkungen der Kontinentalsperre gehörte nicht zuletzt, daß die Einfuhr von Kolonialwaren auf englischen Schiffen gesperrt war und die Preise für Baumwolle, Zucker, Tabak und Kaffee außerordentlich stiegen.

Die Kontinentalsperre hatte nicht nur wirtschaftliche Bedeutung. Sie beeinflußte auch die Stellung der einzelnen Länder zum napoleonischen Frankreich: In den agrarischen Ländern, die durch sie geschädigt wurden, war der Widerstand gegen Napoleon besonders heftig. Rußland schloß sich zwar 1807 der Kontinentalsperre an; da aber der russische Adel dadurch am Getreideexport nach England gehindert wurde, entstand so gerade ein neuer Gegensatz zwischen Rußland und Frankreich. Die durch sie zeitweilig geförderten, industriell stärker entwickelten Länder dagegen waren viel schwerer für einen Befreiungskampf zu gewinnen, ja blieben – wie etwa Sachsen, dessen König sofort nach der Niederlage von Jena und Auerstedt den preußischen Verbündeten im Stich gelassen hatte, dem Rheinbund beigetreten war und ihn erst nach der Völkerschlacht 1813 verließ – bis zur Niederlage Napoleons an Frankreichs Seite. Die sächsische Regierung hatte schnell festgestellt, daß der preußisch-französische Krieg im Oktober 1806 bereits entschieden war.

Auf die Nachricht von der katastrophalen Niederlage von Jena und Auerstedt war den Kommandanten der meisten preußischen Festungen – meist altershalber aus dem Felddienst ausgeschiedenen, nun 70-, ja 80jährigen Offizieren

– eine Welt zusammengebrochen. So kapitulierten die meisten preußischen Festungen, als die ersten Franzosen vor ihren Toren erschienen. Wenn an einigen Plätzen ernsthafter Widerstand geleistet wurde, war dies meistens nicht das Verdienst der Junker, sondern des Bürgertums dieser Städte. Zu solchen rühmlichen Ausnahmen gehört die Verteidigung von Kolberg, wo der Leutnant Ferdinand von Schill ein Freikorps organisierte, in dem sich neue Beziehungen zwischen Offizieren und Mannschaften herausbildeten und in dem manche Maßnahmen der Heeresreform der folgenden Jahre vorweggenommen wurden. Dem Kommandanten Gneisenau und dem Bürgerrepräsentanten Nettelbeck gelang es, die Kräfte der Bürgerschaft zu mobilisieren – ein Verstoß gegen die alten feudalen Gepflogenheiten –, so daß die Stadt bis zum Kriegsende gehalten werden konnte. Auch im ostpreußischen Feldzug des Winters und des Frühjahrs 1807 zeigte sich, daß die vernichtende Niederlage manchen Offizieren die Augen für die wirklichen Verhältnisse im preußischen Staat und seinem Heer geöffnet hatte. In der Schlacht von Preußisch-Eylau (7. und 8. Februar 1807) trafen russische und preußische Truppen (diese unter der Leitung von Scharnhorst) auf das französische Heer. Zum ersten Mal in Napoleons militärischer Laufbahn heftete sich der Sieg nicht an die französischen Fahnen. Die Schlacht ging unentschieden aus.

Nach der russischen Niederlage von Friedland (14. Juni 1807) gewannen diejenigen Kreise am Zarenhof die Oberhand, die schon früher für eine Beendigung des Krieges gegen Frankreich eingetreten waren. Am 7. Juli 1807 schlossen Rußland und Frankreich in Tilsit Frieden. In das Vertragswerk wurden auch die Vereinbarungen, die Preußen betrafen, aufgenommen. Es mußte mehr als die Hälfte seines Gebietes abtreten und verlor fast die Hälfte (5 Millionen) seiner Einwohner. Der Gnade des Siegers ausgeliefert, lag der preußische Staat am Boden.

Napoleon stand nun unmittelbar vor dem Höhepunkt seiner Macht. Er hatte im Innern Frankreichs die bourgeoise Herrschaft gegen die feudale Restauration und die revolutionär-demokratische Opposition gesichert; er hatte die feudal-absolutistischen Staaten des Kontinents teils beseitigt, teils zu französischen Vasallenstaaten gemacht und die größten kontinentalen Monarchien, Österreich und Rußland, so weit nach Osten zurückgedrängt, daß das Zusammenwirken zwischen ihnen und dem bürgerlichen England sehr schwierig geworden war; und er hatte schließlich den unversöhnten und unversöhnlichen Feind England weitgehend isoliert und es durch die Kontinentalsperre vom Verkehr mit dem Festland weitgehend abgeschnitten. Noch war aber England nicht besiegt, und der russische Adel, der durch die Kontinentalsperre besonders geschädigt war, wurde dieser Fesseln bald überdrüssig. Durch die Gründung eines Herzogtums Warschau, die Napoleon erwirkt hatte, und die bürgerlich-fortschrittliche Gesetzgebung, die in diesem Teil Polens eingeführt wurde, lebte die polnische Befreiungsbewegung auf, was dem Zaren die in Tilsit getroffenen Vereinbarungen noch mehr verleiden mußte.

Ausschlaggebend dafür, daß die französische Bourgeoisie ihre 1807 errichtete Vorherrschaft in Europa nicht mehr erweitern konnte, daß diese im Gegenteil jetzt ihrem Ende entgegenzugehen begann, war jedoch, daß die fortschrittliche Rolle, die Frankreich gegenüber den Nachbarstaaten spielte, zu Ende ging. Mit der Zerschlagung des Heeres des altpreußischen Feudalstaates war der Höhepunkt und Wendepunkt dieser fortschrittlichen Rolle erreicht. Im Innern und nach außen im wesentlichen gesichert, wurde die französische Bourgeoisie immer mehr zum Unterdrücker zahlreicher europäischer Völker. Jetzt erstarkten die nationalen Befreiungsbewegungen dieser Völker. Das gilt auch und vor allem für die Bewegungen zur Befreiung Deutschlands. „Der Tilsiter Frieden war die größte Erniedrigung Deutschlands, gleichzeitig aber eine Wendung zu einem gewaltigen nationalen Aufschwung.“ (W. I. Lenin)

Während es Napoleon in den Rheinbundländern auch noch in den folgenden Jahren einigermaßen gelang, seine Befehle durchzusetzen, wurde Preußen zum Zentrum der nationalen Befreiungsbewegung. Das liegt einmal daran, daß die Hohenzollernmonarchie zwar formell selbständig blieb, aber von der Niederlage und der Fremdherrschaft besonders schwer betroffen wurde. In erster Linie dem unüberbrückbaren Mißtrauen zwischen dem französischen Kaiser und dem russischen Zaren verdankte sie es, daß sie überhaupt noch als Pufferstaat zwischen den beiden Großmächten fortbestand. Der andere Grund dafür, daß gerade die Gebiete östlich der Elbe zum Zentrum des Befreiungskampfes wurden, liegt darin, daß die Fürsten, die dem Rheinbund beigetreten waren, durch diesen Schritt die alte Ordnung in ihren Ländern vor solchen Erschütterungen bewahrt hatten, wie sie Preußens König, sein Heer und die Junker in der Katastrophe von Jena erfahren hatten. Alle Schäden, die die alte Ordnung dem Lande zufügte, waren durch diese Niederlage offen zutage getreten. Wenn das Land sich erholen und das fremde Joch abschütteln wollte, war eine durchgreifende innere Erneuerung notwendig, wie sie fortschrittliche Männer schon seit langem gefordert hatten, vor allem weitblickende Staatsmänner, wie der Freiherr vom und zum Stein, und erfahrene Offiziere, wie Scharnhorst. Gerade die preußische Geschichte dieser Jahre beweist, daß die nationale Frage nur eine Teilfrage, aber eine wichtige Teilfrage der gesellschaftlichen Entwicklung ist: Das Reformwerk, das Stein, Scharnhorst,Gneisenau und die anderen Patrioten in Angriff nahmen, wurde von vornherein unter gesamtnationalen Gesichtspunkten eingeleitet. Wenn Preußen Mittelpunkt der nationalen Befreiungsbewegung wurde, war dies ein Verdienst der antifeudalen, bürgerlich-nationalen Kräfte und nicht der Junker. Jede einzelne dieser Reformen konnte nur im erbitterten Kampf gegen die verschiedenen reaktionären Gruppen durchgesetzt werden. Verschiedene reaktionäre Gruppen – denn es gab auch innerhalb der feudalen Partei unterschiedliche Auffassungen. Da gab es zum einen Junker, die in der Illusion lebten, das internationale Kräfteverhältnis könne noch einmal zugunsten des Feudalismus verändert werden. Wortführer dieser Strömung war der märkische Junker von der Marwitz, der sogar an Goethe, den er 1806 traf, den „natürlichen freien Anstand des Vornehmen“ vermißte und der über den Freiherrn von Stein schrieb, dieser brächte ,,die Revolution ins Land, deren Resultate dem Lande soviel gekostet haben, daß die Erpressungen Napoleons dagegen verschwinden, wie ein Gaukelspiel vor einer schreckenvollen Wirklichkeit“, (Marwitz wurde freilich durch diese politischen Anschauungen nicht darangehindert, auf seinem Gut moderne kapitalistische Produktionsmethoden einzuführen.) Der Haß dieser Junker auf Napoleon galt vor allem dem Erben der bürgerlichen Revolution, dem ,,Korsischen Ungeheuer“, das ihre Privilegien bedrohte, und in viel geringerem Maße dem Unterdrücker ihres Vaterlandes. Ihre Deklamationen gegen die Fremdherrschaft mußten so lange wirkungslos bleiben, wie nicht die wichtigste Voraussetzung für den Befreiungskrieg gesichert war, nämlich eine bürgerliche Erneuerung auf allen Gebieten des Lebens.

Da gab es zum zweiten jene Kreise im Adel und am Hofe, denen jeder Appell an das Volk verhaßt war und die vor allem deshalb zur Unterwerfung unter die Franzosen rieten, weil sie fürchteten, daß bei einem abermaligen bewaffneten Konflikt mit Napoleon die letzten Reste des traditionellen Preußen zertrümmert werden würden. Solche Auffassungen vertraten vor allem König Friedrich Wilhelm III.

Und da gab es schließlich Adlige, die zwar mit gewissen liberalen Reformen einverstanden waren, die Herrschaft der Junker und des Königs aber nicht antasten wollten. In außenpolitischer Hinsicht erstrebten sie eine ,,Versöhnung“ Preußens mit dem napoleonischen Frankreich, was letzten Endes auf eine Unterwerfung hinauslief. Dieser Politik stand u. a. Hardenberg, später preußischer Staatskanzler, nahe.

Der Widerstand dieser Gruppen war so wirksam, daß die preußischen Reformen nicht zu einem einheitlichen, ununterbrochen durchgeführten, systematischen Reformwerk wurden, sondern sich auf eine Reihe einzelner Maßnahmen beschränkten.

Insgesamt freilich reichten diese Reformen aus, eine neue

Periode in der Geschichte Preußens einzuleiten, so daß sie Friedrich Engels als den „Beginn der bürgerlichen Revolution in Preußen" bezeichnen konnte.

Die führende Persönlichkeit unter den Reformern war der Reichsfreiherr Heinrich Friedrich Karl vom und zum Stein. Er entstammte einer Reichsritterfamilie, trat nach Abschluß eines juristischen Studiums in preußische Staatsdienste, weil er hoffte, hier ein Betätigungsfeld zu finden, und war in dem ökonomisch fortgeschrittensten Teil der Monarchie tätig, der Grafschaft Mark mit ihren Gruben und Hütten. 1804 zum Minister für Steuern, Zoll- und Gewerbeangelegenheiten nach Berlin berufen, setzte er sich für die Abschaffung des Geheimkabinetts und für die Berufung eines dem König verantwortlichen, nach Ressorts gegliederten Ministeriums ein. Er stieß damit jedoch auf so erbitterten Widerstand beim König, am Hof und bei den Junkern, daß er im Januar 1807 entlassen wurde. Stein war gewiß kein Anhänger bürgerlich-liberaler oder gar demokratischer Auffassungen: Varnhagen von Ense berichtet, sein „Haß gegen die Revolution" sei „grenzenlos" gewesen. Soweit man überhaupt von einem System politischer Ideen bei ihm sprechen kann, war dieses System widerspruchsvoll, enthielt es doch drei sehr verschiedenartige Elemente: Die traditionelle Feindschaft des Reichsritters gegen die Territorialfürsten, Sympathien für Vertretungskörperschaften als Mittel zur Einschränkung der absoluten Macht des Fürsten nach englischem Vorbild und Zustimmung zur Freiheitsforderung der westeuropäischen Aufklärung. Sein Ziel war eine Gesellschaft wohlhabender städtischer und vor allem ländlicher Eigentümer, von Menschen, die die Gelegenheit und Fähigkeit haben würden, an den staatlichen Angelegenheiten mitzuwirken. Diesem Ziel sollte auch das bedeutendste Werk seines zweiten Ministeriums – auf Wunsch Napoleons mußte Friedrich Wilhelm III. im Oktober 1807 den Minister wieder berufen, den er kurz zuvor schimpflich entlassen hatte –, die Agrarreform, dienen.

Bereits am 9. Oktober 1807 wurde das „Edikt, den erleichterten Besitz und den freien Gebrauch des Grundeigentums sowie die persönlichen Verhältnisse der Landbewohner betreffend" verkündet. Im Oktober-Edikt wurde u. a. festgelegt, daß von nun an jeder Einwohner Preußens, also auch Bürger und Bauern, ohne besondere Erlaubnis Grundbesitz erwerben konnte. Paragraph 12 verkündete: „Mit dem Martini-Tage 1810 hört alle Gutsuntertänigkeit ... auf. Nach dem Martini-Tage 1810 gibt es nur freie Leute." Die Bauern erhielten damit u. a. das Recht, das Gut zu verlassen, ohne sich loskaufen zu müssen, und konnten ohne Erlaubnis des Gutsherrn heiraten. Der Gesindezwangsdienst fiel. Damit war die Befreiung der Bauern von den feudalen Untertänigkeitsverhältnissen – also die Befreiung des Gutsuntertanen von den Bindungen, die seine Person betrafen – verkündet. Das war der entscheidende Schritt von feudalen zu kapitalistischen Agrarverhältnissen in Preußen. Die landwirtschaftlichen Produktivkräfte, nun von den Fesseln der feudalen Produktionsverhältnisse befreit, konnten sich besser entwickeln. Mit dem Oktober-Edikt war auch ein wesentliches Hindernis für die ursprüngliche Akkumulation gefallen. Durch die Befreiung aus der Gutsuntertänigkeit wuchs das Selbstbewußtsein der werktätigen Bauern. Das war eine wichtige Voraussetzung für den Befreiungskampf gegen die napoleonische Fremdherrschaft.

Die Vernichtung der feudalen Ordnung auf dem Lande kann sich in verschiedenen Formen und in verschiedenem Tempo vollziehen. In dieser Hinsicht hat Lenin zwischen zwei Wegen unterschieden, von denen er den einen den amerikanischen, den anderen den preußischen nannte. Der „amerikanische Weg" der Entwicklung des Kapitalismus in der Landwirtschaft besteht darin, daß der feudale Großgrundbesitz entweder niemals existiert hat (wie in Nordamerika) oder daß er durch eine siegreiche bürgerliche Revolution vernichtet wurde (wie in Frankreich). Hier ist also die Existenz einer zahlenmäßig starken Bauernschaft charakteristisch für die bürgerliche Ordnung auf dem Lande, und ein Teil dieser Bauern entwickelt sich zu kapitalistischen Farmern bzw. Großbauern.

Beim preußischen Weg dagegen „wächst die fronherrliche Gutsbesitzerwirtschaft langsam in eine bürgerliche, in eine Junkerwirtschaft hinüber, wobei die Bauern unter Herausbildung einer kleinen Minderheit von Großbauern zu Jahrzehnten qualvollster Expropriation und Knechtung verurteilt werden". (W. I. Lenin) Dieser Weg ist charakteristisch für die Länder, in denen eine bürgerliche Revolution ausbleibt oder von der Bourgeoisie nicht zu Ende geführt wird, in denen vielmehr bürgerliche Verhältnisse im wesentlichen „von oben", auf dem Wege einer Reform, durchgesetzt werden und deshalb auch der Großgrundbesitz geschont wird.

Das Oktober-Edikt hatte nichts über die bäuerlichen Dienste und Abgaben gesagt – also über Verpflichtungen, die mit dem Grund und Boden zusammenhingen, den der Bauer bearbeitete. Da die Gutsherren jetzt nicht mehr verpflichtet waren, die einzelnen Höfe mit Bauern besetzt zu halten und ihnen wenigstens ein Existenzminimum zu sichern, verschlechterte sich die Lage vieler Bauern sogar. Erst nachdem Stein auch aus seinem zweiten Ministerium vertrieben worden war (November 1808), begann man, die Ablösung dieser Dienste und Abgaben zu regeln (September 1811). Die Bauern, die ihre Stellen erblich besessen hatten, sollten zu freien Eigentümern werden, wenn sie den Herren $^1/_3$ ihres Bodens abtraten. Diejenigen Bauern, die nur zu lebenslänglichem – das war die Mehrzahl der früheren Gutsuntertanen – oder sonstwie zeitlich begrenztem Recht auf ihren Höfen saßen, hatten die Hälfte abzugeben. Nach den Befreiungskriegen gar wurde der Kreis der Bauern, die ihre Lasten ablösen konnten, wesentlich eingeschränkt. Das hatte zur Folge, daß bis zur Mitte des Jahrhunderts nicht einmal für $^1/_5$ der Besitzungen im preußischen Staat die Dienste und Abgaben reguliert wurden. Es entstanden nur etwa 70 000 freie Bauernstellen. Die Mehrzahl der Bauern war vor den Junkern nicht weiter geschützt. Viele von ihnen wurden, wenn sie es nicht vorzogen, ihre Arbeitskraft in der Stadt zu verkaufen, zu Gutstagelöhnern.

So hat also die preußische Agrarreform die Bauern zwar von den feudalen persönlichen Bindungen befreit, ihnen aber gleichzeitig besonders schwere Lasten auferlegt. Mit dieser Reform wurde aber darüber hinaus die Entwicklung des deutschen Kapitalismus überhaupt beeinflußt. Daß die feudalen Großgrundbesitzer zu Agrarkapitalisten werden konnten, war einer der Gründe dafür, daß die deutsche Einigung 1871 in der Form einer „Revolution von oben" vor sich ging. Auch die Besonderheiten des deutschen Imperialismus, wie sie Lenin charakterisiert hat, hingen damit zusammen: Daß die Macht des preußischen Adels in Wirtschaft, Gesellschaft und Staat erhalten blieb, gab diesem Imperialismus seinen junkerlich-bürgerlichen Charakter.

Wenn auch die Agrarreform das wichtigste Element der bürgerlichen Reformen war, blieb sie doch nicht das einzige. Auf Initiative Steins wurde auch die Frage der städtischen Selbstverwaltung neu geregelt. Durch die Städteordnung vom November 1808 wurde festgelegt, daß der Staat künftig nur noch das oberste Aufsichtsrecht über die Städte haben sollte. Die Magistrate wurden von nun an von den Stadtverordnetenversammlungen gewählt und die Stadtverordneten selbst wieder in geheimer und gleicher Wahl von den Bürgern. Auch der Zunftzwang wurde für wichtige Gewerbezweige aufgehoben.

Ohne eine Erneuerung des preußischen Heeres selbst mußte aber jeder Versuch, sich von den französischen Unterdrückern zu befreien, zum Scheitern verurteilt sein. Dabei konnte es sich nicht nur um eine technische Erneuerung und Verstärkung handeln. Im Gegenteil: „Die ungeheuren Wirkungen der Französischen Revolution nach außen sind ... offenbar viel weniger in neuen Mitteln und Ansichten ihrer Kriegsführung, als in der ganz veränderten Staats- und Verwaltungskunst, in dem Zustand des Volkes usw. zu suchen", schrieb einer der Reformer, der bedeutende Militärtheoretiker Carl von Clausewitz, in seinem Buch „Vom Kriege". Nicht zuletzt mit diesen Erfahrungen belegte er seine These „Der Krieg ist ein Instrument der Politik", d. h. „eine Fortsetzung des politischen Verkehrs mit Einmischung anderer Mittel". Lenin verwertete diese Überlegungen von Clausewitz, als er feststellte: „Dieselbe Politik, welche ein bestimmter Staat, eine bestimmte Klasse innerhalb dieses Staates während längerer Zeit vor dem Krieg betrieben hat, setzt eben diese selbe Klasse unumgänglich und unvermeidlich während des Krieges fort, wobei sie nur die Form des Handelns ändert."

Diese Heeresform begann mit einer Veränderung in den führenden Rängen des preußischen Heeres. Von den 143 Generalen, die 1806 Dienst taten, hatten während der Befreiungskriege nur noch zwei (Blücher und Tauentzien) ein Kommando inne. Personelle Veränderungen konnten aber nur ein Teil dieser Reformen sein. Söldnerwesen und Kompaniewirtschaft wurden abgeschafft, der Werbung fremder Staatsangehöriger ein Ende bereitet. Damit war auch die Gefahr der Desertion verringert, so daß die Disziplin in der Armee auf andere Grundlagen als die der barbarischen Stockprügelei und des Spießrutenlaufens gestellt werden konnte. Das Spießrutenlaufen wurde abgeschafft. Die Prügelstrafe durfte nur noch in Strafeinheiten angewendet werden. Die Linear-Taktik wurde beseitigt und dem Beispiel der französischen Armeen entsprechend die Tirailleur-Taktik eingeführt. Damit wurden auch Veränderungen in der Ausbildung der Soldaten notwendig. Der Drill auf dem Paradeplatz hörte gewiß nicht auf, aber er wurde durch Übungen im Scheibenschießen und im zerstreuten Gefecht ergänzt. Damit waren auch die Voraussetzungen für die Einführung der neuen Strategie, die zum Sieg in den Befreiungskriegen beitrug, gegeben.

Diese bürgerlichen Reformen wurden auch von einer Erneuerung des geistigen Lebens begleitet. Programmatisch dafür waren die „Reden an die deutsche Nation", die Johann Gottlieb Fichte 1807/08 in dem von den Franzosen besetzten Berlin hielt. Im Mittelpunkt dieser „Reden" stand die Forderung nach einer demokratischen Nationalerziehung als Beitrag zu einer Nation gleichberechtigter Staatsbürger, die dadurch dem Fortschritt des Menschengeschlechts dienen, daß sie sich selbst und ihr Vaterland von den Fesseln des Feudalismus befreien. Solche Gedanken waren auch für die Gründung der Berliner Universität (1810) bestimmend. Zwar enthielten diese „Reden" auch gedankliche Konstruktionen, nach denen den Deutschen eine besonders ausgeprägte freiheitliche Tradition eigen sei, die später mißbraucht werden konnte, um Fichte in einen geistigen Wegbereiter des deutschen Imperialismus umzufälschen. Sie haben aber mit dem Nationalismus der imperialistischen Epoche nur äußerliche Berührung.

Die bürgerliche Geschichtsschreibung pflegt die Romantik als wichtigstes geistiges Element der Vorbereitung des Befreiungskrieges zu bezeichnen. Nun ist es zwar richtig, daß diese Bewegung das Interesse für die nationale Vergangenheit weckte und ihre Aufmerksamkeit auf das Leben und das künstlerische Schaffen des Volkes richtete. Da sie aber mehr und mehr den Gedanken des historischen Fortschritts ablehnte und – auch wenn den Romantikern nicht verborgen blieb, daß sich Deutschland in ein kapitalistisches Land verwandelte – bei diesem Umwandlungsprozeß die feudalen Verhältnisse und Einrichtungen soweit wie möglich beibehalten wollte, wurde die deutsche Romantik zu einer Ideologie des Adels, die allenfalls einige Konzessionen an das Bürgertum enthielt. Viel unmittelbarer sind die Berührungen zwischen der deutschen Klassik und der Vorbereitung des Befreiungskampfes. Die grundlegenden Ideen des Fortschritts, der nationalen Einheit und Unabhängigkeit und der Beseitigung feudaler Fesseln, wie sie die deutsche klassische Philosophie und Dichtung vertrat, wurden nun wirksam. Darüber hinaus standen Fichte, Stein, Wilhelm von Humboldt und Clausewitz in persönlicher Beziehung zu den Großen der Weimarer Klassik.

Wenn die Reformen den Befreiungskampf vorbereiten sollten, war es doch bis zum Beginn des Kampfes noch ein weiter Weg. Als Österreich 1809 in einen neuen Krieg gegen Frankreich eintrat, unternahm die preußische Regierung nichts. Nach Ansicht König Friedrich Wilhelms III. genoß die österreichische Erhebung in Norddeutschland eher zuviel als zuwenig Popularität – eine Popularität, die sich in mehreren Bewegungen äußerte, so den Versuchen Kattes, die französische Besetzung der Festung Magdeburg zu überrumpeln, dem Aufstandsversuch des Obersten von Dörnberg gegen die französische Herrschaft in Westfalen und dem Zug Ferdinands von Schill, der sein Regiment gegen die Franzosen führte und damit eine gesamtdeutsche Erhebung gegen die Fremdherrschaft auszulösen versuchte.

Österreich wurde aber besiegt, und die Aufstandsversuche in Norddeutschland brachen zusammen. Auch diese Erfolge Napoleons konnten jedoch nicht verhindern, daß sich die Zeichen der Krise seines Systems mehrten. Die Spannungen zwischen Rußland und Frankreich, die sich aus der Kontinentalsperre und der polnischen Frage ergaben, spitzten sich zu. Vom Beginn des Jahres 1811 an rüsteten beide Mächte ganz offen gegeneinander, wobei „rüsten" sowohl im militärischen als auch im politisch-diplomatischen Sinne zu verstehen ist. Im Frühjahr 1812 marschierte die Große Armee Napoleons gegen Rußland auf – das größte Heer, das wohl bis dahin jemals aufgestellt worden war: 600 000 Offiziere und Soldaten, davon nicht einmal die Hälfte Franzosen, zum größten Teil vielmehr Angehörige fast aller anderen europäischen Nationen, darunter 180 000 Deutsche. In der Nacht vom 23. zum 24. Juni 1812 überschritt diese Armee den Njemen und fiel ohne Kriegserklärung in Rußland ein. Napoleon hatte erwartet, daß sich die russischen Armeen zu einer großen Schlacht, von der er eine schnelle Entscheidung des Feldzuges erhoffte, stellen würden. Aber diese Erwartung erwies sich als irrig. Die russischen Armeen zogen sich vielmehr allmählich zurück. Plündernd und brandschatzend zog die Große Armee durch Rußland. Napoleon hatte ausdrücklich erklärt, er beabsichtige nicht, die Leibeigenschaft in den besetzten Gebieten Rußlands aufzuheben – Zeichen dafür, daß die französischen Heere nicht mehr wie früher beim Vorrücken in andere Länder zugleich – wenn auch in verschiedenem Maße – dem Fortschritt die Bahn frei machten. Die Schrekkensmeldungen vom Heranrücken der Invasionsarmee eilten bald den Soldaten Napoleons voraus. Die Bauern verließen ihre Höfe, trieben das Vieh weg und suchten in den Wäldern Zuflucht. War es zunächst düsteres Schweigen, das der Armee Napoleons in Rußland begegnete, so begann bald der aktive Widerstand des Volkes: Partisanengruppen beunruhigten unaufhörlich die Eindringlinge und fügten ihnen beträchtliche Verluste zu. Der strategische Plan des russischen Feldherrn Kutusow war, die Invasoren ständig durch das russische Heer zu bedrohen, durch Partisanengruppen unausgesetzt zu beunruhigen und diese Armee, deren rückwärtige Verbindungen sich immer weiter ausdehnten und die unter großen Versorgungsschwierigkeiten litt, zu zermürben. Wenn sie genügend zermürbt war, sollte das russische Heer vom strategischen Rückzug zur Gegenoffensive übergehen. Kutusows Größe bestand nicht nur darin, daß er diesen strategischen Plan entwarf, sondern auch darin, daß er ihn allen Widerständen zum Trotz durchzusetzen verstand: Der Zarenhof wurde ja durch den strategischen Rückzug, der mit Niederlagen oder wenigstens schweren Verlusten von Land und Leuten (die Schlacht von Borodino war eine der blutigsten des ganzen Zeitalters) und schließlich sogar mit dem Einmarsch der Großen Armee in Moskau und dem Brand der Stadt verknüpft war, tief beunruhigt und gegen den Heerführer aufgebracht. Mit der Besetzung Moskaus begann aber auch Napoleons strategische Niederlage: Brände machten den Eroberern den Aufenthalt unmöglich, und die Große Armee mußte sich zurückziehen. Kutusow zwang sie, den Rückzug auf eben der Straße anzutreten, die auch beim Vormarsch benutzt und deren Umgebung dabei wie von einem Heuschreckenschwarm verheert worden war. Damit war das Schicksal des Angreifers besiegelt. Als die 70 000 Mann, die von der Großen Armee übriggeblieben waren, unter russischem Feuer die Beresina überschreiten wollten, spielten sich Schreckensszenen ab, die – wie der ganze Todesmarsch von fast einer halben Million Soldaten, die Napoleons Angriff auf das russische Volk mit ihrem Leben bezahlen mußten – im Gedächtnis der Zeitgenossen unauslöschlichen Eindruck hinterließen. Nur 30 000 erreichten das andere Ufer. Das napoleonische Kaiserreich war mit der Niederlage der Großen Armee in seinen Grundfesten getroffen. Der Wendepunkt in den internationalen Beziehungen des ganzen Zeitalters war mit dem russischen Sieg des Jahres 1812 erfolgt.

Unter dem Eindruck dieses Sieges reifte zuerst in Ostpreußen die Erhebung des deutschen Volkes gegen die

Fremdherrschaft heran. General von Yorck, Befehlshaber eines preußischen Hilfskorps Napoleons, das zur Deckung des linken Flügels der Großen Armee zwischen dem Kurischen Haff und Riga operiert hatte, ohne daß es hier zu größeren Kämpfen gekommen wäre, schloß am 30. Dezember in der Mühle beim Dorfe Poscherun nahe Tauroggen mit den ihm gegenüberstehenden russischen Truppen eine Konvention ab, die Clausewitz als eine der kühnsten Handlungen der Geschichte bezeichnete. Die Konvention, die ohne Wissen, ja gegen den ausdrücklichen Befehl des preußischen Königs abgeschlossen wurde, sah vor, daß das preußische Korps als neutral gelten sollte. Damit waren Tatsachen geschaffen, die auch der preußische König, so willfährig er allen französischen Forderungen bisher nachgekommen war, nicht mehr aus der Welt schaffen konnte. Die Konvention von Tauroggen gab damit das Signal für den Befreiungskampf. Preußische Truppen, die in Ostpreußen standen, traten an der Seite der russischen Armeen in den Krieg gegen Napoleon und die Reste der Großen Armee ein.

Als man in Berlin vom Abschluß der Konvention von Tauroggen erfuhr, ließ sie Friedrich Wilhelm III. sofort für ungültig erklären, setzte Yorck ab und ordnete ein Verfahren gegen ihn an. Aber der preußische König war nicht mehr imstande, seine Anordnungen durchzusetzen. In Ostpreußen formierte sich eine Landwehr und bewaffneten sich freiwillige Jäger. Allerorten griffen Bürger und Bauern zu den Waffen. Die preußische Geschichtslegende, die behauptet, daß der König rief und alle, alle kamen, widerspricht den Tatsachen. Erst als die machtvolle Volksbewegung für Deutschlands Unabhängigkeit über das preußische Königtum hinwegzugehen drohte, als alle, alle kamen, da endlich rief der König. Dennoch hatte die Tatsache, daß Friedrich Wilhelm III. schließlich doch noch ein Bündnis mit Rußland abschloß und zum Krieg rief, für den Gang der Ereignisse große Bedeutung: Daß die preußische Monarchie, wenn auch widerwillig, sich jetzt an die Spitze des nationalen Befreiungskampfes gegen Napoleon stellte, vergrößerte natürlich sein militärisches und politisches Gewicht. Es verhinderte jedoch, daß aus dem „halben Insurrektionskrieg" (Karl Marx) ein ganzer wurde. Wie in der Zeit der Vorbereitung des Befreiungskrieges, so hat sich auch während der Feldzüge selbst ein unaufhörlicher Kampf zwischen der feudalen Reaktion und den patriotischen, fortschrittlichen Kräften abgespielt. Zum volkstümlichsten unter den patriotischen Offizieren im preußischen Heer wurde Gebhard Leberecht von Blücher. Die Charakteristik, die Karl Marx von ihm gab, enthält auch die oben wiedergegebene Beurteilung der Befreiungskriege überhaupt: „Das Muster eines Soldaten, beispielgebend als Tapferster im Kampf und unermüdlich bei großen Anstrengungen, übte er einen faszinierenden Einfluß auf den einfachen Soldaten aus, tollkühne Bravour, viel Scharfblick auf dem Terrain, Raschheit des Entschlusses in schwierigen Situationen und eine Zähigkeit in der Verteidigung, die seiner Energie beim Angriff gleichkam, mit genügendem Verstand, um in einfacheren Fällen selbst das Richtigste zu finden, in schwierigeren sich auf Gneisenau zu verlassen, kurz, er war der geborene General für den 1813-1815-Krieg, der halb ein regulärer und halb ein Insurrektionskrieg war." Im Frühjahrsfeldzug von 1813 konnte Napoleon zwar noch bei Großgörschen und Bautzen Siege über die Verbündeten erringen und sie zum Rückzug nach Schlesien zwingen – das Vertrauen der Patrioten in den Sieg wurde aber dadurch nicht erschüttert, und auch dem französischen Kaiser bereitete der Feldzug eine Überraschung: Die Soldaten, die jetzt den Befreiungskampf führten, unterschieden sich völlig von den Söldnern, die 1806 gegen die Franzosen hatten antreten müssen. Ein Waffenstillstand im Sommer 1813 endete damit, daß Österreich sich der Koalition anschloß. Die bürgerlich-nationalen Kräfte büßten aber nun an Einfluß ein, glaubten doch die absolutistischen Herrscher der verbündeten Mächte, auf die fortschrittliche Bewegung nun immer weniger Rücksicht nehmen zu müssen.

Am 8. Oktober schloß Österreich mit Bayern den Vertrag von Ried. Bayerns König trat aus dem Rheinbund aus – ein Schritt, der mit dem offensichtlichen Niedergang der napoleonischen Macht über kurz oder lang sowieso unvermeidlich werden mußte – und erhielt dafür von Österreich die Zusicherung, es würde ihn gegen alle Versuche zur Einschränkung seiner Souveränität schützen. Das war eine folgenschwere Vorentscheidung. Die feudalen, klerikalen und partikularistischen Kräfte zweier Staaten hatten damit in aller Form die Forderungen der patriotischen Bewegung nach einer Einigung Deutschlands als Ergebnis des Befreiungskrieges gegen Napoleon, wie sie etwa Stein vertrat, beiseite geschoben. Der König von Preußen wie der Zar traten dem Vertrag von Ried binnen kurzem bei. Der Feldzug war in dieser Zeit durch die Untätigkeit vor allem des österreichischen Heerführers Schwarzenberg in eine Sackgasse geraten und nach Ablauf des Waffenstillstandes im August 1813 fast den ganzen September hindurch steckengeblieben. Blücher und sein Stabschef Gneisenau, die in Ostsachsen standen, ergriffen die kriegsentscheidende Initiative. Sie umgingen die rechte Flanke der napoleonischen Hauptarmee, die bei Dresden stand, marschierten die Elbe abwärts und überschritten den Strom bei Wartenburg (3. Oktober). Napoleon, dessen rückwärtige Verbindungen nun bedroht waren, mußte von Dresden und der befestigten Elblinie aus in Richtung Leipzig abziehen. Mit der Völkerschlacht bei Leipzig (16. bis 19. Oktober) fiel die Entscheidung des Krieges. Napoleon führte etwa 190000 Mann in den Kampf. Die Verbündeten verfügten am 16. Oktober über 200000 Mann, waren zu Beginn der Schlacht also nur unwesentlich stärker. Gegen die kreisförmig um die Stadt aufmarschierten Franzosen rückte vom Norden her Blücher, vom Süden die österreichische Armee Schwarzenbergs vor. Wenn Napoleon am ersten Tag auch noch im Süden einen gewissen Erfolg erzielen konnte, so war doch im Norden der Sieg eindeutig auf der Seite der Verbündeten. Mit dem Heranrücken der russischen Reservearmee und der Nordarmee, die vor allem aus Soldaten des schwedischen Verbündeten bestand, war die Niederlage Napoleons endgültig besiegelt. Der französische Kaiser konnte zwar mit einem Teil seiner Armee nach Westen entweichen, hatte aber die Hälfte der Soldaten verloren. In fester Waffenbrüderschaft miteinander

ander verbunden hatten die Verbündeten Napoleon die kriegsentscheidende Niederlage zugefügt. Der Rheinbund brach zusammen. In der Neujahrsnacht 1813/14 überschritten die Truppen der Verbündeten den Rhein, am 30. März kapitulierte die französische Hauptstadt und am folgenden Tage zogen der russische Zar und der preußische König als Sieger in Paris ein. Napoleon mußte abdanken und begab sich als souveräner Fürst auf die Mittelmeerinsel Elba. Dem französischen Volk wurde von den Siegermächten das Bourbonen-Regime aufgezwungen. Es mußte sich aber als Illusion erweisen, in Frankreich vorrevolutionäre Zustände wiederherstellen zu wollen, nachdem die bürgerliche Gesellschaft dort bereits so festen Fuß gefaßt hatte. Dieser Widerspruch bestimmte auch Verlauf und Ergebnisse des Kongresses, zu dem sich Ende September 1814 die Herrscher der meisten europäischen Staaten in Wien versammelten und der über die internationalen Fragen nach der Niederlage Frankreichs befinden sollte.

Auf dem Wiener Kongreß wirkte sich aus, daß an dem gerechten Krieg gegen die Expansionsbestrebungen der französischen Bourgeoisie und gegen die napoleonische Fremdherrschaft drei sehr verschiedenartige Gegner beteiligt gewesen waren, die allenfalls zeitweilig zusammengewirkt hatten: die englische Oligarchie, die mit der französischen Bourgeoisie um die Weltherrschaft rang und in diesem Kampf gesiegt hatte, die feudal-absolutistischen Monarchien des Kontinents, die sich jeder Veränderung soweit wie möglich widersetzten, und die nationale Befreiungsbewegung der Völker. Das Kräfteverhältnis zwischen diesen Partnern hatte sich aber gewandelt. Schon während der Feldzüge der Jahre 1813 und 1814 war es den absolutistischen Herrschern gelungen, den Einfluß, den die bürgerlich-patriotische Bewegung im Frühjahr 1813 besessen hatte, zurückzudrängen. „Von sämtlichen Siegermächten wurde der Sturz Napoleons als der Untergang der französischen Revolution und als Triumph der Legitimität betrachtet." (F. Engels) Polen wurde von neuem aufgeteilt. Auch die italienische Frage wurde nicht gelöst: die Lombardei und Venezien wurden den Habsburgern zugesprochen, der Kirchenstaat, den Napoleon annektiert hatte, wurde wiederhergestellt, und die anderen Teile des Landes kamen unter die Herrschaft mittlerer und kleiner Fürsten, die meisten von Habsburgs Gnaden. Preußen, das darauf spekuliert hatte, Sachsen, dessen König bis zur Leipziger Völkerschlacht beim Rheinbund ausgehalten hatte, zu annektieren, erhielt nur die nördlichen Teile des Landes, im übrigen aber wurde das Königreich Sachsen wiederhergestellt. Anstelle der sächsischen Gebiete wurde der Hohenzollern-Monarchie von Österreich und England das Rheinland angeboten oder vielmehr geradezu aufgedrängt. Beide Mächte sahen voraus, daß diese Neuerwerbung Preußen in Konflikte mit Frankreich bringen mußte. Weil die Vertreter Preußens diesen Zusammenhang durchschauten, sträubten sie sich zunächst etwas, dieses Angebot anzunehmen. Für ihre anfängliche Weigerung gab es noch zwei weitere Gründe: Zum einen wich die ökonomische Struktur des gewerblich-fortschrittlichen Rheinlands stark von dem vorwiegend agrarischen und junkerlichen Charakter der ostelbischen Provinzen Preußens ab. Zum anderen waren die meisten Bewohner der Rheinprovinz katholisch, während Brandenburg/Preußen überwiegend protestantisch war. Der Vorschlag wurde aber schließlich doch angenommen. Die Konsequenzen dieser territorialen Veränderung gingen weit über die Absichten derer hinaus, die sie beschlossen hatten. Indem Preußen nur einen kleinen Teil der bei der zweiten und dritten Teilung Polens geraubten Gebiete zurückbekam, die es ursprünglich verlangt hatte, dafür aber das Rheinland zugeschanzt erhielt, wurde es der Zusammensetzung der Bevölkerung nach ein in viel höherem Maße deutscher Staat, als es das alte Preußen vor dem Krieg 1806/07 gewesen war. Für die Kräfteverhältnisse innerhalb der Hohenzollern-Monarchie und darüber hinaus für das ganze deutsche Problem war es ferner von großer Bedeutung, daß die für die Entwicklung des Industriekapitalismus wichtigsten Gebiete Deutschlands nun im wesentlichen in preußischen Besitz kamen.

Noch bevor der Kongreß abgeschlossen war, wurden die Monarchen, die Europa „restaurieren" wollten, daran erinnert, wie unsicher der Boden war, auf dem sie ihr Gebäude errichten wollten: Am 1. März 1815 landete Napoleon, der sein Exil auf der Insel Elba verlassen hatte, auf dem französischen Festland. Fast alle gegen ihn gesandten französischen Truppen gingen zu dem zurückgekehrten Kaiser über, von dem sie die Beseitigung des Restaurationsregimes und neue militärische Triumphe erhofften. Der französische König Ludwig XVIII. flüchtete eilends von dem Thron, auf den ihn erst wenige Monate zuvor die Verbündeten gesetzt hatten, und am 20. März zog Napoleon in Paris ein. Die neue Herrschaft Napoleons dauerte aber nur 100 Tage. Englische und preußische Truppen siegten in der Schlacht von Waterloo. Noch einmal wurde Paris besetzt, Napoleon wurde nach St. Helena verbannt, und Ludwig XVIII. konnte sich wieder einfinden.

Der Schrecken über die Rückkehr Napoleons hatte die in Wien versammelten Diplomaten zur Eile bewogen. Am 9. Juni wurde die Schlußakte des Kongresses unterzeichnet. In diese Akte wurde auch der für die weitere Entwicklung Deutschlands wichtigste Beschluß über die Gründung des Deutschen Bundes (die Gründungsakte war am Tage zuvor unterschrieben worden) aufgenommen. Die Zersplitterung Deutschlands und die politische Herrschaft der Fürsten und des Adels in den einzelnen Staaten blieben aufrechterhalten. Aber das internationale Kräfteverhältnis zwischen Feudalismus und Kapitalismus und das gesellschaftliche Kräfteverhältnis innerhalb Deutschlands hatten sich in den mehr als zwei Jahrzehnten, die seit dem Ausbruch der Französischen Revolution vergangen waren, geändert. Der Kampf des deutschen Volkes für einen einheitlichen und fortschrittlichen Nationalstaat konnte nun von einer neuen, höheren Stufe der gesellschaftlichen Entwicklung geführt werden.

2.
Restauration und Vormärz. Die Entstehung der deutschen Arbeiterbewegung

Das deutsche Volk hatte in den Befreiungskriegen zwar die französische Fremdherrschaft abgeschüttelt und im Bündnis mit den russischen Armeen die Truppen Napoleons vertrieben, aber es hatte nicht vermocht, die Herrschaft des Adels und der Landesfürsten abzuwerfen. Das Verlangen der Bürger, Bauern und Handwerker nach Einheit und Freiheit war nicht befriedigt worden. Der Deutsche Bund, den die europäischen Fürsten auf dem Wiener Kongreß gegründet hatten, war eine Verhöhnung der patriotischen Bestrebungen, die während der Befreiungskriege einen so mächtigen Aufschwung genommen hatten. Er war ein Bündnis zwischen den einzelnen deutschen Fürsten – zunächst waren es 34, später entdeckte man einen Landgrafen von Hessen-Homburg, der zunächst übersehen worden war, und nahm ihn als fünfunddreißigsten auch noch auf – sowie den 4 Freien Städten (Hamburg, Bremen, Lübeck und Frankfurt am Main). Diese 39 Obrigkeiten schlossen sich im Deutschen Bund zusammen, um einander gegenseitig ihre Selbständigkeit zu garantieren. Es gab zwar immer wieder Differenzen zwischen den Fürsten, vor allem zwischen Preußen und Österreich, der Präsidialmacht des Bundes, aber in einer Hinsicht waren sich die Mitglieder des Deutschen Bundes einig: in ihrem Bestreben, alle fortschrittlichen und nationalen Bestrebungen zu unterdrücken.

Der Deutsche Bund bildete darüber hinaus ein Werkzeug ausländischer Mächte, um ihren Einfluß auf Deutschland zu sichern. Unter den Fürsten, die ihm als Landesherren angehörten, befanden sich auch der englische König als König von Hannover, der dänische König als Herzog von Holstein und der niederländische König als Großherzog von Luxemburg. Diese ausländischen Fürsten übten einen beträchtlichen Einfluß im Deutschen Bund aus, was zur Folge hatte, daß sich alle internationalen Spannungen auf Deutschland übertrugen.

Dieser Fürstenkongreß, der in Frankfurt am Main tagte, besaß nicht einmal ein eigenes Haus, sondern hatte sich im Palais der Fürsten Thurn und Taxis eingemietet. Das alles war ein sichtbarer Ausdruck dafür, daß Adel und Landesfürsten ihre wirtschaftliche und politische Macht behalten hatten.

Es war das Hauptziel der fortschrittlichen Bewegungen in der Zeit nach dem Jahre 1815, den Deutschen Bund zu beseitigen und an die Stelle dieses Staatenbundes einen wirklichen deutschen Nationalstaat zu setzen.

Die Oppositionsbewegung der ersten Jahrzehnte nach dem Wiener Kongreß bis etwa 1840 trug wellenartigen Charakter. Ein Anstoß, oft von außen herrührend, pflegte einen Aufschwung dieser Oppositionsbewegung einzuleiten, aber sobald sie für die Reaktion bedrohlich wurde, ordneten Adel und Fürsten schärfste Unterdrückungsmaßnahmen an: die Opposition wurde niedergeschlagen. An der Oberfläche ist es wieder still, bis ein neuer Aufschwung zeigt, daß in Wirklichkeit die oppositionellen Kräfte nicht vernichtet sind und nicht vernichtet werden können, weil sie das Neue vertreten, dem, wie immer in der Geschichte, letzten Endes die Zukunft gehört.

Welches waren die wichtigsten Stufen der demokratischen und nationalen Bewegung?

Die erste war die Bewegung der Professoren und Studenten der deutschen Universitäten in den ersten Jahren nach den Befreiungskriegen, also eine Bewegung der bürgerlichen Intelligenz, genauer: eines verhältnismäßig kleinen Vortrupps. Ihr Ziel war es, einen deutschen Nationalstaat zu schaffen, ihre Organisation war die Deutsche Burschenschaft. Bis zu den Befreiungskriegen waren die Studenten an den einzelnen Universitäten nach ihren Herkunftsländern in sogenannten Landsmannschaften zusammengeschlossen. Sie waren Verbände, in denen die Studenten einander vor allem in Rauf- und Saufgelagen bestätigten, daß sie Untertanen desselben Landesvaters waren. Die ernsten Erfahrungen der Befreiungskriege, die Berührung mit dem Leben der einfachen Menschen, die viele Studenten als Freiwillige in den Freikorps erlebt hatten, der Aufschwung des Nationalbewußtseins im gerechten Krieg um die Befreiung des Vaterlandes von der französischen Fremdherrschaft – all das führte dazu, daß nach 1815 eine politische und moralische Erneuerung der Studentenschaft begann. Die Studenten der Universität Jena beschlossen 1815, sich nicht mehr in Landsmannschaften zu organisieren, sondern sich eine gemeinsame Organisation zu geben: die Deutsche Burschenschaft.

Am 12. Juni 1815 wurde ein feierlicher Aufzug auf dem Marktplatz der Stadt veranstaltet. Die Fahnen der Landsmannschaften, die Symbole der deutschen Zersplitterung, senkten sich, an ihre Stelle trat als Fahne der Burschenschaft die schwarz-rot-goldene Fahne. Die Verfassung der Jenaer Burschenschaft enthielt das ausdrückliche Bekenntnis zur deutschen Einheit. Akademischen Privilegien, die sinnlos geworden waren, und studentischen Unsitten wurde der Kampf angesagt und eine feste Verbindung zwischen Studenten und Volk gefordert.

In Jena waren die Bedingungen für die Erneuerung des studentischen Lebens besonders günstig. Thüringen war wirtschaftlich zwar durchaus unentwickelt – das Weimar der Goethezeit war eine ländliche Residenzstadt mit nur etwa 7000 Einwohnern, und gewerblichen Charakter hatte allenfalls Apolda, der Sitz zahlreicher Strumpfmanufakturen –, aber die Lage des Landes im Herzen Deutschlands erleichterte die Begegnung von Studenten aus den verschiedenen Territorialstaaten. Großherzog Karl August von Sachsen-Weimar, der Freund Goethes, erwies den Liberalen eine gewisse Toleranz, was dadurch erleichtert wurde, daß er mit dem Zaren verschwägert war und diese familiäre Verbindung Sachsen-Weimar wenigstens zeitweilig vor Eingriffen der preußischen und österreichischen Regierungen sicherte. So wurde das Land – der erste deutsche Staat, der nach 1815 eine Verfassung einführte – zu einem Sammelpunkt halbwegs liberaler Publizistik. Zeitschriften wie die „Nemesis", die der Historiker Heinrich Luden herausgab, der erste deutsche Geschichtsprofessor, der 1808 Vorlesungen über „Vaterländische Geschichte" gehalten hatte, und die „Isis" des Naturforschers Ludwig Oken unterstützten die fortschrittliche Bewegung.

Wenn auch die Bedingungen anderswo nicht ebenso günstig waren, schlossen sich doch auch an anderen deutschen Universitäten nach dem Vorbild Jenas die Landsmannschaften allmählich zu Burschenschaften zusammen. Der nächste Schritt mußte naturgemäß der sein, daß sich die Burschenschaften der einzelnen Universitäten zu einer gesamtdeutschen Burschenschaft vereinigten. Der Vorbereitung dieses Schrittes diente das Wartburgfest im Oktober 1817. Dreihundert Jahre früher hatte Luther mit dem Anschlag der 95 Thesen die Reformation eingeleitet, und 4 Jahre zuvor hatte die Völkerschlacht bei Leipzig stattgefunden, in der dem napoleonischen Heer die entscheidende Niederlage zugefügt worden war. Zum Andenken an diese Ereignisse trafen 500 Studenten der meisten deutschen Universitäten in Eisenach zusammen. Am 18. Oktober bewegte sich der Zug der Studenten zur Wartburg hinauf. In einer Rede versprach der Theologiestudent Riemann, ein Teilnehmer der Befreiungskriege und Träger des damals gestifteten Eisernen Kreuzes, daß die hier Versammelten auch nach Abschluß ihres Studiums den Kampf für die deutsche Einheit fortsetzen würden, „fest und unverrückt vor den Augen als Ziel das Gemeinwohl, tief und unvertilgbar im Herzen die Liebe zum einigen deutschen Vaterland". Das Wartburgfest bildete den bedeutendsten Ausdruck der patriotischen Studentenbewegung in den Jahren nach den Befreiungskriegen. Durch die Teilnahme einiger Studenten aus anderen Ländern, die später in der nationalen Bewegung ihrer eigenen

Heimat hervortraten (so etwa des slowakischen Schriftstellers Jan Kollar), bildete es zugleich einen Ausdruck des gemeinsamen Kampfes aller unterdrückten Völker für Fortschritt und nationale Unabhängigkeit.

Nach der eigentlichen Feier hat ein kleiner Kreis von Studenten besonders verhaßte reaktionäre Schriften verbrannt, darunter auch eine von einem preußischen Beamten herausgegebene Sammlung von Polizeiverordnungen. Bereits dieser recht harmlose Streich rief die Reaktion auf den Plan und setzte die Beteiligten schweren Repressalien aus. Diese Unterdrückungsmaßnahmen beschleunigten den Differenzierungsprozeß innerhalb der Studentenbewegung. Die Burschenschaft war ja kein politisch einheitliches Gebilde. Neben einem rückwärts gerichteten Flügel, der von germanisch-mittelalterlicher Kaiserherrlichkeit träumte und das Heilige Römische Reich wiederhergestellt senen wollte, gab es einen anderen modern-liberalen Flügel, dessen Vertreter z. B. Heinrich Luden war. Das von Luden entworfene Programm der Burschenschaft enthielt Forderungen nach Zoll-, Münz- und Rechtseinheit. Es forderte eine Beschränkung der Macht der Fürsten durch Verfassungen und Parlamente und die Aufhebung der feudalen Bindungen der Bauern.

Aus diesem liberalen Flügel löste sich bald darauf eine konspirative revolutionär-demokratische Gruppe, die „Unbedingten", zu denen auch der Student Karl Ludwig Sand gehörte. Im Jahre 1819 tötete er den Schriftsteller Kotzebue, der 1813 das „Russisch-deutsche Volksblatt", Ausdruck des gemeinsamen Kampfes russischer und deutscher Patrioten gegen Napoleon, herausgegeben hatte, jetzt aber Geheimberichte über die Entwicklung der deutschen Oppositionsbewegung an den russischen Hof gesandt hatte. Sand hoffte, durch seine Tat der fortschrittlichen Bewegung in ganz Deutschland ein Signal geben zu können – tatsächlich aber war dieser terroristische Akt für die Reaktion nur der Anlaß, noch wütender zuzuschlagen. Die Burschenschaften wurden verboten, die Universitäten wurden unter Polizeiaufsicht gestellt und die besten jungen Deutschen in Gefängnisse gesteckt oder aus dem

Lande vertrieben. Die erste Oppositionswelle war damit zunächst gebrochen. Aber auch in den zwanziger Jahren war die Bewegung gegen den Deutschen Bund lebendig. Um 1820 begannen nationale Befreiungsbewegungen in verschiedenen europäischen und außereuropäischen Ländern. In Spanien brach eine Revolution gegen Adel und Kirche aus, die erst nach Jahren mit Hilfe der französischen Reaktion blutig niedergeschlagen wurde. Italien war auf dem Wiener Kongreß zerstückelt und stand unter österreichischer und französischer Fremdherrschaft. Hier begannen 1820 Aufstände für die nationale Einheit und Unabhängigkeit. Das griechische Volk erhob sich 1822 gegen das türkische Joch und hatte die Sympathien der fortschrittlichen Menschen aller Nationen. In dieses Jahrzehnt fällt auch der Höhepunkt der Befreiungskämpfe, in denen die spanischen Kolonien in Südamerika ihre Unabhängigkeit errangen und sich selbständige Staaten schufen. Alle diese Bewegungen, so weit entfernt von Deutschland sie sich auch abspielen mochten, hatten doch ihre Bedeutung für die deutsche patriotische Bewegung: sie ermutigten die Opposition und gaben den Anlaß zu Sympathiekundgebungen.

Einen neuen wichtigen Aufschwung nahm die Opposition vor allem, nachdem die Arbeiter, Studenten und Kleinbürger von Paris nach erbittertem Barrikadenkampf im Juli 1830 die Herrschaft der Bourbonen gestürzt und König Karl X. vertrieben hatten. Das war ein „Signal für einen allgemeinen Ausbruch der Unzufriedenheit . . . in ganz Europa". (Friedrich Engels) Auch in verschiedenen deutschen Staaten entwickelten sich Unruhen und Aufstände. In Hessen und in Braunschweig wurden Fürsten vertrieben. An die Stelle des einen Zwergdespoten trat daraufhin jedoch nur ein anderer Zwergdespot, so daß sich auch in diesen Ländern zunächst nur wenig änderte. Die Bewegungen blieben im allgemeinen lokaler Natur. Über Ländergrenzen hinaus griffen die Sympathiekundgebungen für den polnischen Aufstand. 1830 hatte sich in Polen, das auf der politischen Landkarte durch den Wiener Kongreß von neuem scheinbar ausgelöscht worden war, das Volk erhoben, und die zaristischen Truppen mußten für länger als ein halbes Jahr den von ihnen besetzten Teil des Landes räumen. Der Aufstand war unter der politischen Führung des Adels unternommen worden und verlor seine Basis in der Bauernschaft, als die führenden Kreise der Bewegung keine Reformen durchführen wollten, die den Bauern Land und ein menschenwürdiges Dasein gewährt hätten. So verlor die Bewegung ihre Grundlage, und als sich das junkerliche Preußen und das zaristische Rußland zusammenschlossen, gelang es ihnen, den Aufstand zu unterdrücken. Die aus ihrem Vaterland vertriebenen polnischen Patrioten wurden von den fortschrittlichen Menschen aller Länder begeistert aufgenommen. Die Sympathiekundgebungen, die ihnen zu Ehren stattfanden, waren ein Ausdruck der internationalen Kampfgemeinschaft gegen die sogenannte Heilige Allianz, ein Bündnis zwischen den europäischen Fürsten, das bald nach dem Wiener Kongreß zur Unterdrückung aller oppositionellen Bewegungen geschlossen worden war.

Auch in Deutschland erschienen Schriften zur Unterstützung der polnischen Befreiungsbewegung, Geldsammlungen wurden veranstaltet, und die Vertriebenen wurden, wenn sie nach Deutschland kamen, auf Banketten gefeiert. Dies war das letzte Mal, daß das deutsche Bürgertum in größerem Umfang für die nationale Befreiung Polens eintrat. 1848 wandte sich die deutsche Bourgeoisie bereits weitgehend gegen das polnische Volk. Das bestätigt die Erkenntnis von Marx, daß ,,alle Revolutionen seit 1789 ihre Intensivität und Lebensfähigkeit ziemlich sicher an ihrem Verhalten zu Polen messen". 1848 war es fast nur noch die deutsche Arbeiterklasse, die für die Befreiung Polens eintrat.

Den Höhepunkt des durch die Französische Revolution 1830 ausgelösten Aufschwungs der deutschen Oppositionsbewegung bildete das Hambacher Fest. Am 27. Mai 1832 trafen sich auf dem Schloß Hambach in der Rheinpfalz mehr als 25 000 Vertreter der fortschrittlichen Bewegung, vor allem Handwerker und Handwerksgesellen, Bauern und Intellektuelle. Auch Vertreter des polnischen

Nationalkomitees in Paris und französische Demokraten nahmen an dieser großen Volkskundgebung teil. Die Veranstalter, die Publizisten Philipp Jakob Siebenpfeiffer und Johann Wirth, forderten auf, die Monarchien zu beseitigen und ein freies deutsches Vaterland zu schaffen, das sich mit dem befreiten Italien, Polen und Ungarn verbündet. Siebenpfeiffer erklärte in seiner Rede: „Es wird kommen der Tag, wo ein gemeinsames deutsches Vaterland sich erhebt, das alle Söhne als Bürger begrüßt und alle Bürger mit gleicher Liebe, mit gleichem Schutz umfaßt. Es lebe das freie, das einige Deutschland! Hoch lebe jedes Volk, das seine Ketten bricht und mit uns den Bund der Freiheit schwört!"

Aber auch diese Oppositionswelle wurde vom Deutschen Bund, von den Territorialfürsten und dem Adel wieder gebrochen. Der Bundestag beschloß wenige Wochen später die Verschärfung der Zensur und das Verbot politischer Vereine und Volksversammlungen. In den dreißiger Jahren schien es wieder still zu sein. Einige Gestalten ragen heraus, etwa der Dichter und Publizist Georg Büchner und die Göttinger Sieben.

Büchner wandte sich vor allem an die Bauern, an die Masse des Volkes. 1834 verbreitete er eine Flugschrift „Der Hessische Landbote", in der er unter der Losung „Friede den Hütten, Krieg den Palästen!" die Bauern zum Aufstand aufrief. Er mußte vor den Verfolgungen der Reaktion fliehen und starb im Exil in der Schweiz. Büchner war ein Mensch zwischen zwei Epochen – zwischen der Epoche, in der das Bürgertum noch die Führung der nationalen und fortschrittlichen Bewegung hatte, und der Epoche, in der die Arbeiterklasse zur führenden Kraft der revolutionären Bewegung heranreifte.

1837 bestieg ein neuer König den Thron von Hannover. Da die königliche Kasse leer war, wollte er die Staatsgüter verkaufen. Die Verfassung, die sein Vorgänger unter dem Eindruck der Bewegungen des Jahres 1830 hatte verkünden müssen, verbot dies. Er setzte die Verfassung daraufhin außer Kraft. Sieben Professoren der Universität Göttingen, darunter die großen Sprachforscher Jakob und

Wilhelm Grimm, protestierten dagegen. Der König vertrieb sie aus Hannover. Der mutige Protest der sieben Göttinger Professoren hat damals großes Aufsehen erregt, und als der Deutsche Bund das Verhalten des Königs auch noch zu rechtfertigen wagte, minderte sich sein Ansehen noch mehr.

Eine neue Welle der Opposition bereitete sich vor. Sie unterschied sich von den früheren dadurch, daß sie ein festes ökonomisches Fundament besaß und daß die Bourgeoisie des industriell am weitesten entwickelten Gebietes, des Rheinlandes, an ihre Spitze trat. Bisher hatten die Zollschranken zwischen den 39 Staaten des Deutschen Bundes die Entwicklung des Kapitalismus behindert. Mit dem 1. Januar 1834 wurde unter Führung Preußens ein „Deutscher Zollverein" gegründet, der einen wichtigen Schritt zur Förderung der industriellen Revolution, zur ökonomischen Einheit Deutschlands, aber auch zur ökonomischen Vormachtstellung Preußens in Deutschland bildete. Der Deutsche Zollverein umfaßte 18 Staaten, darunter neben Preußen auch die beiden größten süddeutschen Staaten, Bayern und Württemberg. Österreich blieb dem Zollverein fern – eine außerordentlich folgenschwere Tatsache.

Zwar blieben Münzen, Maße und Gewichte noch uneinheitlich. Der Zollverein umfaßte auch nicht ganz Deutschland. Vor allem fehlten Hannover und Teile Deutschlands an der Nordsee, wo Englands Einfluß maßgebend war, dessen herrschende Klassen kein Interesse an der Entstehung eines großen nationalen Marktes in Deutschland hatten, und auch eine ernst zu nehmende politische Vertretung Deutschlands nach außen kam noch nicht zustande. Es gab keine deutsche Flagge und keine deutsche Flotte. Der deutsche Kaufmann war im Ausland nicht Deutscher, sondern Untertan des Landesfürsten von Preußen, Bayern oder Reuß jüngere Linie. Die Konzession, die der Adel mit der Bildung des Zollvereins dem Bürgertum zugestanden hatte, ermutigte aber zu weiteren Forderungen, und die industrielle Revolution, die nach einer langen Vorbereitungsperiode jetzt einsetzte, um ihren Höhepunkt freilich erst in den fünfziger und sechziger Jahren zu erreichen, machte die deutsche Einheit erst recht zu einer wirtschaftlichen Notwendigkeit. Die Industrieproduktion war im Jahrzehnt zwischen 1840 und 1850 $1^1/_2$mal so groß wie im Jahrzehnt zuvor. Die Zahl der Dampfmaschinen in Preußen verdreifachte sich. 1835 wurde die erste deutsche Eisenbahn in Betrieb genommen. Sie führte von Nürnberg nach Fürth und war 6 km lang. Der Bau der Eisenbahnen wurde in Deutschland dadurch behindert, daß wegen des relativ geringen Niveaus der Industrie noch keine lebhafte Nachfrage nach Transportleistungen im Güterverkehr bestand, wie dies in England der Fall war, die Anlage von Kapital für den Eisenbahnbau also mit einem gewissen Risiko verbunden war. 10 Jahre später gab es aber bereits Bahnlinien in einer Länge von 2500 km, wenn auch – wie Hans Mottek betont hat – von einem eigentlichen Eisenbahnnetz erst seit der Mitte der fünfziger Jahre gesprochen werden kann und erst seit dieser Zeit der Gütertransport und nicht mehr die Personenbeförderung die entscheidende Rolle spielte.

Der Thronwechsel in Preußen – im Juni 1840 bestieg Friedrich Wilhelm IV. den Thron – erweckte unter der Bourgeoisie Hoffnungen auf liberale Reformen. Aber diese Hoffnungen wurden enttäuscht. Rheinische Großbürger wurden nun zu den politischen Führern der liberalen Opposition. Im Jahre 1842 gründeten sie das führende Organ der fortschrittlichen Bewegung in Deutschland, die „Rheinische Zeitung“. Chefredakteur dieser Zeitung wurde Karl Marx. Unter seiner Leitung wurde die revolutionär-demokratische Richtung dieser Zeitung immer bestimmter. Zugleich wurde Marx durch die Tätigkeit an diesem Blatt veranlaßt, sich gründlicher mit ökonomischen Fragen und den Theorien des utopischen Sozialismus und Kommunismus zu beschäftigen. Es kündigte sich allerorten an, daß neben dem Gegensatz zwischen Adel und Bourgeoisie unter dem Einfluß des industriellen Aufschwungs dieser Jahre ein neuer Gegensatz herangereift war, der für die bürgerliche Gesellschaft grundlegende Gegensatz zwischen Bourgeoisie und Proletariat.

Die selbständige deutsche Arbeiterbewegung begann in

den dreißiger Jahren heranzureifen. Sie ging aus der antifeudalen demokratischen Bewegung hervor. Wandernde proletarisierte Handwerksgesellen, damals der Vortrupp der deutschen Arbeiter, lösten sich im Jahre 1836 aus dem zwei Jahre zuvor in Paris gebildeten kleinbürgerlich-demokratischen „Bund der Geächteten" und bildeten einen „Bund der Gerechten", die erste politische Organisation der deutschen Arbeiterklasse. Halb Propagandaverein, halb Verschwörung wurde der Bund der Gerechten zu einer Schule führender proletarischer Revolutionäre. Unter ihnen ragt der Schneidergeselle Wilhelm Weitling hervor, der im Jahre 1839 eine Schrift „Die Menschheit, wie sie ist und wie sie sein sollte" veröffentlichte. Weitling beschränkte sich in dieser Schrift nicht auf die Kritik an den Verhältnissen der kapitalistischen Ausbeutung, sondern forderte bereits die Vernichtung des Privateigentums als Vorbedingung für die Beseitigung der Ausbeutung des Menschen durch den Menschen und für die Einführung einer kommunistischen Gütergemeinschaft. Dieses Ziel, so erkannte er, könne nur durch eine große soziale Revolution erreicht werden. Engels hat von Weitling und den anderen Revolutionären im Bund der Gerechten gesagt: „Es gereicht ihnen zur höchsten Ehre, daß sie, die selbst noch nicht einmal vollgültige Proletarier waren, sondern nur ein im Übergang ins moderne Proletariat begriffener Anhang des Kleinbürgertums, der noch nicht im direkten Gegensatz gegen die Bourgeoisie, d. h. das große Kapital stand – daß diese Handwerker imstande waren, ihre künftige Entwicklung instinktiv zu antizipieren und, wenn auch noch nicht mit vollem Bewußtsein, sich als Partei des Proletariats zu konstituieren. Aber es war auch unvermeidlich, daß ihre alten Handwerkervorurteile ihnen jeden Augenblick ein Bein stellten, sobald es darauf ankam, die bestehende Gesellschaft im einzelnen zu kritisieren, d. h. ökonomische Tatsachen zu untersuchen." So war der Weitlingsche Arbeiterkommunismus zwar in seiner Zielstellung revolutionär, aber er hatte in seiner ideologischen Begründung und seinem utopischen Inhalt mit der bürgerlichen Denkweise noch nicht gebrochen: die Notwendigkeit, die Ausbeuterordnung zu beseitigen, leitete Weitling nicht aus den ökonomischen und gesellschaftlichen Gesetzmäßigkeiten ab, sondern wollte sie mit moralischen Argumenten begründen.

Es waren erst Marx und Engels, die den Schritt zum wissenschaftlichen Kommunismus vollzogen und dem Proletariat damit eine eigene wissenschaftliche Weltanschauung gaben. Die entscheidenden Monate fallen in den Anfang des Jahres 1844. Einige Monate zuvor hatte die preußische Regierung die „Rheinische Zeitung" unterdrückt, und Ende Oktober 1843 hatte Marx, da ihm in Deutschland keine Möglichkeit politischen Wirkens mehr offenstand, das Land verlassen und nach Paris übersiedeln müssen. In den „Deutsch-Französischen Jahrbüchern", die von ihm gemeinsam mit Arnold Ruge herausgegeben wurden, erschienen Ende Februar 1844 seine Aufsätze „Zur Judenfrage" und „Zur Kritik der Hegelschen Rechtsphilosophie. Einleitung". In derselben Zeitschrift veröffentlichte auch Friedrich Engels seine „Umrisse zu einer Kritik der Nationalökonomie". Diese Arbeiten drückten den Übergang vom philosophischen Idealismus zum philosophischen Materialismus und von der bürgerlichen Demokratie zum Kommunismus aus, den Marx und Engels unabhängig voneinander und gleichzeitig vollzogen hatten und der sie dazu veranlaßte, sich an die Seite des revolutionären Proletariats zu stellen. Wenige Monate später, im Juni 1844, kündigte der Aufstand der schlesischen Weber an, daß sich das revolutionäre Zentrum nach Deutschland verlagert hatte. Es waren nicht Industriearbeiter, sondern heimarbeitende Weber, die sich spontan gegen ihre Ausbeuter erhoben und die Einrichtungen in den Gebäuden des verhaßten Fabrikherrn zerstörten. Marx schrieb im August 1844: „Der schlesische Aufstand beginnt gerade damit, womit die französichen und englischen Arbeiteraufstände enden, mit dem Bewußtsein über das Wesen des Proletariats. Die Aktion selbst trägt diesen überlegenen Charakter. Nicht nur die Maschinen, diese Rivalen des Arbeiters, werden zerstört, sondern auch die Kaufmannsbücher, die Titel des Eigentums, und während alle anderen Bewegungen sich zunächst nur gegen den Industrieherrn, den sichtbaren Feind, kehrten, kehrt sich diese Bewegung zugleich gegen den Bankier, den versteckten Feind.“ Erst als preußische Truppen zusammengezogen wurden, erlagen die Weber der vielfachen Übermacht. Ihr Aufstand hatte aber gezeigt, in welchem Maße der Klassengegensatz zwischen Bourgeoisie und Proletariat in Deutschland herangereift war.

Damit wurden komplizierte Probleme der politischen Strategie für die heranreifende deutsche Arbeiterbewegung akut. Unter politischer Strategie einer Klasse verstehen wir dabei ihre politische Linie, die allgemeinste Verhaltensregel zur Eroberung bzw. Sicherung der politischen Macht in der jeweiligen Etappe der historischen Entwicklung. Der Begriff „Strategie“ stammt aus dem militärischen Bereich (Clausewitz bezeichnete die Strategie als die Lehre vom Gebrauch der Gefechte zum Zwecke des Krieges, als Taktik die Lehre vom Gebrauch der Streitkräfte im Gefecht), aber die Analogien zwischen beiden sind sehr begrenzt: keine an gesellschaftlichen Ereignissen beteiligte Klasse handelt – wie militärische Truppenkörper – auf Befehl eines Vorgesetzten, jede läßt sich vielmehr von ihren eigenen Interessen leiten, und zwar entsprechend der Auffassung, die sie im jeweiligen Augenblick von diesen eigenen Interessen hat. Eine solche politische Strategie entwickeln alle politisch handelnden Klassen – wobei es natürlich nicht so ist, daß etwa die Bourgeoisie ein eigentliches strategisches Zentrum ihres politischen Handelns besitzt, das die Strategie dieser Klasse jeweils im vornherein plant und schrittweise verwirklicht, ihre Strategie entwickelt sich vielmehr spontan, durch Erfahrungen im Klassenkampf und wird auch nur in Fraktionskämpfen zwischen den einzelnen Gruppen dieser Klassen durchgesetzt.

Der grundsätzliche Unterschied zwischen der politischen Strategie der Arbeiterklasse und der der anderen Klassen liegt darin, daß die Arbeiterklasse – die an der Beseitigung aller Ausbeutung und an der Errichtung einer sozialistischen Gesellschaft interessiert ist, die keine wirtschaftliche Ausbeutung und politische Ungleichheit mehr kennt –

damit die Interessen des gesellschaftlichen Fortschritts überhaupt vertritt, die Gesetze der gesellschaftlichen Entwicklung, mit denen ihr Handeln in Übereinstimmung steht, erkennen und daher eine wissenschaftlich begründete Strategie entwickeln kann. Ihre Strategie ist also die politische Linie, die von der Partei der Arbeiterklasse auf der Grundlage einer wissenschaftlichen Analyse der jeweiligen Etappe des Kampfes und der jeweiligen Lage ausgearbeitet wird und der Eroberung bzw. Sicherung der politischen Macht der Arbeiterklasse dient. (Analoges gilt für die Taktik, die die einzelnen Maßnahmen zur Verwirklichung dieser Strategie in einem kürzeren Zeitraum behandelt.) Probleme der politischen Strategie wurden bereits unmittelbar nach der Begründung des wissenschaftlichen Kommunismus und nach den ersten Ansätzen zu seiner Verbindung mit der Arbeiterbewegung für Marx und Engels akut. Anfang 1846 hatten sie in Brüssel ein „Kommunistisches Korrespondenzkomitee" gegründet, das zu einem ideologischen und organisatorischen Zentrum der sozialistischen Bewegung wurde. Von hier aus konnten sie vor allem auf den Bund der Gerechten einwirken und seine Entwicklung fördern. Am 30. März 1846 fand eine Auseinandersetzung zwischen Karl Marx, Friedrich Engels und Wilhelm Weitling statt, an der auch als Gast der russische liberale Gutsbesitzer Paul Annenkow teilnahm. Annenkow berichtet, daß Weitling, dessen Auffassungen inzwischen zum Hemmnis der weiteren Herausbildung der revolutionären Arbeiterbewegung geworden waren, sich gegen eine Theorie des wissenschaftlichen Sozialismus wandte, die „entfernt von der leidenden Welt . . . entwickelt würde", worauf ihm Marx entgegnete, „niemals noch hat die Unwissenheit jemandem genutzt". Weitling vertrat pseudo-revolutionäre Illusionen über eine in Deutschland nahe bevorstehende kommunistische Revolution, Marx dagegen gab der Erkenntnis Ausdruck: „Von der Verwirklichung des Kommunismus kann zunächst nicht die Rede sein. Die Bourgeoisie muß erst ans Ruder kommen."

Mag dieser Bericht auch manche Probleme etwas vereinfachen, trifft er doch die wesentlichen Meinungsunterschiede. Die Ausführungen von Marx über die aktuellen Aufgaben der deutschen Arbeiterbewegung in jener Zeit werden organisch ergänzt durch Gedanken, die etwa zur gleichen Zeit Friedrich Engels in seiner Aufsatzreihe „Deutsche Zustände“ entwickelte: „Die arbeitenden Klassen sind notwendigerweise ein Instrument in der Hand des Bürgertums, solange das Bürgertum selber revolutionär oder progressiv ist. Die besondere Bewegung der arbeitenden Klassen ist deshalb in diesem Fall stets nur von sekundärer Bedeutung. Aber von dem gleichen Tage, an dem das Bürgertum die volle politische Macht erlangt, von dem Tage, an dem alle feudalen und aristokratischen Interessen zunichte gemacht werden von der Macht des Geldes, von dem Tage, an dem das Bürgertum aufhört, progressiv und revolutionär zu sein und selber stationär wird, von dem gleichen Tage an übernimmt die Bewegung der Arbeiterklasse die Führung und wird zur nationalen Bewegung.“

Karl Marx und Friedrich Engels waren zu dieser Zeit somit bereits zu drei wesentlichen Erkenntnissen über die politische Strategie der Arbeiterklasse gelangt:

1. Klar und unzweideutig wurde der nationale Führungsanspruch der Arbeiterklasse, der aus ihrer historischen Mission, das ganze Volk zu befreien, erwächst, formuliert.

2. Für die gegenwärtige Periode aber wurde festgestellt, daß Deutschland sich zunächst am Vorabend einer bürgerlichen Revolution befindet und daß es der Arbeiterklasse nicht gleichgültig sein könne, ob und in welcher Form diese Revolution durchgekämpft werden würde.

3. Das Verhältnis der Arbeiterbewegung zur Bourgeoisie wurde anhand eines objektiven Kriteriums festgelegt. Als dieses objektive Kriterium bezeichnete Engels in den angeführten Sätzen, ob die Bourgeoisie „revolutionär“ oder „stationär“ sei, wobei dies wesentlich davon abhängig gemacht wurde, ob sie noch um politische Macht gegen den Adel kämpft oder diese Macht bereits erlangt habe. In den folgenden beiden Jahren sollten Marx und Engels in dieser Hinsicht zu einer noch präziseren Beurteilung gelangen: Für die Frage, ob die Bourgeoisie noch eine fortschrittliche Rolle spiele, sollte auch die Existenz und die Stärke

einer selbständigen Arbeiterbewegung von Einfluß sein – ein Problem, das für die Haltung gerade der deutschen Bourgeoisie vor, in und nach der Revolution von 1848/49 von größter Bedeutung werden sollte.

In den folgenden Monaten entwickelten die Begründer des wissenschaftlichen Kommunismus diese Überlegungen vor allem in der Auseinandersetzung mit den Auffassungen des „wahren Sozialismus“ weiter – einer kleinbürgerlichen Ideologie, die u.a. von Karl Grün, Moses Hess und Hermann Kriege vertreten wurde. Die „wahren Sozialisten“ erkannten nicht, daß die elende Lage der Arbeiter in den kapitalistischen Produktionsverhältnissen begründet war, sondern betrachteten den Egoismus der Menschen als Ursache aller Übel, sie appellierten an die „Liebe“, die den Klassengegensatz zwischen Bourgeoisie und Proletariat überwinden und Ausbeuter wie Ausgebeutete gleichermaßen umfassen sollte. War die „Liebesduselei“, wie Marx die Haltung der „wahren Sozialisten“ charakterisierte, in den Jahren 1844/45 das Hauptmerkmal dieser Strömung, so wurde in den folgenden Jahren ihre reaktionäre politische Linie noch deutlicher. Karl Grün und Hermann Kriege meinten, mit der theoretischen Überwindung des Liberalismus sei in Deutschland auch die bürgerliche Gesellschaft schon überwunden. Sie wandten sich gegen eine Beteiligung der Arbeiter am Kampf für bürgerlich-demokratische Freiheiten, da angeblich nur die Bourgeoisie einen Nutzen davon haben konnte. Damit stellte sich der „wahre Sozialismus“ in den Dienst der feudal-absolutistischen Reaktion.

In der Auseinandersetzung mit solchen Auffassungen definierte Engels im Oktober 1846 in einem Brief an das Kommunistische Korrespondenzkomitee die Absichten der Kommunisten: „1. Die Interessen der Proletarier im Gegensatz zu denen der Bourgeois durchzusetzen. 2. Dies durch Aufhebung des Privateigentums und Ersetzung desselben durch die Gütergemeinschaft zu tun. 3. Kein anderes Mittel zur Durchführung dieser Absichten anzuerkennen, als die gewaltsame, demokratische Revolution.“ In einer Streitschrift gegen die „wahren Sozialisten", die er im Winter 1846/47 verfaßte, präzisierte er, daß das Proletariat angesichts der heranreifenden bürgerlichen Revolution zu allen politischen Fragen Stellung nehmen müsse, auch wenn diese seine Klasseninteressen nicht unmittelbar berührten. Zugleich wurde die liberale Bourgeoisie kritisiert – aber nicht, weil sie, wie dies die „wahren Sozialisten" beanstandeten, gegen Adel und Königtum auftrat, sondern weil ihre Vertreter die bürgerlich-demokratischen Forderungen nicht entschieden genug proklamierten.

Daß Deutschland am unmittelbaren Vorabend einer bürgerlichen Revolution stand, bewiesen die Ereignisse des Jahres 1847. Im April 1847 trat in Berlin ein „Vereinigter Landtag" der acht preußischen Provinziallandtage zusammen, die erste gesamtpreußische Vertretung, zu deren Einberufung der König sich gezwungen gesehen hatte, um neue Steuern und eine Anleihe ausschreiben zu können. Die liberale Opposition wollte diesen Forderungen aber nur dann zustimmen, wenn ihr dafür politische Zugeständnisse, vor allem verfassungsmäßige Rechte, gewährt würden. Wortführer der Opposition auf dem Vereinigten Landtag war das rheinische Großbürgertum, war z. B. der Kölner Bankier Hansemann, der hier den klassisch gewordenen Satz formulierte: „In Geldsachen hört die Gemütlichkeit auf." Die Regierung lehnte jedoch diese Forderungen ab und vertagte Ende Juni den Vereinigten Landtag. Es hatte sich gezeigt, daß die Gegensätze zwischen dem preußischen König und den Junkern einerseits, der Bourgeoisie andererseits durch parlamentarische Vereinbarungen nicht überbrückt werden konnten. In der Zeitschrift „Rheinischer Beobachter" erschien bald nach dem Scheitern des Vereinigten Landtages ein Aufsatz, der den Titel „Politische Gänge" trug und – sicherlich in offiziösem Auftrag verfaßt – mit Argumenten der „wahren Sozialisten" gegen die Liberalen Stellung nahm. Karl Marx antwortete im September des Jahres in der „Deutschen Brüsseler Zeitung" mit seiner Arbeit „Der Kommunismus des Rheinischen Beobachters". Er wandte sich hier gegen die gouvernemental-sozialistische Demagogie, die besonders bei der Beurteilung des Vereinigten Landtages im „Rheinischen Beobachter" angewandt worden war: „Das Proletariat wirft dem Landtage vor, daß er sich defensiv gehalten, daß er nicht angegriffen hat, daß er nicht zehnmal weitergegangen ist. Es wirft ihm vor, daß er nicht entschieden genug auftrat, um dem Proletariat die Beteiligung an der Bewegung möglich zu machen. Das Proletariat konnte sich freilich nicht für die ständischen Rechte interessieren. Aber ein Landtag, der Geschworenengerichte, Gleichheit vor dem Gesetz, Aufhebung der Frondienste, Pressefreiheit, Assoziationsfreiheit und eine wirkliche Repräsentation verlangt, ein Landtag, der ein für alle Mal mit der Vergangenheit gebrochen und seine Forderungen nach den Bedürfnissen der Zeit eingerichtet hätte statt nach den alten Gesetzen, solch ein Landtag konnte auf die kräftigste Unterstützung des Proletariats rechnen."

Diese Auseinandersetzung verdient unser besonderes Interesse. Hier klingen bereits wesentliche Motive der Kritik an, die Marx in den sechziger Jahren am „königlich-preußischen Regierungssozialismus" Ferdinand Lassalles und seines Nachfolgers Johann Baptist von Schweitzer übte. Die Auseinandersetzung gewinnt ihre besondere Pointe dadurch, daß der Aufsatz im „Rheinischen Beobachter", gegen den Marx 1847 seine Polemik richtete, wahrscheinlich von Hermann Wagener stammt, dem späteren Mitarbeiter Bismarcks und Vorsitzenden der Konservativen Partei, der auch im Jahre 1865 bei den Versuchen, den Allgemeinen Deutschen Arbeiterverein in den Dienst der preußischen Regierung zu stellen, wieder seine Hand im Spiele hatte.

Damit haben wir bereits den unmittelbaren Vorabend der Revolution von 1848 erreicht – die Zeit, in der der Bund der Gerechten sich unter dem maßgebenden Einfluß von Karl Marx und Friedrich Engels in den Bund der Kommunisten umwandelte, die erste revolutionäre Partei der internationalen und der deutschen Arbeiterklasse. Auf einem Bundeskongreß, der vom 29. November bis 8. Dezember 1847 in London veranstaltet wurde, erhielten Marx und Engels den Auftrag, das Manifest der Kommunistischen Partei auszuarbeiten. Es erschien Ende Februar 1848 und bildet die Geburtsurkunde des wissenschaftlichen Kommunismus. Marx und Engels begründeten wissenschaftlich, daß die inneren Gesetzmäßigkeiten der kapitalistischen Produktionsweise und der darauf beruhenden bürgerlichen Gesellschaftsordnung den Untergang dieser Gesellschaft notwendig herbeiführen würden und daß das Proletariat die weltgeschichtliche Aufgabe hat, Totengräber des Kapitalismus und Schöpfer der sozialistischen Gesellschaft zu werden. Der Nachweis dieser historischen Mission der Arbeiterklasse war verbunden mit der Feststellung, daß keine Etappe in der gesellschaftlichen Entwicklung übersprungen werden könne. Als nächste Aufgabe der deutschen Kommunisten bezeichneten sie es, sich an der unmittelbar bevorstehenden bürgerlich-demokratischen Revolution zu beteiligen: „In Deutschland kämpft die Kommunistische Partei, sobald die Bourgeoisie revolutionär auftritt, gemeinsam mit der Bourgeoisie gegen die absolute Monarchie, das feudale Grundeigentum und die Kleinbürgerei.

Sie unterläßt aber keinen Augenblick, bei den Arbeitern ein möglichst klares Bewußtsein über den feindlichen Gegensatz von Bourgeoisie und Proletariat herauszuarbeiten, damit die deutschen Arbeiter sogleich die gesellschaftlichen und politischen Bedingungen, welche die Bourgeoisie mit ihrer Herrschaft herbeiführen muß, als ebenso viele Waffen gegen die Bourgeoisie kehren können, damit, nach dem Sturz der reaktionären Klassen in Deutschland, sofort der Kampf gegen die Bourgeoisie selbst beginnt.

Auf Deutschland richten die Kommunisten ihre Hauptaufmerksamkeit, weil Deutschland am Vorabend einer bürgerlichen Revolution steht und weil es diese Umwälzung unter fortgeschrittneren Bedingungen der europäischen Zivilisation überhaupt, und mit einem viel weiter entwickelten Proletariat vollbringt als England im siebenzehnten und Frankreich im achtzehnten Jahrhundert.“ In denselben Tagen, als das „Manifest der Kommunistischen Partei“ in London erschien, verbreitete sich die Nachricht, daß die französischen Volksmassen, vor allem die Arbeiter, die bürgerlich-konstitutionelle Monarchie gestürzt und die Proklamierung der französischen Republik erzwungen hatten. Die Februar-Revolution in Frankreich war zugleich ein Signal für den Ausbruch der Revolution in Deutschland.

3.
Die zweite Etappe der bürgerlichen Umgestaltung: Die Revolution 1848/49

Lenin schreibt in „Der ‚linke Radikalismus', die Kinderkrankheit im Kommunismus": „Zur Revolution genügt es nicht, daß sich die ausgebeuteten und geknechteten Massen der Unmöglichkeit, in der alten Weise weiterzuleben, bewußt werden und eine Änderung fordern; zur Revolution ist es notwendig, daß die Ausbeuter nicht mehr in der alten Weise leben und regieren können . . . Die Revolution ist unmöglich ohne eine gesamtnationale (Ausgebeutete wie Ausbeuter erfassende) Krise." Eine solche gesamtnationale Krise war in Deutschland anfangs des Jahres 1848 herangereift. Als in Frankreich im Februar 1848 eine Revolution ausbrach, als der Bürgerkönig Louis Philippe vom Volk vertrieben und die Republik ausgerufen wurde, bildete dies das Signal für den Ausbruch der Revolution auch in Deutschland, war das der Funke, der auch hier die Explosion auslöste.

Die Revolution begann nicht als „deutsche" Revolution, mit anderen Worten: sie fand bei ihrem Ausbruch zunächst noch keinen gesamtnationalen Ausdruck. Ihren Auftakt bildeten vielmehr einzelne Revolutionen in den deutschen Einzelstaaten. Die Bewegungen des Frühjahrs 1848 hatten in den einzelnen Territorialstaaten ganz verschiedenartigen Charakter. Das sollte sich erst im April und Mai 1848 ändern, als in ganz Deutschland Wahlen zur deutschen Nationalversammlung stattfanden und diese Nationalversammlung am 18. Mai 1848 in der Paulskirche in Frankfurt am Main zusammentrat.

Die Aufstände begannen in Süddeutschland. In Baden, Hessen und Württemberg erhoben sich im Februar und März 1848 die Bauern gegen die Gutsbesitzer. Schlösser wurden gestürmt, feudale Besitzurkunden verbrannt, und die Bauern stellten die Zahlung der Abgaben ein. In den süddeutschen Städten demonstrierten Bürger und Handwerker und zwangen die einzelnen Fürsten zu liberalen Konzessionen und zur Einsetzung von sogenannten März-Ministerien.

Andersartigen Charakter hatte die Bewegung in München. Der etwa 60jährige bayrische König Ludwig I. hatte 1846 ein Liebesverhältnis mit einer Tänzerin begonnen und ernannte Lola Montez, die sich den alternden Landesvater hörig gemacht hatte, zur Gräfin Landsberg. Der ehrgeizigen Abenteurerin zuliebe wurden Willkürmaßnahmen getroffen, gegen welche die Bürger, Handwerker und Studenten protestierten. Weil die Studenten in der Protestbewegung eine besondere Rolle gespielt hatten, mußte der König auf Verlangen seiner Freundin die Universität sogar eine Zeitlang schließen. Anfang 1848 wurde Lola Montez von den Münchenern vertrieben. Der gekränkte König dankte am 20. März ab und übergab den Thron seinem Sohn.

Von internationaler Bedeutung waren die Ereignisse in Wien. Am 13. März wurde der österreichische Staatskanzler, Fürst Metternich, der leitende Minister der Donaumonarchie und führende reaktionäre Staatsmann Europas, gestürzt.

Anfang März begannen Unruhen in Berlin, die zum Höhepunkt der 1848er Revolution, den Barrikadenkämpfen des 18. März, führten. Zunächst freilich handelte es sich in den ersten Märztagen noch um Versammlungen, in denen Bürger, Handwerker und Arbeiter Adressen an den König beschlossen, in denen sie ihn ersuchten, ihre Wünsche nach Einheit, Freiheit und Volksvertretung zu erfüllen. Gegen diese Versammlungen wurden Soldaten eingesetzt, aber das brutale Vorgehen der Truppen steigerte die Erregung noch mehr. Am 18. März versammelte sich eine große Menschenmenge vor dem Berliner Schloß. Der König versuchte, durch unklare Versprechungen die Demonstranten zu vertrösten und zu zerstreuen. Schließlich fielen Schüsse. Jetzt griffen die Berliner Werktätigen zu den Waffen. Überall in der Stadt wurden Barrikaden errichtet, und in der Nacht vom 18. zum 19. März kämpften die Berliner Arbeiter, Handwerkergesellen und Studenten gegen die zahlenmäßig überlegenen, gut bewaffneten Soldaten. Die Barrikadenkämpfer wurden von der Bevölkerung bereitwillig unterstützt. Aus Waffenläden, aus den Wohnungen von Offizieren und aus dem Zeughaus wurden sie mit Waffen versorgt. Frauen und Kinder beteiligten sich an der Errichtung der Barrikaden.

Die Junker hatten erwartet, mit dem bewaffneten Volk schnell fertig werden zu können. Das erwies sich als Illusion.

Am Morgen des 19. März war die Moral der Truppen offensichtlich erschüttert. Einige Truppenteile hatten bereits den Gehorsam verweigert, andere mußten abgelöst werden, wenn verhindert werden sollte, daß sie zum Volk übergingen. Eine Fortsetzung der Kämpfe, die sich bisher auf die Innenstadt beschränkt hatten, war unmöglich – vor allem, da ja die Truppen noch gar nicht gewagt hatten, die Barrikaden in den eigentlichen Arbeitervierteln nördlich vom Schloß anzugreifen. Berlin mußte geräumt werden.

Der bewaffnete Aufstand war kaum noch auf Berlin zu beschränken. Wenn gar, wie einige besonders scharfmacherische Offiziere dem König vorschlugen, Berlin eingeschlossen, belagert und beschossen werden sollte, würde er auch im Rheinland, in Schlesien und anderen Gebieten Preußens ausbrechen. Um zu retten, was noch zu retten war, ließ Friedrich Wilhelm IV. die Truppen am 19. März aus der Stadt zurückziehen. Berlin hatte das preußische Heer besiegt.

Nachdem die Hauptstützen der Reaktion in ganz Deutschland, der preußische Adel und der preußische König, eine so schwere Niederlage erlitten hatten, schien der Weg zu einem einheitlichen, nach fortschrittlichen Prinzipien eingerichteten Nationalstaat frei zu sein. In ganz Deutschland wurde zu Wahlen für die Nationalversammlung aufgerufen, die dem deutschen Volk einen einigen Staat und eine Verfassung geben sollte. Die Wahlen zur Nationalversammlung und die Hoffnungen, die sich auf dieses erste vom ganzen deutschen Volk gewählte Parlament richteten, fanden Ausdruck in der Vielzahl von Zeitungen, Flugschriften und Zeitschriften, die nach Aufhebung der Zensur in allen Teilen Deutschlands erschienen. In ihnen kamen die politischen Konzeptionen der verschiedenen Klassen vor allem in bezug auf die deutsche Frage zum Ausdruck.

Die adligen Großgrundbesitzer und Junker waren damals entschiedene Gegner einer politischen Einigung Deutschlands, ganz gleich, in welcher Form sie auch erfolgen sollte. Zum einen besaßen sie im Staatsapparat und im Heer der einzelnen Territorialstaaten ja gerade die festesten Stützen ihrer Macht. Zum anderen waren sie zu dieser Zeit mit der kapitalistischen Industrie noch nicht so eng verbunden, daß sie nicht fürchteten, eine Einigung müßte ihre ökonomischen Positionen wesentlich schwächen.

Die Bourgeoisie umgekehrt forderte gerade die Beseitigung der Kleinstaaterei, weil diese der weiteren Entwicklung der kapitalistischen Produktionsweise im Wege stand. Nach ihrer Auffassung sollte Deutschland in der Form einer konstitutionellen Monarchie geeinigt werden. Einige süddeutsche Liberale und das österreichische Großbürgertum wollten an der Spitze dieses deutschen Einheitsstaates einen Habsburger sehen und verlangten, daß auch die deutschsprachigen Teile der österreichischen Monarchie sowie Böhmen und Mähren zu diesem „großdeutschen" Staat gehören sollten. Der größere Teil der deutschen, vor allem der norddeutschen Bourgeoisie, trat dagegen für die „kleindeutsche" Lösung ein, d. h. für den Ausschluß Österreichs aus einem deutschen Nationalstaat und für die Einigung in einer konstitutionellen Monarchie unter Führung Preußens, wie dies von einer Tagung süddeutscher Liberaler in Heppenheim bereits im Oktober 1847 programmatisch gefordert worden war.

Die kleinbürgerlichen Demokraten dagegen stellten sich die Einigung in der Form einer Föderativrepublik nach dem Beispiel der Schweiz vor. Handwerker und kleine Gewerbetreibende waren zwar mit den bisherigen Verhältnissen, mit der ökonomischen und politischen Vormacht des Adels, unzufrieden. Eine wirkliche politische Zentralisierung, so fürchteten sie, würde aber ihre eigene ökonomische Selbständigkeit bedrohen und nur der Großbourgeoisie zugute kommen. Aus solchen Erwägungen gelangten sie zu einem widersprüchlichen politischen Programm, dessen Verwirklichung zur Verewigung der Kleinstaaterei führen mußte.

„Ganz Deutschland wird zu einer einigen, unteilbaren Republik erklärt" – das war die erste der 17 „Forderungen der Kommunistischen Partei in Deutschland", die von Marx und Engels Ende März 1848 formuliert und als Flugblatt in Deutschland verteilt wurden. Entgegen dem großbürgerlichen Programm einer konstitutionellen Monarchie, das von vornherein im Widerspruch zu den Interessen des Volkes stand und sich gegen die demokratische Bewegung richtete, und unter Abgrenzung von den kleinbürgerlichen Wünschen nach einer Föderativrepublik forderten die Kommunisten die konsequente Durchführung der bürgerlich-demokratischen Revolution. Die „Neue Rheinische Zeitung", die als „Organ der Demokratie", wie sie sich im Untertitel nannte, diese Forderungen vertrat, wurde zur bedeutendsten Zeitung der Revolutionsjahre. Marx und Engels waren im April 1848 nach Deutschland zurückgekehrt und hatten sofort die Veröffentlichung dieser ersten Tageszeitung der deutschen Arbeiterklasse vorbereitet. Sie sollte zugleich auf die in der Revolution aufbrechende elementare Massenbewegung der deutschen Arbeiter einwirken, ihr Klassenbewußtsein fördern und die Bemühungen zur gesamtnationalen Organisation des deutschen Proletariats unterstützen. Am 1. Juni 1848 konnte in Köln die erste Nummer erscheinen. Die „Neue Rheinische Zeitung" wies nach, daß es sich um eine bürgerliche Revolution handelte, daß aber die Arbeiterklasse an der Durchführung dieser Revolution voll und ganz interessiert war, ja, daß nur sie fähig war, ihre konsequente Durchführung zu erzwingen – dann nämlich, wenn sie ein Bündnis mit den Bauern und dem revolutionären Teil des Bürgertums einging und mehr und mehr zur Führerin der Volksbewegung würde.

Welches waren die Aufgaben der Revolution und die Wege zu ihrer Lösung, wie sie in der „Neuen Rheinischen Zeitung" in so präziser und eindringlicher Form dargelegt werden?

1. Die „Neue Rheinische Zeitung" forderte die Umwandlung Deutschlands aus einem Durcheinander von Klein- und Mittelstaaten, von Königreichen, Fürstentümern und Freistädten in eine unteilbare demokratische Republik. Sie trat entschlossen gegen alle Versuche des wohlhabenden und besitzenden Bürgertums auf, Vereinbarungen mit den Fürsten einzugehen, und zeigte, daß die Verwirklichung der demokratischen Republik nur im Kampf gegen den Adel möglich war, durch den Sturz vor allem der Hohenzollern- und der Habsburger Monarchie. Dieser Kampf würde aber nur dann siegreich sein, wenn die Arbeiterklasse ihm nicht gleichgültig gegenüberstehe, sondern den entschlossensten linken Flügel der demokratischen Bewegung bilde. Marx und Engels erwarteten, daß die Erfahrungen der Revolution das Klassenbewußtsein der Arbeiter fördern und die Schaffung einer eigenen politischen Partei des Proletariats unterstützen würden. Sie erwarteten, daß im Verlauf der Revolution selbst die Arbeiterklasse zur führenden Kraft dieses Kampfes heranreifen würde.

2. Als zweite wichtige Aufgabe der Revolution bezeichneten Marx und Engels in der „Neuen Rheinischen Zeitung" die Beseitigung der politischen und wirtschaftlichen Macht der Großgrundbesitzer. Sie forderten eine entschädigungslose Aufhebung der Feudallasten und traten für ein Bündnis zwischen den Werktätigen in der Stadt und auf dem Lande ein. Diese Forderungen richteten sich nicht nur gegen die feudalen Überreste, sondern auch gegen den „preußischen Weg" der kapitalistischen Entwicklung, der die großen Güter der Junker konserviert hatte.

3. Als dritte Hauptaufgabe der Revolution bezeichnete die „Neue Rheinische Zeitung" die Befreiung der unter-

drückten Nationen. Sie vertrat das Recht der Nationen auf Selbstbestimmung. In der „Neuen Rheinischen Zeitung“ stand der berühmt gewordene Satz: „Deutschland macht sich in demselben Maß frei, worin es die Nachbarvölker frei läßt.“ Marx und Engels waren sich darüber klar, daß der Sturz der großen mitteleuropäischen Monarchien, die der Heiligen Allianz angehörten, und die Befreiung der von Preußen und Österreich annektierten polnischen Gebiete, die natürlich auch einen neuen Aufschwung der nationalen Bewegung in den vom zaristischen Rußland unterdrückten Teilen Polens auslösen würde, eine militärische Intervention des Zaren gegen die Revolution zur Folge haben konnte. Sie traten dafür ein, daß eine derartige Intervention durch einen revolutionären Befreiungskrieg zurückgewiesen würde, in dem – wie das Vorbild der Französischen Revolution und der Revolutionskriege bewies – die demokratische Bewegung in Deutschland selbst und den anderen von der Revolution erfaßten Ländern ihre Positionen festigen konnte. In dieser Weise gegen den „Gendarmen Europas“ aufzutreten, hieß für Marx und Engels natürlich nicht, Feindschaft gegen das russische Volk zu propagieren oder es mit dem Zarismus gleichzusetzen, wie ihnen dies von einigen antisowjetischen Historikern unterstellt worden ist, die den kalten Krieg ausgerechnet unter Berufung auf die Begründer des wissenschaftlichen Sozialismus zu rechtfertigen wagten. Marx und Engels gehörten ja gerade zu den ersten, die die internationale Bedeutung der russischen Bauernbewegung und später der entstehenden Arbeiterbewegung in Rußland erkannten und würdigten.

Um diese Aufgabe zu lösen, um die Arbeiterklasse zur führenden Kraft der Revolution werden zu lassen, war innerhalb der Arbeiterbewegung der Kampf an zwei Fronten notwendig: gegen das Sektierertum und gegen den Rechtsopportunismus.

Gegen sektiererische Auffassungen traten Marx und Engels vor allem in ihren Auseinandersetzungen mit dem Vorsitzenden des Kölner Arbeitervereins, Dr. Andreas Gottschalk, auf. Gottschalk lehnte ein Bündnis mit nichtproletarischen Kräften ab. Er wandte sich gegen ein Bündnis mit Bauern, Kleinbürgern und dem revolutionären Teil des Bürgertums. Er forderte, sofort eine Arbeiterrepublik zu schaffen, und wandte sich gegen eine Beteiligung der Arbeiter an den Wahlen zur preußischen Nationalversammlung. Wenn diese Weisung Gottschalks befolgt wurde, blieb die Tribüne der Revolution, die das Parlament sein konnte, unausgenutzt. Marx und Engels, die klar sahen, daß die Aufgaben der bürgerlichen Revolution gelöst sein mußten, ehe man an die Verwirklichung sozialistischer Forderungen gehen konnte, traten gegen diese Versuche Gottschalks auf und wandten sich gegen seine Bestrebungen, die das Proletariat isolieren mußten. Daß ihr Kampf erfolgreich war, geht daraus hervor, daß anstelle Gottschalks Mitte Juli 1848 zwei bewährte Funktionäre des Bundes der Kommunisten, Joseph Moll und Karl Schapper, Präsident und Vizepräsident des Kölner Arbeitervereins wurden.

Gleichzeitig kritisierten Marx und Engels die Auffassungen Stefan Borns, des Leiters der „Arbeiterverbrüderung", einer Dachorganisation der Arbeiter- und Gewerbevereine aus den wichtigsten Städten des ostelbischen Preußens und Sachsens. Die Arbeiterverbrüderung trug dem spontanen Drängen der deutschen Arbeiterklasse nach überlokaler Vereinigung Rechnung und verkörperte durch ihre gewerkschaftlich-genossenschaftliche Zielsetzung gegenüber den teilweise stark zünftlerischen Bestrebungen unter den Arbeitern eine höhere Organisationsstufe der Arbeiterbewegung. Born beschränkte sich aber darauf, ökonomische und soziale Forderungen an den Staat zu stellen und kleinbürgerliche Reformvorschläge zu entwickeln. „Speziell wurden Streiks, Gewerksgenossenschaften, Produktionsgenossenschaften ins Werk gesetzt und vergessen, daß es sich vor allem darum handelte, durch politische Siege sich erst das Gebiet zu erobern, worauf allein solche Dinge auf die Dauer durchführbar waren." (Friedrich Engels) Borns Konzeption einer Klassenversöhnung mußte die vielen Arbeiter, die sich auf dem Wege zur politischen Selbständigkeit befanden, vom politischen als der höchsten Form des Klassenkampfes ablenken und so auch die demokratische Bewegung schwächen.

Wir wissen, daß die in der „Neuen Rheinischen Zeitung" so richtig dargelegten Aufgaben der Revolution nicht gelöst wurden. Die Hauptursache dafür ist, daß die Bourgeoisie Vereinbarungen mit dem Adel einging und gegen die Werktätigen Partei nahm. Charakteristisch für diesen Verrat an der Revolution ist die Haltung der Nationalversammlung, auf die sich so große Hoffnungen gerichtet hatten.

Die Frankfurter Nationalversammlung war schon ihrer sozialen Zusammensetzung nach nicht geeignet, einen entschlossenen Kampf für Einheit und Demokratie zu führen. Sie war fast ausschließlich von Vertretern der bürgerlichen Intelligenz besetzt, von Professoren, Schriftstellern, höheren Beamten und wohlhabenden Rentnern. Kein Arbeiter und nur ein Bauer saß in der Nationalversammlung. Es waren zumeist Menschen, die gewöhnt waren, dem Druck des Adels, dem Druck der Reaktion nachzugeben, die aber kein Vertrauen zur Kraft des Volkes hatten und sich nicht auf das Volk gegen die Reaktion stützten. Statt die Souveränität des deutschen Volkes zu proklamieren und auf ihrer Grundlage die Verfassung für einen einheitlichen und demokratischen deutschen Nationalstaat auszuarbeiten, setzte die Nationalversammlung einen österreichischen Fürsten, den Erzherzog Johann, als vorläufiges Reichsoberhaupt ein, dessen wesentlichste demokratische Qualifikation darin bestand, daß er die Tochter eines Postmeisters geheiratet hatte. Die Nationalversammlung schuf kein Volksheer, sondern ließ die Armeen der Einzelstaaten bestehen. Die von vielen Demokraten geforderte entschädigungslose Aufhebung aller noch auf den Bauern lastenden feudalen Abgaben unterblieb. Marx schrieb in der „Neuen Rheinischen Zeitung" über das Verhalten des deutschen Bürgertums zu den Bauern: „Die deutsche Bourgeoisie verrät ohne allen Anstand die Bauern, die ihre natürlichsten Bundesgenossen, die Fleisch von ihrem Fleisch sind, und ohne die sie machtlos ist gegenüber dem Adel."

Auch den nationalen Befreiungsbewegungen gegenüber versagte die Nationalversammlung. Im Frühjahr 1848 war in dem von Preußen annektierten Teil Polens, dem Großherzogtum Posen, eine nationale Befreiungsbewegung ausgebrochen, die so stark war, daß ihr der preußische König zunächst Zugeständnisse machen mußte. Als aber die preußische Reaktion ihre Position wieder festigen konnte, als das preußische Heer nach der Niederlage der Berliner Barrikadenkämpfe reorganisiert worden war und als die revolutionären Bewegungen armer Bauern und Landarbeiter in den ländlichen Gebieten Preußens zum Teil durch Einsatz von Militär niedergeworfen worden waren, da wurden die Versprechungen gebrochen, und die Frankfurter Nationalversammlung billigte die Unterdrückungsmaßnahmen der preußischen Regierung.

Der Verrat der Bourgeoisie an der polnischen Nation war aber zugleich ein Verrat an der deutschen Nation. Wer das Lebensrecht des polnischen Volkes auf einen eigenen Nationalstaat leugnete, konnte auch nicht ernsthaft für einen einheitlichen deutschen Nationalstaat eintreten, und wer die Unterdrückung Polens durch den preußischen König, den österreichischen Kaiser und den Zaren unterstützte, konnte nicht gleichzeitig in Deutschland einen Kampf gegen die fürstlichen Nutznießer der Zersplitterung des Vaterlandes führen. Wieder einmal hatte sich die Richtigkeit der Worte von Karl Marx bestätigt: „Jetzt, wo die Deutschen das eigene Joch abschütteln, muß sich auch ihre ganze Politik dem Auslande gegenüber ändern, oder in den Fesseln, womit wir fremde Völker umketten, nehmen wir unsere eigene junge, fast nur geahnte Freiheit gefangen."

Die zweite große nationale Befreiungsbewegung des Jahres 1848 war der Kampf für die Befreiung Schleswig-Holsteins von der dänischen Unterdrückung. Im März 1848 hatte in Schleswig-Holstein der Befreiungskampf begonnen. Eine provisorische Regierung war gebildet worden. Aus ganz Deutschland strömten Freiwillige herbei, um diesen Teil der deutschen Nation von der dänischen Unterdrückung zu befreien. Preußische Truppen nahmen zunächst am Befreiungskampf in Schleswig-Holstein teil, und wenn der preußische König trotz seiner Sympathie für den angeblich angestammten Herrscher doch die Befreiungsbewegung gegen Dänemark unterstützte, so hatte dies zwei Ursachen:

1. Die Truppen sollten fern von dem revolutionären Zentrum Berlin reorganisiert werden.

2. Durch seine Teilnahme am Befreiungskampf in Schleswig-Holstein versuchte der preußische König, die Niederlage, die ihm am 18. März 1848 zugefügt worden war, auszugleichen.

Preußen hat aber nicht lange an diesem Kampf teilgenommen. England und Rußland wandten sich gegen den Versuch, Schleswig-Holstein wieder mit dem Vaterland zusammenzuschließen. Die beiden nicht von der Revolution ergriffenen Großmächte standen den deutschen Einigungsbestrebungen feindlich gegenüber. Preußen gab dem ausländischen Druck nach und ließ Schleswig-Holstein im Stich. Der Waffenstillstand von Malmö, den Preußen mit Dänemark geschlossen hatte, wurde schließlich von der Nationalversammlung gebilligt.

Am 16. September 1848 demonstrierten in Frankfurt Patrioten aus der näheren und weiteren Umgebung der Stadt gegen die Preisgabe Schleswig-Holsteins durch die Nationalversammlung. Daraufhin ließ die Nationalversammlung Truppen aus der Bundesfestung Mainz herbeiholen, und preußische, österreichische, württembergische und hessische Soldaten schossen im Namen des Parlaments auf das Volk. Die Nationalversammlung, die vom deutschen Volk gewählt worden war, um seine Rechte gegen die preußischen Junker und den Adel durchzusetzen, hatte damit die Volkssouveränität endgültig verraten.

Im Herbst 1848 begann überall die Gegenrevolution wieder ihr Haupt zu erheben. Das internationale Signal für die Gegenrevolution war die Niederlage der Pariser Arbeiter in den Juni-Kämpfen. Sie hatten versucht, die im Februar erkämpften sozialen Errungenschaften auszubauen und zu erweitern. In den folgenden Monaten waren unter dem Eindruck dieses Ereignisses überall die alten Mächte im Vorrücken. Am 1. November marschierten die Truppen der österreichischen Gegenrevolution in Wien ein, und wenige Tage später wurde auch Berlin von 13000 Soldaten unter dem Kommando Wrangels besetzt. Auch in Preußen war ein Parlament gewählt worden, das eine Verfassung ausarbeiten und in Kraft setzen sollte. Die preußische Nationalversammlung wurde aus Berlin vertrieben und schließlich aufgelöst.

Nachdem es der Gegenrevolution gelungen war, die Kompromißbereitschaft der Bourgeoisie, die schließlich in den Verrat einmündete, auszunutzen und die Schlachten in Wien und Berlin zu gewinnen, konnte ein neuer Aufschwung der Revolution nur noch von den Kräften des Volkes erzwungen werden. Marx und Engels hatten sich seit dem Beginn der Revolution darum bemüht, die Bildung einer in gesamtnationalem Rahmen organisierten Arbeiterpartei vorzubereiten. „Die bitteren Erfahrungen, die die Arbeiter in den gemeinsamen Kämpfen mit der Bourgeoisie und den kleinbürgerlichen Demokraten gemacht hatten, ließen die Erkenntnis reifen, daß die Arbeiter eine eigene politische Organisation brauchten." (Geschichte der deutschen Arbeiterbewegung) So gab es jetzt bessere Aussichten, diese Aufgabe zu lösen. Marx und Engels konnten dabei an die Bestrebungen zur Zusammenfassung der Arbeitervereine anknüpfen. Auch wenn diese Anstrengungen nicht mehr unmittelbar sichtbaren Ertrag brachten – ein für Juni 1849 einberufener Kongreß sämtlicher deutscher Arbeitervereine konnte infolge des Sieges der Konterrevolution nicht mehr stattfinden –, bleibt es doch bedeutsam genug, daß die Arbeiterbewegung sich im Verlaufe der Revolution so weit entwickelt hatte, daß zum ersten Mal versucht werden konnte, eine breite politische Arbeiterpartei zu gründen.

In den wichtigsten Ländern hatte die Gegenrevolution am Ende des Jahres 1848 entscheidende Machtpositionen wiedergewonnen; die Hoffnungen des März 1848 waren enttäuscht. Von den März-Errungenschaften war nur noch eine übriggeblieben: die Frankfurter Nationalversammlung. Während in Wien und Berlin die Truppen der Reaktion einzogen, beschäftigten sich die Abgeordneten in der Paulskirche damit, eine Verfassung auszuarbeiten. Nach fast einjähriger Tätigkeit, Ende März 1849, schlossen sie ihre Beratungen ab. An der Spitze Deutschlands sollte nach der Ansicht der Mehrzahl der Abgeordneten ein Erbkaiser stehen, und neben den Kaiser sollte ein aus zwei Kammern zusammengesetztes Parlament gestellt werden. Nachdem dieses Werk vollbracht war, schritten die Abgeordneten zur Kaiserwahl: Der preußische König Friedrich Wilhelm IV. wurde zum Erbkaiser gewählt. Eine Deputation reiste nach Berlin und bot ihm die Krone an. Friedrich Wilhelm IV. lehnte ab. Den preußischen König lockte gewiß die Aussicht, deutscher Kaiser zu werden, aber der zu erwartende Widerstand Österreichs, Englands und Rußlands gegen einen einheitlichen deutschen Staat und dessen Oberhaupt schreckte ihn. Vor allem aber wurde seine Ablehnung bestimmt vom Haß gegen die Revolution, der er die eigentümliche Ehre verdanken sollte, ein von einer Volksvertretung gewählter Kaiser zu werden.

Seit der Ablehnung der Kaiserkrone durch den preußischen König war natürlich die Frage erst recht brennend, wie denn nun die politische Gestaltung Deutschlands aussehen sollte. Für die Liberalen schien das Verfassungswerk der Paulskirche, schien die Revolution überhaupt bereits gescheitert zu sein. Für das Volk wurde die Reichsverfassung der Anlaß zum bewaffneten Aufstand. Die mit den Waffen ausgetragenen Auseinandersetzungen des Frühsommers 1849, die in der deutschen Geschichtsschreibung im allgemeinen als „Reichsverfassungskampagne“ bezeichnet werden, bildeten den letzten Höhepunkt der Revolution 1848/49. Arbeiter, Bauern und Handwerker versuchten in einer Reihe von bewaffneten Aufständen, die im Mai 1849 in verschiedenen Teilen Deutschlands ausbrachen, das Schicksal der Nation in ihre Hände zu nehmen. Sie schufen sich eigene Heeresorganisationen, deren mutiger und entschlossener Kampf für ein demokratisches Deutschland einen Beweis für die Existenz und die Bedeutung von Volksarmeen auch in der deutschen Geschichte bildet. Wenn auch das Kleinbürgertum die führende Kraft dieser Bewegung war, so bestand doch, wie Friedrich Engels nachwies, „der wirklich kämpfende Kern der Aufständischen, jener Kern, der zuerst zu den Waffen griff und sich mit den Truppen schlug, aus der Arbeiterklasse der Städte“.

Unter dem Druck der Volksbewegung für ein einheitliches Deutschland hatten die Regierungen von 28 Einzelstaaten die Reichsverfassung anerkennen müssen. Ein Teil der Abgeordneten der Nationalversammlung war aus Frankfurt abgereist und hatte auf weitere Bemühungen verzichtet. Das Restparlament erklärte sich für beschlußfähig und berief am 4. Mai den in der Verfassung vorgesehenen Reichstag zum 15. August 1849 ein.

Angesichts der Vorbereitungen der preußischen Junker zu militärischen Operationen gegen die demokratische Bewegung innerhalb wie außerhalb der preußischen Grenzen, erhoben sich die Werktätigen, vor allem in Sachsen und in Westdeutschland, um der von den Liberalen preisgegebenen Revolution einen neuen Aufschwung zu geben. Die Aufstände gingen aus von der Forderung auf Anerkennung der Reichsverfassung durch alle deutschen Regierungen und auf Durchführung der vom Parlament beschlossenen Maßnahmen. War es aber von vornherein nicht anzunehmen, daß die Arbeiter Dresdens oder die Bauern der Pfalz zur Waffe griffen, um dem preußischen König die Kaiserkrone aufzuzwingen, so ging die Bewegung in ihrem weiteren Verlauf – wie dies in Revolutionen zu geschehen pflegt – erst recht über ihren Anlaß hinaus. „Denen es ernst war mit der Bewegung, war es nicht ernst mit der Reichsverfassung, und denen es ernst war mit der Reichsverfassung, war es nicht ernst mit der Bewegung.“ (Friedrich Engels)

Die Kämpfe begannen in Sachsen. Als am 2. Mai der sächsische König die Anerkennung der Reichsverfassung endgültig ablehnte, brach in Dresden der Aufstand aus. Von den Kirchentürmen ertönten die Sturmglocken, Barrikaden wurden nach einem improvisierten Plan errichtet sowie Waffen und Munition gesammelt. Der König floh. Die von ihm erbetene preußische Hilfe gegen die eigenen Untertanen wurde schnellstens gewährt. Der Aufstand blieb isoliert. Die Leipziger Stadtverordneten zum Beispiel beschlossen, „um Vermittlung der Zentralgewalt in dem Konflikt zwischen dem Könige und dem Lande nachzusuchen". Trotz des Heldenmutes der über 10000 Kämpfer, zu denen auch Richard Wagner und der Architekt Semper zählten, erlag die Volksbewegung am 9. Mai der Übermacht des besser organisierten und bewaffneten preußischen Heeres. Vom Anteil der Arbeiterklasse am Dresdner Maiaufstand zeugt, daß, nach einer Feststellung August Bebels, ihr mehr als die Hälfte der daraufhin in sächsischen Zuchthäusern eingekerkerten Revolutionäre angehörte.

Wenige Tage darauf wurde Westdeutschland von der Flamme des Aufstandes erreicht. Der Versuch, Landwehrtruppen in den zu Preußen gehörenden Gebieten des Rheinlandes einzuberufen und sie gegen den Dresdner Aufstand einzusetzen, veranlaßte Erhebungen vor allem in Krefeld und Solingen. Das Zentrum dieser Bewegung war jedoch Elberfeld, wo der Barrikadenbau am 9. Mai begann. Friedrich Engels eilte von Köln herbei und beteiligte sich persönlich an den militärischen Vorbereitungen des Aufstandes. Den Truppen des preußischen Königs gelang es aber bald, in Elberfeld einzudringen und es zu besetzen.

Nachdem die Aufstandsversuche in der Rheinprovinz fehlgeschlagen waren, wagte sich die preußische Reaktion auch an das führende Organ der Demokratie heran und verbot mit dem 19. Mai die „Neue Rheinische Zeitung". „Wir mußten unsere Festung übergeben, aber wir zogen ab mit Waffen und Bagage, mit klingendem Spiel und mit der fliegenden Fahne der letzten roten Nummer", schrieb Friedrich Engels rückblickend. Marx und Engels reisten, während bereits die preußische Polizei gegen sie in Bewegung gesetzt wurde, nach Frankfurt und machten den Versuch, die Abgeordneten für den in dieser Situation einzig richtigen Entschluß zu gewinnen: Das Parlament sollte die revolutionären Armeen zu seinem Schutz herbeirufen und damit den Aufständen ein organisierendes Zentrum geben. Die internationalen Bedingungen begünstigten noch einmal die revolutionäre Bewegung in Deutschland. In Frankreich standen Wahlen und damit eine neue Zuspitzung der Klassengegensätze bevor. Das feudalabsolutistisch-klerikale Regime Habsburgs war durch die Kämpfe bedroht, die das ungarische und das italienische Volk zur Befreiung von der Fremdherrschaft führten. Zaristische Truppen hatten zur Niederwerfung der ungarischen Revolution hinzugezogen werden müssen – aber ob eine Intervention gegen ein von der Revolution erfaßtes Deutschland gelungen wäre, ist mehr als fraglich.

Die Reichsverfassung konnte noch einmal zum Ausgangspunkt einer konsequenten Durchführung der Revolution werden. Die zaghaften kleinbürgerlichen Demokraten versagten sich jedoch den Plänen von Marx und Engels, so daß die einzelnen Aufstände voneinander isoliert blieben und am Ausgang wie am Beginn der deutschen Revolution unterschiedliche, voneinander getrennte Bewegungen in den Einzelstaaten standen. Karl Marx reiste von Frankfurt aus nach Paris, um die Verbindung zwischen der deutschen und der französischen demokratischen Bewegung zu festigen, während Friedrich Engels sich als Adjutant Willichs, eines Mitgliedes des Kommunistenbundes und Führers einer Freischar, der badisch-pfälzischen Armee anschloß.

In Baden war der Großherzog vertrieben worden und das Heer fast geschlossen auf die Seite des Volkes übergegangen. Eine republikanische Landesregierung war eingesetzt worden, die im Innern des Landes keinen ernst zu nehmenden Gegner mehr hatte. Statt die Offensive zu ergreifen, wartete sie jedoch noch ab, als bereits preußische Armeen anrückten.

Den Oberbefehl der Volksarmee hatte – ein Vorbild für die internationale Solidarität der revolutionären Demokratie – der polnische Freiheitskämpfer Mierosławski. Unter den Zehntausenden von Mitkämpfern befanden sich neben Friedrich Engels unter anderem Wilhelm Liebknecht und Johann Philipp Becker. „Die entschiedensten Kommunisten waren die couragiertesten Soldaten." (Friedrich Engels)

In der Schlacht von Waghäusel fiel die Entscheidung. Der Dichter Gottfried Keller, ein Augenzeuge der Kämpfe, berichtet: „Die Preußen haben ihren Sieg teuer erkaufen müssen, obgleich sie die Übermacht hatten. Besonders die badischen Kanoniere haben sich heldenmütig gehalten. Sie arbeiteten, da es sehr heiß war, im bloßen Hemd, wie die Bäcker vor dem Backofen, bei ihren Kanonen und waren noch forsch und wohlgemut dabei."

Am 23. Juli 1849 fiel die letzte von der Volksarmee besetzte Festung, Rastatt.

Die Zersplitterung der demokratischen Heeresorganisation hatte den Sieg der Gegenrevolution erleichtert. Was die demokratische Bewegung nicht vermocht hatte: einheitlich zu handeln – das gelang der Gegenrevolution. Preußische Truppen hatten die Throne der bedrohten Landesväter gerettet. Die preußische Regierung versuchte, als Lohn dafür ihre Truppen dort, wo sie im Sommer 1849 standen, auch stehenzulassen und die deutschen Mittel- und Kleinfürsten von sich abhängig zu machen.

Aber dieser Leichenraub an der Revolution mißlang; österreichischer und russischer Druck zwang die preußische Regierung, die Truppen zurückzuziehen, ihre Hegemoniebestrebungen aufzugeben und im Vertrag von Olmütz (1850) der Wiederherstellung des Deutschen Bundes zuzustimmen.

So hat die bürgerlich-demokratische Revolution von 1848 keine ihrer Hauptaufgaben gelöst, vor allem nicht die wichtigste Aufgabe, die Lösung der nationalen Frage durch die Einigung Deutschlands in einer unteilbaren demokratischen Republik.

Die wichtigste Ursache ihres Scheiterns war, daß die Bourgeoisie aus Furcht vor den weiterdrängenden Volksmassen sich mit den Fürsten und dem Adel verständigte. Das Proletariat war noch zu unentwickelt, um an die Spitze der Revolution treten zu können.

Die durch die Revolution erschütterte Herrschaft des Adels und der Fürsten und damit auch die nationale Zersplitterung und Ohnmacht wurden wiederhergestellt. Aber der Sieg der fürstlichen, feudalen und klerikalen Gegenrevolution löste, so vollständig er war oder zu sein schien, eben deshalb nicht jenes Problem, das von der Geschichte selbst auf die Tagesordnung gestellt worden war: die nationale und nationalstaatliche Einigung Deutschlands, die zur ökonomischen Notwendigkeit geworden war. Weil diese Aufgabe ungelöst blieb, wurden mit gesetzmäßiger Notwendigkeit die Bedingungen reproduziert, die 1848 die Revolution unvermeidlich gemacht hatten.

Das deutsche Volk hatte mit der Waffe in der Hand für nationale Einheit und Demokratie gekämpft. In den vordersten Reihen der Kämpfenden stand die junge Arbeiterklasse, deren Bewegung in der Revolution einen so großen Aufschwung nahm, die die meisten Opfer brachte und die nun am schwersten unter der Niederlage zu leiden hatte. Die Ereignisse der Jahre 1848/49 haben aber auch gelehrt, daß in der Arbeiterklasse und ihrer von Marx und Engels geschulten, kommunistischen Avantgarde die Kraft heranwuchs, die einmal imstande sein würde, die Aufgaben zu erfüllen, bei deren Lösung das deutsche Bürgertum versagte.

4.
Die dritte Etappe der bürgerlichen Umgestaltung: Der Kampf um die Wege der deutschen Einigung

„Bei dieser allgemeinen Prosperität, worin die Produktivkräfte der bürgerlichen Gesellschaft sich so üppig entwickeln, wie dies innerhalb der bürgerlichen Verhältnisse überhaupt möglich ist, kann von einer wirklichen Revolution keine Rede sein. Eine solche Revolution ist nur in den Perioden möglich, wo diese beiden Faktoren, die modernen Produktivkräfte und die bürgerlichen Produktionsformen, miteinander in Widerspruch geraten." Das war eine Erkenntnis, zu der Marx und Engels bald nach dem Ende der Revolution, im Verlaufe des Jahres 1850, durch das Studium der ökonomischen Entwicklung in den wichtigsten Ländern gelangt waren. Eine „allgemeine Prosperität": das gilt auch für Deutschland. Die industrielle Revolution – ein sowohl technischer als auch ökonomischer Prozeß, gekennzeichnet durch die massenhafte Anlage von konstantem fixem Kapital (Maschinen, Gebäuden und Transportmitteln) – erreichte, nachdem sie mit der Gründung des Deutschen Zollvereins Mitte der dreißiger Jahre begonnen hatte, nun ihren Höhepunkt. Damit wurde die deutsche Einheit zu einer unmittelbaren ökonomischen Notwendigkeit. Mochte auch die Reaktion zeitweilig triumphieren, mochte auch die Macht der Junker in Verwaltung, Justiz und Bildungswesen wiederhergestellt werden, mochte auch mit dem Kölner Kommunistenprozeß von 1852 eine weitere Tätigkeit des Bundes der Kommunisten vorerst unmöglich gemacht worden sein: der Widerspruch zwischen wirtschaftlichem Aufschwung und politischer Reaktion mußte eines baldigen Tages mit Notwendigkeit aufbrechen. „Eine neue Revolution ist nur möglich im Gefolge einer neuen Krisis. Sie ist aber auch ebenso sicher wie diese." Diese Worte, die Marx und Engels den eben zitierten Ausführungen aus dem Jahre 1850 anschließen, gaben ihrem Vertrauen in die Tatsache, daß es sich nur um eine zeitweilige Ebbe der revolutionären Bewegung handeln würde, Ausdruck und wurden durch die Tatsachen bald bestätigt. Schon der Krim-Krieg (1853 bis 1856) zwischen Rußland einerseits, England, Frankreich, Sardinien und der Türkei andererseits, machte die Vergänglichkeit des reaktionären Systems offenbar, das seit der Niederschlagung der Revolution von 1848/49 auf den Völkern lastete. Die Heilige Allianz – das wurde durch diesen Krieg bewiesen – war nun endgültig zerfallen. Die Niederlage, die Rußland erlitt, offenbarte, daß das System der Leibeigenschaft auch im Zarenreich überholt war, und veranlaßte einen Aufschwung der bäuerlichen Massenbewegungen. Damit begann der Zarismus seine dominierende Stellung innerhalb der europäischen Reaktion einzubüßen.

Einen neuen Aufschwung der demokratischen und nationalen Bewegungen veranlaßte aber vor allem die Weltwirtschaftskrise von 1857, die bis dahin schwerste zyklische Krise des Kapitalismus. In den meisten kapitalistischen Ländern brachen Banken und Unternehmungen zusammen, wurde die Produktion stark eingeschränkt und wurden Arbeiter entlassen. Besonders in Frankreich gerieten die Massen in Bewegung. Der französische Kaiser Napoleon III. versuchte, durch außenpolitische Abenteuer seine Stellung zu festigen. Er intervenierte in Italien. Diese Einmischung führte im April 1859 zum Krieg zwischen Österreich einerseits, Frankreich und Sardinien andererseits. Der französische Kaiser versuchte, Nizza und Savoyen zu annektieren, wobei er den Vorwand gebrauchte, dies seien die „natürlichen Grenzen" Frankreichs. Diese demagogische Losung hatte zugleich den Zweck, französische Ansprüche auf das linke Rheinufer vorzubereiten und zu rechtfertigen.

Auch in Deutschland erfuhren alle oppositionellen Bestrebungen neue Impulse, reifte offensichtlich eine „nationalrevolutionäre Situation" (Ernst Engelberg) heran. Das kam auf den Feiern zum 100. Geburtstag Schillers zum Ausdruck, an denen sich große Teile des deutschen Volkes beteiligten. Der demokratische Charakter dieser Feierlichkeiten war den preußischen Junkern so unheimlich, daß in Berlin der Festzug vom Polizeipräsidenten verboten und die Einweihung eines Schiller-Denkmals auf dem Gendarmenmarkt daraufhin zur Demonstration gegen die Polizeiwillkür wurde. Die nationale Bedeutung dieser Feiern wurde in der Leipziger Illustrierten Zeitung vom 12. November 1859 charakterisiert: „Die Schillerfeiern in ganz Deutschland galten nicht bloß dem Gedächtnis des großen Toten, sie galten nicht bloß der Vergangenheit, sondern auch dem Sehnen der deutschen Gegenwart und der Hoffnung auf die Zukunft. Der Name Schiller ist das Symbol, das Wort für die deutsche Einheit."

Die Frage der Einigung Deutschlands wurde nun unmittelbar aktuell. Sie konnte bei den damaligen Klassenverhältnissen auf zweierlei Art gelöst werden: entweder durch eine Volksrevolution gegen die Dynastien und ihre Stützen, aus der eine deutsche Republik hervorgehen konnte, oder aber unter Führung Preußens, durch Kriege, in denen die preußischen Junker und ihr Staat die politische Hegemonie in ganz Deutschland erlangen würden. Der Kampf um diese beiden Wege der deutschen Einigung war bestimmend für die deutsche Geschichte der sechziger Jahre des 19. Jahrhunderts. Freilich waren die Kräfte, die für eine Revolution von unten, die gesamtdeutsche Republik als Ergebnis einer revolutionären Volksbewegung, eintraten, ungleich schwächer als die Kräfte, die die Einigung von oben unterstützten. Das hing damit zusammen, daß einerseits der Adel mehr und mehr dazu überging, Kapital in industriellen Nebenbetrieben der agrarischen Produktion anzulegen, und der ökonomische Gegensatz zwischen ihm und der Bourgeoisie seinen antagonistischen Charakter einbüßte. Die Bourgeoisie andererseits fürchtete eine revolutionäre Volksbewegung und ging deshalb nur zu bereitwillig auf wirtschaftliche und politische Konzessionen ein, zu denen die Junker bereit waren, wenn man ihnen den wesentlichen Anteil an der politischen Macht ließ.

Damit soll nicht behauptet werden, es hätte in Deutschland überhaupt keine Kräfte gegeben, die für den demokratischen Weg der Einigung eingetreten wären. Im Gegenteil: Die Ereignisse der folgenden Jahre bewiesen, daß es in der deutschen Arbeiterklasse, aber auch im Kleinbürgertum genügend Potenzen gab, die in diesem Kampf zur Geltung kommen konnten. Die Voraussetzung dafür aber war, daß die zersplitterten demokratischen Kräfte sich zusammenschlossen. Nach der Lage der Dinge konnte nur noch die Arbeiterklasse diejenige Kraft sein, die die Führung dieser Bewegung übernehmen konnte. Die Wiederbegründung einer revolutionären Kampfpartei des deutschen Proletariats wurde damit zu einer Frage, die nicht nur die Arbeiterklasse anging, sondern gesamtnationale Bedeutung besaß.

Das war auch der Gesichtspunkt, unter dem Marx und Engels die zeitgenössischen Auseinandersetzungen beurteilten. Ihre Stellungnahme zum italienischen Krieg mußte und konnte deshalb über rein taktische Erwägungen hinausgehen und zu den grundsätzlichen Fragen der gesellschaftlichen Entwicklung überhaupt vordringen. Marx und Engels beurteilten die Frage, der Sieg welcher herrschenden Klasse in den zeitgenössischen Auseinandersetzungen wünschenswert sei, unter dem Gesichtspunkt: Welche Ereignisse lassen einen möglichst raschen, möglichst weitgehenden Aufschwung der demokratischen Bewegung erwarten, welche Politik erleichtert dementsprechend auch am wahrscheinlichsten die Bildung selbständiger Arbeiterparteien. „Ihr Interesse galt ... der Entwicklung der Bewegung aus einer bescheiden liberalen zu einer stürmisch-demokratischen . . . Marx und Engels gingen von ihrer Epoche, vom Zeitalter der bürgerlich-nationalen

Bewegungen aus nach vorwärts, bestrebt, diese Bewegungen weiterzutreiben, und bemüht um ihre Entwicklung, ,über die Köpfe' der Repräsentanten des Mittelalters hinweg." (W.I. Lenin) sie forderten deshalb, die Expansionsversuche Napoleons III. durch einen nationalrevolutionären Befreiungskrieg zu beantworten, und erwarteten, daß in einem solchen Kampf auch die deutschen Dynastien hinweggefegt werden würden. Das war der Grundgedanke der beiden Schriften „Po und Rhein" und „Nizza, Savoyen und der Rhein", die Engels in diesen Monaten veröffentlichte.

Der Weg, der tatsächlich bei der Einigung Deutschlands beschritten wurde, der über drei Kriege zur Reichseinigung von oben führte, ist keineswegs „friedlicher" gewesen, als der von Marx und Engels im Jahre 1859 gewiesene.

Friedrich Engels schrieb später rückblickend über das von Marx und ihm 1859 entwickelte Programm: „Wie die Dinge lagen, konnte dieser Weg zur Einigung Deutschlands nur betreten werden, wenn Louis Napoleon den Krieg um die Rheingrenze anfing. Dieser Krieg unterblieb jedoch." Die französische Intervention in Italien gegen Österreich wurde das Signal zum Aufstand des italienischen Volkes. Der Krieg Napoleons III. gegen Österreich nahm allmählich einen revolutionären Charakter an, der die ausländische Reaktion ebenso erschreckte wie den französischen Kaiser selbst. Napoleon III. verständigte sich mit Kaiser Franz Joseph und schloß Frieden mit Österreich, obgleich seine Verpflichtung gegenüber seinen italienischen Bündnispartnern, die Befreiung aller italienischen Gebiete vom österreichischen Joch, noch nicht erfüllt war.

Der Anstoß für die weitere Zuspitzung der gesellschaftlichen Gegensätze in Deutschland, in deren Mittelpunkt nun der Kampf um die Wege der deutschen Einigung rückte, ging von Preußen aus. Das war kein Zufall. Preußen war derjenige deutsche Staat, in dem sich industrie-kapitalistische Verhältnisse am weitesten entwickelt hatten. Es besaß von allen Staaten des Deutschen Bundes die meisten Einwohner und das stärkste Heer. Mit der Niederlage Österreichs im italienischen Krieg hatte der mehr als ein Jahrhundert alte preußisch-österreichische Gegensatz seinen Charakter verändert: es handelte sich nicht mehr um einen Dualismus in bezug auf die Vormachtstellung im Deutschen Bund, sondern um die Aufrechterhaltung dieses Bundes überhaupt, an den sich Habsburg – auf die Dauer vergebens – weiter zu klammern versuchte.

Im Jahre 1858 konnte nicht länger verheimlicht werden, daß König Friedrich Wilhelm IV. von Preußen unheilbar geisteskrank war. Prinz Wilhelm übernahm die Regentschaft und deutete in seinem Regierungsprogramm die Bereitschaft zu ökonomischen Konzessionen an die Bourgeoisie an. Wie fast immer bei einem Thronwechsel in Preußen meinten die Liberalen auch in diesem Falle, nun sei ihre Stunde gekommen, und sprachen hoffnungsvoll von einer „neuen Ära". Bald sollte sich freilich zeigen, daß sie sich getäuscht hatten, wenn sie meinten, König und Junker würden ihnen freiwillig den Hauptanteil an der politischen Macht überlassen. Die Regierung wollte die – an sich auch von der liberalen Bourgeoisie befürwortete – Erneuerung und Verstärkung der preußischen Armee in einer Form durchführen, die den Einfluß der Junker im Heer noch stärken sollte: Der im Februar 1860 im Abgeordnetenhaus vorgelegte Entwurf eines Heeresgesetzes sah eine dreijährige aktive Wehrpflicht vor und lief auf eine Beseitigung der Landwehr hinaus, des letzten Überbleibsels aus der Zeit der Befreiungskriege, desjenigen Bestandteiles der Armee, der noch einigermaßen volkstümlich war und in dem bürgerliche Offiziere geduldet worden waren. Die liberalen Abgeordneten wagten es weder, die Heeresreform konsequent abzulehnen, noch – was nach der Auffassung von Friedrich Engels eine vernünftige, allen Beteiligten durchaus zumutbare Lösung gewesen wäre – als Preis für die Zustimmung ernsthafte politische Zugeständnisse zu verlangen, insofern also die Opposition auf dem Vereinigten Landtag von 1847 nachzuahmen. Sie lehnten vielmehr den Gesetzentwurf ab, bewilligten jedoch, wenn auch nur „provisorisch", die Mittel, die die Regierung für die Heeresorganisation benötigte. Damit ermöglichten sie es den Junkern, die Heeresreform auch ohne die formelle

Zustimmung der Bourgeoisie durchzuführen. Ein Teil der Liberalen begriff nun aber, daß durch diese prinzipienlose Haltung der Reaktion freie Hand gelassen war, nach ihrem Gutdünken zu handeln. Im Juni 1861 fand diese „Linksschwenkung" großer Teile der preußischen Bourgeoisie ihren Ausdruck in der Gründung der Deutschen Fortschrittspartei. Sie verkündete nach innen ein entschiedeneres Auftreten gegenüber der preußischen Krone und den Junkern und sah in der Liberalisierung in Preußen die Voraussetzung für die Erfüllung der Hauptforderung ihres Programms, der nationalen Einigung Deutschlands unter preußischer Führung. Als wenige Monate später, im Oktober 1861, Prinzregent Wilhelm aus Königsberg, wo er zum König Wilhelm I. gekrönt worden war, nach Berlin zurückkehrte, fand die Zuspitzung der Gegensätze und der wachsende Unwille großer Teile des Bürgertums und des Volkes seinen Ausdruck in Demonstrationen und blutigen Zusammenstößen mit der Polizei. Die „neue Ära" ging zu Ende: Da sich die Bourgeoisie weder bedingungslos den Forderungen der Regierung unterwarf noch so konsequent auftrat, daß sie die Krone und den Adel zum Nachgeben zwingen konnte, löste der König das Abgeordnetenhaus auf und entließ die liberalen Minister, die er als Demonstration seines „guten Willens" in das Kabinett aufgenommen hatte. Die Neuwahlen brachten der Fortschrittspartei große Erfolge. Im September 1862 war eine Staatskrise herangereift. Das neue Abgeordnetenhaus verweigerte mit großer Mehrheit seine Zustimmung zu den Mitteln, die die Regierung für das Heer benötigte. Der Heereskonflikt wurde zum Verfassungskonflikt. Einen Staatsstreich zu unternehmen und völlig ohne Parlament zu regieren, wie es der preußische Kriegsminister von Roon vorschlug, wagte König Wilhelm I. nicht. Er trug sich mit der Absicht abzudanken. Jetzt war die Stunde Otto von Bismarcks gekommen. Am 24. September 1862 zum preußischen Ministerpräsidenten ernannt, setzte er die Politik durch, die allein noch Krone und Junker retten konnte: Rücksichtslos im Vorgehen gegen alle Bestrebungen der Liberalen, maßgeblichen Einfluß auf die Regierung zu gewinnen, bereitete er doch zugleich das entscheidende Zugeständnis an die Bourgeoisie vor, das unabdingbar geworden war, die national-staatliche Einigung.

Eine so komplizierte Politik durchzusetzen, konnte nicht Sache eines gewöhnlichen Junkers sein. Es ist auch nicht so, daß Bismarck von vornherein jeden Schritt in den nun kommenden Auseinandersetzungen geplant hatte oder planen wollte – charakteristisch sein Ausspruch, ein Mann, der in der Politik nach Prinzipien handele, gleiche jemandem, der mit einer Stange quer im Munde durch einen Wald gehen wolle. So war in mancher Hinsicht seine Stärke gerade die Improvisation – eine Improvisation freilich, die vom politischen Instinkt des pommerschen Landjunkers geleitet war. Es handelte sich aber um einen Junker, der in den eineinhalb Jahrzehnten seit der Revolution 1848/49 gelernt hatte, wie die Interessen seiner Klasse durchzusetzen seien. Im Frühjahr 1848 hatte er noch dem König seine Bereitschaft erklärt, ihm mit den Bauern seines Gutes zu Hilfe zu kommen, einen sofortigen rücksichtslosen Einsatz des preußischen Heeres gegen die demokratische Bewegung verlangt und jede, auch nur die geringste Konzession an sie verurteilt – ein borniertes Draufgängertum, bei dem es sogar Friedrich Wilhelm IV. unheimlich geworden war. Diesen Mann könne man, so erklärte der preußische König damals, nur „gebrauchen, wenn das Bajonett schrankenlos waltet". Als preußischer Gesandter beim Deutschen Bund hatte Bismarck aber in den folgenden Jahren seinen Horizont erweitert, die Unhaltbarkeit der Bundesverfassung erkannt und begriffen, daß die deutsche Einheit zur unmittelbaren wirtschaftlichen Notwendigkeit wurde. Preußen sollte sich nicht länger den österreichischen Hegemonieansprüchen im Deutschen Bund fügen, es sollte ohne und gegebenenfalls gegen den Bund handeln – freilich nicht um des bloßen Prestiges willen (deshalb hatte er es 1850 abgelehnt, daß es „den Don Quixote spiele für gekränkte Kammerzelebritäten", und die Olmützer Vereinbarungen verteidigt), sondern nur dann, wenn dabei reale Erfolge zu erzielen seien.

Klare Pläne für eine deutsche Einigung besaß er zu

dieser Zeit freilich noch nicht. Wenige Tage nachdem er zum Ministerpräsidenten berufen worden war, äußerte er sich in aller Offenheit über Wege und Ziele seiner künftigen deutschen Politik: „Nicht durch Reden und Majoritätsbeschlüsse werden die großen Fragen der Zeit entschieden – das ist der große Fehler von 1848 und 1849 gewesen –, sondern durch Eisen und Blut." Solche Anschauungen leiteten ihn, als er nun für Jahrzehnte den bestimmenden Einfluß auf die Politik Preußens und dann Deutschlands erlangt hatte. Versucht man, Bismarcks Wirken in den drei Jahrzehnten zwischen 1862 und seinem Sturz 1890 zusammenzufassen, so kann man sagen, daß er insgesamt drei große Klassenschlachten geführt hat. Die erste, die er gegen das liberale Bürgertum in den sechziger Jahren führte, in der er die Ansprüche der Bourgeoisie, entscheidenden Einfluß auf die politische Macht in Preußen zu erlangen, zurückwies, hat er gewonnen. Der preußische Ministerpräsident benutzte dabei eine Art Umgehungstaktik, indem er nicht diese Frage in den Mittelpunkt der politischen Auseinandersetzungen rückte, sondern – so brutal er auch zunächst die liberale Opposition schikanierte und unterdrückte – doch gleichzeitig an ihre Forderung nach der deutschen Einheit anknüpfte und sie, freilich nicht im Sinne der demokratischen Kräfte, sondern auf reaktionärem Wege löste. In der zweiten Auseinandersetzung, die sich bald nach der Reichseinigung abspielte und die als „Kulturkampf" bezeichnet wurde, ging es um die Abwehr des Partikularismus, dessen Träger besonders diejenigen Kreise des katholischen Klerus und des süddeutschen katholischen Adels waren, deren Stellung sich durch die Reichseinigung von oben unter preußischer Führung verschlechtert hatte und die noch einmal versuchten, diese Positionen zurückzugewinnen. Bismarck hat diese Auseinandersetzung nicht zu Ende geführt, sondern sie abgebrochen, als ein neuer, diesmal ein unüberwindlicher Gegner erschien: die sozialistische Arbeiterbewegung. Den Kampf gegen sie, den er in voller Schärfe 1878 mit dem Erlaß des Sozialistengesetzes eröffnete, hat Bismarck verloren. Diese Niederlage hatte seinen Sturz zur Folge. Mögen auch die Klassenschlachten, in denen der preußische Junker seine politische Konzeption durchzusetzen vermochte, an der Oberfläche der politischen Erscheinungen die ausschlaggebenden gewesen sein – im großen national-historischen Zusammenhang war Bismarcks Niederlage die entscheidende. Das konnte auch nicht anders sein, war doch die Klasse, deren Interessen er vertrat – freilich weitsichtiger als die meisten der preußischen Junker und daher manchmal in einem gewissen Gegensatz zu ihnen – von der Geschichte zum Untergang verurteilt.

Engels schrieb im Oktober 1862 in einem Brief an Marx, daß „die Ernennung Bismarcks von den Bourgeois mit schallendem Gelächter empfangen wurde", und er fügte hinzu: „Die Kerle stellen sich aber den Verlauf der Sache merkwürdig idyllisch vor ... Die werden sich noch wundern." Er sollte recht behalten. Der neue preußische Ministerpräsident setzte die Heeresreform auf die Weise durch, daß er das Abgeordnetenhaus gar nicht um die Bewilligung der dafür notwendigen Mittel ersuchte, sondern erklärte, da die preußische Verfassung für den Fall einer Ablehnung des Budgets durch das Parlament keine Regelung enthielte, stehe es der Regierung frei, nach ihrem Belieben zu verfahren. Liberale Beamte, die dagegen opponierten, wurden aus dem Staatsdienst vertrieben, die fortschrittliche Presse schikaniert und alle materiellen und politischen Druckmittel, über die der preußische Staat verfügte, eingesetzt, um die Fortschrittspartei zur Kapitulation zu zwingen.

Bismarcks Politik, die bürgerliche Forderung nach der Einheit Deutschlands durch eine „Revolution von oben" zu verwirklichen, mußte freilich auch die außenpolitische Situation berücksichtigen. Drei Mächte waren als potentielle Gegner einer deutschen Einigung anzusehen: Rußland, dessen herrschende Kreise von einem Aufschwung der nationalen Bewegung in Deutschland und von Veränderungen im fortschrittlichen Sinne sowohl einen Aufschwung der nationalen Befreiungsbewegung im zerstückelten Polen als auch Rückwirkungen auf die vom Zarismus unterdrückten progressiven Kräfte in Rußland selbst befürchteten; Österreich, das nicht mehr in der Lage war,

Deutschland unter der Hegemonie Habsburgs zu einigen (Engels hat dieses Programm einer deutschen Einigung als „romantischen Traum" bezeichnet), mußten doch damit auch die Bewegungen der unterdrückten Völker der Habsburger Monarchie so anwachsen, daß dieses Völkergefängnis gesprengt wurde; und schließlich das bonapartische Frankreich, dessen Kaiser in einer deutschen Einigung ein unüberwindliches Hindernis für seine Expansionsbestrebungen in Richtung auf den Rhein erkannte. Rußland, Österreich und Frankreich – diese drei Mächte hatten sich schon einmal, mehr als hundert Jahre zuvor, gegen Preußen verbündet, und Bismarcks außenpolitische Strategie lief darauf hinaus, eine Wiederholung jener Koalition, der Friedrich II. im Siebenjährigen Krieg gegenübergestanden hatte, zu verhindern. Als im Januar 1863 in Polen ein neuer Aufstand gegen die zaristische Fremdherrschaft begann, ergriff er deshalb die Gelegenheit, sich zunächst Rußland zu verpflichten und es von potentiellen Bündnispartnern zu isolieren: Wenige Wochen nach dem Beginn des Aufstandes ließ Bismarck durch seinen Beauftragten von Alvensleben eine Konvention mit dem Zaren abschließen, der zufolge die Truppen beider Staaten einander gegenseitig bei der Unterdrückung der polnischen Befreiungsbewegung unterstützen sollten. Insbesondere sollte es ihnen gestattet sein, bei der Niederwerfung des Aufstandes auch die Grenzen des Partnerlandes dieser Konvention zu überschreiten – eine Festlegung, die besonders dem Zaren zugute kam, zugleich aber auch sich gegen das Übergreifen des Aufstandes auf die von Preußen annektierten polnischen Gebiete wandte. Daß die erste größere außenpolitische Aktion Bismarcks sich gerade gegen eine nationale Unabhängigkeitsbewegung richtete und noch dazu gemeinsam mit dem reaktionären Zarentum verwirklicht wurde, machte den Klassencharakter seiner Politik unverkennbar klar, ließ den Haß gegen den preußischen Militärstaat bei den demokratischen Kräften in ganz Deutschland noch anwachsen, vermochte aber nicht, die liberale Opposition nun endlich zu einem entschlossenen Vorgehen zu bewegen.

„Die unerquicklichen öffentlichen Zustände, die den

Arbeitern immer mehr zum Bewußtsein kamen, wirkten naturgemäß auch auf deren Stimmung. Alle verlangten nach Änderung. Aber da keine klare und zielbewußte Führung vorhanden war, zu der man Vertrauen hatte, verpuffte die Stimmung. Nie verlief resultatloser eine im Kern vortreffliche Bewegung." Mit diesen Worten schildert August Bebel die Lage in Deutschland auf dem Höhepunkt der national-revolutionären Krise, die durch den italienischen Krieg ausgelöst worden war. Daß die „im Kern vortreffliche Bewegung resultatlos verlief" – daran hatte vor allem die Haltung der liberalen Bourgeoisie schuld. Die deutsche Arbeiterklasse besaß zu dieser Zeit keine Partei, die die Führung der demokratischen Bewegung hätte übernehmen können. Diese Partei stellte auch der Allgemeine Deutsche Arbeiterverein Ferdinand Lassalles nicht dar.

Es ist Lassalles geschichtliches Verdienst, mit Hilfe des von ihm im Mai 1863 gegründeten Allgemeinen Deutschen Arbeitervereins einen Teil des Proletariats dem Einfluß des liberalen Bürgertums entzogen zu haben. Damit war ein wichtiger Schritt bei der Lösung der Arbeiter von der Bourgeoisie gemacht worden. Es gab in Deutschland nun wieder eine selbständige politische Arbeiterorganisation. Unmittelbar nach der Gründung dieser Organisation trat Lassalle aber in Verhandlungen mit Bismarck, bot diesem gegen die Zusicherung, die preußische Regierung würde das allgemeine Wahlrecht einführen, seine Unterstützung gegen die Bourgeoisie an und unterstützte damit die Einigung Deutschlands von oben. Dieser Verrat Lassalles wird besonders offenkundig in einem Brief, den er am 8. Juni 1863 an Bismarck richtete und in welchem er der Krone den Beruf eines „natürlichen Trägers der sozialen Diktatur" zusprach. Lassalle wollte, so schrieb Karl Marx im Februar 1865 in einem Brief an Kugelmann, den „Marquis Posa des Proletariats mit dem uckermärkischen Philipp II. spielen, Bismarck als Kuppler zwischen ihm und dem preußischen Königtum. Er ahmte nur die Herren vom Nationalverein nach. Aber wenn jene im Interesse der Mittelklasse die preußische ‚Reaktion' hervorriefen, schüttelte er Hand mit Bismarck im Interesse des Proletariats. Jene Herren waren insofern berechtigter als Lassalle, als der Bürger gewohnt ist, das nächst vor der Hand liegende Interesse als ‚Realität‘ aufzufassen, und als in der Tat diese Klasse überall einen Kompromiß sogar mit dem Feudalismus geschlossen hat, während der Natur der Sache nach die Arbeiterklasse ehrlich ‚revolutionär‘ sein muß.“ Ehrlich revolutionär sein: Davon war Lassalles Illusion, man könne mit Hilfe des bestehenden Staates friedlich in den Sozialismus hineinwachsen, weit entfernt. Seine ökonomische Theorie gipfelte in einem von ihm erfundenen „ehernen Lohngesetz“. Danach sollte der Lohn ausschließlich von Angebot und Nachfrage bestimmt sein. Hätten die Arbeiter Lohnerhöhungen erkämpft, so würde sich auf Grund ihrer verbesserten ökonomischen Lage die Zahl ihrer Kinder erhöhen. Damit aber würde das Angebot an Arbeitskräften so wachsen, daß die Kapitalisten daraufhin die Löhne wieder senken würden. Die Löhne könnten also, so meinte Lassalle, stets nur gerade um das Existenzminimum der Arbeiterklasse schwanken, ein Kampf um Lohnerhöhungen sei letzten Endes sinnlos und die Gewerkschaften überflüssig. Marx hatte die Erkenntnis erarbeitet, daß der Lohn als der Preis der Ware Arbeitskraft vom Wert dieser Ware bestimmt würde, nicht aber von Angebot und Nachfrage. Er hatte nachgewiesen, daß es der Arbeiterklasse daher durchaus möglich ist, erfolgreich auch den ökonomischen Klassenkampf zu führen, Lassalle fiel demgegenüber zurück in die Bevölkerungslehre des Engländers Malthus, ein Instrument der Apologetik des Kapitalismus.

Lassalle erblickte das Allheilmittel in Produktionsgenossenschaften, deren Gründung seiner Auffassung nach vom bestehenden Staat mit Hilfe des allgemeinen Wahlrechts erzwungen werden könne; eine parlamentarische Mehrheit, so wähnte er, würde ausgerechnet den preußischen Junkerstaat zur Unterstützung solcher Produktionsgenossenschaften bewegen, und dann würde es schließlich sogar gelingen, die Bourgeoisie nach und nach auszukaufen. Diese – auf reinen Illusionen beruhende – Konzeption mußte in den aktuellen politischen Auseinandersetzungen der damaligen Zeit jedoch darauf hinauslaufen, die Arbeiterklasse in einen Verbündeten der Junker gegen die Bourgeoisie zu verwandeln – eine Tendenz, die um so gefährlicher war, als Lassalle sektiererisch leugnete, daß die Arbeiterklasse Verbündete in den übrigen werktätigen Klassen und Schichten gewinnen könne.

Dieser Haltung entsprach es auch, daß Lassalle kein Wort der Unterstützung für den polnischen Aufstand zu finden vermochte und daß er, als Preußen und Österreich im Februar 1864 gegen Dänemark Krieg führten – den ersten jener Kriege, aus denen schließlich das preußisch-deutsche Kaiserreich hervorging –, Bismarck nicht nur volle Unterstützung gewährte, sondern diesen sogar zur alleinigen Annexion Schleswigs und Holsteins nach den raschen preußischen Siegen in diesem Kriege drängen wollte – ein vergeblicher Versuch, denn noch wollte Bismarck den Bruch mit Österreich im Streit um die Beute aus diesem Krieg nicht provozieren.

Lassalle fiel wie ein Abenteurer aus der guten Gesellschaft im August 1864 in einem Duell. Sein Nachfolger, Johann Baptist von Schweitzer, veröffentlichte im „Sozial-Democrat", dem Organ des Allgemeinen Deutschen Arbeitervereins, im Februar 1865 eine Artikelserie, in der er sich offen bei der preußischen Regierung anbiederte. Hatten Marx und Engels schon bisher jede Identifizierung mit Lassalle und dem Lassalleanismus abgelehnt, so wurde es jetzt notwendig, die Luft zu reinigen und dem „königlich-preußischen Regierungssozialismus" offen den Kampf anzusagen. Die in diesem Zusammenhang von Friedrich Engels verfaßte Broschüre „Die preußische Militärfrage und die deutsche Arbeiterpartei" faßte die Konzeption der Begründer des wissenschaftlichen Kommunismus zur Frage der deutschen Einigung und zur Stellung des Proletariats im Kampf um die Wege dieser Einigung zusammen. „Jeder Sieg der Reaktion hemmt die gesellschaftliche Entwicklung, entfernt unfehlbar den Zeitpunkt, wo die Arbeiter siegen können. Jeder Sieg der Bourgeoisie über die Reaktion dagegen ist nach einer Seite hin zugleich ein Sieg der Arbeiter, trägt zum endlichen Sturz der kapitalistischen Herrschaft bei, rückt den Zeitpunkt näher heran, wo die Arbeiter über die Bourgeoisie siegen werden.“

Bürgerlich-demokratische Freiheiten seien für die Arbeiterklasse notwendig: „Ohne diese Freiheiten kann sie selbst sich nicht frei bewegen; sie kämpft in diesem Kampf für ihr eigenes Lebenselement, für die Luft, die sie zum Atmen notwendig hat.“ Mit der Forderung nach demokratischen Rechten verknüpfte Engels die Forderung nach einem demokratischen Nationalstaat: „Die arbeitende Klasse gebraucht zur vollen Entfaltung ihrer politischen Tätigkeit ein weit größeres Feld, als es die Einzelstaaten des heutigen zersplitterten Deutschlands darbieten. Die Vielstaaterei wird für das Proletariat ein Bewegungshindernis sein, aber nie eine berechtigte Existenz, ein Gegenstand des ernsthaften Denkens.“

Von zwei Seiten her waren inzwischen wesentliche Voraussetzungen für die Bildung einer wirklich selbständigen deutschen Arbeiterpartei auf der Grundlage des wissenschaftlichen Sozialismus entstanden. Das war zum einen die Gründung der Internationalen Arbeiterassoziation, das war zum anderen der Fortschritt, den die Arbeitervereine in Deutschland selbst inzwischen gemacht hatten.

Ein Besuch der Londoner Weltausstellung 1862 hatte französischen Arbeitern die Gelegenheit gegeben, Verbindung mit englischen Gewerkschaften aufzunehmen. Das war der Kristallisationspunkt für eine internationale Organisation des Proletariats. Im Herbst 1864 luden die Londoner Trade Unions erneut französische Arbeiterorganisationen zu einer Demonstration für den Freiheitskampf des polnischen Volkes ein. Am 28. September 1864 wurde in der St. Martins Hall eine Kundgebung englischer, französischer, deutscher, italienischer und polnischer Arbeiter veranstaltet, auf der die Gründung eines Komitees aus Arbeitern verschiedener Länder beschlossen wurde. Karl Marx, der an dieser Versammlung teilnahm und beauftragt wurde, die programmatischen Dokumente abzufassen, wurde zum Führer und Organisator der Internationale. Die Statuten stellten fest, daß die Emanzipation der Arbeiterklasse nur durch die Arbeiterklasse selbst erobert werden könne, und bezeichneten es als „die große Pflicht der Arbeiterklasse, politische Macht zu erobern". Das war, wie Friedrich Engels später zusammenfaßte, der Plan der Organisation der Klasse, der sich „den verschiedenen Bedingungen jeder Nation und jedes Ortes frei anpaßt, dennoch überall in den Grundzügen derselbe ist und so die Gewähr gibt für einheitliche Absichten und allgemeine Übereinstimmung in den Mitteln, die man anwendet, um das gemeinsame Ziel, – die Emanzipation der Arbeiterklasse selbst – zu erreichen." Die Inauguraladresse der Internationale betonte die Notwendigkeit, daß die Arbeiterklasse sich im jeweiligen nationalen Rahmen organisiert und darüber hinaus auch über Ländergrenzen hinweg einheitlich auftritt: „Ein Element des Erfolges besitzt sie, die Zahl. Aber Zahlen fallen nur in die Waagschale, wenn Kombination sie vereint und Kenntnis sie leitet." Dabei wurden die unterschiedlichen Bedingungen in den verschiedenen Ländern durchaus berücksichtigt. Marx wandte sich sowohl gegen eine Trennung des Kampfes für Reformen innerhalb der bestehenden Gesellschaft, die der Verbesserung der Lage der Arbeiter dienen sollten, vom Kampf für die sozialistische Revolution als auch gegen einen Gleichheitskommunismus, der die sozialistische Revolution auf eine bloße Umverteilung des gesellschaftlichen Reichtums beschränkte. Es ging, so zeigt er, um mehr: um die Befreiung der Produktivkräfte von den Fesseln der kapitalistischen Produktionsweise, um ihr ungehindertes Wachstum, um die damit ermöglichte Steigerung des Wohlstandes der Bürger dieser Gesellschaft und um die Entfaltung einer sozialistischen Demokratie.

Die Internationale hat in wesentlichem Maße den Entwicklungsprozeß gefördert und beschleunigt, der sich mit dem Beginn der sechziger Jahre in der deutschen Arbeiterbewegung vollzogen hatte. Seit dem Beginn des Jahrzehnts war die liberale Bourgeoisie immer mehr dazu übergegangen, Arbeitervereine, vor allem Arbeiterbildungsvereine zu gründen. Sie wollte damit zum einen die Arbeiter in den damaligen politischen Auseinandersetzungen für ihre Politik gewinnen (nach der Gründung des Allgemeinen

Deutschen Arbeitervereins spielte natürlich dabei auch das Bestreben eine Rolle, sie von dieser Organisation fernzuhalten), zum anderen aber auch die produktionstechnischen Kenntnisse vermitteln, die mit dem Wachstum der Produktivkräfte und dem Übergang von der extensiven zur intensiven Ausbeutung, d. h. einer Erhöhung des Mehrwertes nicht mehr durch Verlängerung des Arbeitstages, sondern durch Erhöhung der Intensität und Produktivität der Arbeit, notwendig wurden. Es zeigte sich jedoch, daß es den Mitgliedern der Arbeitervereine nicht genügte, ein Hilfstrupp der Liberalen zu sein oder sich hier lediglich mit einigen Brocken vom Tische bürgerlicher Bildung abspeisen zu lassen. Bereits auf der Gründungsversammlung des gewerblichen Bildungsvereines in Leipzig am 19. Februar 1861 war den wortführenden Liberalen eine Oppositionsgruppe entgegengetreten, die es zur Aufgabe des Vereins erklärte, die Arbeiter an die Politik heranzuführen. Das war zugleich die erste öffentliche Versammlung, an der August Bebel teilnahm, und er wurde Mitglied dieses gewerblichen Bildungsvereins, der mehr und mehr an die Spitze der deutschen Arbeitervereine überhaupt trat. Seine Mitglieder spielten auch eine wesentliche Rolle bei der Gründung des „Verbandes Deutscher Arbeitervereine" auf dem Vereinstag in Frankfurt am Main 1863, einer losen Organisation, die zunächst unter dem Einfluß der liberalen Bourgeoisie stand, in den folgenden Jahren aber mehr und mehr zu den Positionen der kleinbürgerlichen Demokratie überging. Auf dem Vereinstag des Verbandes im September 1865 in Stuttgart erfolgte ein entschiedener „Ruck nach links", wie dies August Bebel feststellte, der dabei selbst eine maßgebliche Rolle gespielt hat. Der Verband Deutscher Arbeitervereine begann offen zu den Fragen der nationalen Politik Stellung zu nehmen und trat für ein demokratisches, nicht von Preußen beherrschtes Deutschland ein.

Der Kampf um die Wege der deutschen Einigung spitzte sich zu dieser Zeit wesentlich zu. Im Vertrag von Gastein (August 1865) hatten Preußen und Österreich vereinbart, daß Holstein von österreichischen, Schleswig von preußischen Truppen besetzt werden sollte – ein diplomatischer Erfolg Bismarcks, der die Situation der hoch im Norden Deutschlands, weit von Österreich entfernt stehenden Truppen des Kaisers jederzeit ausnutzen konnte, um einen Konflikt zu provozieren. Im April 1866 beantragte er beim Bundestag eine Reform des Deutschen Bundes. Er schlug vor, ein deutsches Parlament auf Grund des allgemeinen Wahlrechts einzuberufen – eine geschickte Ausnutzung demokratischer Forderungen, um Preußens Hegemoniebestrebungen zu drapieren. Gegen den drohenden Krieg zwischen Preußen und Österreich und gegen die Verpreußung Deutschlands entwickelte sich eine lebhafte Volksbewegung, die im wesentlichen von der kleinbürgerlichen Demokratie geführt wurde, aber keine zielklare nationale Organisation und Leitung besaß. Es waren vor allem August Bebel und Wilhelm Liebknecht, die sie in die Bahnen einheitlichen Handelns zu lenken und ihr ein klares Programm zu geben versuchten. So sprach August Bebel u. a. am 20. Mai 1866 auf einer von 3000 Personen besuchten Volksversammlung in Frankfurt am Main. In einer Resolution wandte sich die Versammlung gegen die drohende Verpreußung Deutschlands und bezeichnete es als einziges Mittel, den Frieden in Deutschland zu erhalten, wenn die Klein- und Mittelstaaten entschlossen auftreten und Preußen ein allgemeiner Volkskrieg angekündigt würde, falls es seine reaktionäre Politik weiterführte. Da die Volksbewegung aber zersplittert blieb und Bismarck bei seiner Politik der „Revolution von oben“ die Unterstützung der liberalen Bourgeoisie besaß, gelang es ihm, den Krieg Preußens gegen Österreich um die Vorherrschaft in Deutschland im Juni 1866 zu entfesseln. Überraschend schnell fiel die Entscheidung. Am 3. Juli errangen die preußischen Truppen bei Königgrätz den Sieg. Der preußische Generalstabschef Helmuth von Moltke hatte Preußens Vorsprung beim Bau von Eisenbahnen dazu ausgenutzt, die Truppen getrennt voneinander und für die österreichischen Heerführer überraschend schnell an das Schlachtfeld heranzuführen und sie sich erst dort vereinigen zu lassen. Zugleich hatte die Einführung des

Zündnadelgewehrs, eines der Ergebnisse der Heeresreorganisation, den preußischen Soldaten auch in dei Bewaffnung die Überlegenheit verschafft. Das alles wai ein Ausdruck des Übergangs vom junkerlichen zum großbürgerlich-junkerlichen Militarismus in Preußen.

Wenige Wochen nach der Schlacht von Königgrätz, am 25. Juli, schrieb Friedrich Engels an Karl Marx einen Brief, der die neue Situation so präzis zusammenfaßte, daß er hier etwas ausführlicher zitiert sei: „Die Sache hat das Gute, daß sie die Situation vereinfacht, eine Revolution dadurch erleichtert, daß sie die Krawalle der kleinen Hauptstädte beseitigt und die Entwicklung jedenfalls beschleunigt. Am Ende ist doch ein deutsches Parlament ein ganz anderes Ding als eine preußische Kammer. Die ganze Kleinstaaterei wird in die Bewegung hineingerissen, die schlimmsten lokalisierenden Einflüsse hören auf und die Parteien werden endlich wirklich nationale, statt bloß lokale. Der Hauptnachteil ist die unvermeidliche Überflutung Deutschlands durch das Preußentum, und das ist ein sehr großer ... Wir können also meiner Ansicht nach gar nichts anderes tun, als das Faktum einfach akzeptieren, ohne es zu billigen, und die sich jetzt jedenfalls darbieten müssenden größeren Facilitäten zur nationalen Organisation und Vereinigung des deutschen Proletariats benutzen, soweit wir können."

Die durch den preußischen Sieg geschaffenen Tatsachen, die Auflösung des Deutschen Bundes und den Ausschluß Österreichs, die Annexion einer Reihe von Kleinstaaten, nämlich Hannovers, Kurhessens, Nassaus, Schleswig-Holsteins sowie Frankfurts am Main durch Preußen und die Bildung eines Norddeutschen Bundes mit einem Reichstag, der auf Grund des allgemeinen Wahlrechts gewählt werden sollte – das alles galt es nach der Auffassung von Marx und Engels zu akzeptieren, ohne es zu billigen. An dieser Frage spitzten sich noch einmal die Differenzen in der deutschen Arbeiterbewegung zu: Während der von Schweitzer diktatorisch geleitete Allgemeine Deutsche Arbeiterverein diese neuen Tatsachen nicht nur akzeptierte, sondern sie auch ausdrücklich billigte, womit freilich die Opposition der Arbeiter, die diesem Verein angehörten, immer stärker wurde, fiel es Bebel und Liebknecht schwer, die neuen Tatsachen auch nur zu akzeptieren. Damit hing es zusammen, daß sie aus der Erkenntnis, daß alle demokratischen Kräfte gegen das reaktionäre Preußentum gesammelt werden mußten, zunächst noch den falschen Schluß zogen, vorläufig auf die Bildung einer selbständigen, revolutionären, proletarischen Partei zu verzichten. In der Praxis freilich wurden diese Fehler mehr und mehr korrigiert. Bebel wurde – formell als Abgeordneter der Sächsischen Volkspartei – als erster revolutionärer Arbeiter in den norddeutschen Reichstag gewählt und konnte die Tribüne des Parlaments zum Kampf gegen den preußischen Militarismus ausnutzen.

Im Herbst 1867 erschien der erste Band des Hauptwerkes von Karl Marx „Das Kapital", in dem das ökonomische Bewegungsgesetz der bürgerlichen Gesellschaft enthüllt und aus der Analyse der kapitalistischen Produktionsweise die Mission der Arbeiterklasse als bewußter Vollstrecker der historischen Tendenz entwickelt wurde. Zuerst durch Besprechungen, die Friedrich Engels verfaßte und in bürgerliche Blätter lancierte, bekannt gemacht und durch Funktionäre der Internationalen Arbeiterassoziation propagiert, konnte das Werk schon unmittelbar nach seinem Erscheinen den Prozeß der Befreiung der Arbeiter
von bürgerlich-liberalen und kleinbürgerlich-demokr
tischen Auffassungen wesentlich fördern.

Auf dem Vereinstag des Verbandes Deutscher Arbe
vereine in Nürnberg 1868, den Bebel leitete, wurde
Anschluß des Vereinstages an die Bestrebungen der I
nationalen Arbeiterassoziation erklärt – ein wirkl
Schritt zur Herausbildung einer revolutionären Parte
deutschen Proletariats. Ein Jahr später, auf dem Eisen
Kongreß vom 7. bis 9. August 1869, wurde die S
demokratische Arbeiterpartei gegründet. Ihr Program
tonte den Zusammenhang des politischen und des s
Kampfes der Arbeiterklasse und stellte fest, daß d
tische und ökonomische Befreiung nur möglich sei, w
Arbeiterklasse gemeinsam und einheitlich den Kamp

Die Forderung nach der demokratischen Republ

in der Weise umschrieben, daß die „Errichtung des freien Volksstaates" verlangt wurde. Dabei wurde aber diese demokratische Republik nicht als Etappenziel, als Voraussetzung für den Kampf um die Diktatur des Proletariats verstanden, sondern mit dem Staat der sozialistischen Gesellschaft selbst gleichgesetzt. Neben solchen vulgär-demokratischen zeigten sich insofern auch noch lassalleanische Einflüsse, als die Forderung nach Produktivgenossenschaften mit Staatshilfe noch im Programm der Eisenacher enthalten war. Diese Mängel sind aber unwesentlich gegenüber den entscheidenden Fortschritten zum wissenschaftlichen Sozialismus, die das Programm der Eisenacher enthielt. Es verlangte die Abschaffung aller Klassenherrschaft, kennzeichnete das Privateigentum an den Produktionsmitteln als Grundlage jedweder Knechtschaft und forderte die Beseitigung der kapitalistischen Produktionsweise. Der Kampf für demokratische Freiheiten wurde eng mit dem Kampf um den Sozialismus verbunden. Auch das Statut der Eisenacher ging richtig von den Prinzipien des demokratischen Zentralismus aus. Höchstes Organ der Partei war der Parteikongreß, und zwischen den Kongressen wurde die Partei von einem Parteiausschuß geleitet, dessen Sitz als „Vorort" bezeichnet und für den zuerst Braunschweig bestimmt wurde.

Der Marxismus hatte damit in der deutschen Arbeiterbewegung einen großen Sieg errungen. Nach dem Bund der Kommunisten besaß die deutsche Arbeiterklasse nun wieder eine revolutionäre Partei. Marx und Engels pflegten von den Eisenachern als „unserer Partei" zu sprechen. Die Sozialdemokratische Arbeiterpartei war die erste im Rahmen eines ganzen Landes organisierte Arbeiterpartei in der internationalen Arbeiterbewegung überhaupt und sie rklärte sich zum deutschen Zweig der Internationale. Die veitere Entwicklung der deutschen Frage sollte sie bald or schwierige Entscheidungen stellen und ihr eine ernste ewährungsprobe auferlegen.

Mit der entscheidenden Etappe der Revolution von h, dem preußisch-österreichischen Krieg, war nicht nur schieden worden, daß eine Einigung Deutschlands unter

Ausschluß Österreichs vor sich gehen würde und die an sich älteren Tendenzen einer Sonderentwicklung Österreichs zur eigenen Nation nun in der Geschichte des österreichischen Volkes die bestimmenden werden würden. Auch die Klassenbeziehungen innerhalb Deutschlands und besonders innerhalb Preußens gerieten 1866 in Bewegung. Es war, wie Engels einmal gesagt hat, Bismarcks „beste Periode", die zwischen der Gründung des Norddeutschen Bundes und dem deutsch-französischen Krieg lag. Die wirtschaftspolitische Gesetzgebung des Norddeutschen Bundes beseitigte die meisten Hemmnisse, die der Entwicklung des Kapitalismus von der feudalen Bürokratie bisher noch in den Weg gelegt worden waren. Die Freizügigkeit innerhalb des Bundesgebietes wurde durchgesetzt, so daß ein freier Verkehr der Arbeitskräfte die Konzentration der Produktion erleichterte, und im Bundesgebiet gab es nun auch Gewerbefreiheit. Darüber hinaus entstand als wesentlicher Schritt zur wirtschaftlichen Einheit Deutschlands ein Zollparlament zur gemeinsamen Regelung wirtschaftspolitischer Fragen, dem die Abgeordneten des Norddeutschen Reichstages und 85 gesondert gewählte Vertreter der süddeutschen Staaten angehörten.

Über der Stellungnahme zu den Ergebnissen des Bruderkrieges und zur Revolution von oben spaltete sich die Fortschrittspartei. Bismarck hatte die Befriedigung großer Teile der liberalen Bourgeoisie über die Ergebnisse des Krieges 1866 ausgenutzt, um eine solche Spaltung zu provozieren, indem er dem preußischen Abgeordnetenhaus eine Indemnitätsvorlage übergeben ließ. Die Regierung ersuchte in dieser Vorlage nachträglich um Genehmigung der Ausgaben für die Heeresreform, denen das Abgeordnetenhaus in den vergangenen Jahren die Zustimmung verweigert hatte. An der Frage, ob die Ereignisse schließlich doch Bismarck recht gegeben hatten, ob er den Willen der Bourgeoisie gleichsam gegen ihren Willen erfüllt hatte, fiel die Fortschrittspartei auseinander. Nur eine Minderheit, vor allem Kaufleute und Vertreter der Intelligenz, lehnte die Indemnitätsvorlage ab. Die Industrie- und Handelsbourgeoisie dagegen erklärte nun offen, sie sei mit der

Politik Bismarcks zufrieden. Mit der Zustimmung zur Indemnitätsvorlage wurde der Klassenkompromiß zwischen den entscheidenden Teilen der preußischen Bourgeoisie einerseits und der Monarchie und dem Adel andererseits besiegelt. Der Verfassungskonflikt war damit beendet. Die Abgeordneten, die der Vorlage zugestimmt hatten, bildeten eine neue Partei, die bald darauf, nachdem sich mit ihr auch die Liberalen aus den annektierten Staaten Hannover und Kurhessen zusammengeschlossen hatten, den Namen National-Liberale Partei annahm.

Auch in der Konservativen Partei verursachten die Ergebnisse des preußisch-österreichischen Krieges und die Revolution von oben eine Spaltung. Ein Teil der ostelbischen Landjunker war der Auffassung, daß die Konzessionen, die Bismarck der Bourgeoisie gemacht hatte, das Maß des Erträglichen überschritten. Sie befürchteten von der heranreifenden nationalstaatlichen Einigung Deutschlands eine allzu weitgehende Stärkung der Bourgeoisie und eine Minderung ihrer eigenen Privilegien. Die Annexionen, die dem Krieg gefolgt waren, waren für sie insofern ein bedenklicher Präzedenzfall, als Bismarck damit legitime Herrscher von Gottes Gnaden entthront hatte.

Andere Teile des preußischen Adels waren dagegen von solchen Bedenken frei. Es waren vor allem Diplomaten und höhere Beamte, schlesische Magnaten und rheinische Industrielle, die die Freikonservative Partei trugen, die sicherste Stütze der Bismarckschen Politik.

Der preußische Ministerpräsident, der nun zugleich Kanzler des Norddeutschen Bundes war, hatte ursprünglich nicht damit gerechnet, daß der letzte Schritt zur nationalstaatlichen Einigung Deutschlands bereits in wenigen Jahren gemacht werden könnte. Bismarck rechnete noch nach dem Krieg von 1866 damit, daß ein ganzes Jahrzehnt oder noch längere Zeit nötig sei, um ganz Deutschland der Hegemonie der preußischen Junker unterzuordnen. Daß sich die gesellschaftlichen Kräfteverhältnisse in Preußen – und da die deutsche Bourgeoisie überhaupt sich mehr und mehr daran gewöhnt hatte, auf Preußen als ihr Vorbild zu schauen, auch in den übrigen deutschen Teilstaaten – in seinem Sinne so günstig entwickelten, bewog ihn dazu, eine Situation herbeizuführen, in der auch der letzte ausländische Widerstand gegen eine Einigung Deutschlands überwunden werden könne, der Widerstand des französischen Kaiserreiches. Die Frage eines Nachfolgers auf dem verwaisten spanischen Thron, für den ein Angehöriger des Hauses Hohenzollern kandidierte, was Napoleon III. als eine unerträgliche Zumutung empfand, würde es doch Frankreich nun an zwei Grenzen mit Fürsten aus diesem Hause zu tun haben, wurde der Anlaß zum Krieg. Den Bericht über eine Unterredung, die der preußische König mit dem französischen Gesandten in Ems geführt und in der sich Wilhelm I. als Chef des Hauses Hohenzollern zum Verzicht auf diese Kandidatur bereit erklärt hatte, übergab Bismarck in völlig veränderter Form der Öffentlichkeit. Die Verzichtserklärung des Königs wurde in der „Emser Depesche" so dargestellt, daß sich Napoleon III. provoziert fühlen mußte. Aus dem Rückzugssignal, der Chamade, machte Bismarck, wie er selbst einmal sagte, eine Fanfare. Diese Entstellung veranlaßte tatsächlich, wie dies Bismarck gehofft hatte, Napoleon III., Preußen am 19. Juli 1870 den Krieg zu erklären. Die süddeutschen Staaten traten an der Seite Preußens in den Krieg gegen Frankreich ein.

Napoleon III. verfolgte mit der Kriegserklärung vor allem das Ziel, die Einigung Deutschlands zu verhindern. Von deutscher Seite handelte es sich deshalb zunächst um einen gerechten Krieg gegen die bonapartistische Einmischung in die deutschen Angelegenheiten und für die nationalstaatliche Einigung, obgleich es gerade Bismarck war, der diesen Krieg auslöste und auslösen wollte, und obgleich die preußischen Junker und die deutsche Großbourgeoisie vom Beginn des Krieges an Annexionsabsichten hegten und ihn für dynastische oder kapitalistische Interessen benutzen wollten.

Die deutsche Arbeiterbewegung hatte eine schwierige Aufgabe zu bewältigen. Ihre Stellungnahme zum deutsch-französischen Krieg mußte zugleich den Prinzipien des proletarischen Internationalismus und den Interessen des nationalen Verteidigungskrieges entsprechen. In der Sozialdemokratischen Arbeiterpartei gab es zunächst über den Charakter dieses Krieges unterschiedliche Auffassungen. In der Frage des proletarischen Internationalismus gab es in dieser Partei keine Schwankungen. In Braunschweig, dem Sitz des Parteiausschusses, wurde in einer Massenversammlung eine Entschließung angenommen, in der der Krieg als nationaler Verteidigungskrieg von deutscher Seite charakterisiert wurde. August Bebel und Wilhelm Liebknecht betonten dagegen vor allem, daß nicht nur Napoleon III., sondern auch Bismarck den Krieg vorbereitet und begonnen hatte. Bebel und Liebknecht enthielten sich im Reichstag des Norddeutschen Bundes der Stimme, als am 21. Juli 1870 über die Kriegsanleihen abgestimmt wurde. Diese Stimmenthaltung war berechtigt und brachte zum Ausdruck, daß der fortgeschrittenste Teil der deutschen Arbeiterklasse nicht dem nationalistischen Taumel erlegen war, der sich bereits zu Anfang des Krieges in den echten Patriotismus gemischt hatte – mochte auch vor allem Liebknecht nicht genügend berücksichtigen, daß Deutschland einen gerechten Krieg führte.

Diese Stimmenthaltung war um so wichtiger, als die lassalleanischen Führer des Allgemeinen Deutschen Arbeitervereins die Kriegsanleihe bewilligten, den Krieg vorbehaltlos unterstützten und in durchaus logischer Konsequenz ihrer bisherigen Haltung nationalistischen Stimmungen keinen Widerstand entgegensetzten.

Nicht viel mehr als einen Monat nach dem Beginn des Krieges hatte bereits seine entscheidende Schlacht stattgefunden. Bei Sedan wurden die französischen Truppen eingekesselt und vernichtend geschlagen. Napoleon III., der sich bei einer französischen Armee befand, mußte kapitulieren. Fast 100 000 französische Soldaten fielen in deutsche Gefangenschaft. Auch Napoleon III. wurde gefangengenommen.

Damit war das Schicksal des zweiten Kaiserreichs entschieden. Zwei Tage nach der Gefangennahme des Kaisers wurde in der französischen Hauptstadt die Republik proklamiert. Diejenigen Kräfte, die der deutschen Einigung

Widerstand geleistet und damit den Krieg von deutscher Seite zu einem gerechten Verteidigungskrieg hatten werden lassen, waren zerschlagen. Aber Preußen-Deutschland setzte den Krieg fort – nunmehr als einen ungerechten Eroberungskrieg, dessen Ziel vor allem die Annexion Elsaß-Lothringens mit seinen reichen Erzlagern wurde. Diese Wandlung des Krieges wurde vom Braunschweiger Ausschuß sofort erkannt. In einem am 5. September veröffentlichten Manifest „An alle deutschen Arbeiter", das sich auf die Auffassungen, die Karl Marx in der „Ersten Adresse des Generalrates über den deutsch-französischen Krieg" und die Ratschläge, die Friedrich Engels den Freunden brieflich erteilt hatte, stützte, wurde der Abschluß eines sofortigen ehrenvollen Friedens mit der französischen Republik gefordert und die geplante Annexion Elsaß-Lothringens verurteilt. Auf Grund dieser mutigen Erklärung wurden die Mitglieder des Ausschusses wenige Tage später verhaftet und in Ketten auf eine ostpreußische Festung geschafft, wo sie länger als $^1/_2$ Jahr in Haft gehalten wurden. Trotz solcher Unterdrückungsmaßnahmen traten August Bebel und Wilhelm Liebknecht, als im November 1870 im Norddeutschen Reichstag über die Weiterführung des Krieges und die dafür notwendigen Kredite debattiert wurde, den Eroberungsabsichten der herrschenden Klassen offen entgegen. (Im Dezember wurden sie wegen „Vorbereitung zum Hochverrat" verhaftet und blieben bis zum 28. März 1871 in Untersuchungshaft.) Unter dem Einfluß ihres Auftretens und um der Stimmung der Mehrzahl der Mitglieder des Allgemeinen Deutschen Arbeitervereins Rechnung zu tragen, lehnten nun auch die lassalleanischen Abgeordneten weitere Kriegskredite ab. Auch bürgerliche Demokratie wie Johann Jacoby, Guido Weiss und der damals knapp 24jährige Franz Mehring, zu dieser Zeit als Publizist im bürgerlich-demokratischen Sinne tätig, wandten sich gegen die Annexionsabsichten der preußischen Junker und der deutschen Großbourgeoisie.

Mitten im ungerecht gewordenen Krieg gegen die französische Republik, auf französischem Boden und ohne

Beteiligung des deutschen Volkes wurde am 18. Januar 1871 in Versailles das deutsche Kaiserreich proklamiert. Die Einigung Deutschlands unter preußischer Führung war damit abgeschlossen. Ein über Jahrzehnte hinweg sich erstreckender Prozeß der bürgerlichen Umgestaltung war nun beendet – ein Prozeß, in dem schrittweise auf dem Wege der Reform von oben bürgerliche Verhältnisse durchgesetzt worden waren und in dessen Verlauf die deutsche Arbeiterklasse entstanden und zur politischen Selbständigkeit herangereift war. Die Entstehung des deutschen Nationalstaates förderte die kapitalistische Entwicklung in solchem Maße, daß Deutschland bald zu einem der wirtschaftlich stärksten Staaten der Welt wurde. Die Einigung ermöglichte es den deutschen Arbeitern, ihre Kräfte und ihre Organisation nun auf dem Boden der geeinten Nation zu entwickeln. Daß aber im neu entstandenen Nationalstaat die preußischen Junker die entscheidenden Positionen in Heer, Diplomatie und Verwaltung innehatten und den wesentlichen Anteil an der politischen Macht besaßen, daß im Verlaufe der drei Kriege um die deutsche Einigung der preußische Militarismus seinen Einfluß auf ganz Deutschland ausbreiten konnte und daß die deutsche Großbourgeoisie sich der Revolution von oben unterworfen und mit der Zustimmung zur Annexion Elsaß-Lothringens den Übergang zur Eroberungspolitik vollzogen hatte – das alles bildete zugleich eine schwere Belastung für die weitere Zukunft der deutschen Nation.

5.
Am Vorabend des Imperialismus

Die letzten drei Jahrzehnte des 19. Jahrhunderts sind – wie Ernst Engelberg gezeigt hat – in mehrfacher Hinsicht Jahrzehnte des Übergangs. In ökonomischer Hinsicht vollzog sich in diesen Jahrzehnten der Übergang vom Kapitalismus der freien Konkurrenz zum reaktionären monopolistischen Kapitalismus der imperialistischen Epoche. Durch die Annexion Elsaß-Lothringens und durch eine Kontribution von fünf Milliarden Goldfranken, die Frankreich nach dem verlorenen Kriege auferlegt wurde, gestärkt, von innerdeutschen Zollschranken und Ländergrenzen befreit, trat die deutsche Wirtschaft in die kurze Hochkonjunktur der Gründerjahre ein, die noch im wesentlichen im Zeichen der freien Konkurrenz stand. In der Form der Aktiengesellschaften für die Neugründung von Unternehmen, die sich nun allgemein verbreitete, kündigte sich aber bereits eine monopolistische Tendenz an. 1873 folgten den Gründerjahren die Gründerkrise und der Gründerkrach. Die Tiefe dieser Krise und die Dauer der Depressionsperiode, die ihr folgte, waren neue Erscheinungen: Die Krise beschleunigte sprunghaft die Konzentration und Zentralisation des Kapitals in einem früher unbekannten Ausmaße, und in der Wirtschaftspolitik begann die Abkehr von den liberalen Methoden des Freihandels und der freien Konkurrenz.

In sozialer Hinsicht handelte es sich um eine Epoche zugleich der vollen Herrschaft und des Niederganges der Bourgeoisie. Das war im Frühjahr 1871 durch ein Ereignis von welthistorischer Bedeutung sichtbar geworden, die Pariser Kommune. Der französische Ministerpräsident Thiers hatte sich mit der Nationalversammlung der französischen Republik aus dem belagerten Paris nach Versailles zurückgezogen, um die Regierungsgeschäfte im Sinne der Bourgeoisie ungestört von den in der Hauptstadt konzentrierten Arbeitern führen zu können. In der Nacht zum 18. März versuchte er im Schutz der Dunkelheit, der Pariser Nationalgarde ihre Kanonen wegnehmen zu lassen. Die Arbeiterklasse von Paris antwortete auf diesen Versuch, sie zu entwaffnen, mit der Errichtung der ersten Arbeiterregierung der Welt. Auf sich allein gestellt, ohne unmittelbar wirksame auswärtige Unterstützung, nur auf seine eigenen Kräfte angewiesen, entwickelte das Pariser Proletariat eine neue Staatsform für die Bewältigung der Aufgaben der Verwaltung und Verteidigung der Stadt. Der Rat der Kommune, der aus allgemeinen Wahlen hervorgegangen war, vereinigte exekutive und legislative Gewalt. An die Stelle des stehenden Heeres trat die allgemeine Volksbewaffnung. Die vom Volk gewählten Vertreter, die an die Stelle der bisherigen Beamten und Richter traten, waren an bestimmte Instruktionen gebunden und jederzeit absetzbar. Es wurde versucht, die Lebensbedingungen der arbeitenden Bevölkerung zu verbessern, die Kommune leitete Maßnahmen ein, um den Frauen politische und soziale Gleichberechtigung zu verschaffen, und die von ihren Besitzern verlassenen oder geschlossenen Fabriken wurden durch Arbeitergenossenschaften übernommen. Aus dieser „frühproletarischen Revolution“ (Ernst Engelberg) erwuchs zum ersten Male eine Diktatur des Proletariats. Mochte die Kommune auch bereits am 28. Mai mit der ganzen Brutalität, die die triumphierende Reaktion seither entwickelt hat, niedergeworfen werden (30000 Kommunarden wurden ermordet), mochte die Kommune auch noch nicht über eine einheitliche, allen theoretisch-ideologischen Aufgaben gewachsene, zielsichere Führung verfügen – tatsächlich war hier doch „ein neuer Ausgangspunkt von welthistorischer Wichtigkeit" (Karl Marx) erreicht, hatte sich gezeigt, daß und wie das Proletariat in der Revolution die alte Staatsmaschinerie zerbrechen und einen neuen Staatsapparat aufbauen müsse, war zugleich ein Beispiel gegeben, das seine Wirkung auch auf die Arbeiterklasse der anderen Länder ausübte. Massenversammlungen klassenbewußter deutscher Arbeiter in vielen Großstädten bekannten sich zur Kommune. Ebenso wie sie im deutsch-französischen Krieg ihre politische Reife bewiesen hatte, zeigte die deutsche Arbeiterklasse auch an der Stellungnahme zur Pariser Kommune, daß sie sich der Verantwortung bewußt war, die ihr nun nach der Niederlage des Proletariats von Paris übertragen war: Als erste in Europa unter der Führung einer von der Bourgeoisie unabhängigen Massenpartei lag jetzt bei der Klassenbewegung des deutschen Proletariats auch der Schwerpunkt der internationalen Arbeiterbewegung.

Eine Übergangsperiode waren die letzten Jahrzehnte des 19. Jahrhunderts auch in politischer Hinsicht. Mit der Einigung Deutschlands und Italiens waren die Kämpfe um bürgerliche Umgestaltung, nationale Einheit und Unabhängigkeit in den fortgeschrittenen Ländern West- und Mitteleuropas beendet. Die Gegensätze zwischen den Großmächten, die nun heranreiften, entwickelten sich vor allem aus dem Kampf um Kolonien und Einflußgebiete. Bismarck war sich klar darüber, daß die Annexion Elsaß-Lothringens eine schwere und dauerhafte Belastung der Beziehungen zwischen Frankreich und Deutschland zur Folge hatte. Frankreich würde, darüber konnte kein Zweifel bestehen, Kristallisationspunkt jedes gegen Deutschland gerichteten Bündnissystems werden. Das würde insbesondere dann zur Gefahr für das neue deutsche Reich, wenn sich die deutsch-russischen Beziehungen zuspitzten. Aus diesen Erwägungen heraus, ständig unter dem Alpdruck einer möglichen Koalition, betrieb Bismarck eine relativ zurückhaltende Außenpolitik: Zurückhaltend in dem Sinne, daß deutsche Vorstöße nicht mehrere Großmächte gleichzeitig provozieren sollten. Damit wurden auch – wenigstens zunächst – einer deutschen Kolonialexpansion gewisse Schranken gesetzt. Eine solche Politik geriet jedoch, als der Kapitalismus der freien Konkurrenz in den Monopolkapitalismus und Imperialismus übergegangen war, in Widerspruch zu den ökonomischen Interessen und den daraus resultierenden Expansionsbestrebungen des deutschen Finanzkapitals und konnte daher ebenfalls nur einer Übergangsepoche das Gepräge geben.

Das bedeutet nicht, daß die Hohenzollernmonarchie unter der Kanzlerschaft Bismarcks eine Politik des Friedens betrieben hätte. Um Frankreich zu isolieren, schürte Bismarck, wo immer er nur konnte, die Gegensätze zwischen den Großmächten und versuchte, sie in Konflikte miteinander zu bringen. Drohungen mit einem Präventivkrieg gegen Frankreich – so etwa 1875 – gehörten, ob sie nun ernst gemeint waren oder nicht, ebenfalls zum Arsenal der Bismarckschen Diplomatie. Gewiß: Der Draht nach Rußland sollte nicht abreißen. Das war sowohl notwendig, um der polnischen Nationalbewegung keine Entfaltungsmöglichkeiten zu geben, als auch deshalb, weil ein Bündnis zwischen Frankreich und Rußland Deutschland in den Zweifrontenkrieg verwickeln mußte, den Bismarck fürchtete. Auf die Dauer freilich, und das hat Friedrich Engels schon unmittelbar nach dem deutsch-französischen Krieg erkannt, mußte die Annexion Elsaß Lothringens eben diesen Weltkrieg, in dem Frankreich und Rußland Gegner Deutschlands sein würden, heraufbeschwören.

Nach der Lösung der deutschen Frage durch den Bruderkrieg und die Einigung von oben gab es zwischen Deutschland und Österreich keinen akuten Konfliktstoff. Verbesserte Beziehungen zu Österreich konnten Deutschland wenigstens einen Bündnispartner sichern. Auf dem Balkan aber trafen die Interessen der herrschenden Kreise des Zarenreiches und der Habsburger Monarchie immer wieder aufeinander. Deshalb wuchs in dem Maße, in dem sich das deutsch-österreichische Bündnis festigte, auch der Gegensatz zwischen Deutschland und Rußland. Dieses ganze kunstvolle Gewebe der Bismarckschen Außenpolitik mußte vollends zerreißen, wenn Konflikte zwischen England und Deutschland heranreiften. Auch diese Tatsache bestätigt, daß es sich nur um ein System, das einer Übergangsepoche entsprach, handelte: Mit dem Beginn der imperialistischen Epoche entwickelte sich der Gegensatz zwischen den beiden stärksten kapitalistischen Ländern Europas zum grundlegenden imperialistischen Gegensatz in der Welt überhaupt.

Staatsrechtlich betrachtet war das 1871 gegründete deutsche Kaiserreich ein Bündnis zwischen den deutschen Fürsten. Einige von ihnen hatten sich gewisse Reservatrechte vorbehalten. Briefmarkensammler wissen, daß Bayern und Württemberg eine eigene Postverwaltung behielten. Im Frieden besaß der König von Bayern weiter den Oberbefehl über die Armeen seines Landes, und nur im Kriegsfall übernahm der preußische König und deutsche Kaiser die Befehlsgewalt über das gesamte deutsche Heer. Zunächst gab es auch nur zwei Institutionen, die Regierungsaufgaben für das gesamte Reich wahrnahmen: das Reichskanzleramt und das Auswärtige Amt. An der Spitze beider Reichsbehörden stand Bismarck, als Reichskanzler und Außenminister zugleich. Das deutet bereits auf die Stärke der Stellung hin, die sich Bismarck zu sichern gewußt hatte. Es handelt sich aber nicht nur um ein Problem des Verwaltungsaufbaues. Wenn Bismarck eine bonapartistische Diktatur errichten konnte, dann vor allem deshalb, weil dies die Beziehungen innerhalb der herrschenden Klassen ermöglichten. Zwischen denjenigen Teilen des Adels, die sich mit den kapitalistischen Wirtschafts- und Gesellschaftsverhältnissen versöhnt hatten und von ihnen profitierten einerseits und den Kreisen der Großbourgeoisie andererseits, die ihre Interessen im preußisch-deutschen Reich auch dann gewahrt sahen, wenn sie selbst nicht an den entscheidenden Schalthebeln der Macht saßen, gab es so viele Gemeinsamkeiten, daß Bismarck zwischen ihnen lavieren und wenigstens zeitweilig ein gewisses Gleichgewicht, in dem er selbst das Zünglein an der Waage war, aufrechterhalten konnte. Gemeinsamkeiten gab es zwischen ihnen nicht zuletzt im

Vertrauen zum preußischen Heer und zum preußisch-deutschen Militarismus als Garanten deutscher Großmachtspolitik und zugleich als Instrument zur Abwehr der Ansprüche der demokratischen und sozialistischen Bewegung. Das Reich besaß zwar ein aus allgemeinen und gleichen Wahlen (allgemein und gleich freilich nur für Männer – Frauen besaßen kein Wahlrecht) hervorgegangenes Parlament, aber dieses Parlament hatte nur ein wesentliches Recht, das der Bewilligung des Budgets. Der Reichskanzler war nicht dem Reichstag, sondern nur dem Kaiser verantwortlich, und Deutschland blieb bis zum unmittelbaren Vorabend der November-Revolution eine konstitutionelle Monarchie. Erst am 28. Oktober 1918 unterzeichnete Wilhelm II. ein Gesetz, wonach künftig „der Kanzler für seine Amtsführung des Vertrauens des Reichstages bedarf" – der Schritt zur parlamentarischen Monarchie wurde also erst unternommen, als eine revolutionäre Situation entstanden war, und bildete eine Konzession, die die Revolution aufhalten sollte. Während in den klassischen Ländern der bürgerlichen Entwicklung die Bourgeoisie wenigstens zeitweilig das Parlament als Werkzeug des antifeudalen Kampfes entwickelte und stärkte, richtete sich in Deutschland die Parlamentarisierung umgekehrt gerade gegen die Arbeiterklasse und war taktische Ausflucht zur Verhinderung einer Revolution. Um es mit den Worten von Karl Marx zusammenzufassen, herrschte im 1871 entstandenen preußisch-deutschen Reich „ein mit parlamentarischen Formen verbrämter, mit feudalem Beisatz vermischter und zugleich schon von der Bourgeoisie beeinflußter, bürokratisch gezimmerter, polizeilich gehüteter Militärdespotismus".

„Auf der Tagesordnung der Geschichte stand in Deutschland noch 1871 die revolutionäre demokratische Umgestaltung des Nationalstaates mit dem Ziel, den preußisch-deutschen Militärstaat zu stürzen und eine einige demokratische Republik zu schaffen." (Geschichte der deutschen Arbeiterbewegung) Führend in diesem Kampf konnte nur die Arbeiterklasse sein. Unabdingbare Voraussetzung für einen Erfolg des Kampfes gegen den sich immer fester zusammenschließenden junkerlich-bürgerlichen Ausbeuterblock war aber eine Überwindung der Gegensätze zwischen den beiden Hauptrichtungen innerhalb der deutschen Arbeiterbewegung. Die Einigung von Lassalleanern und Eisenachern wurde dadurch erleichtert, daß durch die Reichsgründung sich eine Fortsetzung der jahrelangen Auseinandersetzungen über die Wege der deutschen Einigung erübrigte. Gemeinsam erlittene Verfolgungen stärkten die Erkenntnis, daß es an der Zeit sei, den Bruderkampf in der deutschen Arbeiterbewegung zu beenden. Im Mai 1875 vereinigten sich auf dem Kongreß in Gotha die Sozialdemokratische Arbeiterpartei und der Allgemeine Deutsche Arbeiterverein zur Sozialistischen Arbeiterpartei Deutschlands. Die neue Partei verfügte über eine gesamtnationale Organisation. Das Statut entsprach der marxistischen Auffassung über die Organisation einer revolutionären Arbeiterpartei und überwand endgültig die antidemokratischen Organisationsprinzipien des Allgemeinen Deutschen Arbeitervereins. Das Programm beruhte auf der Erkenntnis, daß die Befreiung der Arbeiterklasse die Umwandlung der Produktionsmittel in gesellschaftliches Eigentum erfordert. Es enthielt das Bekenntnis zum proletarischen Internationalismus. Insofern es aber mit vulgärdemokratischen Auffassungen behaftet war und eine ganze Reihe von Resten des lassalleanischen Opportunismus enthielt, entsprach es nicht der historischen Bedeutung der Vereinigung. Marx hatte in seinen kritischen Bemerkungen zum Entwurf des Gothaer Programms, einem der grundlegenden theoretischen Dokumente des wissenschaftlichen Kommunismus, auf diese Mängel hingewiesen – einige Führer der Eisenacher mißachteten aber diese Kritik und ließen sich auf einen prinzipienlosen Kompromiß mit den Lassalleanern ein, so daß das Programm opportunistische Auffassungen enthielt, an die am Ausgang des Jahrhunderts die Revisionisten anknüpfen konnten. In unserem Zusammenhang ist vor allem jener Teil der Kritik des Gothaer Programms von Bedeutung, in dem Marx sich mit den Problemen der Strategie der Arbeiterbewegung beschäftigte. Marx hatte die von den Lassalleanern übernommene Phrase von der angeblich „einheitlich reaktionären Masse", die der Arbeiterklasse und ihrer Partei gegenüberstünde, kritisiert, war doch im Kampf für die demokratische Republik eine Zusammenarbeit mit antijunkerlichen und antimilitaristischen Kräften im Kleinbürgertum und im Bürgertum notwendig und um so eher möglich, je selbständiger die Partei des Proletariats war. Mit der Losung von der angeblich „einheitlich reaktionären Masse" wurde auch das Bündnis zwischen der Arbeiterklasse und der werktätigen Bauernschaft behindert. Vulgärdemokratische Auffassungen vom „freien Volksstaat", wie sie im Programmentwurf enthalten waren, veranlaßten Marx, die politischen Kernfragen zu präzisieren. Er betonte den Zusammenhang zwischen dem demokratischen Kampf der Arbeiterklasse für eine gesamtdeutsche Republik und dem Kampf für die Errichtung der sozialistischen Gesellschaft, zeigte aber zugleich, daß der Aufbau des Sozialismus nicht im bürgerlich-demokratischen Staat möglich sei. Gestützt auf die Erfahrungen vor allem der Pariser Kommune betonte er die Notwendigkeit der „revolutionären Diktatur des Proletariats" in der Periode zwischen der kapitalistischen und der kommunistischen Gesellschaft.

Mochte auch das Gothaer Programm ernsthafte theoretisch-ideologische Mängel aufweisen – die Vereinigung bildete doch einen wesentlichen Fortschritt, und in der Praxis des Klassenkampfes setzte sich die Mehrzahl der Mitglieder der neuen Partei für eine revolutionäre Arbeiterpolitik ein. Der wachsende Einfluß, den die Sozialdemokratische Partei auf die Arbeiterklasse und die werktätigen Massen ausübte, veranlaßte die herrschenden Kreise und ihren „eisernen Kanzler" zu dem Versuch, die sozialistische Arbeiterbewegung mit Hilfe des Sozialistengesetzes zu vernichten. Die Vorgeschichte des Sozialistengesetzes hängt mit den wirtschaftspolitischen Auseinandersetzungen in Junkertum und Bourgeoisie zusammen. Es war insbesondere die rheinisch-westfälische Eisenindustrie, die nach der Reichseinigung schnell wuchs und zu einem Produktionsausstoß gelangte, der die innere

Konsumfähigkeit übertraf. Auf dem inneren Markt und bei dem Versuch, ausländische Märkte zu erobern, wurde die englische Konkurrenz immer stärker fühlbar. Als nun gar noch die Preise im Zusammenhang mit dem Gründerkrach sanken, begannen die einflußreichsten Teile der Großbourgeoisie im Rheinland und in Westfalen zum Schutz vor der ausländischen Konkurrenz und zur Erleichterung eines Dumping-Exports, für den aber hohe Preise auf dem Binnenmarkt als Ausgleich für Schleuderpreise im Ausland Voraussetzung waren, Eisenzölle zu fordern. Der Schutzzoll, Anfang des 19. Jahrhunderts wirklicher Schutz zur Entwicklung der einheimischen Industrie gegen übermächtige Konkurrenz und als solcher für Deutschland in der Restaurationsepoche von Friedrich List zur Abwehr des englischen Festlandexports verlangt, wurde nun Angriffswaffe, Instrument zur Eroberung fremder Märkte – er verwandelte sich, wie dies Rudolf Hilferding formulierte, vom Schild zum Speer. Auch die Junker, früher Freihändler, begannen angesichts des Eindringens amerikanischen und russischen Getreides auf dem deutschen Markt nach Getreidezöllen zu rufen. Junker und Schwerindustrie trafen sich in der Ablehnung der bisher praktizierten liberalen Wirtschaftsmethoden. Die Abkehr vom Liberalismus konnte sich aber nicht nur auf das Gebiet der Wirtschaftspolitik beschränken: Ein System agrarisch-industrieller Schutzzölle, dessen Lasten die werktätigen Massen tragen würden, mußte zugleich zu einer solchen Zuspitzung des Klassenkampfes führen, daß eine Abkehr vom Liberalismus den herrschenden Kreisen auch auf dem politischen Gebiet notwendig erschien. Die Liberalen hatten sich in der ersten Hälfte der siebziger Jahre viel darauf zugute getan, daß Bismarck die katholische Kirche und die hinter ihr stehenden partikularistischen Kreise vor allem des süddeutschen Adels schikaniert hatte, wobei der Kanzler damit zugleich die Bedrohung durch Frankreich, das diese Kräfte ausnutzen konnte, abwehren wollte, und der bedeutende Pathologe Rudolf Virchow, zugleich einer der Führer des Liberalismus, hatte dafür 1872 den Ausdruck „Kulturkampf" geprägt. Schutzzölle waren im Parlament nicht ohne das Zentrum durchzusetzen, und darüber hinaus wagte Bismarck nicht, es gleichzeitig mit der katholischen Kirche und der erstarkenden Sozialdemokratie anzulegen. Seit der Mitte der siebziger Jahre wurde der „Kulturkampf" schrittweise liquidiert.

Die Abwendung vom Liberalismus zeigte sich auch auf dem Gebiet der Ideologie. Seit 1879 erschien die fünfbändige „Deutsche Geschichte im Neunzehnten Jahrhundert", in der Heinrich von Treitschke, einflußreicher Professor an der Berliner Universität, die historischen Auffassungen der kleindeutsch-preußischen Schule in einen aggressiven Militarismus zuspitzte – von ihm stammt auch das Schlagwort „Männer machen die Geschichte" – und ihnen einen boshaft-aggressiven antisemitischen Zug beigab. In denselben Jahren begann die Massenwirkung Friedrich Nietzsches, nach dem das Weltprinzip der Wille zur Macht war. Die humanistischen Züge in der traditionellen, vom Christentum geprägten Moral wurden von Nietzsche als Ausdruck des Ressentiments kritisiert, als Waffe der Schwachen, die Macht erschleichen wollen: Achtung vor dem anderen, Hilfe für den Schwächeren sei in derselben Weise Ausdruck einer Umkehrung der Werte wie die Erklärung des Fuchses, die Trauben, die ihm zu hoch hingen, seien sauer. Ideologie und Politik sind bei Nietzsche eng verknüpft: Er kritisierte die herrschenden Kreise des Reiches, insofern sie noch der traditionellen Moral anhingen oder liberale Auffassungen vertraten, und erklärte die Arbeiterbewegung zum Hauptfeind: Er hasse die am meisten, „die das Genügsamkeitsgefühl des Arbeiters mit seinem kleinen Sein untergraben". Auch in dieser Hinsicht kündigte sich also der Übergang zum Imperialismus an.

Das mit den Schutzzöllen zum Ausdruck gebrachte Bündnis zwischen Junkern und Schwerindustrie gegen die Werktätigen war aber gefährdet, wenn der Liberalismus mit der Sozialdemokratie zusammenging. Provokatorische Attentate auf Kaiser Wilhelm, die im Mai und Juni 1878 unternommen wurden, waren für Bismarck der willkommene Vorwand, um eine Pogromstimmung gegen die Arbeiterbewegung, der man diese Attentate zur Last legte, obwohl sie nichts mit ihnen zu tun hatte, zu schüren, den Reichstag aufzulösen und Neuwahlen auszuschreiben. Trotz dieser Atmosphäre der Demagogie, der Sozialistenhetze und der Gewaltmaßnahmen gingen die Stimmen für die Arbeiterpartei nur geringfügig zurück, und die sozialistische Bewegung konnte neun Abgeordnete in den Reichstag entsenden. Die National-Liberalen fügten sich nur zu gern dem Druck Bismarcks, und im Oktober 1878 wurde im deutschen Reichstag mit 221 gegen 149 Stimmen das „Gesetz gegen die gemeingefährlichen Bestrebungen der Sozialdemokratie" angenommen. Das Sozialistengesetz verbot Vereine, Druckschriften und Versammlungen, „die durch sozialdemokratische, sozialistische oder kommunistische Bestrebungen den Umsturz der bestehenden Staats- und Gesellschaftsordnung bezwecken". Als einziges Recht verblieb der Arbeiterbewegung die Möglichkeit, Kandidaten für die Parlamente des Reichs, der Länder und der Städte aufzustellen.

Der Erlaß des Sozialistengesetzes machte es notwendig, die Arbeit der Partei umzustellen. Dabei mußten sowohl anarchistische Bestrebungen, wie sie Johann Most propagierte, als auch opportunistische Auffassungen, wie sie besonders 1879 in einem Artikel des in Zürich veröffentlichten „Jahrbuches für Sozialwissenschaft und Sozialpolitik" zum Ausdruck kamen, nach dem die deutsche Sozialdemokratie auf ihren proletarischen Charakter verzichten und sich in eine kleinbürgerliche Reformpartei verwandeln sollte, zurückgewiesen werden. Marx und Engels griffen mehrfach energisch ein und halfen, die Unsicherheiten zu überwinden. Gegen den „Dreistern-Artikel" des Züricher Jahrbuches (seine Verfasser waren C. A. Schramm, K. Höchberg und der junge Eduard Bernstein) richtete Engels im Einvernehmen mit Marx seinen berühmten Zirkularbrief an die Führer der deutschen Sozialdemokratie: „Wir haben seit fast 40 Jahren den Klassenkampf als nächste treibende Macht der Geschichte, und speziell den Klassenkampf zwischen Bourgeoisie und Proletariat als den großen Hebel der modernen sozialen Umwälzung hervorgehoben; wir können also unmöglich mit Leuten zusammengehen, die diesen Klassenkampf aus der Bewegung streichen wollen. Wir haben bei Gründung der Internationale ausdrücklich den Schlachtruf formuliert: Die Befreiung der Arbeiterklasse muß das Werk der Arbeiterklasse selbst sein. Wir können also nicht zusammengehn mit Leuten, die es offen aussprechen, daß die Arbeiter zu ungebildet sind, sich selbst zu befreien, und erst von oben herab befreit werden müssen durch philanthropische Groß- und Kleinbürger."

Dieser Zirkularbrief hatte unmittelbar praktische Wirkung: Er bildete die politische Richtlinie für das neue Parteiorgan „Der Sozialdemokrat", das Ende 1879 zu erscheinen begann. Damit begann ein neuer Abschnitt im Kampf gegen das Sozialistengesetz. Die Zeitung wurde unter der Leitung des „roten Feldpostmeisters" Julius Motteler aus dem Ausland illegal nach Deutschland eingeführt und dort illegal verbreitet. Sie half das Klassenbewußtsein des Proletariats zu festigen und den Marxismus in der deutschen Arbeiterbewegung zu verbreiten.

Im gleichen Jahre erschien in Zürich auch August Bebels Werk „Die Frau und der Sozialismus". Schon der utopische Sozialist Charles Fourier hatte festgestellt: „Der Grad der Emanzipation der Frau ist ein Maßstab der allgemeinen Emanzipation." Bebels Werk, damals ebenfalls massenhaft illegal in Deutschland verbreitet, beschäftigte sich mit den sozialen und politischen Ursachen der Unterdrückung der Frau und zeigte, daß der Kampf um die Befreiung der Frau ein Bestandteil des Klassenkampfes des Proletariats ist. Während die bürgerliche Frauenbewegung, als deren erste bedeutende Vertreterin Luise Otto-Peters 1848 auftrat, im wesentlichen nur gleiche Bildungsmöglichkeiten für Frauen verlangt hatte, kämpfte die proletarische Frauenbewegung für die Gleichberechtigung auf allen Gebieten, auch und vor allem auf ökonomischem Gebiet, und sie verharrte nicht bei einer Gegenüberstellung der Geschlechter, nach der die Verwirklichung der Gleichberechtigung nur Sache der Frauen und Mädchen sei, sondern forderte die ganze Arbeiterklasse auf, sich auch für diesen Teil der allgemeinen gesellschaftlichen Emanzipation einzusetzen. Die ersten Reichstagswahlen unter dem Sozialistengesetz, in denen die Sozialistische Arbeiterpartei Deutschlands über 300 000 Stimmen errang, auf Grund derer sie nun 12 Abgeordnete in den Reichstag entsandte, bewiesen, daß die Arbeiterbewegung nicht durch Gesetze und Verbote zu unterdrücken ist, und zeigten, wie die Partei nach anfänglicher Verwirrung ihre Kräfte gesammelt, legalen und illegalen Kampf miteinander zu verbinden und neue Organisationsformen zu entwickeln gelernt hatte.

Bismarck, der 1879 die Schutzzölle im Reichstag tatsächlich – wenn auch gegen die Stimmen eines Teils der National-Liberalen, die ihm von nun an nicht mehr bedingungslos folgten – hatte durchbringen können, versuchte durch Korruption zu erreichen, was der Terror nicht vermochte hatte. Eine Reihe von Sozialgesetzen (Gesetz über die Unfallversicherung 1884, über die Krankenversicherung 1885, über Invaliditäts- und Altersversorgung 1889) brachten wenigstens den kranken und nicht arbeitenden Proletariern einige Erleichterungen, sollten aber zugleich die Erfüllung unmittelbar ökonomischer Forderungen der Arbeiter als Geschenk des Staates erscheinen lassen und sie vom politischen Kampf zurückhalten. Die Reichstagswahlen 1884 bewiesen, daß auch diese Taktik der herrschenden Klassen keinen Erfolg hatte: Die Sozialdemokratie erhielt 549 000 Stimmen und konnte die Zahl der Abgeordneten verdoppeln.

Damals begann der Übergang Deutschlands zur Kolonialpolitik. Sie warf auch für die Arbeiterbewegung grundsätzliche Fragen auf. Das zeigte sich an einer Gesetzesvorlage, die Subventionen für Schiffahrtslinien nach Ostasien, Australien und Afrika vorsah. Eine Mehrheit der sozialdemokratischen Reichstagsfraktion war Ende des Jahres 1884 zunächst bereit, derartige Geschenke an die Reedereien, mit denen zugleich koloniale Vorstöße nach Übersee vorangetrieben werden sollten, zu unterstützen. Nur eine Minderheit, darunter August Bebel und Wilhelm Liebknecht, lehnte die Dampfersubventionen „aus dem Gesichtspunkt der ganzen inneren und äußeren Politik“ (August Bebel) entschieden ab.

Den konsequent-revolutionären Kräften in der Partei

stand nach dem Tode von Karl Marx (14. März 1883) nun vor allem Friedrich Engels mit seinem Rat zur Seite. Sie fanden energische Unterstützung beim „Sozialdemokrat", der Leserzuschriften und Proteste gegen solche opportunistischen Auffassungen veröffentlichte. Der Druck dieser Kräfte war stark genug, den Versuch der Fraktionsmehrheit, die Führung der Partei an sich zu reißen und ihr ihre politische Linie aufzuzwingen, zurückzuweisen. Die sozialdemokratischen Abgeordneten des Reichstages stimmten am 23. März 1885 geschlossen gegen die Subventionen. Zugleich wurde in diesen Auseinandersetzungen durchgesetzt, daß das Parteiorgan nicht von der Fraktion, die unter den besonderen Bedingungen des Sozialistengesetzes als legales Gremium natürlich ungewöhnlichen Einfluß besaß, anzusehen sei, sondern das Organ der gesamten Partei bilde, Auseinandersetzungen, die insgesamt bereits ein Vorspiel späterer innerparteilicher Kämpfe bildeten. Hatten schon die Reichstagswahlen unter dem Sozialistengesetz erwiesen, daß die Arbeiterbewegung durch Verbote, polizeiliche Ausweisungsanordnungen gegen ganze Familien von Arbeiterführern und guten Genossen und durch Verhaftungen nicht mehr aus der Gesellschaft verdrängt werden konnte, so wurde dem Sozialistengesetz durch den machtvollsten Streik des 19. Jahrhunderts der letzte Stoß versetzt: Durch den Streik von 90 000 Bergarbeitern des Ruhrgebietes im Mai 1889, dem sich zeitweilig 60 000 weitere Steinkohlenarbeiter der übrigen Gebiete des Reiches anschlossen, so daß insgesamt 150 000 Bergleute am Streik beteiligt waren. Ziel des Streiks war die 8-Stunden-Schicht, 15 % Lohnerhöhung, Beseitigung der Lohnabzugssysteme und Verbesserung der Arbeitsbedingungen. Auch wenn dieser Streik Anfang Juni abgebrochen wurde und nur ein Teil der Forderungen der Streikenden erfüllt wurde, hatte er doch großen politischen Einfluß: Viele bis dahin unter dem politischen Einfluß des katholischen Klerus stehende Arbeiter schlossen sich nun der sozialistischen Arbeiterbewegung an. Im Wahlkreis Dortmund-Hörde erhielt die Sozialdemokratie bei den Reichstagswahlen des Februar 1890 achtmal soviel Stimmen wie bei den vorausgegangenen Reichstagswahlen des Jahres 1887. Die Veränderungen des gesellschaftlichen Kräfteverhältnisses im industriellen Zentrum Deutschlands ließen einen Teil der Bourgeoisie nun an der Richtigkeit der Politik Bismarcks zweifeln, und Kaiser Wilhelm II. empfing eine Delegation streikender Ruhrarbeiter. Das war zwar keine praktisch wirksame Unterstützung ihres Kampfes, bewies aber doch, daß auch der Kaiser im Widerspruch zu Bismarck eine elastischere Taktik für opportun hielt. Am 25. Januar 1890 wurde die Verlängerung des Sozialistengesetzes von der Reichstagsmehrheit abgelehnt, und wie erfolgreich die deutsche Arbeiterklasse diese Bewährungsprobe bestanden hatte, wurde darüber hinaus noch durch das Ergebnis der kurz darauf, am 20. Februar, durchgeführten Reichstagswahlen bewiesen, in denen die Sozialdemokratie mit 1,4 Millionen Stimmen die stärkste Partei in Deutschland wurde. Als am 1. Mai 1890 auf Anregung der im Jahre zuvor gegründeten II. Internationale zum ersten Male der Kampftag der internationalen Arbeiterklasse begangen wurde, gab es in Deutschland keine Stadt, wo nicht in der einen oder anderen Weise Arbeiter für die unmittelbaren Ziele des Tages, 8-Stunden-Tag und Arbeiterschutzgesetzgebung, demonstriert hätten. Der 1. Mai hatte aber noch einen weiteren Sinn: Friedrich Engels schrieb damals: „Heute hält das europäische und amerikanische Proletariat Heerschau über seine zum ersten Male mobil gemachten Streitkräfte."

Zu dieser Zeit war Bismarck bereits gestürzt. Am 20. März 1890 war er aus allen Ämtern ausgeschieden. Fragen der Außenpolitik hatten gewiß eine Rolle bei seinem Sturz gespielt – entscheidend aber war die Niederlage geworden, die ihm die Arbeiterbewegung zugefügt hatte. Neuer Reichskanzler wurde General von Caprivi. Der unmittelbare Übergang zum Imperialismus kündigte sich an – zunächst in der Weise, daß ein als Politik des „neuen Kurses" bezeichneter sprunghafter Wechsel in den Methoden der herrschenden Klassen begann. In der ökonomischen Grundlage des deutschen Kapitalismus vollzogen sich zu dieser Zeit wesentliche Veränderungen. Kartelle, als Vereinbarungen zwischen verschiedenen Unternehmen über Absatzquoten und Verkaufspreise die niedrigste Form des Monopols, hatte es schon in den siebziger Jahren gegeben. Jetzt erhöhte sich aber ihre Zahl sprunghaft. 1890 bestanden in Deutschland über 200 Kartell-Vereinbarungen. Sie betrafen jetzt auch grundlegende Produktionszweige: 1886 wurde ein rheinisch-westfälischer Roheisenverband gegründet und 1893 ein rheinisch-westfälisches Kohlensyndikat – bereits eine höhere Form der Konzentration, handelte es sich hier doch bereits um eine gemeinsame Verkaufsorganisation verschiedener Großunternehmen. In den neuen Produktionszweigen, die mit den technischen Fortschritten der letzten Jahrzehnte des Jahrhunderts eine immer größere Rolle spielten, der chemischen und der Elektroindustrie, beherrschten von Anfang an wenige Großunternehmen, wie Siemens und die AEG in der Elektroindustrie und die Badische Anilin- und Sodafabrik Ludwigshafen, den Markt.

Caprivi bezeichnete sich selbst als einen „Mann ohne Ar und Halm". Wenn er damit andeuten wollte, daß junkerliche zugunsten großbürgerlicher Belange in der offiziellen deutschen Politik fortan zurückgestellt werden sollten – tatsächlich wurden auch die Agrarzölle um mehr als 1/3 gesenkt –, so ließ die Antwort des Großgrundbesitzes nicht lange auf sich warten: Im Februar 1893 wurde der „Bund der Landwirte" gegründet, der innerhalb eines Jahres 180 000 Mitglieder gewann und damit eine der ersten Propagandaorganisationen wurde, mit denen fortan die herrschenden Kreise des deutschen Imperialismus sich eine Massenbasis zu verschaffen versuchten. Der „Bund der Landwirte" forderte hohe Agrarzölle und eine Einschränkung der Freizügigkeit der Landarbeiter. Caprivi ist einerseits an der junkerlichen Fronde gescheitert und wurde 1894 durch den Fürsten von Hohenlohe ersetzt, andererseits aber auch an den Meinungsverschiedenheiten in den herrschenden Kreisen über die Methoden zur Unterdrükkung der Sozialdemokratie. Kaiser Wilhelm II. hatte versucht, während des Ruhrbergarbeiterstreiks des Jahres 1889 gleichsam als wohlmeinender Patriarch auftreten zu können und in zwei Erlassen vom Februar 1890 Versprechungen über eine Erweiterung der Arbeiterschutzgesetze gemacht – eine Ankündigung, die er freilich noch am gleichen Abend nach einer Unterredung mit Industriellen wieder einschränkte. Emil Kirdorf, einer der mächtigsten Kapitalisten des Ruhrgebietes, erinnerte angesichts solcher Versprechungen Wilhelm II. in aller Deutlichkeit: „Weder Kaiser noch Könige haben in den Betrieben etwas zu sagen. Da bestimmen wir allein." In den neunziger Jahren wurde mehrfach, freilich vergeblich, versucht, durch neue Ausnahmegesetze zu erreichen, was Bismarck trotz des Sozialistengesetzes mißlungen war. Der Entwurf eines Ergänzungsgesetzes zum Strafgesetzbuch sah vor, „Umsturzbestrebungen" bereits ohne Tatbestand mit Zuchthaus zu bestrafen. Öffentliche beschimpfende Äußerungen gegen Religion, Monarchie, Ehe, Familie oder Eigentum wurden in diesem Entwurf mit Gefängnis bis zu zwei Jahren bedroht. Gegen diesen Plan, der jede dem herrschenden Regime mißliebige Meinungsäußerung der Polizeiwillkür ausliefern sollte, erhob sich eine so große Massenbewegung, daß die Reichstagsmehrheit im Mai 1895 die Umsturzvorlage ablehnte. 1899 wurde noch einmal ein verwandter Versuch unternommen: Mit der sogenannten „Zuchthausvorlage" sollte das Koalitions- und Streikrecht der Arbeiter faktisch beseitigt werden. Im November 1899 wurde gegen die Stimmen der Konservativen auch dieser Gesetzesentwurf abgelehnt.

Wie in der Innen-, so war auch in der Außenpolitik in den neunziger Jahren ein unsicheres Hin und Her charakteristisch. 1887 war zwischen Deutschland und Rußland der sogenannte Rückversicherungsvertrag geschlossen worden, nach dem Deutschland im Falle eines russisch-österreichischen Krieges, Rußland im Falle eines deutsch-französischen Krieges neutral bleiben würde. Ein geheimes Zusatzabkommen hatte einem russischen Vordringen nach Konstantinopel die diplomatische Unterstützung des Reiches zugesichert. Der Vertrag war auf drei Jahre geschlossen worden, so daß im Jahre 1890 entschieden werden mußte, ob er verlängert werden sollte. Bismarck hatte ihn als ein Kernstück seines diplomatischen Systems betrachtet und kurz vor seinem Sturz den russischen Diplomaten – übrigens im Einvernehmen mit dem Kaiser – mitgeteilt, die kaiserliche Regierung würde ihn verlängern. Auch von russischer Seite aus war man an seinem Fortbestand interessiert. Nach dem Sturz Bismarcks setzten sich diejenigen Kreise im Auswärtigen Amt durch, die den Vertrag preisgeben wollten. Die Motive der einzelnen Beteiligten waren dabei recht unterschiedlich. Eine wesentliche Rolle dürfte die Hoffnung gespielt haben, die Beziehungen zu England zu festigen, was angesichts der englisch-russischen Gegensätze im Nahen Osten mindestens durch das geheime Zusatzabkommen, wenn nicht durch den Rückversicherungsvertrag überhaupt, verhindert worden wäre. Die Folge dieser Entscheidung war, daß Rußland nun immer stärker Anlehnung an Frankreich suchte, 1892 eine geheime französisch-russische Militärkonvention zur gegenseitigen Unterstützung im Falle eines deutschen Angriffs abgeschlossen und diese ein Jahr später vom russischen Zaren ausdrücklich bestätigt wurde. Der Preis, den die deutsche Diplomatie für die nun Wirklichkeit gewordene französisch-russische Annäherung einstreichen wollte, die Festigung der Beziehungen zwischen Deutschland und England, wurde ihr nur scheinbar zuteil. 1890 wurde zwar der Austausch Helgolands, das bis dahin in englischem Besitz gewesen war, und der bisherigen deutschen Kolonie Sansibar vereinbart, aber einflußreiche Kreise der deutschen Großbourgeoisie protestierten gegen den Vertrag, da nach ihrer Auffassung Deutschland bei dem Austausch zu kurz gekommen sei. In einer Erklärung hieß es: „Wir sind bereit, auf den Ruf unseres Kaisers in Reih und Glied zu treten und uns stumm und gehorsam den feindlichen Geschossen entgegenführen zu lassen. Aber wir können darum auch verlangen, daß uns ein Preis zufalle, der das Opfer wert ist und dieser Preis ist: einem Herrenvolk anzugehören, das seinen Anteil an der Welt sich selbst nimmt und nicht von der Gnade und dem Wohlwollen eines anderen Volkes zu empfangen sucht. Deutschland wach auf!“ Die Kreise, die diese Erklärung herausgegeben hatten, gründeten im Jahre 1891 den „Allgemeinen Deutschen Verband", die wichtigste, einflußreichste und gefährlichste Propagandaorganisation, über die der deutsche Imperialismus vor dem ersten Weltkrieg verfügen sollte. Hintermänner und Finanziers der Alldeutschen waren die Monopole des Ruhrgebietes – Kirdorf und Alfred Hugenberg, Direktor bei Krupp, spielten in ihm bald eine wesentliche Rolle – und als Propagandisten deutscher Expansionsabsichten engagierte man sich bald eine Reihe von Universitätsprofessoren. Wenn auch noch nicht die Gegensätze zwischen Deutschland und England voll ausgereift waren, kündigte sich doch hier schon an, daß sie bald für die internationalen Beziehungen bestimmend sein würden. Einfache Zahlen weisen darauf hin, welche Faktoren diesen Gegensatz verursachten: Während die englische Industrieproduktion im Jahre 1870 32 % der Weltindustrieproduktion überhaupt betrug, war der englische Anteil im Jahre 1900 auf 18 % gesunken. Der deutsche Anteil dagegen war in diesen drei Jahrzehnten von 13 auf 16 % angewachsen. 1897 erklärte die englische Zeitschrift „Saturday Review": „Wenn Deutschland morgen vernichtet wäre, gäbe es übermorgen nicht einen Engländer auf der Welt, der nicht reicher geworden wäre."

Unter diesen Umständen wuchs die nationale Verantwortung der deutschen Arbeiterbewegung. Der Sieg über das Sozialistengesetz hatte ein stürmisches Wachstum in die Breite eingeleitet. Das Erscheinen der von Clara Zetkin herausgegebenen Zeitschrift der proletarischen Frauenbewegung „Gleichheit" (1892) und die Zulassung von Arbeiterinnen in den Gewerkschaften eröffneten weitere Möglichkeiten, den Einfluß der sozialistischen Bewegung zu stärken. Die unterschiedlichen Taktiken der Bourgeoisie gegenüber der Arbeiterbewegung führten aber zu gewissen Schwankungen. Auf der einen Seite trat eine halbanarchistische Gruppe, die „Jungen", auf, die die Drohungen der herrschenden Klassen mit verschwörerischen Praktiken beantworten wollten, auf dem Parteitag in Halle im Oktober 1890 aber eindeutig zurückgewiesen wurden. Die Lockungen und Versprechungen Wilhelms II. und derjenigen Kreise der deutschen Bourgeoisie, die eine elastischere Taktik propagierten, veranlaßten umgekehrt 1892 Georg von Vollmar zu der opportunistischen Forderung, man solle dem „guten Willen die offene Hand" entgegenstrecken. Das alles löste innerparteiliche Auseinandersetzungen aus, die aber damals nicht zu Ende geführt wurden.

Nachdem ein Entwurf in den vorausgegangenen Monaten in Hunderten von öffentlichen Volks- und Parteiversammlungen beraten worden war, nahm der Parteitag in Erfurt (Oktober 1891) ein neues Programm der Sozialdemokratischen Partei Deutschlands an. Das Erfurter Programm bildete einen großen Fortschritt gegenüber dem 1875 in Gotha beschlossenen. Es stand sowohl in seinen prinzipiellen Darlegungen über die welthistorische Aufgabe des Proletariats und über das Wesen der sozialistischen Gesellschaft als auch in seinen unmittelbaren politischen Forderungen, wie Friedrich Engels zu einem Entwurf des Programms bemerkte, „nach seiner theoretischen Seite im ganzen auf dem Boden der heutigen Wissenschaft". Da die Forderung nach der demokratischen Republik nicht ausdrücklich erhoben werden konnte, wenn man nicht der Justiz Vorwände zu Willkürmaßnahmen gegen die Partei liefern wollte, hatte Friedrich Engels dafür die Umschreibung „Konzentration aller politischen Macht in den Händen der Volksvertretung" vorgeschlagen – ein Vorschlag, der jedoch nicht voll berücksichtigt wurde. Friedrich Engels hatte die Vorbereitung dadurch unterstützt, daß er die Kritik, die die Begründer des wissenschaftlichen Kommunismus seinerzeit am Entwurf des Gothaer Programms geübt hatten, und den „Bürgerkrieg in Frankreich" neu veröffentlichte.

Ebenso wie Friedrich Engels in seinen letzten Lebensjahren der deutschen Arbeiterbewegung wichtige Ratschläge im Hinblick auf das zentrale Problem der politischen Strategie, die Verbindung des demokratischen mit dem sozialistischen Kampf, gab, veröffentlichte er auch am Vorabend der Epoche des Imperialismus und der imperialistischen Kriege einen grundlegenden Artikel über den Kampf für den Frieden, der immer bedeutungsvoller wurde. Gemeint ist die Artikelserie „Kann Europa abrüsten?", die im März 1893 in Fortsetzungen im „Vorwärts" erschien. Es handelt sich um den ersten konkret formulierten Abrüstungsvorschlag der sozialistischen Bewegung. Engels hegte nicht die Illusion, daß eine vollständige Abrüstung herbeigeführt werden könne, solange das kapitalistische System ungeteilt die Welt beherrsche. Ein dauerhafter Friede, so erkannte er, würde erst mit der Errichtung der sozialistischen Gesellschaftsordnung gesichert sein. Bereits vor der Eroberung der politischen Macht könne aber die Arbeiterklasse, so wies er nach, mit machtvollen antimilitaristischen Aktionen die Regierungen zwingen, das Wettrüsten wenigstens teilweise abzubremsen. Nicht „Demokratisierung" bestehender Heere, sondern Vernichtung des Militarismus – das war das revolutionär-demokratische Programm, das Friedrich Engels am Vorabend des Imperialismus formulierte und das in seiner grundsätzlichen Bedeutung mit den neuen Problemen dieser Epoche aufs engste verknüpft ist.

6.
Der deutsche Imperialismus vor und im ersten Weltkrieg

Die Ereignisse der Jahre 1897/98 zeigten an, daß der deutsche Kapitalismus in ein neues Stadium, das des Imperialismus, eintrat.

Im November 1897 besetzten deutsche Marineeinheiten Kiautschou. Die chinesische Regierung mußte das Hafengebiet auf 99 Jahre an Deutschland „verpachten". Bernhard von Bülow, zu dieser Zeit Staatssekretär im Auswärtigen Amt, erklärte am 6. Dezember im Reichstag: „Wir verlangen unseren Platz an der Sonne." Im März 1898 stimmte die Reichstagsmehrheit einer beträchtlichen Vergrößerung der deutschen Flotte zu. Damit begann zwischen Deutschland und England ein Wettrüsten zur See. Wenige Wochen nach der Annahme der ersten Tirpitzschen Flottenvorlage, am 30. April, wurde unter maßgebender Beteiligung von Krupp, Kirdorf und der HAPAG der „Deutsche Flottenverein" gegründet. Er besaß ein Jahrzehnt nach seiner Gründung etwa eine Million Mitglieder, war also eine Propagandaorganisation des deutschen Monopolkapitals, die direkt in der breiteren Öffentlichkeit zu wirken versuchte (ein Versuch, der durchaus Erfolge zeitigte – bald wurde es z.B. üblich, daß Kinder „aus gutem Hause" Matrosenkleidung trugen) und sich damit vom Alldeutschen Verband unterschied, der unter seinen Mitgliedern nur eine Spitzenschicht der bürgerlichen Intelligenz vereinigte, aber eine Spitzenschicht, die wesentlichen Einfluß besaß. Im Sommer 1898 demonstrierte eine deutsche Flotte vor Manila – eine Ankündigung, daß der deutsche Imperialismus im ersten Krieg um die Neuverteilung bereits eroberter Kolonialgebiete, der damals geführt wurde, dem Krieg zwischen den USA und Spanien um Kuba, Anteil an der Beute suchte. Im Oktober des gleichen Jahres unternahm Wilhelm II. eine Reise in den Vorderen Orient, die zum Ausdruck brachte, daß die deutsche Expansion auch in diese Richtung gehen sollte. Seine Erklärung, die „deutschen Kaiser sind zu allen Zeiten Freunde der Mohammedaner gewesen", richtete sich sowohl gegen Rußland als auch gegen England, die bis dahin allein um den Vorderen Orient gestritten hatten. Es blieb nicht bei Erklärungen: Gleichzeitig mit Wilhelm II. traf der Direktor der Deutschen Bank, Georg von Siemens, in Konstantinopel ein und verhandelte mit dem türkischen Sultan über die Konzession für eine Weiterführung der Anatolischen Bahn bis nach Bagdad, die nach heftigen Auseinandersetzungen zwischen Deutschland und England im Jahre 1902 endgültig erteilt wurde.

Neue Erscheinungen traten auch in der Arbeiterbewegung auf: In diesen Monaten erschien in der „Neuen Zeit" eine Artikelserie Eduard Bernsteins, der sich gegen den wissenschaftlichen Kommunismus wandte und eine Revision der Lehre von Karl Marx für notwendig erklärte. Diese Artikel wurden zusammengefaßt in dem Buch „Die Voraussetzungen des Sozialismus und die Aufgaben der Sozialdemokratie", das 1899 erschien und die programmatische Schrift des Revisionismus bildete. Sie verfolgte die Tendenz, die Sozialdemokratie aus einer politischen Klassenorganisation des Proletariats in eine bürgerlich-liberale Reformpartei zu verwandeln. Rosa Luxemburg trat bereits im September 1898 Bernstein in der Aufsatzreihe „Sozialreform oder Revolution?" entgegen, in der sie nachwies, daß seine Auffassung vom friedlichen Hineinwachsen in den Sozialismus einen Angriff auf den Marxismus darstelle, und in der sie den Ausschluß Bernsteins aus der Partei verlangte. In einem Aufsatz in der „Sächsischen

Arbeiterzeitung", der am 30. September 1898 erschien, stellte sie fest, daß Bernsteins Ablehnung einer revolutionären Kampftaktik auch Erfolge im Kampf um Reformen verhindere: „Nur weil wir keinen Schritt von unserer Position weichen, zwingen wir die Regierung und die bürgerlichen Parteien, uns das Wenige zu gewähren, was an unmittelbaren Erfolgen zu erringen ist. Fangen wir aber an, im Sinne des Opportunismus, dem ‚Möglichen' unbekümmert um die Prinzipien und auf dem Wege staatsmännischer Tauschgeschäfte nachzujagen, so gelangen wir bald in die Lage des Jägers, der das Wild nicht erlegt und die Flinte zugleich verloren hat."

Neues schließlich im geistigen Leben: 1897 begann Thomas Mann die Arbeit an den „Buddenbrooks" (erschienen 1901), in denen mit der Gegenüberstellung von Kunst und Leben ein zentrales Thema der Literatur der ganzen Epoche aufgegriffen wurde – ein zentrales Thema der Gesellschaftskritik, die hier noch bis zu einem gewissen Grade vom Standpunkt des Außenseiters verfaßt war, die aber dann fruchtbar werden konnte, wenn sie mit demokratischen Elementen verknüpft wurde, wie es etwa bei Heinrich Mann geschah (1905 erschien „Professor Unrat"), die umgekehrt unfruchtbar bleiben mußte, wenn sie wie bei Stefan George sich mit der Konzeption vom Künstler als Glied einer „Elite" verband. Im Jahre 1898 veröffentlichte Georg von Below in der „Historischen Zeitschrift" eine Auseinandersetzung mit der „Deutschen Geschichte" Karl Lamprechts, in der auf den Versuch des Leipziger Historikers, die Idee des historischen Fortschritts und der Gesetzmäßigkeit als Leitfaden einer Nationalgeschichte zu verwenden, mit der unzweideutigen Aufforderung geantwortet wurde: „Man muß die Axt gebrauchen." Inhalt wie Form dieser Rezension brachten zum Ausdruck, daß der deutsche Imperialismus auch die ihm adäquate Ideologie formiert hatte.

Lenin hat den Imperialismus charakterisiert als den „Kapitalismus auf jener Entwicklungsstufe, wo die Herrschaft der Monopole und des Finanzkapitals sich herausbildet, der Kapitalexport hervorragende Bedeutung gewann, die Aufteilung der Welt durch die internationalen Trusts begonnen hat und die Aufteilung des gesamten Territoriums der Erde durch die großen internationalen Trusts abgeschlossen ist". Sind dies die ökonomischen Grundlagen des Imperialismus, so kennzeichnet Lenin seine historische Stellung, indem er ihn als sterbenden und parasitären Kapitalismus bezeichnet und diese Epoche zugleich die der proletarischen Revolution nannte.

Mit dem Eintritt in den Imperialismus wird das Tempo der ökonomischen Entwicklung der einzelnen Länder wesentlich ungleichmäßiger als früher. Daher verändert sich auch ihr Kräfteverhältnis ständig. Es gibt deshalb keine dauerhafte Verteilung der Kolonien und Einflußsphären. Aus den so entstandenen Widersprüchen aber gehen jene imperialistischen Kriege hervor, die diesem Stadium der kapitalistischen Entwicklung das Gepräge gaben.

Die Entstehungsgeschichte des deutschen Kapitalismus und die besonderen Formen, unter denen sich die bürgerliche Umgestaltung vollzog; ihr Abschluß mit der Reichseinigung von oben unter der Führung der preußischen Junker und das schnelle ökonomische Entwicklungstempo nach dem deutsch-französischen Krieg sind die historischen Ursachen für die besondere Aggressivität des deutschen Imperialismus. Sein Versuch, eine Neuaufteilung der Welt zu erzwingen, führte dazu, daß sich die Beziehungen zwischen Deutschland und anderen imperialistischen Mächten seit der Jahrhundertwende zuspitzten, während ältere Gegensätze zwischen diesen Mächten selbst zwar fortbestanden, aber in den Hintergrund traten. Das sei an einer Skizze des Verhältnisses Deutschland zu Frankreich, zu Rußland und zu England bis zum Vorabend des ersten Weltkrieges verdeutlicht.

Die Annexion Elsaß-Lothringens hatte die deutsch-französischen Beziehungen dauerhaft und unüberwindbar belastet. Wenn Bismarck deshalb versucht hatte, durch Präventivkriegsdrohungen – wie etwa im Jahre 1875 – Frankreich einzuschüchtern, und es zugleich durch die Pflege der Beziehungen zu allen möglichen Bündnispartnern Frankreichs isolieren wollte, so war mit der Nichtverlängerung des Rückversicherungsvertrages 1890 diese Politik von seinen Nachfolgern aufgegeben worden. Das hatte zur Folge, daß 1892 eine russisch-französische Militärkonvention unterzeichnet und diese, nachdem unter Caprivi ein deutscher Zollkrieg gegen Rußland im Herbst 1893 begonnen worden war, auch im Dezember desselben Jahres vom Zaren ausdrücklich ratifiziert wurde.

Die französische und die britische Kolonialexpansion im nordöstlichen Zentralafrika waren zwar im Jahre 1898 so heftig zusammengeprallt, daß aus der „Faschodakrise" fast ein Krieg entstanden wäre – nachdem aber Frankreich hier vor England zurückgewichen war, erfolgte doch in den folgenden Jahren vor allem aus Furcht vor deutschen Vorstößen eine Abgrenzung der beiderseitigen Interessensphären, die im Jahre 1904 auch vertraglichen Ausdruck fand. England gestand Frankreich den maßgebenden Einfluß in Marokko zu, wohin damals vor allem Krupp vorzudringen versuchte. Am 31. März 1905 landete Wilhelm II. in Tanger, um dem deutschen Protest gegen die französischen Absichten auf Marokko sichtbaren Ausdruck zu geben. Aber die Marokko-Konferenz der Großmächte (Januar 1906) zeigte, daß Frankreich nicht mehr isoliert war. Es war vor allem englischer Druck, der den deutschen Imperialismus hier zum Rückzug zwang und der anzeigte, daß sich die älteren Kolonialmächte gegen ihn zusammengeschlossen hatten. Auch die zweite Marokkokrise endete mit ähnlichen Ergebnissen: Im Juli 1911 wurde das deutsche Kanonenboot „Panther" nach dem südmarokkanischen Hafen Agadir entsandt, von dem aus jene Erzvorkommen erreichbar waren, an denen vor allem die Firma Mannesmann interessiert war, die seit 1908 dort Konzessionen besaß. Die schwerindustrielle „Rheinisch-westfälische Zeitung" schrieb damals: „Vor Agadir liegt nun ein deutsches Kriegsschiff. Die Verständigung mit uns über die Aufteilung Marokkos steht den Franzosen frei; wollen sie sie nicht, dann mag der ‚Panther' die Wirkung der Emser Depesche haben." Wieder aber stellte sich England an die Seite Frankreichs, und wieder wurde daher der deutsche Imperialismus zum Rückzug gezwungen. Frankreich erhielt politisch und militärisch freie Hand in Marokko. Das war das Wesentliche, auch wenn die Firma Mannesmann ihre Erzkonzessionen behalten konnte und der deutschen Regierung darüber hinaus der erzwungene Verzicht durch einen – relativ wertlosen – Teil der französischen Besitzungen im Kongo versüßt werden sollte.

Die Beziehungen zwischen Deutschland und Rußland hatten sich in den neunziger Jahren vor allem infolge des Bestrebens der ostelbischen Junker verschlechtert, durch Agrarzölle vor der Konkurrenz russischen Getreides gesichert zu bleiben. Umgekehrt war die diplomatische und militärische Annäherung zwischen Rußland und Frankreich auch mit einer ökonomischen Verflechtung verbunden: Französisches Kapital drang vor allem auf dem Wege von Anleihen immer mehr in das Zarenreich ein und machte es vom französischen Imperialismus abhängig. Der russisch-englische Gegensatz, den die deutsche Diplomatie wegen der Interessengegensätze der beiden Mächte vor allem auf dem Balkan und im Nahen Osten für unüberbrückbar gehalten hatte, schwächte sich ab, nachdem Rußland im Krieg gegen Japan 1904/05 eine Niederlage erlitten hatte: Entgegen den deutschen Erwartungen war die englische Diplomatie bereit, dem durch Niederlage und Revolution geschwächten Konkurrenten Zugeständnisse zu machen. Ein im Jahre 1907 zwischen Rußland und England abgeschlossener Vertrag über die Abgrenzung der Einflußsphären ließ, auch wenn es außer den französisch-russischen Militärkonventionen keine formellen Bindungen zwischen den Gegnern Deutschlands gab, die Tripleentente gegen den deutschen Imperialismus Wirklichkeit werden.

Mochte der ältere Gegensatz zwischen den herrschenden Kreisen Frankreichs und Deutschlands augenfälliger sein: zum entscheidenden imperialistischen Gegensatz wurde doch der zwischen Deutschland und England. Die deutsche Flottenrüstung war eine, aber nicht die einzige Ursache dafür, daß dieser Gegensatz nun die internationalen Beziehungen zu beherrschen begann. Mindestens ebenso folgenschwer waren die deutsche Kolonialexpansion und der

Vorstoß nach dem Nahen Osten, wie er durch den Bau der Bagdad-Bahn forciert wurde.

Der Soziologe Max Weber hat 1895 erklärt: „Wir müssen begreifen, daß die Einigung Deutschlands ein Jugendstreich war, den die Nation auf ihre alten Tage beging und seiner Kostspieligkeit halber besser unterlassen hätte, wenn sie der Abschluß und nicht der Ausgangspunkt einer deutschen Weltmachtpolitik sein sollte." Diese Weltmachtpolitik der herrschenden Klassen richtete sich immer eindeutiger vor allem gegen England, und umgekehrt gruppierten sich in den internationalen Konflikten die Gegner der deutschen Expansion von nun an immer deutlicher um England, begann dieses nun auch seinerseits, den Schlachtschiffbau zu forcieren.

Weil sich die Gegensätze zwischen Deutschland und England zuspitzten, wandte sich nun Italien vom Dreibund mit Deutschland und Österreich ab, der zu einer Zeit geschlossen worden war, als Frankreich den wichtigsten potentiellen Gegner des deutschen Reiches darstellte. Dabei spielten auch militärische Rücksichten mit. Wenn nämlich ein militärischer Konflikt mit England entstünde, so fürchtete die italienische Regierung, würden die langen Küsten des Landes gegen die britische Flotte nicht zu verteidigen sein. Der deutsche Imperialismus konnte also nur auf einen sicheren Verbündeten rechnen, die Habsburger Monarchie.

Wenn der Krieg von 1866 alle staatlichen Bindungen Österreichs an Deutschland beseitigt hatte, so hatte Bismarck doch auf ein korrektes Verhältnis zur Habsburger Monarchie gesehen. Aber, so hatte er ausdrücklich formuliert, die österreichischen Balkaninteressen waren ihm nicht die Knochen eines einzigen pommerschen Grenadiers wert. Mit dem Übergang zur imperialistischen Epoche wurden die aggressiven Tendenzen dieses Bündnisses zu den bestimmenden. Ursprünglich progressiv, den im Vielvölkerstaat zusammengeschlossenen Nationalitäten Schutz gegen die türkische Gefahr gewährend, war das Regime Habsburgs mehr und mehr zum Völkergefängnis geworden, hatten sich mit der Entwicklung bürgerlich-kapitalistischer Formen auch die nationalen Unabhängigkeitsbestrebungen in der österreichisch-ungarischen Doppelmonarchie verstärkt. „Was für Länder! Gletscher und Meer, Karst und böhmische Kornfelder gab es dort, Nächte an der Adria und slowakische Dörfer, wo der Rauch aus den Kaminen wie aus aufgestülpten Nasenlöchern stieg und das Dorf zwischen zwei Hügeln kauerte, als hätte die Erde ein wenig die Lippen geöffnet, um ihr Kind dazwischen zu wärmen." Robert Musil, dessen Roman „Der Mann ohne Eigenschaften" in der k. u. k. Monarchie am Vorabend ihres Zerfalls spielt, fügt diesen Worten aber auch hinzu, wie sich die inneren Gegensätze dieser Monarchie auf das Leben und die Politik ihrer herrschenden Klasse auswirkten: „Man entfaltete Luxus; aber beileibe nicht so überfeinert wie die Franzosen. Man trieb Sport; aber nicht so närrisch wie die Angelsachsen. Man gab Unsummen für das Heer aus; aber doch nur soviel, daß man sicher die zweitschwächste der Großmächte blieb ... Die Bürokratie . . . empfand Genie und geniale Unternehmungssucht an Privatpersonen, die nicht durch hohe Geburt oder einen Staatsauftrag dazu privilegiert waren, als vorlautes Benehmen und Anmaßung."

Deutschland war auf diesen Bundesgenossen insbesondere deshalb angewiesen, weil die durch die Bagdad-Bahn forcierte Nahostexpansion nur im Einvernehmen mit Österreich möglich war. Aber so, wie in der Tripleentente imperialistische Gegensätze zwischen den Bündnispartnern fortwirkten, war auch das deutsch-österreichische Bündnis trotz der vielbeschworenen „Nibelungentreue" alles andere als harmonisch. Als 1913 die k. u. k. Monarchie sich im türkischen Kleinasien mit seinem Reichtum an Kohle, Erz und Holz ihr Plätzchen an der Sonne verschaffen wollte, war es kein anderer als der deutsche Verbündete, der diese Pläne zum Scheitern brachte. Es war auch gerade die deutsche Regierung, die dagegen Einspruch erhob, daß österreichische Militärs, dem deutschen Beispiel folgend, sich an der Durchdringung des türkischen Heeres mit militärischen Beratern zu beteiligen versuchten. Die deutsche Politik verwies vielmehr das Finanzkapital der entwickelteren Nationen der Monarchie auf verstärkte

Anlagen und erhöhte Ausbeutung im Innern des Nationalitätenstaates selbst – deutsches Drängen also, so hat Fritz Klein nachgewiesen, ließ die inneren Gegensätze in der Habsburger Monarchie sich noch weiter zuspitzen und die Kriegsgefahr verstärken, die aus dem russisch-österreichischen Gegensatz erwuchs. Wenn gerade die slawischen Nationen Anlehnung an Rußland suchten, so versuchte der Zarismus, vom Auflösungsprozeß der habsburgischen Monarchie zu profitieren. In dem Maße, in dem sich das deutsch-österreichische Bündnis festigte, mußte nun also auch der deutsch-russische Gegensatz weiter wachsen, und der „liebe Nicky", wie Wilhelm II. in seinen Briefen den russischen Zaren anzureden pflegte, war nur zu gern bereit, eine günstige Stunde zu nutzen, um gegen Österreich und das verbündete Deutschland auf dem Balkan vorzudringen.

Zwischen den Expansionsbestrebungen und Expansionszielen des deutschen Imperialismus einerseits, seinem wirtschaftlichen und militärischen Potential andererseits mußte in der geschilderten internationalen Situation ein unüberbrückbarer Widerspruch klaffen. Soweit der preußisch-deutsche Generalstab sich dieser Tatsache überhaupt bewußt war, versuchte er, sie durch eine Doktrin der Kriegführung auszugleichen, die auf ihre Weise der Aggressivität des deutschen Imperialismus entsprach und sie noch steigerte: Deutschland sollte den Krieg als Offensiv-, genauer: als Präventivkrieg führen. Das Überraschungsmoment, die Vorteile der „inneren Linie", die auf einigen Gebieten hochentwickelte Waffentechnik, das gut ausgebaute Eisenbahnnetz, die Disziplin der vom preußisch-deutschen Militarismus gedrillten Soldaten – alle solche Faktoren, die dem Angreifer zeitweilig, aber eben nur zeitweilig zugute kamen, sollten ausgenutzt werden, um in schnellen Umfassungs- und Vernichtungsschlachten die entscheidenden Kräfte der Gegner nacheinander zu besiegen, ehe sich die Unterlegenheit des militärischen und ökonomischen Potentials Deutschlands, die in einem langen Krieg unweigerlich die Niederlage herbeiführen mußten, auswirken konnte.

Probleme eines etwaigen Zweifrontenkrieges gegen Frankreich und ein mit ihm verbündetes Rußland waren vom deutschen Generalstab schon bald nach dem deutsch-französischen Krieg von 1870/71 erörtert worden. Für einen solchen Fall hatte Helmuth von Moltke grundsätzlich vorgesehen, den Krieg gegen Rußland offensiv, gegen Frankreich defensiv zu führen. Moltkes Nachfolger, Waldersee, und vor allem Graf Alfred von Schlieffen, Generalstabschef seit 1891, änderten diese Konzeption. Eine Denkschrift, die Schlieffen um die Jahreswende 1905/06 verfaßte, der sog. Schlieffenplan, sah für den Fall eines Krieges gegen Frankreich einen Umfassungsangriff vor, der von einem starken rechten Flügel des deutschen Heeres ausgeführt werden sollte. Um die französischen Grenzbefestigungen zu umgehen, sollte die Neutralität Belgiens, Luxemburgs und gegebenenfalls auch der Niederlande gebrochen werden. Der deutsche Vorstoß sollte nach dem Schlieffenplan eine vernichtende Niederlage französischer Truppen nördlich von Paris herbeiführen, und wenn in der Zwischenzeit französische Truppen durch das Elsaß nach Baden vorstoßen würden, so wurde dies sogar als Vorteil für die deutsche Kriegführung betrachtet, würden doch damit die in Nordfrankreich stehenden französischen Armeen geschwächt werden.

Schlieffens Denkschrift entstand zu einer Zeit, da der russische Zarismus, durch die Niederlage im Krieg gegen Japan und die bürgerlich-demokratische Revolution geschwächt, als Bündnispartner Frankreichs nicht in Frage zu kommen schien. Englischer Beistand für Frankreich sollte durch den schnellen Sieg, den der Schlieffenplan zu verbürgen schien, unwirksam werden. Aber die Grundgedanken eines schnellen Überraschungsangriffs gegen Frankreich zum Zwecke einer schnellen Entscheidung des Krieges legte der preußisch-deutsche Generalstab vor und nach der besonderen Situation zur Zeit der Abfassung des Planes auch den Operationsplänen für einen Krieg zugrunde, den Rußland an der Seite Frankreichs gegen Deutschland führte. Da Schlieffen damit rechnete, daß sich der Aufmarsch der russischen Armeen gegen Deutschland verzögern würde, meinte er, der Sieg über Frankreich würde den Zaren zum Friedensschluß veranlassen.

Die Irrealität dieses Planes ist auch dem Nichtfachmann einsichtig. Selbst bei Gelingen des Vormarsches in Frankreich bis zur Höhe von Paris blieb ein kriegsentscheidender Sieg über die französischen Armeen ungewiß.

Das militärische Potential Rußlands wurde von Schlieffen unterschätzt. Seine Nachfolger, denen dieser Fehler aufging, warfen bei Kriegsbeginn dann auch stärkere Truppenmassen nach Osten, als ursprünglich vorgesehen war. Die Sorge vor stärkerem russischem Widerstand hat ja schließlich auch nicht unwesentlich dazu beigetragen, daß der deutsche Imperialismus den Krieg im Jahre 1914 auslöste: Strategische Bahnbauten im Zarenreich, die damals noch nicht abgeschlossen waren, würden später den ganzen Plan der Kriegführung, der auf der Verzögerung eines russischen Aufmarsches aufgebaut war, zunichte machen.

Die Verwirklichung des Schlieffenplanes mußte, und in der Negierung dieser Tatsache zeigte sich die Abenteuerlichkeit der militärischen Planung wohl am krassesten, England nicht von einer Unterstützung Frankreichs fernhalten, sondern es gerade zum militärisch gefährlichsten Gegner machen. Der Bruch der Neutralität Belgiens, der für den Vormarsch nach Nordfrankreich die Voraussetzung war, bot unweigerlich den herrschenden Klassen Englands den erwünschten Anlaß, mit dem deutschen Konkurrenten abzurechnen, und mußte nach englischer Tradition, niemals die stärkste Kontinentalmacht an der belgischen Küste zu dulden, entscheidende britische Gegenschläge auszulösen.

Aggressiv und perspektivlos zugleich versuchte der deutsche Imperialismus, eine Militarisierung aller Lebensbereiche durchzusetzen, um das höchste Maß an Chancen zu erreichen. Der junkerlich-bürgerliche Charakter dieses Imperialismus ist mit seiner Aggressivität engstens verknüpft. Die Einigung von oben hatte den Junkern maßgeblichen politischen Einfluß belassen, und die Aggressivität des deutschen Kaiserreiches reproduzierte die Bedingungen, unter denen die Junker weiter im Heer, in der Bürokratie und in der Diplomatie dominieren konnten. Im Jahre 1909 waren von den 12 Oberpräsidenten 11 adlig und von den 36 Regierungspräsidenten 25. Die Heeresrangliste des Jahres 1913 zeigt, wie adlige Offiziere um so stärker in den einzelnen Waffengattungen dominierten, je höher deren soziales Prestige war: Der Adel stellte 87% der Stabsoffiziere der Kavallerie, 48% in der Infanterie, 41% in der Feldartillerie und 31% im Train. So drastisch adlige Privilegien ins Auge fallen mochten – „wenn man nicht ‚von' ist, ist es eigentlich ganz egal, wie man heißt", ließ der Simplizissimus um die Jahrhundertwende einen der „Edelsten der Nation" schnarren –, so darf doch nicht übersehen werden, daß der Gegensatz zwischen Junkern und Großbourgeoisie längst sekundär geworden war gegenüber dem Grundwiderspruch zwischen den aggressiven und antidemokratischen Bestrebungen der herrschenden Kreise insgesamt und den Interessen der Mehrheit der Nation an einer friedlichen und fortschrittlichen Entwicklung Deutschlands. Die maßgebenden Kreise des deutschen Finanzkapitals, insbesondere die Monopole in Kohle und Eisen, waren auf das engste mit dem Junkertum verflochten. Monopolisten und Junker hatten sich zu einem geschlossenen Ausbeuterblock zusammengefunden, dessen politische Sachwalter die wesentlichen finanzkapitalistischen Interessen auch dann vertraten, wenn sie dem Adel angehörten.

Es war vor allem die Wirtschaftskrise der Jahre 1900 bis 1903, die den Konzentrationsprozeß und die Monopolbildung förderte. In der Schwer- und zugleich Rüstungsindustrie war besonders augenfällig der Prozeß der vertikalen Konzentration: Einzelne Monopole erstreckten ihren Einfluß immer mehr auf vor- bzw. nachgeordnete Produktionszweige, während die „reinen Werke" infolge der Monopolisierung der Grundindustrie in Krisenzeiten zwischen zwei Mühlsteinen zerrieben wurden: „Auf der einen Seite hatten sie mit gleichbleibenden oder wenig sinkenden Einkaufspreisen zu rechnen, auf der anderen sanken ihre eigenen Verkaufserlöse schnell und stark.

Schließlich ergaben sich immer mehr reine Werke auf Gnade oder Ungnade den gemischten, die sich zu wahren Mammutunternehmungen auswuchsen." (Alfred Meusel)

Der Konzentrationsprozeß, der zur Monopolbildung führte, veranlaßte wesentliche Veränderungen im gesellschaftlichen Kräfteverhältnis der Klassen. Monopole nutzen ihre dominierende Stellung auf dem Markt aus, um überhöhte Preise für die in ihren Betrieben erzeugten Waren einzustreichen und auf diese Weise einen Monopolprofit zu realisieren. Da gerade bei einem hohen Monopolisierungsgrad der Grundindustrie Waren, die zu Monopolpreisen auf den Markt kommen, im allgemeinen nicht direkt an Käufer von Konsumgütern gelangen, sondern zunächst von anderen Kapitalisten gekauft werden, die diese Waren weiterverarbeiten, wird der Monopolprofit also, wie Jürgen Kuczynski nachgewiesen hat, zunächst auf Kosten des Profits solcher Kapitalisten gemacht, die noch unter den Bedingungen der freien Konkurrenz wirtschaften. Diese aber sind natürlich bestrebt, die ihnen vom Monopolkapital auferlegten Lasten weiter abzuwälzen – ein Bestreben, dessen Erfolg davon abhängt, wie stark der Widerstand der Massen der Konsumenten, vor allem also der Arbeiterklasse, ist. Es vertiefen sich deshalb mit dem Übergang zum Monopolkapitalismus und Imperialismus die Gegensätze zwischen der kleinen, aber dominierenden Monopolistengruppe und den übrigen Angehörigen der ausbeutenden Klassen, und zugleich vertiefen sich die Gegensätze zwischen Ausbeutern und Ausgebeuteten überhaupt.

Monopolistische Extraprofite werden aber auch und vor allem dadurch erzielt, daß die Ablösung des Kapitalismus der freien Konkurrenz durch den Monopolkapitalismus verbunden ist mit dem Übergang vom Waren- zum Kapitalexport. In weniger entwickelten Ländern und gar geschützt durch den staatlichen Zwangsapparat eines halbkolonialen Landes oder einer eigentlichen Kolonie Kapital anzulegen, kann höhere Ausbeutungsraten erbringen, als sie in den entwickelteren kapitalistischen Ländern zu erzielen sind, in denen es eine organisierte, im ökonomischen und politischen Kampf erfahrene Arbeiterklasse gibt. So ist der

Übergang des Kapitalismus in sein imperialistisches Stadium mit der Zuspitzung der Widersprüche innerhalb der imperialistischen Länder, zwischen den imperialistischen Mächten und zwischen den imperialistischen Staaten und den abhängigen Ländern verbunden – Wesensmerkmale einer Epoche, die zugleich die der imperialistischen Kriege und der proletarischen Revolution sein sollte.

Daß der Imperialismus sterbender Kapitalismus ist, daß sich die Gesetze der Geschichte nun gegen die Bourgeoisie kehrten, fand in den herrschenden Ideologien bald darin seinen Ausdruck, daß diese nun umgekehrt die Existenz von historischen Gesetzmäßigkeiten leugneten. Der Irrationalismus wurde zum wesentlichen Merkmal der bürgerlichen Auffassungen von der Gesellschaft.

Bereits am Vorabend der imperialistischen Epoche, in den neunziger Jahren, wurden unter den Philosophen und Historikern an den deutschen Universitäten lebhafte Auseinandersetzungen über prinzipielle methodologische Probleme geführt, in denen vor allem durch Wilhelm Dilthey, Wilhelm Windelband und Heinrich Rickert ein absoluter Gegensatz im Vorgehen der Natur- und der Geisteswissenschaften proklamiert wurde. Ohne technische Fortschritte gab es keine Profite, und daher wurde die wissenschaftliche Grundlage der Technik, die Naturwissenschaft, wenigstens innerhalb gewisser Grenzen als exakte Wissenschaft, die Gesetze aufzudecken vermag, behandelt. Die Geisteswissenschaften dagegen wurden, um jede Annäherung an materialistische Auffassungen zu verhindern, von nun an auf das bloße „Verstehen" (Dilthey) oder die Betrachtung der Erscheinungen nach ihrer „Wertbeziehung" (Rickert) – d. h. Betrachtung der Erscheinungen unter den Gesichtspunkten des bürgerlichen Klasseninteresses – verwiesen. Georg von Belows Invektiven gegen Lamprecht, der diese Doktrin nicht anerkannte, bildeten einen bezeichnenden Ausdruck dafür, daß mit dem Übergang zum Imperialismus auf dem Gebiet der Ideologie der Irrationalismus zur herrschenden Strömung geworden war und Opponenten auch an den Universitäten geradezu als vogelfrei betrachtet wurden.

„Eine winzige Gruppe von Monopolherren und Militaristen setzte die nationale Existenz des deutschen Volkes bedenkenlos aufs Spiel. Ihre verbrecherische Kriegs- und Eroberungspolitik geriet in einen unüberbrückbaren Gegensatz zum Streben der übergroßen Mehrheit der Nation nach Frieden und gesellschaftlichem Fortschritt, Freiheit und Demokratie, Menschlichkeit und Brüderlichkeit, Gerechtigkeit und Wohlstand. Seit der Jahrhundertwende wurde daher die Beseitigung der unheilvollen Herrschaft des Imperialismus und Militarismus zum Kernpunkt der nationalen Frage des deutschen Volkes. Von ihrer Lösung hingen das Schicksal und die weitere Entwicklung der Nation ab. Die Lösung der nationalen Lebensfrage konnte auch in Deutschland letzten Endes nur durch die sozialistische Revolution erfolgen. Das bedeutete, die Ideen des Kommunistischen Manifestes von Karl Marx und Friedrich Engels zu verwirklichen und die historische Mission der Arbeiterklasse zu erfüllen.“ (Geschichte der deutschen Arbeiterbewegung)

Die Zuspitzung aller gesellschaftlichen Widersprüche war wesentliches Merkmal der neuen Epoche – aber diese Tatsache führte nicht von selbst zu einer Revolutionierung der Massen. Der Eintritt des Kapitalismus in sein monopolistisches Stadium gab ja auch opportunistischen Strömungen in der Arbeiterbewegung eine neuartige Grundlage sozialer Art. Der Prozeß der Konzentration der Produktion und des Kapitals führte dazu, daß zahlreiche proletarisierte Kleinbürger in die Arbeiterklasse und auch in die Arbeiterbewegung einströmten und dabei ihre alten Ansichten mitbrachten. Das Wachstum der Arbeiterbewegung in die Breite ließ eine Arbeiterbürokratie in den Organisationen des Proletariats entstehen, die Reformen und Tageserfolge über das revolutionäre Ziel des proletarischen Klassenkampfes stellte und die Organisationen, in denen sie wirkte, als Selbstzweck ansehen mochte. Otto Hue, Redakteur der „Deutschen Bergarbeiterzeitung“, formulierte im Jahre 1900 solche Auffassungen, wenn er in einer Broschüre die Forderung nach parteipolitischer Neutralität der Gewerkschaften mit der Erklärung zu rechtfertigen versuchte: „Wohin die gewerkschaftliche Neutralität die Arbeiter politisch führt, das kann und muß dem Gewerkschaftsführer gleichgültig sein!“ Eine dritte soziale Wurzel des Revisionismus schließlich ergab sich aus der Tatsache, daß gerade in den Betrieben großer Monopole Teile des Monopolprofits abgezweigt wurden, um eine Schicht innerhalb der Arbeiterklasse, die sog. Arbeiteraristokratie, besser zu entlohnen und damit innerhalb der Arbeiterklasse Differenzierungen zu schaffen. Wenn die Existenz einer Arbeiteraristokratie objektive Grundlage für die Ausbreitung revisionistischer Strömungen wurde, so ist damit freilich nicht gesagt, daß jeder einzelne Angehörige dieser Arbeiteraristokratie auch Vertreter solcher Auffassungen sein mußte: Während des ersten Weltkrieges etwa waren es gerade technisch hochqualifizierte Arbeiter, die an den Streikbewegungen besonderen Anteil nahmen. Die bloße Existenz einer solchen Arbeiteraristokratie konnte aber auch opportunistische Illusionen bei solchen Proletariern herbeiführen die nicht selbst zu dieser Schicht gehörten, aus ihrem Vorhandensein aber schlossen, auch unter kapitalistischen Verhältnissen könne sich die ökonomische und soziale Lage der Arbeiterklasse überhaupt dauerhaft und ohne revolutionären Kampf heben.

Unterschiedliche Auffassungen und Auseinandersetzungen darüber hat es in der Arbeiterbewegung und in den Arbeiterparteien auch früher gegeben. Wir sahen, daß in den sechziger Jahren im Allgemeinen Deutschen Arbeiterverein eine immer stärker werdende Opposition gegen dessen opportunistische Führung wirkte. In der Dampfersubventionsfrage hatten sich die Massen der Mitglieder in den achtziger Jahren erfolgreich gegen das prinzipienlose Verhalten der Reichstagsfraktion gewandt. Mit dem Übergang zur imperialistischen Epoche veränderte jedoch der Opportunismus seinen Charakter: er erhielt eine objektive soziale Grundlage. Es genügte nicht mehr, seinen Trägern durch die bloße Kritik innerhalb der Partei entgegenzutreten, aber die traditionellen Prinzipien des Aufbaus, der Kampfesweise und ihrer politisch-ideologischen Arbeit beizubehalten. Eine Arbeiterpartei, in der der Opportunismus unter der Oberfläche immer weiter vordrang, konnte nicht mehr einfach „von unten" auf den revolutionären Weg gebracht werden. „Für die Einheit der Arbeiterklasse auf revolutionärer Grundlage war auch in Deutschland die Weiterentwicklung der marxistischen Partei zur Partei neuen Typus die entscheidende Voraussetzung. Sie konnte nur im kompromißlosen Kampf gegen den Revisionismus geschaffen werden." (Geschichte der deutschen Arbeiterbewegung)

Die neuen Aufgaben dieser Epoche konnten nur gelöst werden, wenn sich die Arbeiterklasse eine revolutionäre Partei neuen Typus schuf, eine Partei, die opportunistischen Auffassungen unduldsam entgegentrat und die auf der Grundlage des wissenschaftlichen Sozialismus eine Strategie und Taktik erarbeitete, welche die neuen Verhältnisse berücksichtigte. Diese Aufgabe wurde freilich nicht zuerst in Deutschland gelöst, sondern in demjenigen Land, in dem sich alle gesellschaftlichen Widersprüche am stärksten konzentrierten und das nun zum Zentrum der revolutionären Bewegung wurde, in Rußland. Auf dem 2. Parteitag der Sozialdemokratischen Arbeiterpartei Rußlands, der im Juli und August 1903 zusammentrat und seine Arbeiten in London abschloß, entstand die revolutionäre Kampfpartei, die Partei der Bolschewiki, die unter Führung Lenins zum Vorbild aller Parteien in der internationalen Arbeiterbewegung wurde. Es war auch Lenin, der die neue Strategie und Taktik der Arbeiterbewegung erarbeitete, wie sie den Bedingungen der imperialistischen Epoche entsprach. Waren früher die Hauptfeinde demokratischer Bestrebungen im Junkertum und Adel zu suchen, so wurde mit dem Übergang zum Imperialismus das Finanzkapital zum gefährlichsten Feind der Demokratie. Darunter ist nicht nur zu verstehen, daß sich die herrschenden imperialistischen Minderheiten gegen traditionelle demokratische Elemente in der politischen Verfassung der einzelnen Länder wandten oder Bestrebungen zur Demokratisierung der Staatseinrichtungen unterdrückten. Das ist zwar richtig, aber es erfaßt nicht den ganzen Inhalt des Begriffs Demokratie. „Demokratie" – das ist nicht nur eine Frage der Staatsform. Ernst Engelberg hat in Darlegungen von grundsätzlicher Bedeutung darauf hingewiesen, daß die Massen auch eine Demokratie entwickeln, wenn sie die staatliche Macht noch nicht ergriffen haben. Er nennt „die zu ihrer Zeit und in ihrem Land fortschrittliche Aktion der Massen Ausdruck des Wesens der Demokratie". So erklärt es sich, daß den verschiedenen demokratischen Bestrebungen – Bestrebungen nach demokratischen Rechten, zur Befreiung der Frau, nach besseren Bildungs- und Entwicklungsmöglichkeiten für die Jugend, nach Befreiung von nationaler Unterdrükkung und nach Frieden – von nun an eines gemeinsam war: ob es ihnen bewußt war oder nicht, richteten sie sich letzten Endes gegen das Monopolkapital. Der demokratische Kampf der Volksmassen und der sozialistische Kampf der Arbeiterklasse stoßen also auf ein und denselben Gegner. Die Arbeiterklasse wird so zugleich zur entschiedensten demokratisch-antiimperialistischen Kraft, unter deren Führung allein auch demokratische Bestrebungen einen dauerhaften Erfolg erzielen können.

In dem Ende Juli 1905 erschienenen Werk „Zwei Taktiken der Sozialdemokratie in der demokratischen Revolution" untersuchte Lenin die Besonderheiten der bürgerlich-demokratischen Revolution im Stadium des Imperialismus und entwickelte erstmals in der Geschichte des Marxismus die Lehre von der Hegemonie des Proletariats in der bürgerlich-demokratischen Revolution und von deren Hinüberwachsen in die sozialistische Revolution. Er stellte der menschewistischen Taktik, die in bürgerlich-demokratischen Revolutionen auch in der Epoche des Imperialismus der Bourgeoisie die politische Führung dieser Revolution überlassen wollte und damit zum Ausdruck des Opportunismus wurde, die bolschewistisch-revolutionäre Taktik gegenüber, die Taktik der Hegemonie des Proletariats auch in der demokratischen Revolution, zu deren Verwirklichung aber die Führung durch die marxistische Partei der Arbeiterklasse notwendig war. Diese Schrift erschien bereits zu einer Zeit, da in Rußland die bürgerlich-demokratische Revolution des Jahres 1905 begonnen hatte – eine Revolution, die auch Massenbewegungen des deutschen Proletariats auslöste. Seine Friedensdemonstrationen trugen wesentlich dazu bei, daß der deutsche Imperialismus nicht schon während des ersten Marokkokonfliktes einen Weltkrieg entfesselte. Franz Mehring schrieb Ende des Jahres 1905 in einem Jahresüberblick in der „Neuen Zeit": „In den Jahrbüchern der Weltgeschichte wird sich das Jahr 1905 ebenbürtig neben jede Jahresziffer stellen, von der eine neue Epoche der menschlichen Entwicklung datiert. Dieses Jahr kennzeichnet den Anfang einer Revolution, die, wie viele Phasen sie noch durchlaufen mag, wie Sieg und Niederlage in ihr wechseln mögen, dennoch nicht enden wird, ohne das Antlitz der zivilisierten Welt von Grund aus umgewandelt zu haben." Mehring sagte hier auch voraus: „Nicht zu gleicher Zeit wird die Stunde für die Arbeiterklasse der einzelnen Länder schlagen, aber schlagen wird sie überall. Und für diese Stunde gerüstet zu sein ist die wichtigste Aufgabe, die der deutschen Arbeiterklasse gegenwärtig obliegt."

Die Auseinandersetzungen, die in der deutschen Arbeiterbewegung über die Lehren der russischen Revolution geführt wurden, beschäftigten sich vor allem mit der Rolle, die der politische Massenstreik als Kampfmittel des Proletariats spielen könne. Jetzt zeichneten sich in der deutschen Arbeiterbewegung drei Strömungen ab. Eine revisionistische und opportunistische Strömung, wie sie vor allem durch Eduard Bernstein repräsentiert war, gab die marxistische Lehre vom Klassenkampf, von der proletarischen Revolution und der Diktatur des Proletariats offen preis. Bernsteins Grundthese war: „Die Bewegung ist alles – das Endziel ist nichts."

Eine zweite Strömung, der Zentrismus, trat zwar in Worten für den Marxismus und gegen den Revisionismus auf, aber er ebnete den Revisionisten den Weg und unterstützte sie in der Tat unter dem Deckmantel der Wahrung des Friedens und der Einheit der Partei.

In den Jahren 1905/06 zeichneten sich aber auch unter

dem Einfluß vor allem von Karl Liebknecht, Rosa Luxemburg, Franz Mehring und Clara Zetkin die deutschen Linken als politisch-ideologische Strömung ab. Sie setzten nicht nur die besten Traditionen der deutschen Arbeiterbewegung fort, sondern trugen auch zur Weiterentwicklung des Marxismus bei, indem sie um die Anwendung neuer Kampfmittel, wie sie den Bedingungen der imperialistischen Epoche entsprachen, rangen, indem sie entschieden gegen Militarismus und imperialistischen Krieg auftraten und gegen nationalistische Ideologien, wie sie die Opportunisten verbreiteten, für die Ideen des proletarischen Internationalismus eintraten. „Das größte Verdienst der Linken um die Arbeiterklasse und die Nation war ihr heroischer Kampf gegen den deutschen Imperialismus und Militarismus und seine innen- und außenpolitischen Kriegsvorbereitungen." (Geschichte der deutschen Arbeiterbewegung) Allerdings schlossen sich die Linken nicht schon rechtzeitig, d. h. in der Zeit vor dem ersten Weltkrieg, innerhalb der Sozialdemokratie zusammen, um sich mit einem großen Kreis von Mitgliedern und Funktionären auch organisatorisch vom Opportunismus trennen zu können. Sie blieben also eine politisch-ideologische Strömung, entwickelten sich aber vor dem ersten Weltkrieg noch nicht zu einer einheitlichen und geschlossenen Gruppierung.

Das wäre aber um so notwendiger gewesen, als etwa um das Jahr 1910 in Deutschland offensichtlich eine politische Krise heranzureifen begann, die schließlich in den ersten Weltkrieg einmündete. Die zweite Marokkokrise (1911) zeigte, wie die Kriegsgefahr gewachsen war. Die beiden Balkankriege der Jahre 1912 und 1913, in deren erstem eine Reihe von Balkanstaaten einen nationalen Befreiungskrieg gegen die Türkei führten, um aber dann untereinander in Konflikt um das Ergebnis des Sieges zu geraten, verschärften die internationalen Widersprüche noch weiter, obgleich – trotz der Einmischungsversuche imperialistischer Großmächte – die militärischen Konflikte noch lokalisiert blieben. Während des ersten Balkankrieges, im November 1912, fand der Internationale Sozialistenkongreß in Basel statt, der, anknüpfend an die Beschlüsse der Kongresse von Stuttgart (1907) und Kopenhagen (1910), das Proletariat aufforderte, alle wirksamen Mittel zur Verhinderung des Krieges einzusetzen und, falls der Krieg dennoch ausbrechen sollte, ihn durch den Sturz der kapitalistischen Klassenherrschaft zu beenden.

Daß eine politische Krise in Deutschland heranreifte, wurde vor allem in den Massenversammlungen und -demonstrationen des Jahres 1910 deutlich, in denen die Beseitigung des Dreiklassenwahlrechts in Preußen gefordert wurde und an denen sich in Berlin 200 000 Personen beteiligten. Ein relativ kleiner Lohnkampf – der Streik von 140 Kohlenarbeitern und Kutschern einer Kohlenhandlung in Berlin-Moabit – wuchs im September und Oktober des gleichen Jahres in eine Auseinandersetzung zwischen Arbeiterklasse und Staatsgewalt hinüber, an der etwa 20 000 bis 30 000 Menschen beteiligt waren und die in Straßenkämpfen mit der Polizei kulminierte. Die herrschenden Klassen dagegen steigerten ihre chauvinistische Propaganda: Im Jahre 1912 veröffentlichte der Vorsitzende des Alldeutschen Verbandes, Justizrat Class, unter dem Pseudonym Daniel Frymann mit dem Titel „Wenn ich der Kaiser wär'" den Entwurf eines alldeutschen Staates, nach dem das allgemeine Wahlrecht beseitigt und das Sozialistengesetz erneuert werden sollte, die Ausweisung aller Propagandisten des Sozialismus aus Deutschland und eine Sondergesetzgebung für alle jüdischen Mitbürger gefordert wurde. Die Schrift trat ausdrücklich für einen Aggressionskrieg ein. Wenn Class verlangte, daß angesichts der Tatsache, daß die Zahl der französisch Sprechenden in Elsaß-Lothringen seit 1871 stetig gewachsen sei, die Verfassung dort aufgehoben und das Land künftig „diktatorisch regiert" werden solle, so wurden solche Forderungen im Spätherbst 1913 in praktische Provokationen der elsässischen Bürger umgesetzt: Ein Leutnant versicherte einem Rekruten, für das Niederstechen eines „Wackes", wie der Schimpfname für die Elsässer damals hieß, werde er nicht bestraft, sondern mit 10 Mark belohnt werden. Daraufhin erhob sich in der Stadt Zabern eine Protestbewegung, gegen die das Militär mit gezogenen Waffen vorging und die mit wahllosen Verhaftungen unterdrückt werden sollte. Der Protest gegen diese Provokationen des Militärs und gegen den Militarismus war in ganz Deutschland so unüberhörbar, daß sich sogar eine überwältigende Mehrheit des Reichstages gegen das Verhalten der Regierung aussprechen mußte und von Bethmann-Hollweg, seit 1909 Reichskanzler, mit 293 gegen 54 Stimmen das Mißtrauen ausdrückte.

In einer solchen Atmosphäre wachsender internationaler Spannung und zunehmender innenpolitischer Konflikte in Deutschland ereignete sich das Attentat auf den österreichischen Thronfolger Erzherzog Franz Ferdinand, der am 28. Juni 1914 in Sarajevo von serbischen Nationalisten erschossen wurde. Dieses Attentat war nicht die Ursache, sondern allenfalls der Anlaß des Ausbruchs des ersten Weltkrieges – aber es war der Anlaß nicht in dem Sinne, daß es automatisch den Krieg auslösen mußte. Die Regierungen in London, Paris und Petersburg waren zunächst eher daran interessiert, die nun aufbrechenden Widersprüche noch einmal auszugleichen. Franz Ferdinand war in der Habsburger Monarchie alles andere als beliebt, galt er doch als Protektor der militaristischen Elemente, der bei der Thronübernahme einen Kurs verstärkter Unterdrückung der abhängigen Nationalitäten und Nationen einleiten würde, so daß selbst in den herrschenden Kreisen sein Tod eher Erleichterung als Bestürzung hervorrief. Die Entscheidung darüber, ob der Mord von Sarajevo einen Weltkrieg auslösen würde, lag in Berlin, und sie fiel in Berlin. Graf Hoyos, der Kabinettschef im k.u.k. Außenministerium, wurde am 4. Juli von Wien nach Berlin entsandt. Er führte schriftlich formulierte Anfragen an die deutsche Regierung mit sich, die er dem österreichisch-ungarischen Botschafter in Berlin übergeben sollte, damit dieser sie dem deutschen Kaiser vorlegen könne. Eine definitive Entscheidung für oder gegen den Krieg war von österreichischer Seite noch nicht gefallen – die maßgebenden Kreise der Habsburger Monarchie waren sich klar darüber, daß ohne die Zustimmung der deutschen Regierung das Attentat auf Franz Ferdinand nicht durch Maßnahmen gegen Serbien zu beantworten war, die einen Krieg auslösen mußten. (In dem Schreiben des österreichischen Kaisers war die Rede von der „Ausschaltung Serbiens als politischer Machtfaktor auf dem Balkan".) Der österreichisch-ungarische Botschafter wurde am 5. Juli vom deutschen Kaiser empfangen und berichtete telegrafisch: „In meiner Gegenwart las Kaiser mit großer Aufmerksamkeit beide Schriftstücke. Zuerst versicherte mir Höchstderselbe, daß er eine ernste Aktion unsererseits gegen Serbien erwartet habe, doch müsse er gestehen, daß er infolge der Auseinandersetzungen unseres Allergnädigsten Herrn eine ernste europäische Komplikation im Auge behalten müsse und daher vor einer Beratung mit Reichskanzler keine definitive Antwort erteilen will. Nach dem Déjeuner, als ich nochmals Ernst der Situation mit großem Nachdruck betonte, ermächtigte mich Seine Majestät, unserem Allergnädigsten Herrn zu melden, daß er auch in diesem Falle auf die volle Unterstützung Deutschlands rechnen könne." Über Mittag hatte also Wilhelm II. die Entscheidung über Krieg und Frieden getroffen und der österreichischen Regierung die unbedingte Unterstützung Deutschlands zugesichert. Am folgenden Tage, dem 6. Juli, machte der Reichskanzler dem Botschafter die gleichen Zusicherungen, und in einer Reihe von Beratungen, die an diesen beiden Tagen mit leitenden Offizieren geführt wurden, vergewisserte sich Wilhelm II., daß das deutsche Heer bereitstünde. Am 6. Juli reiste Wilhelm II. zu seiner alljährlichen Nordlandreise ab, die auch in diesem Jahr nicht abgesagt wurde, damit die Weltöffentlichkeit nicht vorzeitig alarmiert wäre. Vorher aber war noch ein weiterer Interessent über die vorausgegangenen Besprechungen unterrichtet worden: Gustav Krupp von Bohlen und Halbach. Krupp besprach daraufhin sofort mit einigen seiner Direktoren die Maßnahmen für den zu erwartenden Krieg.

Nachdem der österreichischen Regierung in klarer Sprache die bedingungslose Unterstützung zugesichert worden war, konnte nun wieder die Sprache der offiziellen Diplomatie angewandt werden, die die wahren Absichten der herrschenden Kreise mehr verbarg als enthüllte. Die Entscheidung über den Krieg gegen Serbien war bereits gefallen. „Die Potsdamer Beratungen am 5. und 6. Juli waren entscheidend für den Ausbruch des Weltkrieges. In voller Kenntnis der weitreichenden Folgen, die die von Kaiser Franz Joseph angekündigte ‚Ausschaltung Serbiens als politischer Machtfaktor auf dem Balkan' nach sich ziehen mußte, gaben Kaiser und Kanzler des Deutschen Reiches den Vertretern Österreich-Ungarns Blankovollmacht für die Entfesselung des Krieges, der dem Kaiser gar nicht schnell genug kommen konnte." (Fritz Klein) Kaiser und Reichsregierung, Militärs und Kriegsinteressenten mußten sich freilich damit abfinden, daß die österreichische Regierung sich noch Zeit ließ, ihre Forderungen an Serbien bekanntzugeben, wollte man doch das Ende eines Besuches des französischen Staatspräsidenten Poincaré in Petersburg abwarten, während dessen Dauer eine französisch-russische Verständigung über die Antwort der Entente auf ein österreichisches Ultimatum erleichtert und beschleunigt würde. Der deutsche Staatssekretär von Jagow erkundigte sich sogar nach der genauen Stunde der Abfahrtszeit des französischen Staatspräsidenten und veranlaßte die österreichische Regierung, da man sich dort etwas verrechnet hatte, die Übergabe des Ultimatums im serbischen Außenministerium, die für den 23. Juli, um 17.00 Uhr, vorgesehen war, noch um eine Stunde zu verschieben. Die in aller Stille getroffenen Kriegsvorbereitungen wurden mit diesem Ultimatum mit einem Schlage offenbar: Die österreichische Regierung hatte völlig unannehmbare Forderungen gestellt. So sollte zum Beispiel die serbische Regierung „einwilligen, daß in Serbien Organe der k. u. k. Regierung bei der Unterdrückung der gegen die territoriale Integrität der Monarchie gerichteten subversiven Bewegung mitwirken", was einem freiwilligen Verzicht auf die Souveränität des Landes gleichgekommen wäre. Während die russische und die französische Regierung eindeutig erklärten, sie würden nicht tatenlos zusehen, wenn Österreich Serbien überfiele, zögerte England noch, seine Haltung festzulegen – nicht aus Liebe zum Frieden, sondern weil die dort herrschenden Kreise den Moment gekommen sahen, mit dem deutschen Konkurrenten abzurechnen, und ihn nicht durch präzise formulierte Warnungen noch rechtzeitig von seinem Weg in den Krieg abbringen wollten. Daß die gesamte Entente in den Konflikt eingreifen würde, war von den verantwortlichen Politikern des deutschen Reiches einkalkuliert worden, wenngleich sie natürlich hofften, der österreichische Überfall auf Serbien würde nur zu einem lokalisierten Krieg führen.

Am 26. Juli wurden, einem Aufruf des Parteivorstandes der deutschen Sozialdemokratie entsprechend, in zahlreichen deutschen Städten Antikriegskundgebungen und -demonstrationen veranstaltet. In jeder größeren deutschen Stadt beteiligten sich Tausende von Menschen an Kundgebungen, in denen angesichts des österreichischen Ultimatums an Serbien der Friedenswille des klassenbewußten Proletariats zum Ausdruck gebracht wurde. In 30 Versammlungen, die am 28. Juli in Berlin durchgeführt wurden, protestierten fast 30 000 Menschen in gleichlautenden Resolutionen gegen die Weltkriegsgefahr.

Zu dieser Zeit aber waren von Kaiser und Reichsregierung alle Vorbereitungen für den Krieg insgeheim bereits abgeschlossen und die für diesen Fall vorgesehenen Gesetzesvorlagen unterschrieben worden.

Nachdem die österreichische Regierung ihr Ultimatum an Serbien überreicht hatte, mußten unter den geschilderten Bedingungen die beiden in den vergangenen Jahren gegeneinander aufgebauten imperialistischen Bündnissysteme effektiv werden. Die serbische Regierung lehnte es selbstverständlich ab, sich den österreichischen Forderungen zu unterwerfen. Genau einen Monat nach dem Attentat von Sarajevo, am 28. Juli, erklärte Österreich-Ungarn Serbien den Krieg. Rußland beantwortete diese Kriegserklärung mit der Mobilmachung. Kaiser Wilhelm II. ordnete daraufhin am 1. August an, Heer und Marine mobilzumachen, und ließ Rußland den Krieg erklären. Dem Schlieffenplan entsprechend marschierten noch am gleichen Tage deutsche Truppen in das neutrale Luxemburg ein. Zwei Tage später erklärte Deutschland auch Frankreich den Krieg. Am 4. August begann der Einmarsch in Belgien. Das hatte zur Folge, daß England die diplomatischen Beziehungen mit

Deutschland abbrach. Damit hatte der erste Weltkrieg begonnen, der von beiden kriegführenden Seiten um territoriale Eroberungen und die Unterdrückung anderer Nationen geführt wurde, der die revolutionäre Arbeiterbewegung schwächen und die Werktätigen von den innenpolitischen Krisen ablenken sollte, der tatsächlich aber die allgemeine Krise des ganzen kapitalistischen Wirtschafts- und Gesellschaftssystems eingeleitet hat. Hauptverantwortlich für die Entfesselung dieses Krieges war der deutsche Imperialismus, war er es doch, der die Vorherrschaft in Europa und eine Neuaufteilung der Welt anstrebte und deshalb auch Österreich-Ungarn ermuntert und bevollmächtigt hatte, den Konflikt mit Serbien so zuzuspitzen, daß eine friedliche Lösung unmöglich wurde.

Die Massenkundgebungen der letzten Julitage hatten den Willen der sozialdemokratischen Arbeiter und darüber hinaus der werktätigen Massen sichtbar gemacht, einen Krieg zu verhindern. Nur eine Minderheit der sozialdemokratischen Reichstagsfraktion hatte sich aber gegen eine Bewilligung der Kriegskredite gewandt. Karl Liebknecht versuchte vergeblich, sie zur Abgabe einer Erklärung gegen diese Kredite zu gewinnen. So brach am 4. August die seit Jahren in der Partei schwelende Krise offen aus. Unter Anwendung des Fraktionszwanges gegen die Minderheit stimmte die sozialdemokratische Fraktion im deutschen Reichstag den Kriegskrediten zu. Der Opportunismus hatte gesiegt. Die opportunistischen Führer waren offen in das Lager der Monopolbourgeoisie eingeschwenkt. Der Verrat, den die opportunistische Führung der deutschen Sozialdemokratie an den Beschlüssen der Internationalen Sozialistenkongresse, an den Friedensforderungen der deutschen Arbeiterbewegung und am erklärten Willen der Massen beging, war zugleich eine offene Spaltung der deutschen Sozialdemokratie. Er war nur dadurch wirksam zu beantworten, daß sich die revolutionären Kräfte formierten und den vollständigen Bruch mit dem Opportunismus vollzogen.

Deutsche Truppen gelangten, nachdem Belgien erobert und Brüssel am 20. August besetzt worden war, Anfang September 1914 bis vor Paris. In der Schlacht an der Marne

(5.–12. September) brachten aber französische und englische Truppen den deutschen Vormarsch zum Stehen. Die Blitzkriegsstrategie hatte ihr Ziel verfehlt: Der schnelle Bewegungskrieg, auf den die deutschen Militaristen gesetzt hatten, verwandelte sich in einen langwierigen Stellungskrieg. Hatte sich auch der Aufmarsch der russischen Truppen schneller vollzogen, als dies der deutsche Generalstab erwartet hatte, so wurde doch die Lage in Ostpreußen stabilisiert und im Mai 1915 mit einer Durchbruchsschlacht zwischen Tarnow und Gorlice in Galizien eine Offensive eröffnet, die Polen, Litauen und Kurland weitgehend in die Hand der deutschen Armeen fallen ließ. Dann aber wurde auch an der Ostfront der Krieg zum Stellungskrieg.

Mit dem Scheitern des Schlieffenplanes war die deutsche Kriegführung bereits wenige Wochen nach Ausbruch des Krieges militärisch und wirtschaftlich in eine Krise geraten. Die Bewaffnung war einseitig auf den offensiven Bewegungskrieg abgestellt (M. Lachmann): Die Artillerie war stärker auf Beweglichkeit als auf Reichweite orientiert, an Maschinengewehren, die für den Bewegungskrieg zu unhandlich erschienen, mangelte es vorerst, und Panzerkampfwagen waren zwar 1912 einer Prüfungskommission vorgeführt, aber als im Sinne der herrschenden Militärdoktrin ungeeignet abgelehnt worden (während die Entente bereits 1916 Tanks einsetzte, tauchte der erste deutsche Panzer erst im März 1918 auf dem Schlachtfeld auf, und bei Kriegsende waren nur 45 Stück vorhanden). Das Scheitern der Blitzkriegskonzeption erforderte aber nicht nur eine Umrüstung, sondern eine Umstellung der deutschen Wirtschaft überhaupt.

Die Aggressivität des deutschen Imperialismus und das Scheitern seines ursprünglichen Kriegsplanes führten gleichermaßen dazu, daß der staatsmonopolistische Kapitalismus sich zuerst in Deutschland während des ersten Weltkrieges auszubilden begann. In einer Lektion „Krieg und Revolution“, die Lenin im Mai 1917 hielt, stellte er fest, gegen die „hauptsächliche englisch-französische Gruppe“ habe sich „eine andere, noch beutegierigere, noch räuberischere Gruppe in Bewegung gesetzt, eine Gruppe von Kapitalisten, die an den Tisch des kapitalistischen Schmauses herantraten, als die Plätze schon besetzt waren, dabei aber neue Verfahren zur Entwicklung der kapitalistischen Produktion, eine bessere Technik und eine unvergleichliche Organisation in den Kampf führten ... Diese Gruppe entwickelte die Grundlagen für die Verstaatlichung der kapitalistischen Produktion, für die Vereinigung der Riesenmacht des Kapitalismus mit der Riesenmacht des Staates zu einem einzigen Mechanismus, der viele Millionen Menschen in einer einzigen Organisation des Staatskapitalismus erfaßt." In einer Resolution zur April-Konferenz 1917 heißt es zur gleichen Frage: „Der monopolistische Kapitalismus verwandelt sich in staatsmonopolistischen Kapitalismus, eine Reihe von Ländern gehen unter dem Druck der Verhältnisse zur öffentlichen Regulierung der Produktion und der Verteilung über, einige von ihnen führen die allgemeine Arbeitspflicht ein. Bei Aufrechterhaltung des Privateigentums an den Produktionsmitteln gehen alle diese Schritte in Richtung einer größeren Monopolisierung und größeren Verstaatlichung der Produktion unweigerlich Hand in Hand mit einer immer stärkeren Ausbeutung der werktätigen Massen, mit der Verstärkung der Unterdrückung, der Erschwerung des Widerstandes gegen die Ausbeuter, dem Erstarken der Reaktion und des Militärdespotismus." Solche staatsmonopolistischen Formen einer unmittelbaren Verschmelzung von Monopolen und Staat gaben bereits der Kriegsrohstoffabteilung das Gepräge, die wenige Wochen nach Ausbruch des Krieges gebildet und zu deren Leiter Walter Rathenau, Sohn des Begründers der AEG und Geschäftsinhabers einer der größten Banken, der Berliner Handelsgesellschaft, berufen wurde. Die Kriegsrohstoffabteilung erfaßte und verteilte alle für die Bedürfnisse der Kriegswirtschaft benötigten Rohstoffe. Darüber hinaus wurden in den folgenden Monaten sog. „Kriegsgesellschaften" gebildet, in denen ebenfalls führende Monopolisten in staatlichem Auftrag einzelne Wirtschaftszweige kontrollierten. Konkurrenz und Kampf der Kapitalisten untereinander fanden damit nicht ihr Ende, sondern nahmen neue Formen an, wurden jetzt auch um die Einflußnahme auf derartige Staatsorgane und um die Gewinnung von Positionen in ihnen geführt. Auch innerhalb des deutschen Monopolkapitals gab es ja – bei aller Gemeinsamkeit in den grundlegenden Interessen – doch verschiedene Gruppen. Die deutschen Finanzkapitalisten waren zwar in gleicher Weise daran interessiert, durch den Krieg eine Neuaufteilung der Welt zu erzwingen, und sie waren in gleicher Weise daran interessiert, Einfluß auf Gebiete zu gewinnen, in denen bisher andere Mächte dominiert hatten. Wie diese Kriegsziele im einzelnen aussehen sollten, war jedoch zwischen den beiden Hauptgruppen des deutschen Monopolkapitals umstritten. Die rheinisch-westfälischen Montanmonopole, die Diskontogesellschaft, die Mehrzahl der Junker und die Teile der chemischen Industrie, die an der Rüstung unmittelbar interessiert waren, also die Sprengstoff- und Anilingruppe, traten besonders energisch für direkte Annexionen in Europa ein: Sie forderten die Annexion Nordfrankreichs und Belgiens und erwarteten, daß der Krieg mit der Vernichtung des englischen Weltreiches enden würde. Nicht weniger raubgierig, waren die Konzerne der Elektroindustrie und des Schiffbaues sowie die Mehrzahl der Banken doch realistischer in der Einschätzung des internationalen Kräfteverhältnisses und beurteilten die Chancen einer deutschen Weltherrschaft nüchterner. Der gegenwärtige Krieg sollte nach ihrer Auffassung vor allem zur Bildung eines mitteleuropäischen Wirtschaftsverbandes und zu Gebietseroberungen im Osten führen. Mit England würde ein Kompromiß zu schließen sein, eine Atempause zur Vorbereitung eines neuen Krieges, den man also bereits ins Auge faßte, als noch der erste Weltkrieg tobte, und er sollte dann den endgültigen Sieg über England bringen.

Eine im September 1914 vom Reichskanzler Bethmann-Hollweg verfaßte Denkschrift über die deutschen Kriegsziele konzentrierte sich auf jene Vorhaben, die zunächst realisierbar schienen. Die Politik der „Diagonale" (Willibald Gutsche), die die Regierung Bethmann-Hollweg betrieb, vertrat die grundlegenden Gemeinsamkeiten der verschiedenen Monopolgruppen, sah aber als die nächsten taktisch erreichbaren Ziele diejenigen an, die von der zweiten Gruppe formuliert worden waren. Diese Gruppe neigte auch in der Innenpolitik zu einer anderen Taktik als die alldeutschen Kreise des Finanzkapitals, die mit den Junkern am engsten verflochten waren und jedes Zugeständnis an die Arbeiterbewegung ablehnten.

Die bürgerlichen Gegner der Junkerherrschaft gruppierten sich vornehmlich um die neuen Industrien, insbesondere um die Elektroindustrie. Einer der Offiziere, die solchen Auffassungen nahe standen, General Wilhelm Groener, Chef des Feldeisenbahnwesens, wurde am 1. November 1916 zum Chef eines „Kriegsamtes" ernannt, das die Produktion von Kriegsmaterial koordinieren sollte. Groener übergab am 25. Juli 1917 eine Denkschrift an den Reichskanzler (Bethmann-Hollweg war wenige Tage zuvor gestürzt worden, sein Nachfolger wurde Michaelis). Diese Denkschrift trug den Titel „Über die Notwendigkeit staatlichen Eingriffs zur Regelung der Unternehmergewinne und Arbeiterlöhne" und forderte eine Besteuerung der Kriegsgewinne, staatliche Eingriffe zur Regelung der Arbeiterlöhne und unter bestimmten Voraussetzungen auch eine staatliche Zwangsverwaltung von Rüstungsbetrieben. Diejenige imperialistische Gruppe, die sich um die rheinisch-westfälische Schwerindustrie sammelte und mit den Junkern eng verbunden war – ihr wichtigster Exponent war Ludendorff, formell seit August 1916 Generalquartiermeister in der Obersten Heeresleitung, faktisch der eigentliche Herrscher im Deutschland der letzten Kriegsjahre –, war zu dieser Zeit freilich stark genug, einen derartigen Vorstoß zurückzuweisen: Am 18. August 1917 wurde Groener seiner Funktion als Chef des Kriegsamtes enthoben. Groener wurde übrigens nach Ludendorffs Rücktritt, am 29. August 1918, gerade dessen Nachfolger als erster Generalquartiermeister und hat in dieser Eigenschaft die geheimen Telefongespräche mit Ebert geführt, in denen bereits am 10. November das Bündnis zwischen Militarismus und Opportunismus gegen die Novemberrevolution seinen Ausdruck fand. Er war später zeitweilig Reichswehrminister und im zweiten Kabinett Brüning auch Reichsinnenminister. Aber auch die beiden Mitarbeiter Groeners, die diesen Vorstoß unterstützt hatten, traten noch in den folgenden Jahrzehnten im politischen Leben Deutschlands in Erscheinung: Kurt von Schleicher, Groener aus gemeinsamer Arbeit in der Eisenbahnverwaltung bekannt, wurde später sein Nachfolger als Reichswehrminister und war der letzte Reichskanzler der Weimarer Republik. Der eigentliche Verfasser der Denkschrift, Dr. Richard Merton, Hauptaktionär eines Monopols auf dem Gebiet der Nichteisenmetalle, der Metallgesellschaft Frankfurt (Main), sollte in den fünfziger Jahren neben Hermann Abs einer der wichtigsten Berater Konrad Adenauers werden.

Bis 1916 hatte die deutsche Kriegführung eine Reihe von Erfolgen verzeichnen können – der augenfälligste unter ihnen war, daß sich die Kämpfe mit ihren Greueln und den Verwüstungen der Materialschlachten ja an allen Fronten auf gegnerischem Territorium abspielten. Aber keiner dieser Erfolge besaß kriegsentscheidende Bedeutung: Der Versuch, durch den Angriff auf die stärkste französische Festung Verdun immer neue Kräfte der Entente zu binden und sie gleichsam an dieser Stelle ausbluten zu lassen, war gescheitert. In der Seeschlacht am Skagerrak (31. Mai/1. Juni 1916), der einzigen großen Seeschlacht des ganzen Krieges, hatte die englische Flotte zwar größere Verluste erlitten als die deutsche, aber es war Deutschland doch nicht gelungen, die Herrschaft über die Nordsee zu erringen. Auch der U-Boot-Krieg hatte nicht die erwarteten Erfolge zur Gegenblockade der britischen Inseln gebracht. Mit dem Kriegseintritt Italiens (Mai 1915) und Rumäniens (August 1916) hatte sich die Verlagerung des militärischen und ökonomischen Übergewichts auf die Seite der Entente noch beschleunigt. So setzte die deutsche Heeresleitung schließlich alles auf eine Karte: Nachdem man schon mehrfach Ansätze in dieser Richtung unternommen hatte, der amerikanischen Proteste wegen aber wieder zurückgewichen war, wurde am 1. Februar 1917 der uneingeschränkte U-Boot-Krieg angekündigt, d.h. die Versenkung aller feindlichen oder neutralen Passagier- und Handelsschiffe ohne Warnung, die im Seegebiet um England, in den französischen Küstengewässern und im Mittelmeer angetroffen würden. Dadurch sollte die Entente wirtschaftlich so stark geschwächt werden, daß sie zum Frieden bereit wäre. Es gelang bis zum Herbst des Jahres 1917 zwar, die geplanten monatlichen Versenkungsziffern von 600 000 BRT zum Teil beträchtlich zu übertreffen und England große Versorgungsschwierigkeiten zu bereiten, aber bald wurden die Mittel zur Abwehr der deutschen U-Boote verbessert, und die Zusammenfassung der Schiffe in Geleitzügen, die von Zerstörern begleitet wurden, verhinderten bald Angriffe der deutschen U-Boote. Vor allem aber: Die Erklärung des uneingeschränkten U-Boot-Krieges veranlaßte die USA, die in den Kriegsjahren immer festere ökonomische Bindungen mit England eingegangen waren, zum Eintritt in den Krieg (6. April 1917). Es sollte zwar noch Monate dauern, bis das amerikanische Heer mobilisiert, ausgerüstet und nach Nordfrankreich transportiert worden war, aber wenn die deutsche Seekriegsleitung zugesichert hatte, daß im Falle eines amerikanischen Kriegseintritts deutsche U-Boote die Mehrheit der amerikanischen Truppentransporter versenken würden, konnte in Wirklichkeit der Nachschub aus den USA in keiner Weise ernsthaft behindert werden.

Der chauvinistische Taumel der ersten Kriegswochen war schon nach dem Scheitern der Marneschlacht bei großen Teilen des Heeres und in der Heimat der Ernüchterung gewichen. Die Materialschlachten des Stellungskrieges, wie die Schlacht in der Champagne (Herbst 1915), die grauenvollste dieser Schlachten, die Schlacht um Verdun (Frühjahr 1916), in der 700 000 Soldaten beider Seiten den Tod fanden, und die Schlacht an der Somme (Juni bis November 1916), die über eine Million Menschen das Leben kostete, hatten die Sinnlosigkeit und Aussichtslosigkeit des vom deutschen Imperialismus entfesselten Krieges noch schrecklicher verdeutlicht. Es war nicht die sich abzeichnende deutsche Niederlage, die die Linken in der deutschen Arbeiterbewegung auf ihrem Wege vorwärts trieb: Ihr Kampf gegen Militarismus und Imperialismus hatte lange vor Ausbruch des Krieges begonnen. Aber das Elend, das der Krieg zur Folge hatte, die Differenzen in den herrschenden Klassen und die wachsende Empörung der Massen bilden den Hintergrund, auf dem die von ihnen geführte Bewegung erstarkte. Karl Liebknecht hatte bereits im November 1914 Thesen über die Ursachen und den Charakter des Krieges ausgearbeitet, in denen er dessen imperialistischen Charakter und die besondere Kriegsschuld des deutschen Imperialismus nachwies. Als einziger Abgeordneter des deutschen Reichstages stimmte er am 2. Dezember 1914 gegen die zweite Kriegskreditvorlage der Regierung und gab damit für die deutsche Arbeiterklasse ein Signal zum Kampf gegen den imperialistischen Krieg. Das war ein erster wesentlicher Schritt zum Bruch der revolutionären deutschen Sozialdemokraten mit dem Opportunismus. Der wachsende Druck der Massen ließ ein Jahr später auch eine Reihe zentristischer Abgeordneter gegen eine Kriegskreditvorlage der Regierung Stellung nehmen – da die Zentristen jedoch nicht zum revolutionären Antikriegskampf aufriefen, hemmten sie den Kampf gegen Imperialismus und Krieg.

Einen wesentlichen Fortschritt auf dem Wege zur Herausbildung einer revolutionären Kampfpartei in Deutschland bildete die Reichskonferenz der Gruppe „Internationale“, die am 1. Januar 1916 in Berlin zusammentrat und an der u.a. Karl Liebknecht, Franz Mehring und Wilhelm Pieck teilnahmen. In den von dieser Konferenz gebilligten Leitsätzen hieß es: „Das sozialistische Endziel wird von dem internationalen Proletariat nur verwirklicht, indem es gegen den Imperialismus auf der ganzen Linie Front macht und die Losung ‚Krieg dem Kriege‘ zur Richtschnur seiner praktischen Politik erhebt.“ Die Konferenz beschloß, regelmäßig „Politische Briefe“ herauszugeben. Aus der anonymen Bezeichnung der Herausgeber dieser Briefe, „Spartakus“, entwickelte sich der Name „Spartakusgruppe“. Wenige Wochen darauf erschien die von Rosa Luxemburg verfaßte, unter dem Pseudonym „Junius“ veröffentlichte Broschüre „Die Krise der Sozialdemokratie“. Rosa Luxemburg widerlegte die sozialchauvinistische Phrase vom nationalen Befreiungskrieg und analysierte Ursachen und Wesen des imperialistischen Weltkrieges. Sie forderte die Sozialdemokraten auf, jenen „Burgfrieden" zwischen Ausbeutern und Ausgebeuteten zu durchbrechen, den die herrschenden Klassen bei Kriegsausbruch proklamiert und auf den die Opportunisten eingegangen waren. Im März 1916 schloß die Mehrheit der sozialdemokratischen Reichstagsfraktion diejenigen aus, die den Etatforderungen der Regierung die Zustimmung verweigert hatten. Damit vertieften die Sozialchauvinisten die organisatorische Spaltung der Partei. Die Ausgeschlossenen bildeten die Sozialdemokratische Arbeitsgemeinschaft, deren Position im wesentlichen denen des Zentrismus entsprach und der Liebknecht deshalb nicht beitrat. Aus ihr ging im April 1917 die Unabhängige Sozialdemokratische Partei Deutschlands hervor, in der sich vor allem solche ehemaligen Mitglieder der Sozialdemokratischen Partei sammelten, die für einen sofortigen Friedensschluß eintraten und sich deshalb von der Politik der SPD abgewandt hatten. Unter dem Vorbehalt politisch-ideologischer Selbständigkeit trat auch die Spartakusgruppe der USPD bei – ein Schritt, der sich aus mangelnder Klarheit über die Rolle einer selbständigen marxistischen Kampfpartei bei den Führern der Linken ergab, die noch immer nicht vollständig überwunden war, und der die Herausbildung einer marxistisch-leninistischen Partei in Deutschland verzögerte.

Zu dieser Zeit war der Zarismus in Rußland bereits gestürzt. Die bürgerlich-demokratische Revolution des Februar 1917 (nach dem heutigen Kalender: 10.–12. März) hatte aber noch ein weiteres, auf längere Sicht ungleich bedeutenderes Ergebnis: Sie hatte der Partei der Bolschewiki die Möglichkeit gegeben, aus der Illegalität herauszutreten, die Massen zu gewinnen und die Revolution weiterzuführen.

Auch in der Gründung der USPD kam der Einfluß der Februarrevolution auf die deutsche Arbeiterbewegung zum Ausdruck. Daß der Krieg gegen Rußland weitergeführt wurde, obgleich der Zarismus gestürzt worden war, widerlegte nur zu deutlich die Zwecklüge, Deutschland führe einen Verteidigungskrieg gegen das despotische Zarentum.

Aber die Gründung der USPD war nicht das einzige Echo der Februarrevolution in Deutschland. Streiks, die im April 1917 in den größten deutschen Städten geführt wurden – unmittelbar veranlaßt durch die Ankündigung weiterer Kürzungen der Brot- und Mehlrationen, in ihrer Tendenz aber weit über diesen Anlaß hinausgehend –, gaben vor allem der Forderung der Massen nach sofortigem Friedensschluß Ausdruck. Als die reformistischen Gewerkschaftsführer diese Streiks auf ökonomische Forderungen zu beschränken und schließlich abzuwürgen versuchten – ein Versuch, der wegen des Fehlens einer zentralen revolutionären Führung bei einem Teil der Streikenden Erfolge hatte –, beantworteten in Berlin 400 000 Arbeiter diese Versuche mit der Fortsetzung ihrer Kämpfe unter politischen Losungen. Der wirtschaftliche Streik schlug hier in den politischen Massenstreik um, und in Berlin entstanden unter Führung von Spartakusanhängern die ersten Arbeiterräte in Deutschland. Zwar wurden die Streiks gewaltsam niedergeworfen und die bestreikten Betriebe unter militärische Leitung gestellt, den herrschenden Klassen war aber doch deutlich die Kraft der revolutionären Arbeiterbewegung vor Augen geführt worden. In einer „Osterbotschaft" versprach Wilhelm II., nach dem Kriege werde in Preußen das direkte und geheime Wahlrecht eingeführt werden (von einem gleichen Wahlrecht war auch jetzt noch nicht die Rede), und im Juli 1917 nahm eine Mehrheit des Reichstages aus Zentrum, Fortschrittspartei und SPD eine „Friedensresolution" an, die einen Verständigungsfrieden befürwortete, ohne jedoch die Bedingungen, unter denen Deutschland zur Beendigung des Krieges bereit war, klar zu formulieren. Immerhin waren Gewaltanwendung und Demagogie so geschickt verbunden worden, daß im Sommer und Herbst keine ähnlich umfassenden Massenaktionen wie im Frühjahr 1917 geführt werden konnten.

Trotz solcher Manöver ergriff die revolutionäre Bewegung nun aber auch die bewaffneten Kräfte, und zwar zuerst die Flotte. Das erklärt sich daraus, daß sich unter den Besatzungen der Hochseeflotte viele qualifizierte, politisch erfahrene Arbeiter befanden, daß diese hier auf bebesonders engem Raum konzentriert waren und der Gegensatz zwischen dem Leben der Offiziere und der Mannschaften auf den Schiffen, die lange Zeit in einem Heimathafen lagen, deutlicher zutage trat als bei den Fronttruppen. Revolutionäre Matrosen wollten einen Flottenstreik als Teil eines Generalstreiks für den Frieden einleiten und bildeten eine Flottenzentrale, der u. a. Johannes Beckers, Albin Köbis und Max Reichpietsch angehörten. Sie setzten ihre Hoffnung auf eine Unterstützung durch die USPD. Einige örtliche Funktionäre der Unabhängigen haben diese Aktion auch tatsächlich unterstützt. Am 2. August 1917 trat die Besatzung der „Prinzregent Luitpold" in den Streik. Etwa 600 Matrosen verließen das Schiff. Aber es gelang der Marinejustiz, die Bewegung niederzuwerfen. Köbis und Reichpietsch wurden zum Tode verurteilt und am 5. September 1917 hingerichtet. Einige Führer der USPD, von denen die Matrosen wirksame Unterstützung erwartet hatten, bedauerten zwar die Opfer, bekannten sich aber in echt zentristischer Weise nicht zu den Zielen der Bewegung. Lenin dagegen stellte über den Matrosenaufstand fest: „Es ist unzweifelhaft, daß der Aufstand in der deutschen Flotte ein Anzeichen der großen Krise des Heranreifens der Weltrevolution ist."

IV.
VON DER GROSSEN SOZIALISTISCHEN OKTOBER-REVOLUTION BIS ZUR BEFREIUNG DEUTSCHLANDS VOM FASCHISMUS

1.
Von der Großen Sozialistischen Oktoberrevolution in Rußland zur Novemberrevolution in Deutschland

„Diese ruhige Sicherheit, die ebenso daraus entspringt, daß die russischen Revolutionäre sicheren Boden unter ihren Füßen fühlen als auch daß sie aus den tiefsten Quellen der sozialistischen Wissenschaft schöpfen, gibt der Regierung der Sowjetrepublik das kennzeichnende Gepräge." Mit diesen Worten beschrieb Franz Mehring wenige Monate, nachdem die Sowjetmacht in einem Land, das sich über ungefähr $^1/_6$ der Erdoberfläche erstreckt und damals von etwa 150 Millionen Menschen bewohnt war, errichtet wurde, die historischen Ergebnisse der Großen Sozialistischen Oktoberrevolution. Seine Worte deuten auf die zwei Seiten dieser weltgeschichtlichen Bedeutung hin: Auf das Vorbild und das Beispiel, das die Bolschewiki der internationalen Arbeiterbewegung gaben, indem sie die von Lenin entwickelte wissenschaftliche Theorie der Revolution anwandten, einerseits, und auf die mittelbaren und unmittelbaren Auswirkungen der ersten erfolgreichen sozialistischen Revolution auf die Ereignisse in allen übrigen Ländern der Welt andererseits.

Beispiel und Vorbild für die internationale Arbeiterbewegung: Lenin hatte bereits in der ersten russischen Revolution des Jahres 1905 erarbeitet, daß in der imperialistischen Epoche demokratische und sozialistische Revolution nicht mehr durch starre Grenzen voneinander geschieden sind, daß vielmehr auch die bürgerlich-demokratische Revolution des 20. Jahrhunderts nur dann von durchgreifendem Erfolg sein kann, wenn sich die Arbeiterklasse an die Spitze der revolutionären Bewegung stellt, im Kampf um die Durch- und Weiterführung dieser Revolution die Massen des Volkes um sich schart und sie so an die sozialistische Revolution heranführt. Weil das russische Proletariat eine Partei besaß, die sich diese Theorie zu eigen gemacht hatte, gelang es ihm, den revolutionären Prozeß, der zur Februarrevolution des Jahres 1917 geführt hatte, weiterzuführen und ihm einen neuen, sozialistischen Charakter zu geben. Vier Bewegungen vereinigten sich in jenem Strom, der in die Oktoberrevolution einmündete: der Kampf der russischen Arbeiter um Befreiung von kapitalistischer Ausbeutung, die Forderung der Bauern des Zarenreiches nach Land und das Streben der unterdrückten Nationen nach nationaler Befreiung. Schließlich aber und alle diese Bewegungen zusammenfassend der Haß gegen den imperialistischen Krieg, den die russische Bourgeoisie auch nach der Februarrevolution erst recht weiterführte, und die unabweisbare Forderung nach Frieden. Die Februarrevolution hatte zwar keine dieser Forderungen erfüllt, aber sie hatte es wesentlich erleichtert, diese Forderungen zu verbreiten und organisiert für ihre Erfüllung zu kämpfen. In den ersten Monaten nach dem Sturz des Zarismus schien es sogar möglich, auf friedlichem Wege aus der demokratischen in die sozialistische Phase dieser Revolution zu gelangen, bestand doch in Rußland eine Doppelherrschaft, gab es neben der provisorischen Regierung, dem Organ der Bourgeoisie, die Sowjets als demokratisches Machtinstrument der Arbeiter und Bauern. Bis die Konterrevolution im Juli des Jahres 1917 eine Gegenoffensive eröffnete, die Doppelherrschaft beseitigt wurde und die reaktionäre Bourgeoisie die Alleinherrschaft eroberte, bestand die Möglichkeit, die Macht der Räte stetig so weit auszubauen und zu festigen, daß ohne bewaffneten Konflikt die Machtinstrumente der Bourgeoisie ausgeschaltet werden konnten. Nach dieser konterrevolutionären Offensive aber war diese Möglichkeit versperrt. In klarer Erkenntnis dieser neuen Situation nahmen die Bolschewiki jetzt Kurs auf die Vorbereitung des bewaffneten Aufstandes. Die revolutionären Arbeiter, Soldaten und Matrosen von Petrograd, der damaligen Hauptstadt Rußlands, besetzten am 6. November 1917 (dem 24. Oktober nach der im alten Rußland geltenden Zeitrechnung) die wichtigsten strategischen Punkte der Stadt, und am Abend des 7. November gaben die Schüsse des Kreuzers „Aurora“ das Signal zum Sturm auf das Winterpalais, in das sich die Regierung Kerenski geflüchtet hatte. Am nächsten Tage hatte der Aufstand in der Hauptstadt gesiegt. Der II. Sowjetkongreß, der für den 8. November einberufen worden war, erklärte in einem von W. I. Lenin verfaßten Aufruf: „Die ganze Macht geht allerorts an die Sowjets der Arbeiter-, Soldaten- und Bauerndeputierten über, die eine wirkliche revolutionäre Ordnung zu gewährleisten haben.“

Der Sieg der Oktoberrevolution verwandelte nicht nur das gesellschaftliche Kräfteverhältnis innerhalb Rußlands. Er bildete zugleich einen welthistorischen Wendepunkt, leitete er doch die Epoche des Übergangs vom Kapitalismus zum Sozialismus in der ganzen Welt ein. Mochte die neue Macht der Arbeiterklasse zunächst auch noch im Innern Rußlands und vor allem durch immer neue imperialistische Interventionsversuche von außen bedroht sein, so übte sie doch seit dem Tage ihres Entstehens ihre Wirkung auch auf diejenigen Länder aus, in denen noch kapitalistische Verhältnisse fortbestanden: Seit dem Tage, da die Oktoberrevolution siegte, stehen, ob dies den Beteiligten bewußt ist oder nicht, gesellschaftliche Auseinandersetzungen und Klassenkämpfe in allen Ländern der Welt zugleich in Beziehung zu der Tatsache, daß der Sozialismus staatlich organisierte Macht zunächst auf einem Sechstel der Erde erhalten hatte.

Die Veränderungen im gesellschaftlichen Kräfteverhältnis zwischen Imperialismus und Sozialismus, die sich auf das Geschick jeder einzelnen Nation auswirkten, kamen damals sofort im Hinblick auf das brennendste politische Problem zum Ausdruck, das Problem des Friedens. In seiner ersten Rede vor dem II. Sowjetkongreß trug Lenin das von ihm ausgearbeitete „Dekret über den Frieden“ vor. Der Kongreß beschloß dieses Dekret, in dem die Fortsetzung des Krieges als „das größte Verbrechen an der Menschheit“ angeklagt und allen kriegführenden Völkern und Regierungen vorgeschlagen wurde, sofort Verhandlungen über einen gerechten, demokratischen Frieden ohne Annexionen und Kontributionen aufzunehmen. Das Dekret über den Frieden wandte sich aber nicht nur an die Regierungen, sondern auch unmittelbar an die Volksmassen und forderte sie auf, entschlossen für die Beendigung des Krieges zu kämpfen.

Der Friedensappell der Sowjetregierung gab vor allem Deutschland eine unerwartete und einmalige Chance. Nachdem die Blitzkriegsstrategie des deutschen Imperialismus gescheitert war, konnte nicht mehr mit einem Sieg der Armeen Deutschlands und seiner Verbündeten gerechnet werden. Wenn die deutsche Regierung aber, dem aus Petrograd erfolgten Appell folgend, im Osten den ihr vorgeschlagenen Frieden schloß, wenn sie einen wirklichen Verständigungsfrieden ohne Annexionen und Kontributionen einging und darüber hinaus den Regierungen der westlichen imperialistischen Staaten vorschlug, auch mit ihnen ähnliche Friedensverträge zu schließen, dann mußte dies einen so tiefen Eindruck in der ganzen Welt machen, daß auch diese Regierungen dem Vorschlag nicht ausweichen konnten. Der Appell der Sowjetregierung konnte, wenn er von Deutschland aufgenommen wurde, die schlimmsten Folgen der Niederlage abwenden und zugleich allen Völkern der Welt den Frieden bringen.

Ende November 1917 nahm die deutsche Regierung tatsächlich das Friedensangebot der Sowjetregierung an. Sie trug damit dem Eindruck Rechnung, den die Oktoberrevolution gerade im deutschen Volk gemacht hatte. Freilich hatten die verschiedenen politischen Hauptkräfte sehr unterschiedliche Konsequenzen aus den russischen Ereignissen gezogen. Die Spartakusgruppe stellte in einem Aufruf „Die Stunde der Entscheidung“, der im Dezember 1917 erging, fest: „Wenn Rußland, das gestern noch zaristisch war, heute eine von sozialistischen Arbeitern beherrschte Republik ist, dann ist es auch in Deutschland für andere Zustände Zeit. Nur durch Massenkämpfe, durch Massenauflehnung, durch Massenstreiks, die das ganze wirtschaftliche Getriebe und die gesamte Kriegsindustrie zum Stillstand bringen, nur durch Revolution und die Erringung der Volksrepublik in Deutschland durch die Arbeiterklasse kann dem Völkermord ein Ziel gesetzt und der allgemeine Frieden herbeigeführt werden." So erkannten die deutschen Linken sofort die welthistorische Bedeutung der Oktoberrevolution, begrüßten den Sieg der Arbeiter und Bauern Rußlands und riefen die deutschen Arbeiter und Soldaten auf, ihrem Beispiel zu folgen. Auch die Leitung der USPD sandte der Sowjetregierung ein Begrüßungstelegramm und forderte zu „Massenkundgebungen für einen auf allen Seiten annexionslosen Frieden" auf. Anfangs begrüßten auch die Führungen der SPD und der Gewerkschaften die Oktoberrevolution. Es war aber von Anfang an deutlich erkennbar, daß die rechten sozialdemokratischen Führer die Beendigung des Krieges im Osten nur deshalb forderten, weil sie damit den deutschen Imperialismus vor der drohenden militärischen Niederlage und der heraufziehenden revolutionären Krise retten wollten. Nachdrücklich betonten sie, der „russische Weg" einer sozialen Umwälzung sei angeblich in einem hochindustrialisierten und politisch entwickelten Land wie Deutschland nicht gangbar.

So waren die herrschenden Kreise des deutschen Imperialismus zwar gezwungen, Verhandlungen mit Sowjetrußland aufzunehmen und damit große Teile der werktätigen Massen irrezuführen – aber in der für sie typischen Überschätzung der eigenen Kräfte, in ihrer Wirklichkeitsfremdheit und in ihrem Expansionsstreben zielten sie in diesen Verhandlungen von vornherein auf das Gegenteil jenes demokratischen Friedens ohne Annexionen und Kontributionen, den die Sowjetregierung vorgeschlagen hatte und auf den die Massen des Volkes hofften. Es gelang ihnen, Sowjetrußland einen Raubfrieden aufzuzwingen, der die unvermeidliche Niederlage Deutschlands im ersten Weltkrieg um einige Zeit hinausschob, der aber diese Niederlage um so katastrophaler für das deutsche Volk machen sollte.

Am 3. Dezember 1917 wurden in Brest-Litowsk Verhandlungen aufgenommen, in denen zunächst eine zehntägige Waffenruhe vereinbart und am 15. Dezember ein Waffenstillstandsabkommen unterzeichnet wurde. Mitte Januar 1918 legte aber die deutsche Delegation in ultimativer Form ihre wirklichen Forderungen vor: Von dem früheren russischen Reich sollten Polen, Litauen, ein Teil Belorußlands, die Ukraine sowie Teile Estlands und Lettlands abgetrennt werden. In eklatantem Widerspruch zu den Forderungen und Hoffnungen auf einen Frieden ohne Annexionen sollten diese Länder entweder von Deutschland direkt annektiert oder in deutsche Satellitenstaaten verwandelt werden. Noch während der Verhandlungen wurde ein Sonderfrieden mit der konterrevolutionären Separatregierung der Ukraine geschlossen, nach dem die Mittelmächte aus der Ukraine umfangreiche Getreide- und Lebensmittellieferungen erhielten und als Gegenleistung dafür diese weißgardistische Regierung anerkannt wurde.

Als bekannt wurde, daß die Regierungen Deutschlands und seiner Verbündeten die Friedenserwartungen der Völker getäuscht und betrogen hatten, entstanden die machtvollsten Massenaktionen, die es während des ersten Weltkrieges gegeben hat. Mitte Januar brachen zuerst in den Ländern der Habsburger Monarchie politische Massenstreiks aus, am 1. Februar begann ein Matrosenaufstand in der österreichisch-ungarischen Flotte im Hafen von Cattaro, und Ende Januar kam die Kampfbereitschaft der deutschen Arbeiterklasse in einem Massenstreik zum Ausdruck, der das ganze Gefüge des deutschen Imperialismus ernsthaft erschütterte. Der Munitionsarbeiterstreik des Januar 1918 wurde von der Spartakusgruppe und revolutionären Obleuten vorbereitet. Er begann am 28. Januar 1918. In Berlin verließen mehr als 400 000 Arbeiter die Betriebe. Am Nachmittag des 28. Januar traten 414 gewählte Betriebsvertrauensleute zusammen, konstituierten sich als Groß-Berliner Arbeiterrat und beschlossen einstimmig Streikforderungen, wie die nach schleuniger Herbeiführung des Friedens ohne Annexionen und ohne Kriegsentschädigung, wie er von Sowjetrußland vorgeschlagen worden war, und einer durchgreifenden Demokratisierung der gesamten Staatseinrichtungen. Der Arbeiterrat wählte einen Aktionsausschuß, dem die Leitung des Streiks übertragen wurde. Die Streikbewegung breitete sich schnell über Berlin aus und ergriff fast alle industriellen Gebiete Deutschlands. Mehr als eine Million Arbeiter und Arbeiterinnen haben sich am Januarstreik beteiligt. Am 30. und 31. Januar erreichte die Bewegung in Berlin ihren Höhepunkt. In mehreren Stadtteilen kam es zu bürgerkriegsähnlichen Zusammenstößen. Daraufhin verhängten die Militärbehörden den verschärften Belagerungszustand über Berlin, setzten außerordentliche Kriegsgerichte ein und stellten sieben große Rüstungsbetriebe unter militärische Leitung. Zwar war durch diese Maßnahmen der Kampfgeist der Berliner Arbeiter nicht zu brechen – nun wirkte sich aber verhängnisvoll aus, daß zu dem Arbeiterrat, der den Streik leiten sollte, auch Vertreter der Parteivorstände der USPD und der SPD hinzugezogen worden waren, und die Führer der SPD, wie Friedrich Ebert später erklärte, „mit der bestimmten Absicht in die Streikleitung" eingetreten waren, „den Streik zum schnellsten Abschluß zu bringen". Der Aktionsausschuß beschloß am 3. Februar, den Kampf abzubrechen, und Philipp Scheidemann hat sechs Jahre später während eines Prozesses, der im Jahre 1924 geführt wurde, offen zugegeben: „Wenn wir nicht in das Streikkomitee hineingegangen wären, dann wäre der Krieg und alles andere meiner festen Überzeugung nach schon im Januar erledigt gewesen ... Durch unser Wirken wurde der Streik bald beendet und alles in geregelte Bahnen gelenkt. Man sollte uns eigentlich dankbar sein."

Nach der Abwürgung des Streiks wurden die Unterdrükkungsmaßnahmen noch verstärkt. Allein in Berlin wurden 50 000 Streikteilnehmer dadurch bestraft, daß sie zum Militärdienst einberufen wurden. Tausende wurden verhaftet. Karl Liebknecht und Rosa Luxemburg waren schon früher eingekerkert worden, und im März 1918 spürte die Polizei auch eine illegale Beratung führender Spartakusanhänger auf und setzte acht von ihnen gefangen.

In der Erkenntnis, daß der junge sozialistische Staat durch den Frieden die notwendige Atempause erhielt, um sich politisch und wirtschaftlich zu festigen und eine starke Armee zu schaffen, setzte Lenin durch, daß der Rat der Volkskommissare die sowjetische Verhandlungsdelegation in Brest-Litowsk anwies, den Friedensvertrag zu unterzeichnen. Entgegen dieser Weisung lehnte jedoch Trotzki, der Leiter dieser Delegation, am 10. Februar 1918 die deutschen Friedensbedingungen ab. Seine Erklärung, Sowjetrußland würde den Krieg einstellen und die Armee demobilisieren, den Vertrag aber nicht unterzeichnen, gab den deutschen Imperialisten den gesuchten Vorwand, den Krieg wieder aufzunehmen und mit militärischer Gewalt ihre Forderungen durchzusetzen. Die deutsche Offensive brachte die Sowjetrepublik in große Gefahr. Nun entstanden aus 10000 Freiwilligen und demobilisierten Soldaten die ersten Einheiten bewaffneter Formationen des Arbeiter- und- Bauern-Staates, der Roten Armee.

Es gelang jedoch nicht, den deutschen Vormarsch ganz aufzuhalten. Als die Sowjetregierung ihre Bereitschaft, unverzüglich Frieden zu schließen, erklärte, wurden die deutschen Bedingungen noch verschärft. Ganz Lettland und Estland sollten losgetrennt werden, Sowjetrußland wurde eine hohe Kontribution auferlegt, die sowjetischen Streitkräfte sollten demobilisiert und die Ukraine als selbständiger Staat anerkannt werden. So schwer die Bedingungen dieses Raubfriedens waren, führte er doch das Land aus dem Kriege heraus, so daß am 3. März das Diktat von Brest-Litowsk von der Sowjetregierung unterzeichnet wurde.

Nach der zeitweiligen Entlastung, die durch den Friedensschluß erzielt worden war, versuchte die deutsche Heeresführung noch einmal, durch eine Offensive im Westen die englischen und anschließend die französischen

Armeen zu zerschlagen und durch eine Strategie, die in mancher Hinsicht der des August 1914 entsprach, den „Siegfrieden“ zu erreichen. Es war eine ganze Reihe von Faktoren, die Ludendorff veranlaßten, alles auf eine Karte zu setzen, um durch schnelle Erfolge im Westen noch einmal eine Wende des Krieges zu erzwingen: Die Forderung nach Frieden war trotz der Unterdrückung der Januarstreiks nicht mehr zum Verstummen zu bringen, der Einfluß der Oktoberrevolution zeigte sich vor allem bei den Soldaten der Ostfront, amerikanische Truppentransporter brachten immer größere Massen frischer, gut ausgerüsteter amerikanischer Soldaten über den Atlantik, und der Rohstoffmangel war trotz der Ausplünderung der osteuropäischen Länder nicht mehr zu überwinden. Die am 21. März eingeleitete Offensive brachte den deutschen Truppen in den ersten Tagen beträchtlichen Raumgewinn – es gelang, an der Nahtstelle zwischen den englischen und französischen Truppen Einbrüche zu erzielen, eine englische Armee zu zerschlagen, einer zweiten schwere Verluste zuzufügen und das Zusammenwirken zwischen den beiden Ententemächten zu gefährden. Auf Grund dieser ersten Erfolge wurden die Operationen von der Obersten Heeresleitung noch erweitert. Strategisches Ziel wurde noch einmal ein Vorstoß zur Eroberung der französischen Hauptstadt. Deutsche Truppen schienen dem Ziel im Juni nahegekommen zu sein: man begann, Paris durch Ferngeschütze zu beschießen – aber nachdem alle Ententetruppen in Frankreich dem gemeinsamen Oberbefehl des Generals Foch unterstellt worden waren, amerikanische Verstärkung eingetroffen war und die letzte Welle deutscher Vorstöße aufgefangen werden konnte, bereitete im Juli 1918 die Entente den Übergang zur strategischen Gegenoffensive vor. Zwei französische Armeen mit 400 Tanks stießen am 18. Juli bei Villers-Cotterets vor und erzielten einen tiefen Einbruch. Am 8. August – nach Ludendorffs Eingeständnis dem „schwarzen Tag“ des deutschen Heeres – brachte ein alliierter Durchbruch bei Amiens die deutsche Front ins Wanken. Ludendorff, gleichgültig gegen die Not der Massen und unbekümmert um die Folgen eines Scheiterns der Offensive – nach ihnen befragt, hatte er im Februar 1918 dem Prinzen Max von Baden geantwortet, „dann muß Deutschland eben zugrunde gehen", eine Haltung also, wie sie auch später Hitler zum Ausdruck brachte, wenn er, wie mehrfach bezeugt ist, sagte, wenn Deutschland sich seiner nicht als würdig erwiese, solle es zugrunde gehen –, mußte jetzt zugeben, daß der Krieg nicht mehr zu gewinnen sei.

Angesichts des Heranreifens einer revolutionären Situation bereiteten sich herrschende wie unterdrückte Klassen auf ihre Weise auf die kommenden Ereignisse vor. Nachdem Bulgarien bereits am 29. September die Waffen gestreckt, Österreich-Ungarn sich seit Mitte September um die Einleitung von Friedensverhandlungen bemüht hatte und der Block der Mittelmächte auseinanderfiel, nachdem Ludendorff am 29. September hatte erklären müssen, daß der Krieg verloren sei und die verzweifelte Lage des Heeres einen sofortigen Waffenstillstand erfordere, wurde zum einen versucht, Friedensverhandlungen einzuleiten und dadurch die Empörung der Volksmassen abzulenken. In der Nacht vom 3. zum 4. Oktober ersuchte die deutsche Regierung den Präsidenten der USA um Waffenstillstands- und Friedensverhandlungen. Die herrschenden Kreise wollten aber auch jetzt noch nicht mehr als einen Waffenstillstand unter bestimmten Bedingungen: Der Besitz Elsaß-Lothringens, der Kolonien und der Eroberungen im Osten sollte Deutschland von vornherein garantiert, andernfalls aber der Krieg fortgesetzt werden. Als die deutschen Bedingungen abgelehnt, von der Entente vielmehr ein Waffenstillstand nur unter solchen Bedingungen vorgeschlagen wurde, die eine Fortsetzung des Krieges durch Deutschland verhinderten, bezeichnete die Oberste Heeresleitung dies tatsächlich noch als unannehmbar. Die herrschenden Kreise des deutschen Imperialismus konnten aber nun nicht länger verhehlen, daß die militärische Lage aussichtslos geworden war. Ludendorff wurde am 26. Oktober entlassen. Er bekam damit Gelegenheit, sich der Verantwortung zu entziehen und noch vor Abschluß des Waffenstillstandes das

Seine zur Herausbildung und Verbreitung der Legende vom Dolchstoß zu tun, durch den das angeblich im Feld unbesiegte Heer von der Heimat und den Zivilisten am weiteren Widerstand gehindert worden wäre. Zum anderen und vor allem aber wurden innenpolitische Konzessionen gemacht, die die heranreifende Revolution aufhalten sollten. Am 3. Oktober wurde Prinz Max von Baden, dem man liberale Auffassungen nachsagte, zum Reichskanzler berufen, und neben Vertretern des Zentrums und der Fortschrittlichen Volkspartei traten auch Philipp Scheidemann, Mitglied des Parteivorstandes der SPD, und Gustav Bauer, zweiter Vorsitzender der Generalkommission der Gewerkschaften, als kaiserliche Staatssekretäre in die neue Regierung ein. „Die rechten Führer der SPD und der Gewerkschaften waren in konsequenter Fortführung ihrer arbeiterfeindlichen und antinationalen Politik vom 4. August 1914 bereit, bei den Bemühungen der Monopolherren, der Junker und der Militaristen, die Monarchie und die imperialistische Klassenherrschaft zu retten, aktiv mitzuwirken.“ (Geschichte der deutschen Arbeiterbewegung)

Wenn die rechte sozialdemokratische Führung schon seit dem Frühjahr 1918 von den halben „Sympathieerklärungen“ für den Kampf der Arbeiter und Bauern Rußlands abgerückt war und den Antikommunismus und Antibolschewismus zur ideologischen Grundlage ihrer opportunistischen Politik gemacht hatte, so wurde es nun ihr Hauptbestreben, durch einen Übergang zur Parlamentarisierung der Monarchie eine Revolution zu verhindern. Am 26. Oktober beschloß der Reichstag gegen die Stimmen der Konservativen eine Änderung der Reichsverfassung, nach der der Reichskanzler in Zukunft das Vertrauen des Reichstages besitzen müsse und diesem für seine Amtsführung verantwortlich sei. Kriegserklärung und Friedensschluß wurden an die Zustimmung des Reichstages und des Bundesrates gebunden. Die Umwandlung Deutschlands aus einer konstitutionellen in eine parlamentarische Monarchie bildete eine taktische Konzession der herrschenden Kreise des deutschen Imperialismus und der opportunistischen sozialdemokratischen Führung; die Parlamentarisierung sollte den Einfluß der demokratischen Kräfte nicht verstärken, sondern gerade einschränken, und sie sollte die politischen Machtverhältnisse in Deutschland erhalten. Auch auf ökonomischem Gebiet setzten sich nun diejenigen Kräfte in den herrschenden Klassen durch, die zu gewissen Konzessionen bereit waren. Eine Tagung führender Monopolherren, die im Stahlhof zu Düsseldorf am 9. Oktober 1918 veranstaltet wurde, kam zu der Erkenntnis, man müsse „das Unternehmertum vor der drohenden, über alle Wirtschaftszweige hinwegfegenden Sozialisierung, der Verstaatlichung und der nahenden Revolution bewahren". Für diese Hauptaufgabe gab es nur einen Weg: „Inmitten der allgemeinen großen Unsicherheit, angesichts der wankenden Macht des Staates und der Regierung gibt es für die Industrie nur auf seiten der Arbeiterschaft starke Bundesgenossen, das sind die Gewerkschaften." Liefen also die Konzessionen, auf die sich die herrschenden Kreise vorbereiteten, auf die Einleitung von Friedensverhandlungen, die Parlamentarisierung im Rahmen der Monarchie und die Gewährung einiger ökonomischer Zugeständnisse hinaus, so waren doch solche Vorbereitungen zugleich ein Ausbau politisch-strategischer Rückzugsstellungen, die man um jeden Preis halten wollte: Die Parlamentarisierung diente der Erhaltung der Macht des deutschen Imperialismus, die Form, in der man die Friedensverhandlungen vorbereitete, und die personellen Veränderungen in der Heeresleitung sollten die militärischen Grundlagen erhalten, und soziale Konzessionen wurden vorbereitet, um die ökonomischen Grundlagen des deutschen Imperialismus zu sichern. Ob dieses Vorhaben gelang, hing freilich nicht nur von den herrschenden Kreisen ab und hing nicht nur ab von der Bereitwilligkeit, mit der rechtssozialdemokratische Führer sich diesem Kurs anpaßten.

Karl Liebknecht hat im Frühjahr 1918 aus der Zuchthauszelle in Luckau der Führung der Spartakusgruppe in einem Kassiber strategische Hinweise übermittelt:

„Lehren. Parole. Auch in Deutschland die sozialistische Revolution direkt propagieren? Hinweis auf wirtschaftliche und politische Bedeutung. Notwendigkeit, Kriegsgewinne, Kriegsanleihen aller Kriegsbetriebe – Mun.- u. Waffenfabriken und des gesamten Kapitals der Kriegs- und Kriegszielinteressenten –, allen kapitalistischen Grundbesitz, alle Fabriken, Bankkapital etc. in Gemeinbesitz bringen. Für Ausrottung der Wurzeln und Quellen aller Kriegsinteressen wie der politischen Reaktion." Wenn Karl Liebknecht hier zeigte, wie die Massen über den Kampf gegen Kriegs- und Kriegszielinteressenten des Monopolkapitals an die sozialistische Revolution heranzuführen seien, so beweist dies, wie die Führung der Spartakusgruppe es unter dem Einfluß der Oktoberrevolution und aus den Erfahrungen des Klassenkampfes in Deutschland immer besser lernte, eine Politik auszuarbeiten, die das Ringen um die Beendigung des Krieges und den Sturz des kaiserlich-imperialistischen Regimes mit dem Kampf um den Sozialismus verknüpfte. Das kommt vor allem zum Ausdruck in den Beschlüssen der Reichskonferenz der Spartakusgruppe, die am 7. Oktober 1918 illegal in Berlin durchgeführt wurde. In einem Aufruf an die Bevölkerung wurde u. a. die unverzügliche Freilassung aller politischen Gefangenen, die sofortige Aufhebung des Belagerungszustandes und die durchgreifende Umgestaltung des Heereswesens gefordert. Eine weitere dieser Forderungen lautete: „Enteignung des gesamten Bankkapitals, der Bergwerke und Hütten, wesentliche Verkürzung der Arbeitszeit, Festsetzung von Mindestlöhnen." Der Aufruf verlangte ferner: „Enteignung des Groß- und Mittelgrundbesitzes, Übergabe der Leitung der Produktion an Delegierte der Landarbeiter und Kleinbauern". „Abschaffung der Einzelstaaten und Dynastien" war die letzte der Forderungen, deren Charakter noch mit den Worten präzisiert wurde: „Proletarier, die Erreichung dieser Ziele bedeutet noch nicht die Erreichung Eures Zieles, sie sind der Prüfstein dafür, ob die Demokratisierung, die die herrschenden Klassen und deren Agenten Euch vorflunkern, echt ist. Der Kampf um die wirkliche

Demokratisierung geht nicht um Parlament, Wahlrecht oder Abgeordneten-Minister und anderen Schwindel; er gilt den realen Grundlagen aller Feinde des Volkes: Besitz an Grund und Boden und Kapital, Herrschaft über die bewaffnete Macht und über die Justiz." Mochte auch die Forderung nach „Enteignung des Mittelgrundbesitzes" ungenügender Klarheit über die Notwendigkeit des Bündnisses der Arbeiterklasse mit der werktätigen Bauernschaft entspringen – in seinem wesentlichen Gehalt war das Programm der Spartakuskonferenz eine politisch richtige, wissenschaftlich wohlbegründete Aufgabenstellung für die heranreifende Revolution, die berücksichtigte, daß die Erfüllung der hier formulierten antiimperialistisch-demokratischen Forderungen die Voraussetzung für den Übergang zur sozialistischen Revolution war. Es orientierte mit Recht darauf, den deutschen Imperialismus und Militarismus in einer Volksrevolution zu überwinden und damit die nationale und soziale Grundaufgabe dieser Revolution zu lösen.

Es war eine Provokation der herrschenden Klassen, die das Signal für den Beginn der Novemberrevolution gab. Seekriegsleitung und Flottenkommando beabsichtigten noch Ende Oktober 1918, die gesamte deutsche Kriegsflotte zu einem Vorstoß einzusetzen. Ein überraschender Angriff leichterer Einheiten auf die englische Kanalküste und die Küste Flanderns sollte das Gros der englischen Flotte zum Auslaufen und zur Schlacht mit der deutschen Flotte herausfordern. Das Unternehmen war militärisch absurd und aussichtslos und hätte wenige Tage, bevor der Krieg zu Ende sein mußte, wahrscheinlich 80000 deutschen Matrosen das Leben gekostet. Wenn Karl Dietrich Erdmann in dem 1959 erschienenen 4. Band des Gebhardtschen „Handbuches der deutschen Geschichte" (unter Berufung auf den sozialdemokratischen Historiker Arthur Rosenberg) behauptet: „das war ein militärisch vernünftiger Entschluß" der Marineleitung, so beweist dies, wie noch in unserer Zeit führende westdeutsche Historiker das Abenteurertum und die Menschenverachtung der deutschen Militaristen rechtfertigen und die

Novemberrevolution auf eine Meuterei von Matrosen zurückführen wollen, die für berechtigte militärische Bedürfnisse kein Verständnis gehabt hätten. Tatsächlich beweist schon, daß die Marineoffiziere ihre Matrosen über das geplante Vorhaben mit der Behauptung täuschen wollten, man plane ein Flottenmanöver in der Deutschen Bucht, daß die Seekriegsleitung ihr Vorhaben nur noch unter Tarnung ihrer wirklichen Absichten vorzubereiten wagte. Die Mannschaften erkannten aber trotz aller Geheimhaltungsversuche, daß sie in den Tod gejagt werden sollten. Seit dem 27. Oktober wurde ein Schiff nach dem anderen vom Aufstand erfaßt. Als die Flotte am 30. Oktober auslaufen sollte, verhinderten die Matrosen, daß die Anker gelichtet werden konnten, und die Heizer rissen die Feuer unter den Kesseln heraus. Die Aktion mußte aufgegeben werden. Marinesoldaten und die Besatzung einiger Torpedoboote und U-Boote wurden eingesetzt, um den Aufstand für wenige Tage noch einmal gewaltsam zu unterdrücken; mehr als 1000 Matrosen wurden festgenommen. Die einzelnen Verbände, die auf der Reede von Wilhelmshaven zusammengezogen waren, begaben sich in ihre Häfen zurück. Das III. Geschwader lief in der Nacht des 31. Oktober im Hafen von Kiel ein. Als auf den Schiffen dieses Geschwaders weitere Verhaftungen vorgenommen wurden, erhob sich die Bewegung von neuem, erreichte aber nun eine höhere Stufe: Auf einer Massenkundgebung, die von proletarisch-revolutionären Kräften der USPD vorbereitet worden war, erklärten sich am 3. November Kieler Arbeiter und Soldaten mit den Matrosen solidarisch. Blutige Zusammenstöße in den Straßen Kiels leiteten den bewaffneten Aufstand ein, auswärtige Truppen, die zur Niederschlagung der revolutionären Bewegung eingesetzt werden sollten, gingen in der Mehrzahl zu den Arbeitern und Matrosen über, und am Abend des 4. November hatte die Revolution in Kiel gesiegt. Noch am gleichen Tage traf, von der Regierung entsandt, der rechte Sozialdemokrat Gustav Noske in Kiel ein und versuchte, die revolutionäre Bewegung in Kiel „zurückzurollen", ihre Ausbreitung aufzuhalten. Noske setzte sich mit Unterstützung der örtlichen Führer der USPD an die Spitze der Bewegung in Kiel, indem er sich zum „Gouverneur" der Ostseestation machen ließ. Dabei halfen ihm örtliche Führer der USPD, wie ja überhaupt die rechten Führer der USPD sich schon in den ersten Tagen der Revolution der konterrevolutionären Politik der rechten sozialdemokratischen Führer unterordneten. Trotz solcher Manöver breitete sich die Revolution schnell über ganz Deutschland aus. Am 7. November stürzte der erste Königsthron: Nach einer gewaltigen Kundgebung in München stürmte ein Demonstrationszug, an dem etwa 200000 Menschen beteiligt waren, die Kasernen und das Militärgefängnis, und Bayern wurde zur demokratischen Republik erklärt.

Ohne ernsthaftem Widerstand zu begegnen, hatte die revolutionäre Welle innerhalb weniger Tage fast ganz Deutschland überflutet. Hinter der allgemeinen Bewegung waren zunächst nur Berlin und die ostelbischen Gebiete zurückgeblieben. Regierung, rechtssozialdemokratische Führung und Gewerkschaftsführung bemühten sich gemeinsam, die Hauptstadt zu isolieren – der Presse wurde es verboten, über die Ereignisse in Kiel und in den anderen deutschen Städten zu berichten –, vor allem aber sollte verhindert werden, daß sich die revolutionären Kräfte mit den Vertretern Sowjetrußlands in Verbindung setzten. Philipp Scheidemann, sozialdemokratischer Staatssekretär in der Reichsregierung, inszenierte dafür ein Manöver: Am Abend des 4. November ließ man auf dem Bahnhof Friedrichstraße eine Kiste platzen, die angeblich zum Kuriergepäck der sowjetrussischen Botschaft gehörte. In dieser Kiste fanden sich Flugblätter mit Aufrufen zur Revolution, die von der Polizei zuvor hineingetan worden waren. Diese Provokation – zuerst geheimgehalten, nach Jahren aber von der rechtssozialdemokratischen Führung selbst zugegeben, um die Bourgeoisie daran zu erinnern, welche Dienste sie ihr geleistet hatte – bot den Vorwand zum Abbruch der diplomatischen Beziehungen mit Sowjetrußland und zur Ausweisung der sowjetischen Botschaft. Mochte diese Maßnahme auch ihr unmittelbares

Ziel erreicht haben – die Revolution ließ sich durch solche Manöver nicht mehr aufhalten. Friedrich Ebert versuchte noch am 7. November, den Kaiser zur Abdankung zu bewegen und einem seiner Söhne die Regentschaft übertragen zu lassen – „Wenn der Kaiser nicht abdankt, dann ist die soziale Revolution unvermeidlich. Ich aber will sie nicht, ja, ich hasse sie wie die Sünde", erklärte er dem Reichskanzler zur Begründung seines Vorschlages – aber selbst jetzt dachte der Kaiser noch nicht daran, abzutreten. Vom Großen Hauptquartier in Spa aus, in das er bereits in den letzten Oktobertagen geflüchtet war, wollte er an der Spitze der Armee in die Hauptstadt zurückkehren. Er mußte sich aber am 9. November von der überwiegenden Mehrheit der befragten Frontkommandeure belehren lassen, daß die Armee nicht mit der Waffe in der Hand gegen die Heimat kämpfen werde.

Zu dieser Zeit hatte die Revolution auch in Berlin gesiegt. Am 4. November war der Vollzugsausschuß der revolutionären Obleute in Berlin zusammengetreten. Die Spartakusgruppe hatte auf eine solche Zusammenkunft gedrängt. Karl Liebknecht, wenige Tage zuvor aus dem Zuchthaus entlassen, und Wilhelm Pieck hatten vorgeschlagen, auch in Berlin Aktionen einzuleiten, und als spätesten Termin für einen Aufstand den 8. oder 9. November bezeichnet. Unter dem Einfluß der schwankenden Führer der USPD waren diese Vorschläge aber abgelehnt worden. Am 8. November endlich stimmten die revolutionären Obleute dem Vorschlag der Spartakusgruppe zu, die Arbeiter und Soldaten Berlins für den nächsten Tag zum Generalstreik und zum bewaffneten Aufstand aufzurufen. Hunderttausende folgten diesem Aufruf. Demonstrationszüge aus allen Teilen der Stadt zogen in das Zentrum. Nur aus einer einzigen Kaserne fielen Schüsse gegen die demonstrierenden Massen – unter den Kugeln fielen drei Arbeiter, unter ihnen Erich Habersaath, ein Führer der revolutionären Berliner Jugendbewegung –, an allen übrigen Plätzen und Kasernen weigerten sich aber die Truppen, das alte Regime zu verteidigen und gegen die Demonstrationszüge vorzugehen.

Am Mittag des 9. November befand sich Berlin in den Händen der revolutionären Arbeiter und Soldaten. Noch zu dieser Stunde veröffentlichte der Reichskanzler Prinz Max von Baden eine Erklärung über den Thronverzicht des Kaisers und des Kronprinzen, die Einsetzung einer Regentschaft und die Ankündigung von Wahlen für eine verfassunggebende Nationalversammlung. Zugleich trat er von seinem Amt zurück und übergab Friedrich Ebert die Geschäfte des Reichskanzlers. Dieser Versuch, die staatsrechtliche „Kontinuität" zu wahren und vom alten Regime zu retten, was noch zu retten war, hatte jedoch keinen Erfolg. Karl Liebknecht traf an der Spitze eines Demonstrationszuges vor dem Schloß ein und proklamierte die „freie, sozialistische Republik Deutschland". Vom Balkon des Schlosses hielt er eine Ansprache an die Arbeiter, Arbeiterinnen und Soldaten: „Die Herrschaft des Kapitalismus, der Europa in ein Leichenfeld verwandelt hat, ist gebrochen. Wir rufen unsere russischen Brüder zurück. Sie haben bei ihrem Abschied zu uns gesagt: ‚Habt Ihr in einem Monat nicht das erreicht, was wir erreicht haben, dann wenden wir uns von Euch ab.' Und nun hat es kaum vier Tage gedauert. Wenn auch das Alte niedergerissen ist, dürfen wir doch nicht glauben, daß unsere Aufgabe getan sei. Wir müssen alle Kräfte anstrengen, um die Regierung der Arbeiter und Soldaten aufzubauen und eine neue staatliche Ordnung des Proletariats zu schaffen, eine Ordnung des Friedens, des Glücks und der Freiheit unserer deutschen Brüder und unserer Brüder in der ganzen Welt. Wir reichen ihnen die Hände und rufen sie zur Vollendung der Weltrevolution auf."

„Die Politik der imperialistischen Bourgeoisie und der rechten Führer der SPD, die Revolution zu verhindern und die Arbeiterklasse, die Volksmassen durch die Umwandlung der halbabsolutistischen in eine bürgerlich-parlamentarische Monarchie irrezuführen, war völlig gescheitert." (Geschichte der deutschen Arbeiterbewegung) Friedrich Ebert hatte sich zwar noch am Mittag des 9. November vom Prinzen Max von Baden zum Reichskanzler ernennen lassen – der Parteivorstand der SPD bemühte sich jetzt vor allem, Anschluß an die revolutionäre Bewegung zu gewinnen. Er ließ deshalb zur gleichen Zeit durch Philipp Scheidemann die „Freie Deutsche Republik" proklamieren und nahm am Nachmittag Verhandlungen mit der USPD auf. Es wurde eine provisorische Regierung aus drei Vertretern der SPD, Friedrich Ebert, Otto Landsberg, Philipp Scheidemann, und drei Vertretern der USPD, Emil Barth, Wilhelm Dittmann, Hugo Haase, vereinbart, die sich Rat der Volksbeauftragten nennen sollte.

Innerhalb weniger Tage hatte die Revolution, von Kiel ausgehend, sich über den größten Teil Deutschlands ausgebreitet. In der Nacht zum 10. November floh Wilhelm II. aus dem Großen Hauptquartier in Spa nach Holland. Einen Tag später wurde Waffenstillstand zwischen Deutschland und seinen Kriegsgegnern geschlossen. Bald darauf annullierte Sowjetrußland den ihm in Brest-Litowsk aufgezwungenen Friedensvertrag. Die deutsche Monarchie und die deutschen Monarchen waren gestürzt. Die Reaktion schien kampflos das Feld geräumt zu haben. Ludendorff war, versteckt hinter einer blauen Brille und ausgerüstet mit einem falschen Paß, nach Schweden geflohen. Wie tief der Eindruck dieser Ereignisse auch auf bürgerlich-liberale Kräfte war, bezeugt ein Aufsatz, den Ernst Troeltsch, Philosoph, Religionssoziologe und liberaler Politiker, am 16. November im „Kunstwart" veröffentlichte: „Im Augenblick kann die Klarheit, die wir gewinnen müssen, nur darin bestehen, daß wir uns klar werden über dasjenige, was unter allen Umständen und bei allen kommenden Zukunftsmöglichkeiten erledigt und zu Ende ist. Das aber ist der Militarismus, der Aufbau des Staates und der Gesellschaft auf der bisherigen preußischen Militärverfassung und dem ihr entsprechenden Geiste. Der ‚Militarismus' bestand natürlich nicht in dem Vorhandensein einer starken Armee und in den Neigungen zu einer imperialistischen Politik, die an sich schon, auch von allem anderen abgesehen, in den wirtschaftlichen Notwendigkeiten der Versorgung einer ungeheuren

Bevölkerungsmasse begründet war. Alles das gab es in anderen Staaten auch. Der deutsche Militarismus war vielmehr eine politische Institution, ein entscheidendes Element der Staatsverfassung, und er war dies, weil er zugleich das Wesen der deutschen herrschenden Gesellschaft ausmachte. Er war der Charakter der preußisch-deutschen Reichsverfassung und die besondere Eigentümlichkeit der deutschen Klassenherrschaft ... Diese Sonderstellung des Militärs aber ihrerseits war nur möglich auf Grund der alten preußischen sozialen Überlieferung, dergemäß der kleine Grundadel die militärische und bürokratische Ämterpfründe zu seiner Verfügung hielt ... Diese Grundsätze gingen durch Erziehung des Offiziers und Reserveoffiziers sowie durch das gesellschaftliche Übergewicht des Militärs in jedem Verkehr der höheren Klassen auf das gesamte Bürgertum mit geringen Ausnahmen über. Der Geschichtsunterricht der Schulen wurde in diesem Sinne geleitet. Die satisfaktionsfähige Weltanschauung zog das Studententum in diese Ideenwelt hinein und wurde gesellschaftlich allmächtig, Voraussetzung jeder Karriere und Maßstab aller sozialen Gliederungen. Und um die Herrschaft vollständig zu machen, hat sich auch noch der Geist der neuen Großindustrie und Hochfinanz auf diese Seite geschlagen, Geschäft und Beziehungen auf den Fuß engster Gemeinschaft mit dieser Schicht gestellt, durch Grundbesitz und vornehmen Militärdienst sich nobilitiert, Demokratie und Sozialismus im Bund mit diesen Mächten faktisch und moralisch niedergehalten." Das sind Äußerungen, die – so sehr es auch ein bürgerlich-liberales Vorurteil war, daß Imperialismus und Militarismus nicht notwendig miteinander verknüpft sein mußten oder daß der Imperialismus „Notwendigkeiten der Versorgung" entsprang – davon zeugen, daß bis in die Kreise des Bürgertums hinein Bereitschaft bestand, einen neuen Weg zu beschreiten. Aber die Leichtigkeit, mit der die Revolution gesiegt zu haben schien, konnte darüber hinwegtäuschen, daß die Grundlagen der Macht des deutschen Imperialismus und Militarismus noch nicht beseitigt waren. Gewiß: Trotz aller Konzessionen, die die herrschenden

Kreise schon im Oktober vorbereitet hatten, war ihre Macht beträchtlich erschüttert worden. In bezug auf drei entscheidende Fragen aber war noch keine Entscheidung gefallen, hatten sich die Rückzugspositionen, die vor der Revolution aufgebaut worden waren, als fest erwiesen. Das war einmal die ökonomische Grundlage des deutschen Imperialismus, das war zum zweiten die Aufrechterhaltung des Gerüstes seiner militärischen Machtinstrumente, und das war drittens und vor allem die Frage der politischen Macht. Die rechtssozialdemokratische und Gewerkschaftsführung hat bereits unmittelbar nach Ausbruch der Revolution Bündnisse mit den bisher herrschenden Kreisen geschlossen, die einen Verrat an dieser Revolution und an den Massen der Mitglieder der Partei darstellten. Auf der Grundlage von Telegrammen, die General Groener an den „Reichskanzler" (!) gesandt hatte, begann Ebert, Vorsitzender des Rates der Volksbeauftragten, seit dem Abend des 10. November in einer Reihe von geheimen Telefongesprächen Verbindung mit der Obersten Heeresleitung aufzunehmen. Die Oberste Heeresleitung wollte die militärische Macht für den Kampf gegen die revolutionäre Arbeiterklasse bewahren – ein Vorhaben, das der reformistischen Politik der rechten SPD-Führung entsprach. Diese gemeinsame politische Linie kann in drei Punkten zusammengefaßt werden:

1. „Die Regierung soll sich dafür einsetzen, die Arbeiter- und Soldatenräte zu Organen zu entwickeln, die für Ruhe und unbedingte Ordnung im Sinne der bestehenden gesellschaftlichen Verhältnisse zu sorgen haben.

2. Es soll dafür Sorge getragen werden, daß die alten Rechte des Offizierskorps gegenüber den Mannschaften gewahrt werden. Die Befehlsgewalt der Offiziere, d. h. die Unterordnung der Soldaten und Matrosen unter die Befehle der Offiziere, ist zu erhalten. Damit sollte das alte kaiserliche Heer als Machtinstrument der herrschenden Klasse erhalten bleiben.

3. Die Transportwege, insbesondere der Eisenbahnverkehr, sind vollauf intakt zu halten, um eine rasche Verschiebung zuverlässiger Truppenteile in die Heimat, vor

allem nach Berlin, zu gewährleisten.“ (Lothar Berthold-Helmut Neef) Auf der Grundlage dieser Forderungen verständigten sich Ebert und andere rechte Führer der SPD mit der kaiserlichen Generalität.

Bereits am 9. November hatten Verhandlungen zwischen Vertretern der Monopolverbände und der Gewerkschaften über eine Zusammenarbeit zwischen rechten Gewerkschaftsführern und dem deutschen Finanzkapital begonnen. In diesen Verhandlungen wurde ein Abkommen vorbereitet, das am 15. November von den Vertretern der Unternehmerverbände und der Gewerkschaften (maßgebend beteiligt waren Hugo Stinnes und Carl Legien) unterzeichnet wurde und die grundlegende Urkunde der sog. Zentralarbeitsgemeinschaft bildete. Danach erkannten die Monopolherren die Gewerkschaften als Vertreter der Arbeiter an und sicherten ihnen volle Koalitionsfreiheit zu. Die Arbeitsbedingungen sollten in Kollektivvereinbarungen festgelegt und paritätisch besetzte Schlichtungsausschüsse zur gemeinsamen Regelung sozialer und arbeitsrechtlicher Fragen gebildet werden. Das Abkommen ermöglichte, eine Erwerbslosenfürsorge aus staatlichen Mitteln zu schaffen, und die Regierung konnte den Achtstundentag als gesetzlich zulässige Arbeitszeit festlegen. In einer Situation, in der die Revolution aber noch nicht abgeschlossen war, in der es vielmehr galt, den ersten erfolgreichen Ansturm weiterzuführen, waren die Konzessionen des Abkommens über die Zentrale Arbeitsgemeinschaft aber – wie die „Rote Fahne“ feststellte – nichts weiter „als eine Versicherungsprämie, die die Kapitalisten zahlen wollen, um vor den Angriffen gegen das kapitalistische System gesichert zu sein“. Das am 15. November geschlossene Bündnis zwischen den rechten Gewerkschaftsführern und den Monopolherren trug dazu bei, die werktätigen Massen davon abzulenken, daß eine der Hauptaufgaben der Revolution, die Beseitigung der ökonomischen Grundlagen des deutschen Imperialismus, noch nicht gelöst war.

Die entscheidende Frage der Novemberrevolution aber war die der politischen Macht. „Charakteristisch war, daß überall sofort Arbeiter- und Soldatenräte als Kampforgane der Arbeiterklasse entstanden. Darin zeigte sich der mächtige Einfluß der Großen Sozialistischen Oktoberrevolution auf die deutsche Arbeiterklasse. In vielen Orten und Betrieben übten die Räte anfangs reale Macht aus. Ihnen fehlte aber die Führung durch die revolutionäre Partei, die den Kampf sofort auf die gründliche Säuberung des Staatsapparates, die restlose Vernichtung des Militarismus und die Bestrafung und Entmachtung der monopolkapitalistischen Kriegsverbrecher und der Junker gelenkt hätte." (Geschichte der deutschen Arbeiterbewegung) Am 11. November fand eine Beratung der führenden Spartakusvertreter statt, an der auch – durch die Revolution aus der Haft befreit – Rosa Luxemburg teilnahm. Auf dieser Beratung wurde der „Spartakusbund" gegründet. Er war noch keine Partei, und vor allem Rosa Luxemburg war noch der Ansicht, es wäre möglich, die Mehrheit der USPD für die revolutionären Auffassungen des Spartakusbundes zu gewinnen. Tatsächlich aber begann jetzt die unmittelbare Vorbereitung für die Schaffung einer eigenen Partei. Die „Rote Fahne", die bereits seit dem 9. November erschien, trug wesentlich dazu bei, diesen Prozeß zu fördern. Karl Liebknecht beschäftigte sich hier am 21. November 1918 mit den bisherigen Ergebnissen der Revolution und zeigte, daß sie nur die politische Form einer „proletarischen Aktion" hatte, während ihr „sozialer Inhalt der einer bürgerlichen Reform" war.

Die revolutionäre Massenbewegung, die im Kampf um den Frieden gegen den Militarismus und das monarchistische Regime entstanden war, zerfiel im Kampf um die Frage Rätemacht oder Nationalversammlung. Die Entscheidung über diese Hauptfrage, die der politischen Macht, fiel auf dem ersten Reichskongreß der Arbeiter- und Soldatenräte Deutschlands, der vom 16. bis zum 21. Dezember in Berlin zusammentrat. Die Mehrheit dieses Kongresses, wie die meisten Arbeiter damals überhaupt, in der reformistischen Illusion befangen, Wahlen zu einer Nationalversammlung würden eine sozialistische Entwicklung Deutschlands ermöglichen und sichern, sprach sich für die Nationalversammlung und gegen das Rätesystem aus. Damit gaben die Räte ihre Macht aus den Händen. Die Mehrheit der Delegierten „erkannte nicht, daß sie damit die Grundfrage der Revolution – Vernichtung der Macht des Imperialismus und Aufrichtung der Rätemacht oder Aufrechterhaltung der imperialistischen Macht in parlamentarischer Form durch Einberufung der bürgerlichen Nationalversammlung – zugunsten des bürgerlichen Staates entschied". (Geschichte der deutschen Arbeiterbewegung)

Die Wahlen zur Nationalversammlung wurden auf den frühestmöglichen Termin, den 19. Januar 1919, festgelegt. Mit diesen Beschlüssen war ein Wendepunkt im Verlauf der Novemberrevolution gekommen. Die Macht des deutschen Imperialismus und Militarismus war vor dem Ansturm der Volksmassen gerettet worden. Hauptverantwortlich dafür waren die rechten Führer der SPD. Jetzt verstärkte die Konterrevolution den Kampf mit militärischen Mitteln, um noch vor den Wahlen zur Nationalversammlung die revolutionären Kräfte blutig niederzuwerfen. Der erste Schlag wurde in den Weihnachtstagen gegen die Volksmarinedivision geführt, eine Einheit revolutionärer Matrosen, die seit Mitte November im Berliner Schloß und im Marstall einquartiert war. Ein Angriff konterrevolutionärer Truppen, der am Morgen des 24. Dezember unternommen wurde, konnte zurückgewiesen werden, und vom Norden Berlins rückten, vom Spartakusbund und den revolutionären Obleuten alarmiert, große Arbeitermassen, darunter viele Frauen und Kinder, heran, die die Absperrungen durchbrachen, die Angreifer aufforderten, die Waffen niederzulegen, und dazu beitrugen, daß dieser Anschlag scheiterte. Nachdem rechtssozialdemokratische Führer und Oberste Heeresleitung gemeinsam diese Provokation versucht hatten und dabei gescheitert waren, traten die Volksbeauftragten der USPD aus der Regierung aus. Die zentristische Politik der Führung der USPD hatte sichtbar Bankrott gemacht: Die Unabhängigen waren in den Rat der Volksbeauftragten eingetreten, um – wie sie erklärten – die revolutionären und sozialen Errungenschaften zu befestigen, waren aber in der Tat zur Stütze der Gegenrevolution geworden. Nach dem Ausscheiden der Unabhängigen wurden die Sozialdemokraten Gustav Noske und Rudolf Wissell in das Kabinett aufgenommen, das sich nun Reichsregierung nannte.

In diesen entscheidenden Tagen des Jahres 1918 entstand die Kommunistische Partei Deutschlands. Der Spartakusbund hatte unbeirrt und aufopferungsvoll für die Weiterführung und den Sieg der Revolution gekämpft. Aller Heroismus konnte aber die fehlende revolutionäre Partei nicht ersetzen. Für den 29. Dezember wurde eine Reichskonferenz des Spartakusbundes nach Berlin einberufen. Sie trat im Festsaal des Abgeordnetenhauses in Berlin zusammen und beschloß die Gründung einer eigenen Partei. Am 30. Dezember 1918 konstituierten sich die Delegierten der Reichskonferenz als Gründungsparteitag der Kommunistischen Partei Deutschlands, der bis zum 1. Januar 1919 tagte. Karl Liebknecht begründete die Notwendigkeit des vollständigen Bruches mit der USPD: „Ein weiteres Verbleiben in der USPD wäre Solidarisierung mit der Gegenrevolution. Die Trennung von ihr ist geboten durch die Treue zur Revolution. Keine Solidarität ist mehr möglich mit Haase – Barth – Dittmann. Es muß sofort gehandelt werden. Es gilt heute in aller Öffentlichkeit den Trennungsstrich zu ziehen und uns als neue, selbständige Partei zu konstituieren, entschlossen und rücksichtslos, geschlossen und einheitlich im Geist und Willen mit klarem Programm, Ziele und Mittel zusammengestimmt nach den Interessen der sozialistischen Weltrevolution."

Die Kommunistische Partei Deutschlands nahm die besten Traditionen der deutschen Arbeiterbewegung des 19. Jahrhunderts wieder auf. Sie ist aus einem langen historischen Prozeß hervorgegangen. Die Entwicklung der Linken seit der Jahrhundertwende und der Kampf der Spartakusgruppe während des Weltkrieges sind wesentliche Marksteine in diesem Prozeß. Es war ein Prozeß, der einer tiefen historischen Gesetzmäßigkeit entspricht, einer Gesetzmäßigkeit, die zuerst von W. I. Lenin erkannt wurde, der lehrte, daß in der Epoche des Übergangs vom Kapitalismus zum Sozialismus die Herausbildung marxistisch-leninistischer Parteien, Parteien neuen Typus, in allen Ländern objektiv gesetzmäßig ist. Wenn auch die Mehrheit der Delegierten des Gründungsparteitages noch nicht genügend verstand, daß es zunächst gelte, die Mehrheit der Arbeiterklasse und der übrigen Werktätigen für die Verteidigung der Errungenschaften der Novemberrevolution und für die Verwirklichung der noch nicht durchgesetzten antiimperialistisch-demokratischen Forderungen zu gewinnen – Käte Duncker, Fritz Heckert, Karl Liebknecht und Rosa Luxemburg wurden überstimmt, als sie sich für eine Beteiligung an den Wahlen zur Nationalversammlung einsetzten, und die Mehrheit der Delegierten neigte der sektiererischen Parole „Heraus aus den Gewerkschaften" zu –, wurde hier doch der Grundstein für die marxistisch-leninistische Partei der Arbeiterklasse gelegt. Das auf dem Parteitag beschlossene Programm, das von Rosa Luxemburg begründet wurde, kennzeichnete das sozialistische Ziel der Arbeiterklasse als eine Gesellschaft, in der die Produktionsmittel in Gemeineigentum überführt, die Lohnarbeit durch die genossenschaftliche Arbeit ersetzt und die Ausbeutung des Menschen durch den Menschen beseitigt werde. Das Programm umriß die Grundzüge sozialistischer Arbeitsmoral: „Die Proletariermassen müssen lernen, aus toten Maschinen, die der Kapitalist an den Produktionsprozeß stellt, zu denkenden, freien, selbsttätigen Lenkern dieses Prozesses zu werden. Sie müssen das Verantwortlichkeitsgefühl wirkender Glieder der Allgemeinheit erwerben, die Alleinbesitzerin alles gesellschaftlichen Reichtums ist. Sie müssen Fleiß ohne Unternehmerpeitsche, höchste Leistung ohne kapitalistische Antreiber, Disziplin ohne Joch und Ordnung ohne Herrschaft entfalten." Solche „sozialistischen Bürgertugenden", wie sie das Programm zeichnete, konnten sich freilich erst in einer Gesellschaft entfalten, in der die Aufgaben der Revolution gelöst sein würden, im Staate der Diktatur des Proletariats, der gleichzeitig eine echte Demokratie bildet. Die junge Kommunistische

Partei trat vom ersten Tage ihrer Gründung an für ein enges Bündnis Deutschlands mit Sowjetrußland ein. Der Geist des proletarischen Internationalismus, der aus ihrem Programm spricht, entsprach der großen internationalen Verantwortung der Kommunistischen Partei Deutschlands, war sie doch die erste kommunistische Partei in einem der größten und höchstentwickelten kapitalistischen Länder der Welt.

Die Konterrevolution richtete bereits wenige Tage nach der Gründung der KPD ihren Hauptschlag gegen die neue revolutionäre Partei. Nach dem gescheiterten Anschlag auf die Volksmarinedivision setzte die Konterrevolution den Berliner Polizeipräsidenten, den linken unabhängigen Sozialdemokraten Emil Eichhorn am 4. Januar 1919 ab. Die Absetzung Eichhorns, als bewußte Provokation der revolutionären Arbeiter und Soldaten Berlins beabsichtigt, rief unter den Arbeitermassen heftige Empörung hervor. Revolutionäre Obleute, Vertreter der Berliner Leitung der USPD und ein Führer der Volksmarinedivision, der der Auffassung Ausdruck gab, die Mehrzahl der Berliner Truppen sei bereit, gegen die Regierung zu kämpfen – wie sich später zeigte, eine Einschätzung, die der Wirklichkeit widersprach – setzten sich auf einer Beratung am Abend des 5. Januar nach riesigen Protestdemonstrationen für den bewaffneten Kampf zum Sturz der Regierung Ebert – Scheidemann ein. Unter diesen Umständen stimmten auch Karl Liebknecht und Wilhelm Pieck, die als Vertreter der KPD an der Sitzung teilnahmen, dem Beschluß zu, den Kampf um die Macht aufzunehmen. Ein Revolutionsausschuß, dem Vertreter der revolutionären Obleute der USPD, der Volksmarinedivision, des Zentralrates der Marine, der Eisenbahner, der Berliner Garnison sowie von der KPD Karl Liebknecht und Wilhelm Pieck angehörten, wurde zur Leitung des Kampfes gebildet. Beim gegebenen Kräfteverhältnis der Klassen, das der Reichsrätekongreß sichtbar gemacht hatte, waren jedoch die Voraussetzungen für die Zielsetzung der Januarkämpfe nicht vorhanden. Zwar wurden noch am Abend und in der Nacht des 5. Januar Gebäude im Berliner Zeitungsviertel besetzt. Am

6. Januar legte ein Generalstreik des Berliner Proletariats fast alle größeren Betriebe still, und eine Demonstration mit über $^1/_2$ Million Teilnehmern beherrschte das Bild der Hauptstadt. Am 8. Januar aber begann der Angriff der Regierungstruppen, denen in den folgenden Tagen die von den Arbeitern besetzten Gebäude in die Hände fielen, am 11. Januar wurde das Gebäude des „Vorwärts" erstürmt, und am 12. Januar fanden die letzten Kämpfe um das Polizeipräsidium statt, in das die Regierungstruppen – ihren Oberbefehl hatte Noske mit den zynischen Worten übernommen „Einer muß der Bluthund werden, ich scheue die Verantwortung nicht!" – schließlich nach Minenwerferbeschuß eindringen konnten. Wenige Tage später, am Abend des 15. Januar 1919, fielen Karl Liebknecht und Rosa Luxemburg in ihrem illegalen Quartier der Konterrevolution in die Hände und wurden bestialisch ermordet. Die deutsche Arbeiterklasse und ihre Kommunistische Partei hatten damit ihre hervorragendsten und erfahrensten Führer verloren. Lenin schrieb in jenen Tagen: „Das Blut der Besten der weltumspannenden proletarischen Internationale, der unvergeßlichen Führer der sozialistischen Weltrevolution, wird immer neue Arbeitermassen stählen zum Kampf auf Leben und Tod. Und dieser Kampf wird zum Sieg führen." Wenige Tage darauf wurde auch Franz Mehring indirekt selbst ein Opfer der Konterrevolution. Die Nachricht vom Mord an Karl Liebknecht und Rosa Luxemburg erschütterte den selbst schwer Erkrankten tief. Stundenlanges nächtliches Aufundabirren in dem Zimmer des Sanatoriums, in dem er damals lag, untergrub endgültig seine Gesundheit. Er verstarb 14 Tage nach den Kampfgefährten, am 29. Januar 1919.

In einer Atmosphäre konterrevolutionären Terrors wurden am 19. Januar 1919 die Wahlen zur Nationalversammlung durchgeführt. Von den rund 30 Millionen abgegebenen Stimmen entfielen auf die SPD 11,5 und auf die USPD 2,3 Millionen. Die bürgerlichen Parteien – eine Reihe von ihnen hatte sich in der Novemberrevolution umgestellt und umbenannt, so etwa firmierten die Konservativen jetzt als Deutschnationale Volkspartei, während die Nationalliberalen sich in eine Deutsche Volkspartei verwandelt hatten – erhielten zusammen etwa 16 Millionen Stimmen. Daß die SPD als stärkste Partei aus diesen Wahlen hervorgehen konnte, erwies, wie kompliziert, langwierig und widerspruchsvoll der Prozeß der Überwindung opportunistischer Illusionen in den Reihen der Arbeiterklasse sein sollte.

Die Novemberrevolution, die bis dahin größte Massenbewegung des deutschen Volkes, war beendet. Ihrem Charakter nach war sie „eine bürgerlich-demokratische Revolution, die in gewissem Umfang mit proletarischen Mitteln und Methoden durchgeführt wurde". Diese Charakteristik wurde 1958 vom ZK der SED in Thesen anläßlich des 40. Jahrestages der Novemberrevolution formuliert, die außerordentliche wissenschaftliche Bedeutung besitzen. Wenn auch durch die ökonomische Entwicklung Deutschlands objektive Voraussetzungen für eine wahrhaft demokratische und sozialistische Umgestaltung herangereift waren, konnten diese Möglichkeiten in der Novemberrevolution nicht ausgenutzt werden, wurde die Grundlage dieser Revolution, die Frage der Macht, zugunsten der imperialistischen Bourgeoisie entschieden, weil die Arbeiterklasse ihre Hegemonie selbst in der antiimperialistisch-demokratischen Revolution nicht verwirklichen konnte. Es fehlte ihr die revolutionäre marxistische Kampfpartei, unter deren Führung sie erst ihre historische Aufgabe lösen kann. Umgekehrt wurde es das wichtigste und dauerhafteste Ergebnis dieser Revolution, daß in ihrem Verlauf in der Kommunistischen Partei Deutschlands eben eine solche Partei entstanden war.

2. Vom bürgerlich-parlamentarischen System der Weimarer Republik zur faschistischen Diktatur

Was hatte die Novemberrevolution erbracht? Die Dynastien waren beseitigt. Deutschland war nun eine Republik. Im Reich und in den Ländern galt nun das allgemeine, gleiche, geheime und direkte Wahlrecht für Männer und Frauen. Die Soldaten des alten Heeres waren auseinandergelaufen, und es schien, als sei auch der Militarismus überwunden. Die Arbeiter hatten den Achtstundentag erkämpft, und sie hatten durchgesetzt, daß die Gewerkschaften als Tarifpartner anerkannt wurden: Bei Verhandlungen über Lohnfragen standen sich nicht mehr der einzelne Arbeiter und der wirtschaftlich wie politisch ungleich mächtigere Kapitalist oder gar der Unternehmerverband gegenüber, sondern die Arbeiter konnten, wenn über ihre wirtschaftlichen und sozialen Ansprüche verhandelt wurde, das Gewicht einer Organisation in die Waagschale legen. Die Mehrheit der Arbeiterklasse befand sich zwar noch unter dem Einfluß der Sozialdemokratie oder der Unabhängigen – aber es gab jetzt die revolutionäre Partei, deren Existenz eine Voraussetzung war, daß die Klasse ihre geschichtliche Aufgabe bewältigen konnte.

Die großen Monopole aber waren nicht zerschlagen, sondern bestanden fort. Der Großgrundbesitz, besonders in Ostelbien, hatte seine Güter behalten. Die Generale waren geblieben. Monopole, Junker und Militaristen hatten die Grundlagen ihrer Macht behalten, und es war gewiß, daß sie versuchen würden, ihre ganze Macht wieder zurückzuerobern. Die Republik war für sie allenfalls ein Kampfboden, ein Provisorium, eine Konzession, die man so bald wie möglich zurücknehmen wollte.

Infolge der Niederlage hatte sich natürlich die internationale Position des deutschen Finanzkapitals verschlechtert. Das wurde durch den Versailler Vertrag besiegelt. Seine territorialen Bestimmungen sahen u. a. vor, daß Frankreich Elsaß-Lothringen zurückerhielt und Westpreußen, einige Teile Pommerns und Oberschlesiens an Polen abgetreten wurden. Danzig wurde Freie Stadt unter der Kontrolle des Völkerbundes. Das Saargebiet wurde unter die Verwaltung des Völkerbundes gestellt, und nach 15 Jahren sollte eine Abstimmung über sein weiteres Schicksal entscheiden. Die Kohlengruben dieses Gebietes gingen in französischen Besitz über. Ein Anschluß Österreichs wurde verboten. Die linksrheinischen Gebiete sollten für 15 Jahre von Truppen der Siegermächte besetzt werden und auch nach Ablauf dieser Zeit entmilitarisiert bleiben. Deutschland verlor seine Kolonien.

Die militärischen Bestimmungen des Versailler Vertrages enthielten eine Beschränkung der Reichswehr auf 100 000 Mann, das Verbot schwerer Waffen, aller Militärflugzeuge und Tanks. Sie begrenzten die Tonnage der deutschen Seestreitkräfte und untersagten den Besitz von U-Booten. Artikel 231 des Versailler Vertrages erklärte Deutschland als schuldig an der Eröffnung des Krieges und damit auch als verantwortlich für die aus ihm entstandenen Schäden. Mit diesem Artikel wurden die wirtschaftlichen Festlegungen begründet; vor allem die Forderung nach Reparationen, die zu einem zentralen Thema der internationalen Auseinandersetzungen des folgenden Jahrzehnts werden sollte.

Mit dem Versailler Vertrag war der Übergang vom imperialistischen Krieg zum imperialistischen Frieden besiegelt worden. Er sollte die Ziele fixieren, um derentwillen die Völker in den Krieg getrieben worden waren. Der deutsche Imperialismus wurde wesentlich geschwächt

– seine Grundlagen jedoch sollten erhalten bleiben, damit der jungen Sowjetmacht ein Bollwerk des internationalen Kapitalismus gegenüberstünde. Wer aber zu diesem Zweck die Grundlagen des deutschen Imperialismus erhalten wollte, durfte sich nicht darüber wundern, wenn sich die herrschenden Klassen Deutschlands nicht mit den Einschränkungen dieser Macht abfinden würden. So ist der Versailler Vertrag sowohl in dem Sinne ein imperialistisches Diktat, als er die deutschen Großkapitalisten und Junker geradezu zu neuen Abenteuern und Aggressionen ermunterte, als auch in dem Sinne, daß er dem deutschen Volk schwerste Lasten auferlegte.

Die Junker hatten mit dem Sturz der Monarchie wesentliche ökonomische und politische Privilegien verloren. Sie wurden im ökonomischen Sinne nur noch zu einer besonderen Schicht innerhalb der Herrschenden, hatten aber als halbfeudale Kaste ausgespielt. Zugleich war diejenige Gruppe des deutschen Finanzkapitals, die mit ihnen am engsten verflochten war, die Gruppe Kohle-Eisen-Stahl, ihrer herrschenden Stellung zunächst beraubt. Mit dem Kriegsende war die Gruppe der neuen Industrien, Elektro- und chemische Industrie, in den Vordergrund gerückt. Ihre politisch-strategische Konzeption hatte sich in der Novemberrevolution mit der Bildung der Zentralen Arbeitsgemeinschaft durchgesetzt, und ihre Linie war – wenn auch nicht ohne heftige Spannungen und Auseinandersetzungen innerhalb der herrschenden Klassen – maßgebend für die deutsche Wirtschaftspolitik des ersten Nachkriegsjahrzehnts.

Dabei ging es zunächst um die Abwälzung der Lasten des verlorenen Krieges im Innern als Voraussetzung für die allmähliche Abschüttelung der Fesseln des Versailler Vertrages. So wurde die Liquidierung der Lasten des Krieges zum wichtigsten wirtschaftspolitischen Problem der ersten Nachkriegsjahre. Die Kriegsfinanzierung war ja im wesentlichen nicht durch eine Erhöhung der Steuern, wie etwa in England, erfolgt, da man im Interesse der Erhaltung des „Burgfriedens" die Arbeiterklasse und die übrigen werktätigen Klassen und Schichten nicht durch derartige unverhüllte Zwangsabgaben zu provozieren wagte. Es waren vielmehr insgesamt neun Kriegsanleihen aufgelegt worden, die von den etwa 160 Milliarden Mark, die für die Kriegführung gebraucht worden waren, fast $^{9}/_{10}$ erbrachten. Die Rückzahlung dieser Anleihen nun nachträglich durch Steuern zu decken, wagte man angesichts der Erfahrungen der Novemberrevolution noch weniger. Statt dessen wurde eine Tatsache ausgenutzt, die ebenso wie der Krieg, der als Naturereignis ausgegeben worden war, nun ebenfalls scheinbar schicksalhaft die Rechnung für die Niederlage präsentieren sollte: die Inflation. Unmittelbar nach dem Ende des ersten Weltkrieges gab es inflationistische Züge in fast allen Ländern, die an diesem Krieg beteiligt gewesen waren. In den Siegerländern brach 1920 eine schwere Wirtschaftskrise aus, die die Preise wieder absinken ließ. In Deutschland dagegen wuchs die Produktion etwas an, stiegen aber vor allem die Preise rapide. Waren 1920 die Preise auf das Zehnfache der Vorkriegszeit angewachsen, so gab es 1921 noch einmal eine Verdoppelung, und 1922 schnellten sie auf das Vierzigfache des Vorjahres hoch, um schließlich im Jahre 1923 in jene schwindelhaft-erschreckenden Höhen emporzuschießen, in denen der Preis eines Brotes nach Billionen bemessen wurde. Damals waren etwa 300 Papierfabriken allein mit der Herstellung des Papiers für Banknoten beschäftigt, und 150 Druckereien beschäftigten sich damit, auf dieses Papier Markziffern zu setzen, die schon wenige Stunden später wieder eine Lappalie darstellen würden.

Auch bei der Untersuchung der Inflation und ihrer Ursachen muß uns die Frage leiten: Wem nutzt sie – wer leidet unter ihr? Gewiß, der Sturz des Wertes der Mark wurde beschleunigt durch die Reparationszahlungen, durch die ohne Gegenwert Reichsmarkbeträge ins Ausland gingen. Wesentlicher aber ist, daß die Inflation in ihren Wirkungen einer Umverteilung des deutschen Nationaleinkommens gleichkam. Diejenigen, die wenig besaßen, büßten am meisten ein, und diejenigen, die am meisten besaßen, erlangten noch mehr. Der Reallohn der Arbeiter sank ja während der Inflation deshalb, weil die Löhne hinter den Preissteigerungen ständig zurückblieben und die Lohnerhöhung ständig erst nachträglich erkämpft werden mußte. So lag der Lebensstandard der deutschen Arbeiter noch fünf Jahre nach Kriegsende bestenfalls bei der Hälfte des letzten Vorkriegsjahres.

Zu denen, die in der Inflation einbüßten, gehörten aber auch die kleinbürgerlichen Schichten. Die Kriegsanleihen, die sie im chauvinistischen Taumel oder auf Grund mindestens moralischen Druckes gezeichnet hatten, waren ebenso wie ihre Sparkonten und Renten entwertet. Es handelte sich hier meist um Menschen, die nicht zu hohem Sachbesitz gelangen konnten, aber sich als Eigentümer von Geld, Sparkonten oder Wertpapieren gesichert glaubten und nun durch die Inflation expropriiert wurden. Das wurde später zu einem Faktor von erstrangiger politischer Bedeutung. Die wirtschaftlichen Verluste, die das Kleinbürgertum in der Inflation erlitten hatte, mochten in der Mitte der zwanziger Jahre, zur Zeit der relativen Stabilisierung des Kapitalismus, noch nicht unmittelbar spürbar sein: Die Handwerker hatten immerhin Aufträge, die kleinen Geschäftsleute Kunden. Als aber die Weltwirtschaftskrise ausbrach, wurde die latente Unzufriedenheit zur akuten Verzweiflung. Vorher gemäßigt anti-republikanisch mit monarchistischen Sympathien, gingen sie nun den Nazis ins Garn, die behaupteten, die Republik, „das System", sei an ihrem Elend schuld, Niederlage, Revolution und Inflation seien boshafte Machinationen der Marxisten und Juden. Gewinner der Inflation waren diejenigen, die bereits Sachwerte besaßen. Junker, deren Güter hoch verschuldet waren, sahen ihre Schulden dahinschmelzen. Hausbesitzer waren von ihren Hypotheken befreit. Vor allem aber: Großkapitalisten, die ja nicht mit eigenem Geld, sondern mit Darlehen zu arbeiten pflegten, konnten diese mit entwertetem Geld zurückzahlen, blieben doch die Risikoprämien der Banken und anderer Kreditgeber hinter der faktischen Geldentwertung zurück – Hinweis auf die Tatsache, die auch, wie wir sehen werden, in den Beziehungen zwischen den kapitalistischen Ländern zum Ausdruck kam, daß nämlich bei großen Summen der Schuldner stärker zu sein pflegt als der Gläubiger. Noch in einem anderen Sinne gewannen die Unternehmer: als Käufer der Ware Arbeitskraft, für die sie ja mit immer wertloser werdendem Geld zahlen konnten. Prototyp der Inflationsgewinnler wurde Hugo Stinnes, ein Mann, der schon vor dem ersten Weltkrieg hundertfacher Millionär war und, von Walther Rathenau knapp als „hochbegabter Schieber" charakterisiert, während der Inflation 1664 früher selbständige Unternehmen mit 300000 Arbeitern in seinen Besitz zu bringen verstand.

Freilich stieß die inflationistische Politik im Herbst 1923 an eine Grenze: Die revolutionäre Krise spitzte sich, wie der Generalstreik gegen den Reichskanzler Cuno, wie die Bildung von Arbeiterregierungen in Sachsen und Thüringen und der Hamburger Aufstand zeigten, zur revolutionären Situation zu. Mit dem 15. November 1923 wurde die Mark stabilisiert: Tausend Milliarden Papiermark waren einer neugeschaffenen Rentenmark gleich, zu deren Deckung industrieller und landwirtschaftlicher Grundbesitz mit einer Grundschuld belastet wurden.

Abwälzung der Lasten des verlorenen Krieges auf die werktätigen Massen – das war eines der wesentlichen Motive und Ergebnisse der Inflation. Aber noch war eine andere Frage offengeblieben: Die Frage der Reparationen, ein zentrales Problem im Verhältnis zwischen dem deutschen Finanzkapital und seinen wichtigsten ausländischen Gegnern. Der Versailler Vertrag hatte zwar grundsätzlich festgelegt, daß Deutschland für die Schäden des Krieges aufzukommen habe, die Regelung dieser Frage im einzelnen aber offengelassen. Nicht nur die Gegensätze zwischen Deutschland und den imperialistischen Siegermächten behinderten eine schnelle endgültige Klärung, sondern auch die Konflikte innerhalb der Entente. Die französische Großbourgeoisie war an hohen Reparationen nicht nur zum Zwecke der Finanzierung des Wiederaufbaues der zerstörten Gebiete interessiert, sondern sah hier auch den Ansatzpunkt, um Deutschland immer weiter zu schwächen und die Vorherrschaft auf dem europäischen Kontinent zu erlangen. Die Besetzung des Ruhrgebietes im Januar

1923, begründet mit der Verzögerung der Abgabe eines Postens von Telegrafenstangen aus den Sachlieferungen, die der Versailler Vertrag festgelegt hatte, war der größte und letzte Versuch des französischen Imperialismus, dieses Ziel zu erreichen.

England hatte mit der Übernahme eines Teils der deutschen Kolonien, mit der Verstärkung seines Einflusses im Nahen Osten und mit der Ausschaltung der Konkurrenz der deutschen Flotte, die teils vernichtet, teils ausgeliefert worden war, wesentliche Ziele erreicht und wünschte nicht, daß Deutschland weiter geschwächt würde, Frankreich dagegen ein Übergewicht erhielt. Der amerikanische Imperialismus konnte nur auf einen geringen Anteil an Reparationen hoffen und war darüber hinaus auch wenig daran interessiert, daß die Sieger in Europa hohe Reparationen von Deutschland erhielten: England und Frankreich hatten große Kriegsanleihen aus den USA erhalten und würden nur dann weiter von der Wall Street abhängig bleiben, wenn sie nicht durch hohe Zahlungen aus Deutschland in die Lage versetzt würden, diese Anleihen schnell zurückzuzahlen.

Im Januar 1921 wurde von einer internationalen Reparationskommission die Gesamtsumme der deutschen Zahlungen auf 226 Milliarden Mark festgelegt – eine Forderung, die von Deutschland abgelehnt und im Mai desselben Jahres auf 132 Milliarden Mark ermäßigt wurde, mit welcher Summe die deutsche Regierung einverstanden war. Ende 1921 wurde von der Reichsregierung, die damals grundsätzlich zur Erfüllung der alliierten Forderungen bereit war, ein Zahlungsaufschub erbeten (zur gleichen Zeit übrigens, zu der Stinnes die „Alpine Montan", den Erzberg in der Steiermark mit dem größten Erztagebau der Welt, demonstrativ ankaufte, um das Vorhandensein von Devisenbeständen in Deutschland sichtbar zu machen und Rathenaus Erfüllungspolitik zu sabotieren, wie ja auch Stinnes, übrigens nicht im Gegensatz, sondern im Einvernehmen mit der französischen Großbourgeoisie, die Ruhrbesetzung geradezu provoziert hat).

Als im April 1922 in Genua eine Weltwirtschaftskonferenz zusammentrat, an der auch eine sowjetische Delegation teilnahm, war Deutschland in einer wenig erfolgversprechenden Position gegenüber seinen imperialistischen Verhandlungspartnern. Die Gegensätze zwischen den Siegermächten waren nicht ausgeprägt genug, um Ansatzpunkte für die deutsche Regierung zu bieten. In dieser Situation wurde der Versuch unternommen, die außenpolitische Isolierung zu durchbrechen. Gemeint ist der Vertrag zwischen Sowjetrußland und Deutschland, der am 16. April 1922, noch während dieser Konferenz, in Rapallo abgeschlossen wurde. Der Rapallo-Vertrag sah die Aufnahme voller diplomatischer Beziehungen auf der Grundlage der Anerkennung und Gleichberechtigung, den Verzicht auf Annexionen, Kontributionen und Reparationen und die Gestaltung der Handels- und Wirtschaftsbeziehungen im Sinne der Meistbegünstigung (Zollvergünstigungen z. B., die eine der beiden Seiten einem dritten Land gewährte, würden automatisch auch für den Vertragspartner gelten) vor. Der Vertrag entsprach den von Lenin formulierten Prinzipien der friedlichen Koexistenz von Staaten verschiedener Gesellschaftsordnung und blieb in diesem Sinne für etwa ein Jahrzehnt bestimmend für die deutsch-sowjetischen Beziehungen. Wenn darüber hinaus auch Teile der deutschen Großbourgeoisie damals die Zusammenarbeit der beiden Staaten auf einer ganzen Reihe von Gebieten befürworteten, so blieb dies freilich bloße Episode: So gern man die sowjetische Unterstützung gegenüber der französischen Aggression und der Ruhrbesetzung hinnahm, wurde doch nach dem Ende des Ruhrkampfes die Westorientierung maßgebend.

Die USA und Großbritannien hatten ja dem Versuch Frankreichs, sich durch die Besetzung des Ruhrgebietes die Vorherrschaft in Europa zu sichern, ihre Unterstützung versagt und damit das Scheitern dieses Abenteuers beschleunigt. Amerikanische Initiative war auch für den neuen Versuch einer Regelung der Reparationsfrage maßgebend, die im April 1924 mit dem Dawes-Plan fixiert wurde, genannt nach dem Vorsitzenden eines von der Reparationskommission eingesetzten Expertenkomitees, Charles

Dawes, dem Vorsitzenden der Zweigbank der Morgan-Bank in Chicago. „Business, not politics" – diesem Leitsatz des Kommissionsvorsitzenden entsprechend, sollte der Dawes-Plan die amerikanische Vorherrschaft in Deutschland vom Wirtschaftlichen und nicht zunächst vom Politischen her begründen. Nicht die Endsumme der deutschen Reparationen wurde festgelegt, sondern nur die Höhe der jährlichen Zahlung, die zunächst etwa eine Milliarde Mark jährlich betragen und ab 1928 mehr als verdoppelt werden sollte. Diese Summe sollte durch die Verzinsung von Schuldverschreibungen der deutschen Industrie aufgebracht werden, wobei als Sicherheiten die deutschen Eisenbahnen unter internationale Kontrolle gestellt und ein Teil der deutschen Zolleinnahmen verpfändet wurden. Eine amerikanische Dollaranleihe in Höhe von 8000 Millionen Mark bildete eine Art von Starthilfe, war aber darüber hinaus und vor allem wesentliches Mittel des Eindringens amerikanischen Kapitals in die deutsche Industrie.

Eine Periode der relativen Stabilisierung des Kapitalismus begann. Während der zeitweiligen Konjunktur wurde die Produktion beträchtlich ausgedehnt, wobei amerikanische Kredite Investitionen förderten und gleichzeitig amerikanisches Vorbild bei der „Rationalisierung", will sagen: der Erhöhung der intensiven Ausbeutung Pate stand.

In diese Phase fällt die Gründung zweier großer Trusts: der IG Farben und der Vereinigten Stahlwerke. Angesichts der Rolle, die diese beiden Unternehmenskomplexe im weiteren Verlauf der deutschen Geschichte gespielt haben, ist es notwendig, etwas näher auf ihre Entstehung einzugehen.

Die chemische Industrie hatte sich in Deutschland im letzten Drittel des 19. Jahrhunderts schnell entwickelt. Ihre wichtigste Arbeitsrichtung war damals die Produktion synthetischer Farbstoffe auf der Basis des Steinkohlenteers – da es Deutschland an Kolonien fehlte, mußte der Bedarf der Textilindustrie an Farben auf diesem Wege gedeckt werden. Unmittelbar vor dem Beginn des ersten Weltkrieges, im Jahre 1913, war auf Initiative des bedeutenden Chemikers Fritz Haber und des Industriellen Carl Bosch die erste großtechnische Versuchsanlage zur Ammoniaksynthese errichtet worden, durch die Deutschland von der Einfuhr von Chilesalpeter unabhängig gemacht werden sollte – ein Vorhaben, das der Produktion von Kunstdünger für die Landwirtschaft zugute kommen konnte, zunächst aber für ganz andere Zwecke nutzbar gemacht wurde: Der Kriegsbedarf der Armee an Sprengstoffen wurde durch die Leuna-Werke gedeckt, deren Bau 1916 begonnen wurde und die bereits im folgenden Jahr den Betrieb aufnahmen. Schon damals hatten sich die wichtigsten Konzerne der chemischen Industrie in einem Kartell zusammengeschlossen. Ende des Jahres 1925 wurde nun ein weiterer Schritt zur Konzentration der Produktion und des Kapitals vollzogen: die Gründung der IG Farbenindustrie AG. Sie umfaßte 78 Betriebe, und ihr Aktienkapital überstieg eine Milliarde RM. Der Name „Farbenindustrie" deutet auf den Hauptzweig der Chemieproduktion früherer Jahrzehnte hin – tatsächlich aber waren synthetische Farbstoffe längst nicht mehr das wichtigste Produkt.

Vorsitzender des Aufsichtsrates wurde Carl Duisberg, der 1926 auch als Nachfolger des Krupp-Direktors Sorge Vorsitzender des Reichsverbandes der deutschen Industrie wurde – Zeichen für die maßgebliche Rolle, die die IG Farben damals im System des deutschen Finanzkapitals zu spielen begann. Auf einer Zusammenkunft von Großindustriellen im November 1926 hat Duisberg die damalige politische Taktik der IG Farben präzis formuliert: „In der Behandlung wichtiger wirtschaftlicher Fragen muß eine Änderung eintreten. Wie man es machen muß, kann man in Amerika sehen. Die ganze Politik wird dort von einem Gremium von Wirtschaftlern gemacht. Wenn größere Fragen zur Entscheidung stehen, dann treten sie zusammen, sprechen diese durch und setzen diese Richtlinien durch. Nach ihnen wird dann gearbeitet. Aber wie soll man die Sache in Deutschland machen? Alle diese Dinge werden im Reichstag entschieden. Darum können und müssen wir auf die Parteipolitik einwirken. Nur durch planmäßige Beeinflussung lassen sich alle Schwierigkeiten überwinden." Dieser

Konzeption entsprechend gab es in den folgenden Jahren in den Fraktionen aller bürgerlichen Parteien Abgeordnete, die leitende Positionen in den IG Farben innehatten. Professor Moldenhauer, Mitglied des Aufsichtsrates, wurde im November 1929 Reichswirtschaftsminister und bald darauf Finanzminister, während Geheimrat Hermann Schmitz, einer der leitenden Köpfe des Konzerns, wirtschaftspolitischer Berater des Reichskanzlers Brüning wurde. Sein Neffe, Max Ilgner, dagegen hatte den speziellen Auftrag, die Verbindung zur NSDAP zu halten. Soweit man von einer ausgeprägten außenpolitischen Linie der IG Farben in dieser Zeit sprechen kann, bestand sie darin, schrittweise Einfluß auf die chemische Industrie Frankreichs zu gewinnen, was als „deutsch-französische Verständigung" propagiert wurde, durch diesen Rückhalt gestützt der mächtigen amerikanischen Konkurrenz entgegenzutreten und dabei doch gleichzeitig die Gemeinsamkeit der imperialistischen Interessen gegenüber der Sowjetunion herauszustellen. Duisberg forderte 1931 in einer Rede einen europäischen Wirtschaftsblock von Bordeaux bis Odessa (im veröffentlichten Text wurde „abgemildert": bis Sofia) und umschrieb damit dieses außenpolitische Programm, das bereits die faschistischen Pläne einer „Neuordnung Europas" ankündigte, auch wenn hier noch nicht offen verlangt wurde, die wirtschaftliche Durchdringung mit militärischen Eroberungen zu verknüpfen.

Am 1. April 1926 wurde ein zweiter Trust gegründet, die Vereinigten Stahlwerke AG. Hugo Stinnes war 1924 gestorben, und auch der Konzern, den er in der Inflation zusammengeschoben hatte, war schnell wieder zerfallen. Aus einigen seiner Bestandteile, nämlich der Rhein-Elbe-Union sowie den Thyssen-Werken und den Rheinischen Stahlwerken, wurde nun der Stahl-Trust gebildet, der 40% der deutschen Eisen- und Stahlerzeugung und 20% der deutschen Steinkohlenförderung kontrollierte. 200 000 Arbeiter waren in diesen Betrieben tätig. Wenige Monate später, im September 1926, wurde sein Gewicht auch international wirksam: Zwischen den westeuropäischen Ländern wurde auf fünf Jahre ein Stahl-Kartell abgeschlossen, das die Gesamtproduktion der beteiligten Länder in Höhe von etwa 30 Millionen Tonnen Roheisen aufteilte. Vorsitzender dieses Kartells wurde Fritz Thyssen. Deutschland erhielt auch die höchste Quote, nämlich 43%, während Frankreich sich mit 31% begnügen mußte. England blieb dem Kartell fern und schloß sich erst, nachdem es in der Zeit der Weltwirtschaftskrise zeitweilig zerfallen war, bei der Neugründung 1935 der Vereinigung an.

Haupttendenzen der wirtschaftlichen Entwicklung im Jahrzehnt nach der Gründung der Weimarer Republik – um dies noch einmal zusammenzufassen – waren einmal das wachsende Eindringen vor allem des amerikanischen Kapitals, das die Regelung der Reparationsfragen zum Anlaß nahm, seinen Einfluß in Deutschland zu verstärken; war zum anderen die Abwälzung der Lasten des verlorenen Krieges auf die werktätigen Massen durch die Inflation und war schließlich ein schneller Konzentrationsprozeß in den wichtigsten Industrien, der durch die kapitalistische Rationalisierung gefördert wurde – ein Prozeß, der von den revisionistischen Theoretikern der Sozialdemokratie als „Wirtschaftsdemokratie" beschönigt wurde, während es sich in Wirklichkeit um eine neue Stufe monopolistischer Konzentration handelte. Die ökonomischen Belastungen für die Zukunft, die sich aus der internationalen Kapitalverflechtung ergaben, die vor allem Krisenerscheinungen in Amerika sofort auf Deutschland übertragen mußten, sollten sich bald auch politisch auswirken: Mit dem Ausbruch der Weltwirtschaftskrise begann sofort der Abbau des bürgerlich-parlamentarischen Systems und der allmähliche Übergang zur faschistischen Diktatur.

Die Verfassung der Weimarer Republik, die am 11. August 1919 vom Reichspräsidenten Ebert unterzeichnet wurde und drei Tage darauf in Kraft trat, ist – um nach diesem Überblick über die wirtschaftliche Entwicklung nun zur politischen Strategie der Hauptklassen im damaligen Deutschland überzugehen – charakteristisch für das Provisorium, als das die herrschenden Klassen diese Republik ansahen. Artikel 1 legte zwar fest: „Das Deutsche Reich ist eine Republik. Die Staatsgewalt geht vom Volke aus.“ Nach Artikel 54 bedurften Reichskanzler und Reichsminister zu ihrer Amtsführung des Vertrauens des Reichstages; Artikel 68 lautete: „Die Reichsgesetze werden vom Reichstag beschlossen“, und Artikel 76 ließ Verfassungsänderungen nur dann zu, wenn $^2/_3$ der Mitglieder des Reichstages anwesend waren und wenigstens $^2/_3$ der Anwesenden mit dem Abänderungsantrag einverstanden seien. Aber so, wie Artikel 153 Enteignungen nur gegen Entschädigungen zuließ, soweit nicht ein Reichsgesetz etwas anderes bestimmte, wurden auch in die verfassungsrechtlichen Artikel Sicherungen im Interesse der Großbourgeoisie eingebaut, die es später erleichterten, das parlamentarische System gerade mit Hilfe der Verfassung abzubauen. Artikel 48 wurde das wichtigste Hilfsmittel für diese Bestrebungen: „Der Reichspräsident kann, wenn im deutschen Reich die öffentliche Sicherheit und Ordnung erheblich gestört oder gefährdet wird, die zur Wiederherstellung der öffentlichen Sicherheit und Ordnung nötigen Maßnahmen treffen, erforderlichenfalls mit Hilfe der bewaffneten Macht einschreiten.“ Daß die Maßnahmen auf Verlangen des Reichstages außer Kraft gesetzt werden mußten, blieb deshalb mehr oder minder formal, weil nach Artikel 25 der Reichspräsident bevollmächtigt war, den Reichstag aufzulösen. Seine Autorität war durch die Festlegung des Artikel 41, wonach er nicht vom Parlament, sondern durch Volksabstimmung gewählt würde, noch zusätzlich gestärkt – eine Festlegung, die vor allem auf den einflußreichen Soziologen Max Weber zurückgeht. Weber hatte 1917 in einer Aufsatzreihe in der „Frankfurter Zeitung“ eine Stärkung der Befugnisse des Reichstages gefordert: „Der Wille zur Ohnmacht im Innern ist mit dem ‚Willen zur Macht‘ nach außen nicht zu vereinigen.“ Als die Novemberrevolution aber die Monarchie beseitigt hatte, trat er gerade für eine Einschränkung der Macht des Parlaments ein. Weber gehörte dem von Hugo Preuß geleiteten Ausschuß an, der schon in den ersten Dezembertagen 1918 zusammentrat und die Grundzüge einer Verfassung der Republik entwarf. Er war es, der hier durchsetzte, daß der Reichspräsident in direkter Volkswahl gewählt würde und damit als eine Art Ersatzmonarch besondere Autorität besaß – Anzeichen dafür, daß auch die sich liberal gebenden Teile der deutschen Bourgeoisie keine demokratische Republik, ja nicht einmal ein voll funktionierendes bürgerlich-parlamentarisches System wünschten, sondern von vornherein beabsichtigten, die in der Revolution gemachten Konzessionen bei passender Gelegenheit wieder zurückzunehmen.

Diese politisch-strategische Konzeption war auch für die in der Zeit der Weimarer Republik herrschenden Gesellschaftsauffassungen charakteristisch. Die staatsrechtlichen Lehrstühle der Universitäten wurden Zentren antirepublikanischer Propaganda. Ein Würzburger Staatsrechtler erklärte ungestraft in seiner Vorlesung: „Die Reichsverfassung ist teilweise ernst, teilweise Faschingszeitung. Wenn ich mir eine lustige Stunde machen will, lese ich hie und da diese Verfassung." Führender antidemokratischer Ideologe auf diesem Gebiet wurde Carl Schmitt. Er propagierte, daß der Artikel 48 den Hebel bilden konnte, um die Verfassung außer Kraft zu setzen. „Souverän ist, wer über den Ausnahmezustand entscheidet", war eine seiner gängigen Formulierungen, um dieses Programm zu erläutern, und es war nicht ironisch gemeint, wenn er den Reichspräsidenten, den ehemaligen Generalfeldmarschall von Hindenburg, 1929 in diesem Sinne als den „Hüter der Verfassung" apostrophierte.

Auch in der Geschichtswissenschaft dominierten damals an den Universitäten weiter die reaktionären Richtungen. Man beschäftigte sich weiter einseitig mit den diplomatischen Beziehungen, was mit einem angeblichen „Primat der Außenpolitik" gerechtfertigt werden sollte. Die Novemberrevolution wurde als bloßer historischer Zufall behandelt und der Republik die historische Rechtmäßigkeit abgesprochen. Den Habsburgern dagegen wurde historisches Versagen attestiert und die Auflösung der österreichisch-ungarischen Monarchie als unvermeidlich anerkannt – dies aber vor allem, um einen Anschluß Österreichs, erster Schritt einer neuen deutschen Expansion, zu rechtfertigen. Im Sinne dieser Konzeption wurde dann auch im Zusammenhang mit Artikel 231 des Versailler Vertrages die Vorgeschichte des ersten Weltkrieges besonders aufmerksam untersucht, wobei man sich aber einseitig auf die Aktionen der Diplomaten beschränkte und die Schuld der herrschenden Kreise des deutschen Imperialismus an der Entfesselung des Krieges zu leugnen versuchte. Wie eh und je glorifizierten die Universitätshistoriker in ihrer Mehrheit den preußischen Staat und zogen eine Linie von Luther über Friedrich II. und Bismarck zu einem noch Unbekannten – eine Lücke, die sich bald nur zu leicht durch jenen Verbrecher schließen ließ, dem das deutsche Finanzkapital 1933 das Amt des Reichskanzlers übertrug. Wenn es „neue" Züge in den herrschenden Geschichtsideologien gab, dann war es allenfalls der Antibolschewismus, der seit der Entstehung des ersten sozialistischen Staates zur Grundlage der bürgerlichen Sozialwissenschaft wurde.

Ein prominenter Soziologe dieser Jahre, Karl Mannheim, hat ausgerechnet unter Berufung auf Karl Marx die herrschenden sozialwissenschaftlichen Auffassungen in ein System zu bringen versucht. Mannheim erklärte, alle gesellschaftlichen Auffassungen seien „standortgebunden", d. h. von Klasseninteressen bestimmt, und deshalb könne es keine objektive Erkenntnis der gesellschaftlichen Wirklichkeit geben. Von diesem universalen Relativismus wurde nur eine Schicht ausgenommen: die Intelligenz, die nach Mannheims Auffassung in der Gesellschaft „frei schwebend", unbeeinflußt von Vorurteilen und Interessen, die Wirklichkeit unbefangen erfassen könne – eine Ansicht, die ähnlich wie Max Webers Lehre von der Werturteilsfreiheit der Wissenschaft von der hochschulpolitischen Reaktion ausgenutzt wurde, um Demokraten und erst recht Sozialisten von den Lehrstühlen fernzuhalten. Daß es eine Parteilichkeit der Wissenschaft gibt, die ihre Objektivität verhindert, und eine Parteilichkeit, die sie gerade ermöglicht – bürgerliches Klassenvorurteil steht der Einsicht in die Gesetzmäßigkeiten der historischen Entwicklung im Wege, während das Interesse der Arbeiterklasse an der Beseitigung jeder Ausbeutung gerade auf Einsicht in die Entwicklungsgesetze der materiellen Produktion verweist – überstieg das Erkenntnisvermögen dieser Soziologie.

Ein besonders wichtiges Instrument der herrschenden Klassen zur ideologischen Beeinflussung der Massen wurde jene neue Kunst, die nun bis ins kleinste Dorf vordrang: der Film. Der große technische Aufwand der Filmproduktion und die entsprechend hohen Kosten förderten natürlich den Konzentrationsprozeß auf diesem Gebiet. Bereits 1917 war auf Befehl Ludendorffs eine Universum-Film-AG gegründet worden, deren Aktien zu einem Drittel in Reichsbesitz waren und die nach dem Kriege in dem Sinne „privatisiert" wurde, daß nun die Deutsche Bank die Aktienmehrheit erlangte. Alfred Hugenberg, von 1908 bis 1918 Direktor bei Krupp, später Vorsitzender der Deutschnationalen, hatte von vorherein Einfluß auf die Ufa und wurde 1927 – nachdem er schon den Scherl-Pressekonzern im Sinne des Nationalismus und Militarismus kontrollieren konnte – nun auch Vorsitzender ihres Aufsichtsrates.

Wie mit dem Film Politik gemacht wurde, sei an einem Beispiel verdeutlicht: 1920, also noch in der Zeit der revolutionären Nachkriegskrise, wurde in Berlin der Film „Das Kabinett des Dr. Caligari" uraufgeführt, ein Film, dessen Drehbuchentwurf von zwei jungen Leuten, Hans Janowitz und Carl Mayer, stammte. Im Mittelpunkt der Fabel stand eine Reihe unerklärlicher Morde, bis schließlich als Urheber der Verbrechen der Leiter eines Irrenhauses. Dr. Caligari, entlarvt wird, der seine Fähigkeiten als Hypnotiseur mißbraucht, um ein Medium auf Morde abzurichten. Eine Schauergeschichte, gewiß – aber sie enthielt insofern einen sozialkritischen Akzent, als in Dr. Caligari die machthungrige Autorität, die auch vor Mord nicht zurückschreckt, gezeichnet wurde und damit zugleich eine antimilitaristische Tendenz in der Fabel enthalten war. (Das Motiv der Hypnose im Zusammenhang mit autoritären und faschistischen Bestrebungen stand ja auch einige Jahre später im Mittelpunkt der Erzählung Thomas Manns „Mario und der Zauberer".)

Gegen den Protest der Drehbuchautoren wurde nun aber, als eine Filmgesellschaft das Projekt übernahm und Erich

Pommer mit der Regie beauftragt wurde, eine Rahmenhandlung hinzugefügt, die den Film entschärfte, ihn gerade dieser Akzente beraubte und sie ins Gegenteil umkehrte. Diese Rahmenhandlung stellt das Ganze als Phantasie eines Geisteskranken dar, der von dem Direktor der Klinik untersucht wird. Der Direktor begreift, daß sein Patient ihn für Dr. Caligari hält, und erklärt schließlich voll gütiger Einsicht, der Fall sei ihm nun klar und könne geheilt werden. Was im Drehbuch Kritik an der Autorität gewesen war, wurde im Film selbst zur Rechtfertigung des Arztes, der als Autorität weises Verstehen verkörpert, während Sozialkritik als Phantasie eines Geisteskranken erscheint. Um noch ein übriges zu sagen: Der sozialdemokratische „Vorwärts" wußte in seiner Kritik nur zu bemerken: „Dieser Film ist auch insofern moralisch unangreifbar, als er an unser Mitgefühl für Geistesgestörte und an unser Verständnis für die aufopferungsvolle Tätigkeit von Nervenärzten und Irrenwärtern appelliert."

Goldene zwanziger Jahre? Wer davon spricht, übersieht, daß die progressiven Intellektuellen jede ihrer Leistungen nur in einem zähen, entsagungs- und aufopferungsvollen Kampf gegen die herrschenden Auffassungen und Einrichtungen zustande bringen konnten. Zwar konnten auch auf dem Gebiet der Gesellschaftswissenschaften nach dem Sturz der Hohenzollern-Monarchie einige fortschrittliche Gelehrte an die Universitäten gelangen. Einer der bedeutendsten deutschen Historiker der Zeit, Gustav Mayer, Verfasser wichtiger Arbeiten zur Geschichte der deutschen Arbeiterbewegung, den die philosophische Fakultät der Berliner Universität während des Krieges im Habilitations-Kolloquium hatte durchfallen lassen, erhielt nun eine Professur (übrigens nicht an der philosophischen, sondern an der juristischen Fakultät). Der linksliberale Historiker Veit Valentin veröffentlichte 1930 die erste große Geschichte der Revolution 1848/49, die überhaupt bis dahin von einem deutschen Gelehrten verfaßt worden war. Auf dem Gebiet der schönen Literatur, der bildenden Kunst und des Theaters gab es große Leistungen, die bis heute unmittelbare Aktualität bewahrt haben.

Aber die politische Macht lag nicht einmal bei den Kräften, die am bürgerlich-parlamentarischen System interessiert waren. Wenn es ein Zentrum der politischen Strategie der deutschen Großbourgeoisie gab, dann befand es sich mehr oder minder verborgen dort, wo auch die militärische Macht konzentriert war: bei der Reichswehr. Ihre Führung war nicht, wie ein Schlagwort meint, „Staat im Staate". Dazu waren ihre Verbindungen zu den herrschenden Kreisen des Finanzkapitals und der Junker und die grundsätzliche Übereinstimmung mit deren Interessen viel zu eng. Ein Unterschied gegenüber anderen Einrichtungen der herrschenden Klassen bestand allenfalls darin, daß diese meistens von einem Tag auf den anderen arbeiteten, während die Reichswehr ein Instrument der herrschenden Klasse als Ganzes war und Politik auf lange Sicht betrieb.

Nach der Niederlage im ersten Weltkrieg war ja die Masse der Soldaten nach Hause gegangen, für konterrevolutionäre Abenteuer und imperialistische Expansion nicht mehr verwendbar. Nur das Bündnis zwischen der Obersten Heeresleitung und Friedrich Ebert hatte, so sahen wir, verhindert, daß der Kern des kaiserlichen Heeres, vor allem sein Generalstab, zerschlagen und beseitigt wurde. Ludendorff war zurückgetreten, um die Verantwortung für die Niederlage auf die Zivilisten abwälzen zu können. Schon am 20. Dezember 1918 waren in Berlin höhere Generalstabsoffiziere zusammengekommen, um die weitere politische Strategie zu beraten. Hans von Seeckt, später jahrelang Chef der Heeresleitung, und Kurt von Schleicher, später Chef des Ministeramtes im Reichswehrministerium, dann Reichswehrminister und schließlich letzter Reichskanzler der Weimarer Republik, standen dabei einander gegenüber. Schleicher hielt es zunächst für notwendig, mit Hilfe der Soldaten „eine Regierungsgewalt, die sich durchzusetzen vermag", aufzurichten, sah dann die nächste Aufgabe in einer „Gesundung der Wirtschaft" und erblickte darin die Voraussetzung für die „Wiedererrichtung der äußeren Macht". Seeckt stimmte zwar Schleicher im ersten Punkt zu, bezweifelte aber, ob „die Wirtschaft in einem politisch ohnmächtigen Land aufzurichten sei" und hielt es zunächst für notwendig, „Deutschland bündnisfähig" zu machen – ein Motiv, das ihn später zur Unterstützung der Rapallo-Politik veranlaßte, freilich nicht im Sinne einer friedlichen Koexistenz zwischen dem kapitalistischen Deutschland und der sozialistischen Sowjetunion, wohl aber mit einem gewissen politischen Realismus, auch wenn dabei Illusionen über die Möglichkeit, mit sowjetischer Hilfe Land im Osten, auf Kosten Polens, zu erobern, mitspielten.

Der tatsächliche Weg der Politik der Reichswehr in der Weimarer Republik entsprach keiner der beiden Konzeptionen ganz. Zunächst hatte man versucht, aus Offizieren und Studenten als Truppenführern sowie verkrachten Existenzen und Landsknechtsnaturen als Soldaten ein neues Heer auf dem Wege über jene Freikorps zu bilden, die die revolutionäre Arbeiterbewegung in der Novemberrevolution und den Monaten danach brutal und blutig niedergeworfen hatten. Die Hoffnung, von den Siegermächten völlig „freie Hand" für den „Kampf gegen den Bolschewismus" zu erhalten, hatte zur Folge, daß sogar noch die im August 1919 verkündete Weimarer Verfassung die Möglichkeit einer baldigen Einführung der allgemeinen Wehrpflicht offenließ. Tatsächlich aber hatte der Versailler Vertrag, auch wenn das antisowjetische Motiv deutlich genug sein mochte, eine neue Situation geschaffen, indem er das deutsche Heer auf 100 000 Mann begrenzte und es zur Berufsarmee mit zwölfjähriger Dienstzeit machte. „Mit dem Zwang zum kleinen Berufsheer haben uns die Siegermächte unfreiwillig einen großen Dienst getan. Ein großes Volksheer wäre in jener Zeit, in der alle traditionellen Grundlagen der Autorität wankten, weder politisch noch militärisch zu führen und zu bändigen gewesen", schrieb in aller Offenheit später einer der Reichswehrminister dieser Jahre, Otto Gessler.

Auf Grund des Versailler Vertrages mußte die Armee verkleinert und ein Teil der Freikorps wieder aufgelöst werden. Das wurde der Anlaß des Kapp-Putsches. Sein politischer Leiter war Generallandschaftsdirektor Dr. Kapp, führender Alldeutscher, der militärische General Freiherr von Lüttwitz, hoher Offizier der damaligen Reichswehr, dem auch zwei der aufzulösenden Marinebrigaden unterstellt waren, die in Döberitz bei Berlin standen. Auf die Auflösungsorder antwortete Lüttwitz mit einem Ultimatum an die Reichsregierung, in dem u.a. die Auflösung des Reichstages und Neuwahlen sowie Verzicht auf weitere Auflösung von Truppenteilen gefordert wurden. Daraufhin erhielt er den Abschied. Am 13. März 1920 ließ er als Antwort die Brigade Ehrhardt in Berlin einmarschieren. Die Militärdiktatur wurde ausgerufen. Streikposten wurden mit der Todesstrafe bedroht. Die Reichsregierung floh aus Berlin und etablierte sich in Stuttgart. Der Putsch brach jedoch schnell zusammen: Die Arbeiterklasse erhob sich einmütig gegen Kapp und seine Hintermänner zum Generalstreik. Das einmütige Handeln der Werktätigen ließ bereits nach drei Tagen das Abenteuer der junkerlich-monarchistischen Konterrevolution völlig zusammenbrechen.

Der Kapp-Putsch und sein Scheitern vermittelten der Arbeiterklasse wichtige Lehren. Ihre einheitliche Aktion hatte zu einem bedeutenden Erfolg gegen Monopole und Militaristen geführt. Die Anziehungskraft ihres einheitlichen Handelns war groß genug, um auch kleinbürgerliche Schichten für den Generalstreik zu gewinnen. Der Zusammenbruch des Putsches hatte zugleich die demokratischen und antiimperialistischen Potenzen, die es im deutschen Volke gab, sichtbar gemacht.

Auch die Reaktion zog auf ihre Weise Lehren aus dem Kapp-Putsch. Es hatte sich gezeigt, daß ein Versuch, das parlamentarische System durch einen offenen, gewaltsamen Angriff auf die verfassungsmäßigen Einrichtungen der Republik zu beseitigen, die Arbeiterklasse geschlossen zum Widerstand bereit fand. Den Parlamentarismus zu beseitigen – das begriffen diese Kreise – war so nicht möglich. Ihre Strategie wurde es nun, die Weimarer Republik nicht unter Bruch der Weimarer Verfassung, sondern mit ihrer Hilfe, legal oder wenigstens scheinlegal, zu beseitigen. Dafür aber war es notwendig, sich einer Massenbewegung zu bedienen, und um eine solche Bewegung zu schaffen und ausnutzen zu können, mußten Voraussetzungen bestehen, wie es sie damals noch nicht, wohl aber zur Zeit der Weltwirtschaftskrise, gab. Die Reichswehrführung machte sich darüber hinaus ihren besonderen Vers auf die Ergebnisse des März 1920. Die aus den Erfahrungen des 18. März 1848 stammende Abneigung der preußisch-deutschen Militaristen, durch einen Bürgerkrieg das Prestige einer Armee, die vor allem zur Aggression nach außen dienen sollte, abzunutzen, wurde nun noch verstärkt. In diesem Sinne gab sich die Reichswehr während des folgenden Jahrzehnts „unpolitisch" – aber auch nur in diesem Sinne. Hans von Seeckt wurde jetzt Chef der Heeresleitung und besaß damit eine Stellung, die mindestens der des früheren Chefs des Generalstabs entsprach. Er war, wie wir bereits gesehen haben, Realist genug, um vor einer Feindschaft gegen die aufsteigende sozialistische Macht im Osten zu warnen: „Wenn Deutschland einen Krieg gegen Rußland beginnt, dann wird es einen hoffnungslosen Krieg führen." Unter seiner Leitung begann eine begrenzte politisch-militärische Zusammenarbeit mit der Roten Armee – Beziehungen, die von der bürgerlich-imperialistischen Geschichtsschreibung nach 1945 maßlos aufgebauscht wurden, die sich aber in Wirklichkeit darauf beschränkten, daß beide Seiten einander die Möglichkeit gaben, einige militärtechnische Erfahrungen zu sammeln, und die von der Sowjetunion mit der Machtübertragung an den Faschismus in Deutschland sofort abgebrochen wurden.

Wenn mit dem Beginn der relativen Stabilisierung des Kapitalismus amerikanisches Kapital nach Deutschland massenhaft einzuströmen begann, dann fand das auch seinen Ausdruck in einem Wandel der deutschen Außenpolitik. Der Dawes-Plan wurde im Oktober 1925 durch die Verträge von Locarno ergänzt, an denen von deutscher Seite vor allem der Außenminister Gustav Stresemann beteiligt war. Durch diese Verträge zwischen den kapitalistischen Großmächten Europas wurde von deutscher Seite die in Versailles festgelegte Grenze gegenüber Frankreich und Belgien garantiert. Stresemann schrieb dazu,

Locarno mache es möglich, „den Weg der Konsolidierung und Wiederaufrichtung Deutschlands in der Konzentrierung auf das Bestreben der späteren Angliederung deutscher Gebiete im Osten zu gehen". Durch die Verträge von Locarno war nämlich die deutsche Ostgrenze nicht garantiert worden - Ausdruck, wie Stresemanns Worte bezeugen, für den wieder auflebenden „Drang nach Osten".

Freilich enthielten diese Verträge keine eigentlichen konkreten antisowjetischen Festlegungen. Die deutsche Außenpolitik versuchte auch, durch den im April 1926 abgeschlossenen Berliner Vertrag mit der Sowjetunion, der die Neutralität im Falle eines feindlichen Angriffs auf einen der Vertragspartner vorsah, normale Beziehungen zu der Sowjetunion als Druckmittel gegenüber den Westmächten zu erhalten. Der Vertrag wurde nicht zufällig gerade zu der Zeit von deutscher Seite gefördert und schließlich auch unterzeichnet, als eines der Versprechen, die in Locarno gemacht worden waren, unerfüllbar zu sein schien, die Aufnahme Deutschlands in den Völkerbund, die auch tatsächlich erst im September des Jahres zustande kam. Wenige Wochen später mußte Seeckt zurücktreten. Anlaß für seinen Sturz war, daß bekannt wurde, ein Sohn des ehemaligen Kronprinzen habe an Reichswehrmanövern teilgenommen. Das war gewiß ein Verstoß gegen die Gesetze, aber in solchen Dingen war man sonst nicht kleinlich gewesen. Der bereits genannte Reichswehrminister Gessler, der Seeckts Sturz betrieb, hat auch in schöner Offenheit später geschrieben, er hätte „noch mehrere Pfeile im Köcher" gehabt. Tatsächlich kam hier zum Ausdruck, daß auch auf diesem Gebiet die Episode einer Rapallo-Politik im engeren Sinne beendet war. Seit 1925 war auch die betonte Zurückhaltung der Reichswehr in politischen Alltagsfragen - eine Linie, die Seeckt als sein eigenes Werk ansah und für deren Durchführung er, und nur er, sich verantwortlich fühlte - nicht mehr notwendig, stand doch nun an der Spitze des Reiches der ehemalige kaiserliche Generalfeldmarschall von Hindenburg.

Auch Gessler mußte freilich ein knappes Jahr später zurücktreten. Es hatte sich herausgestellt, daß die Reichswehr zur Finanzierung ihrer illegalen Aufrüstung an einer ganzen Reihe von Unternehmen stillschweigend beteiligt war oder solche Unternehmen sogar selbst gegründet hatte, darunter eine Speckhandelsgesellschaft und eine Filmproduktionsfirma namens Phoebus, weshalb auch die ganze Angelegenheit den Namen „Phoebus-Affäre" erhielt. Ein Teil dieser Unternehmen machte bankrott. Der Schaden zu Lasten der Steuerzahler wurde offiziell mit 10 Millionen RM angegeben, dürfte aber tatsächlich ein Mehrfaches dieser Summe betragen haben. Der Tatsache übrigens, daß nun die oberste Kontrollbehörde des Reiches in Haushaltsfragen, der Rechnungshof, die geheimen Ausgaben überprüfte, um ihr zu ersparen, noch einmal vor dem Reichstag ein Sünden- und Schuldenbekenntnis abzulegen, ermöglicht es uns, wenigstens nachträglich die genaue Höhe dieser Ausgaben und ihre Verwendung festzustellen. In den Akten dieses Rechnungshofes findet sich das streng geheime Protokoll einer Sitzung, die am 11. Mai 1928 stattfand. Die Vertreter der einzelnen Truppenteile offenbarten dem Präsidenten des Rechnungshofes die geheimen Rüstungen und erlösten ihn damit aus einem, wie er sagte, „Gewissenskonflikt". Die gesetzwidrigen jährlichen Ausgaben betrugen in der Zeit der relativen Stabilisierung durchschnittlich etwa 50 Millionen Mark. Für 1928 war bereits eine Erhöhung um weitere 25 Millionen Mark vorgesehen. Im wesentlichen wurden sie für den Bau und die Erprobung von Militärflugzeugen (die meisten von der Lufthansa AG verwendeten Verkehrsflugzeuge waren unter militärischen Gesichtspunkten und im Einvernehmen mit der Reichswehr entwickelt worden), Kampfwagen und U-Booten – im Ausland – verwendet, deren Besitz Deutschland im Versailler Vertrag verboten worden war. Darüber hinaus hatte man aber auch bereits mit dem „organisatorischen Ausbau von Behörden für den Fall einer etwaigen Mobilmachung" begonnen. Der Chef der Heeresleitung, General Heye, gestand ferner, mit einem Stammkapital von 400 000 RM sei eine „Deutsche Tracht-G.m.b.H." gegründet worden, die das Ziel verfolge, eine Art Uniform im ganzen deutschen Volk nach und nach populär zu machen, damit diese gegebenenfalls im Ernstfalle als Uniform Verwendung finden könne. Diese Gesellschaft sei aber inzwischen wieder liquidiert worden.

Zu dieser Zeit, so zeigt das Protokoll, beschränkte sich also die illegale Aufrüstung im wesentlichen noch auf die Entwicklung und Erprobung verbotener Waffen und Ausrüstungen. In der Zeit der Weltwirtschaftskrise freilich wurde der nächste Schritt getan. Die Reichswehr wurde nun im stillen vergrößert, so daß der deutsche Faschismus bei seinem Machtantritt bereits eine Wehrmacht vorfand, die fast auf das Doppelte der ihr zugestandenen Stärke angewachsen war. Zu dieser Zeit war man auch von der technischen Erprobung verbotener Waffen bereits zur Serienproduktion übergegangen.

In die letzten Jahre der Weimarer Republik fällt der schnelle Aufstieg desjenigen Reichswehroffiziers, der im Sinne der politischen Strategie der deutschen Großbourgeoisie sich hinter den Kulissen am lebhaftesten für den schrittweisen Abbau des parlamentarischen Systems eingesetzt hatte, Kurt von Schleicher. Daß im Frühjahr 1930 ein Präsidial-Kabinett unter Heinrich Brüning eingesetzt wurde, geht nachweislich auf sein unmittelbares Betreiben zurück. Damit greifen wir aber bereits in die Periode der Weltwirtschaftskrise über, und ehe wir die Probleme dieser Zeit untersuchen, ist es notwendig, die Strategie und Taktik derjenigen politischen Kraft zu betrachten, die am entschiedensten gegen die antidemokratischen Bestrebungen der deutschen Reaktion und ihre imperialistischen Pläne auftrat, der Kommunistischen Partei Deutschlands.

Die Stellung der revolutionären Arbeiterbewegung zum parlamentarischen System war – nicht zuletzt mit Hilfe der im März 1919 gegründeten Kommunistischen Internationale, mit der ein internationales Führungszentrum der kommunistischen Weltbewegung entstand – auf dem illegalen zweiten Parteitag der KPD im Oktober 1919 geklärt worden: „Im gegenwärtigen Zeitpunkt handelt es sich . . . für das Proletariat nicht darum, wie es seine politische Macht ausübe, sondern darum, wie es zur politischen Macht gelange. Den Kampf um diese politische Macht führt das Proletariat mit allen ihm gegebenen politischen und wirtschaftlichen Mitteln. Die Tatsache, daß eine Epoche größerer und größter Kämpfe – Massendemonstrationen, Massenstreiks, offener Aufstand – gekommen ist, zwingt das Proletariat noch nicht, auf kleinere Mittel, zu denen auch die Ausnutzung des Parlaments gehört, dauernd zu verzichten." Nachdem sich die revolutionären Kräfte in der USPD mit der KPD vereinigt hatten (Dez. 1920) und sie zur Massenpartei geworden war, mußte die nächste Aufgabe sein, die in der SPD und in den reformistisch geführten Gewerkschaften organisierten Arbeiter für die Aktionseinheit zu gewinnen. Lenins Werk, „Der linke Radikalismus, die Kinderkrankheit im Kommunismus", das im Sommer 1920 in Deutschland erschien, gab gerade den deutschen Kommunisten dafür grundlegende Lehren. Ihnen entsprechend veröffentlichte die KPD am 8. Januar 1921 einen offenen Brief an die Arbeiterparteien und Gewerkschaften, den die „Rote Fahne" mit den Worten erläuterte: „Wir können uns zwar nicht einigen über Demokratie und Diktatur, aber einigen wir uns für den Kampf um ein Stück Brot, das den sozialistischen und unabhängigen Arbeitern nicht weniger notwendig ist, als den Kommunisten." Lenin sagte von diesem Brief, er sei „vorbildlich als erster Akt der praktischen Methode, die Mehrheit der Arbeiterklasse zu gewinnen". In den folgenden Monaten wuchs der Masseneinfluß der KPD im Zusammenhang mit den Bewegungen der Werktätigen (im Februar 1922 wurde ein großer Eisenbahnerstreik durchgeführt und damit ein Unternehmen in die revolutionäre Bewegung einbezogen, das ihr bis dahin kaum zugänglich gewesen war). Theoretisches Hauptproblem der Auseinandersetzungen wurde die „Arbeiterregierung": eine demokratische Staatsmacht, die nach dem 4. Weltkongreß der Kommunistischen Internationale (Februar 1922) ihre Aufgabe sieht in der Bewaffnung des Proletariats und der Entwaffnung der Konterrevolution, der Kontrolle der Produktion, der Abwälzung der sozialen Lasten von den Werktätigen auf die Reichen, wobei die kommunistischen Parteien an solchen Regierungen entweder beteiligt wären oder sie zu unterstützen hätten. In einem Aufsatz in der „Neuen Zeitung“ für Großthüringen (22. November 1922) hat Walter Ulbricht das Wesen dieser Arbeiterregierungen präzis gekennzeichnet: „In verschiedenen Ländern kann die Durchführung der Einheitsfronttaktik vorübergehend die Bildung einer Arbeiterregierung ergeben. In der Regel wird das in einer Situation geschehen, wo sich einerseits breite proletarische Massen von der Koalitions- und Arbeitsgemeinschaftspolitik abgewendet haben, ihre revolutionären Erfahrungen jedoch noch nicht zur Durchführung der Diktatur des Proletariats ausreichen und wo andererseits noch stark konzentrierte Kräfte der Bourgeoisie den Arbeitermassen Widerstand leisten ... Gestützt auf die Massen der Arbeiter wird die Arbeiterregierung gegen die Widerstände der Bourgeoisie ankämpfen müssen, wobei die Arbeiter erkennen, daß sie die volle Staatsmacht erobern und mit Hilfe der Sowjets herrschen müssen, um ihre Ziele verwirklichen zu können.“

Das war eine wissenschaftlich begründete Aufgabenstellung für die Verbindung des parlamentarischen und des außerparlamentarischen Kampfes und der Vorbereitung einer antiimperialistischen-demokratischen Revolution. Als aber Anfang Oktober 1923 solche Arbeiterregierungen in Sachsen und Thüringen, d.h. Regierungen linker Sozialdemokraten und Kommunisten, gebildet wurden, wurden sie ihrer historischen Aufgabe nicht gerecht. Rechte Entstellungen der Theorie, wie sie gegen den Widerstand Ernst Thälmanns und Walter Ulbrichts auf dem 8. Parteitag der KPD (28. Januar bis 1. Februar 1923 in Leipzig) zugelassen worden waren, wonach die bürgerliche Staatsmacht ausgenutzt werden könne, um die bürgerlich-demokratische Republik „auf friedlichem Wege“ in einen Staat der Arbeiter und Bauern umzuwandeln, wirkten sich jetzt aus: Auch die Kommunisten in diesen Regierungen verhielten sich wie gewöhnliche parlamentarische Minister in einer bürgerlichen Koalitionsregierung und taten nicht genug, um den Massenkampf vorzubereiten und zu organisieren. Reichswehr marschierte in Sachsen und Thüringen ein, liquidierte die verfassungsmäßig zustande gekommenen

Arbeiterregierungen und entfesselte einen blutigen Terror gegen die Arbeiter, um an den Grenzen nach Bayern stehen zu bleiben, wo gerade der Hitler-Putsch vorbereitet wurde.

Unter Berufung auf solche negativen Erfahrungen, die aber doch letzten Endes eine Folge der opportunistischen Entstellung der Politik der Arbeiterregierung waren, hat der 5. Weltkongreß der Kommunistischen Internationale im Juni 1924, nach dem Tode Lenins, eine veränderte Stellungnahme zur Frage der Arbeiterregierung abgegeben. Die vom 4. Weltkongreß mit Recht abgelehnte ultralinke Auffassung, Arbeiter- bzw. Arbeiter-und-Bauern-Regierung sei ein Synonym für die Diktatur des Proletariats, wurde jetzt akzeptiert. Eine derartige Ansicht – verknüpft mit der unrichtigen These, Sozialdemokratie und Faschismus seien „die beiden Seiten ein und desselben Werkzeuges der großkapitalistischen Diktatur" (während die sozialdemokratische Bewegung doch eine Strömung in der Arbeiterbewegung war und ihre Führer eine kleinbürgerlich-reformistische Konzeption vertraten) – mußte die Bemühungen der Kommunisten um die Aktionseinheit der Arbeiterklasse natürlich behindern. Behindern, aber nicht zur Unwirksamkeit verurteilen – das ist nachdrücklich der antikommunistischen Zwecklegende westdeutscher Historiker entgegenzuhalten, die gierig jeder nicht ganz richtigen Zeile in den damaligen Beschlüssen der Partei nachspüren und darüber den Kampf der KPD um die Einheitsfront und die Erfolge, die dabei erzielt wurden, in Vergessenheit geraten lassen wollen. Denn dieser Kampf war alles andere als erfolglos: Mochte auch die Einheitsfront zeitweilig unmittelbar mit der strategischen Zielsetzung der Diktatur des Proletariats verknüpft werden – im ökonomischen und politischen Kampf sahen zahlreiche sozialdemokratische Arbeiter, sahen die Kollegen in den Gewerkschaften, daß die Kommunisten unermüdlich und unbeirrbar für die ihnen allen gemeinsamen Interessen eintraten, sahen immer mehr Menschen, daß nur die KPD einen Ausweg aus Imperialismus, Militarismus und Kriegsgefahr wies, wuchs daher der Masseneinfluß der KPD in der Weimarer Republik stetig an.

Walter Ulbricht hat diese Auseinandersetzung in den Worten zusammengefaßt: „Das Problem bestand darin, nachdem es sich in der Novemberrevolution erwiesen hatte, daß es nicht möglich war, mit einem Sprung zur Diktatur des Proletariats, zum Sozialismus zu kommen, die Arbeiterklasse und die werktätigen Bauern auf dem Wege der Einheitsfront, der Arbeiterkämpfe, des politischen Massenstreiks an die Eroberung der politischen Macht heranzuführen und auch Übergangsregierungen, wie Gewerkschaftsregierungen, Koalitionsregierungen von SPD und USPD oder Koalitionsregierungen von Kommunisten, Sozialdemokraten und Unabhängigen, zu unterstützen. Das war im Grunde genommen das Hauptproblem in der Diskussion innerhalb der Kommunistischen Partei in der ganzen Zeit von 1919 bis 1933."

Die relative Stabilisierung des Kapitalismus gab natürlich auch neue Bedingungen für die revolutionäre Arbeiterbewegung. Sie auszunutzen wurde dadurch erleichert, daß auf der Parteikonferenz des Oktober 1925 Ernst Thälmann zum Vorsitzenden der Partei gewählt wurde – ein Sieg des Leninismus, der bald seinen Ausdruck in der größten Einheitsaktion dieser Zeit fand, dem Kampf für die entschädigungslose Enteignung der Fürsten. Nach der Novemberrevolution waren die Güter und Schlösser der gestürzten Dynasten nur vorläufig beschlagnahmt worden, ihr Besitz wurde aber nicht enteignet. Die Weimarer Verfassung hatte Enteignungen an ein Reichsgesetz gebunden und es damit den Ländern verwehrt, den Besitz der ehemaligen Landesväter zu übernehmen. Zwischen den Ländern und den Fürsten waren vorläufige Abkommen geschlossen worden, wonach z. B. die Hohenzollern jährlich nicht weniger als 600000 Mark, der ehemalige Großherzog von Mecklenburg-Schwerin fast 400000 Mark jährliche Entschädigung erhielten. Während der Inflation hatten die Fürsten wenig Interesse gezeigt, die Angelegenheiten ihres beschlagnahmten Besitzes endgültig zu regeln. Nach der Währungsumstellung und nach einem gewissen Erstarken der monarchistischen Reaktion, wie sie auch in der Wahl Hindenburgs zum Reichspräsidenten (April 1925) zum Ausdruck gekommen war, drängten sie aber nun auf eine Rückerstattung ihres Besitzes. Die bürgerlichen Parteien hatten einen Gesetzentwurf vorbereitet, der ihren Wünschen weitgehend entsprach. Auch die SPD-Führung war zunächst zu Zugeständnissen bereit. Die KPD forderte daraufhin einen Volksentscheid zur entschädigungslosen Enteignung der Fürsten. Voraussetzung dafür war nach der Weimarer Verfassung ein Volksbegehren, zu dem sich $^1/_{10}$ der Stimmberechtigten einzeichnen mußten. Erst dann durfte ein Volksentscheid ausgeschrieben werden, durch den ein Beschluß des Reichstages verändert werden konnte falls sich die Mehrheit der Stimmberechtigten dafür aussprach. Erst nach wochenlangem Zögern entschloß sich die sozialdemokratische Parteiführung schließlich – Philipp Scheidemann hatte sich besorgt darüber geäußert, „wie das Volk aufgewühlt werden mußte bei einem Volksentscheid“ –, die Bewegung zu unterstützen. Als im März 1926 die Listen des Volksbegehrens ausgelegt wurden, trugen sich nicht nur die vier Millionen Stimmberechtigten, die notwendig waren, um einen Volksentscheid herbeizuführen, ein, sondern 12,5 Millionen – eine Zahl, die größer ist als die der Stimmen, die bei den vorausgegangenen Reichstagswahlen (Dezember 1924) für die beiden Parteien abgegeben worden waren, die sich an dieser Aktion beteiligten, für SPD und KPD. Beide Parteien zusammen hatten damals etwa 10,6 Millionen Stimmen erhalten. Auch hier zeigt sich, welche Anziehungskraft die einheitlich handelnde Arbeiterklasse ausübt: In die offen ausgelegten Listen des Volksbegehrens trugen sich zwei Millionen Menschen mehr ein, als bei den vorausgegangenen Reichstagswahlen ihre Stimme für die Arbeiterparteien abgegeben hatten. Trotz vielfacher Schikanen der Reaktion, die besonders auf dem Lande jeden bedrohte, der sich am Volksentscheid beteiligte, brachte der 20. Juni 1926 einen neuen großen Erfolg der demokratischen Kräfte: 14500000 Stimmen, über 36% der Stimmberechtigten, unterstützten einen Gesetzentwurf für die entschädigungslose Enteignung der Fürsten – mit anderen Worten, auch vier Millionen Wähler bürgerlicher Parteien hatten sich im Widerspruch zur Linie „ihrer“ Parteien für diese demokratische Maßnahme ausgesprochen. In Berlin waren es sogar 63% der Stimmberechtigten – bis weit in die Reihen der bürgerlichen Parteien fand also die Forderung, die Fürsten entschädigungslos zu enteignen, Zustimmung.

Freilich reichte die Zahl der Stimmen nicht aus, um das Gesetz gegen den Willen der Reichstagsmehrheit zur Annahme zu bringen. Die entthronten Fürsten wurden vielmehr mit etwa 15 Millionen Goldmark abgefunden, soweit sie nicht überhaupt im Besitz ihrer Ländereien blieben. Eine Reihe von ihnen hatte nichts Eiligeres zu tun, als mit diesen Geldern die Rechtsparteien zu unterstützen (der Herzog von Coburg gehörte zu den großen Finanziers der Nazis). Mit der demokratischen Bodenreform wurde nach der Befreiung vom Faschismus wenigstens in einem Teil Deutschlands dies Unrecht wiedergutgemacht. Die Bewegung zur Enteignung der Fürsten, nach dem Kampf gegen den Kapp-Putsch die größte Massenbewegung der Jahre der Weimarer Republik, bleibt aber als Widerlegung der Legende von der hoffnungslos reaktionären Rolle der Mittelschichten und als erneuter Beweis für die Notwendigkeit eines einheitlichen Handelns der Arbeiterklasse lehrreich genug.

Mit dem Ausbruch der Weltwirtschaftskrise, der tiefsten und längsten aller bisherigen zyklischen Krisen, verschärfte sich der Kampf der gesellschaftlichen Hauptkräfte um die Führung der Nation. Es war die erste Krise nach dem Weltkrieg, in der Periode der allgemeinen Krise des Kapitalismus, die alle kapitalistischen Länder ergriff. Sie wurde vertieft durch die hohe Monopolisierung der Industrie und des Bankwesens in den wichtigsten Ländern und durch die Verflechtung mit einer chronischen Agrarkrise.

Die Weltwirtschaftskrise brach im führenden kapitalistischen Land aus, den USA. Am 24. Oktober 1929 spielte sich an der New-Yorker Börse der bis dahin größte Börsenkrach der Geschichte ab. Fast 13 Millionen Aktien wechselten ihren Besitzer. Innerhalb weniger Tage stürzten die Kurse auf die Hälfte, so daß die Gesamtsumme des in den Aktien angelegten fiktiven Kapitals um 25 Milliarden Dollar sank. Deutschland, mit den USA wirtschaftlich besonders eng verflochten, wurde auch besonders tief in die Krise hineingezogen – neben den USA, England und Belgien war es eines der vier Länder, in denen die Produktion auf das Niveau der Vorkriegszeit, um mehr als 40% sank. Dieser Rückgang wird noch augenfälliger, wenn man ihm das Anwachsen der Industrieproduktion in der UdSSR zwischen 1929 und 1933 gegenüberstellt: Im ersten sozialistischen Land wuchs sie in diesen vier Jahren um mehr als das Doppelte.

Wie beeinflußte die Krise die Lage der einzelnen Klassen in Deutschland? Die tiefsten Wirkungen hatte sie natürlich auf die Arbeiterklasse. Waren 1928 knapp 10%, 1929 im Durchschnitt knapp 15% der deutschen Arbeiter ohne Arbeit, so wuchs diese Zahl 1930 sprunghaft auf etwa 23%, 1931 auf 35% und erreichte zu Jahresbeginn 1932 mit etwa 45% ihren höchsten Wert – damals waren fast 7 Millionen Arbeitslose gemeldet. Nimmt man dazu noch die mehr als 20% der Beschäftigten, die auf dem Tiefpunkt der Krise nur noch in Kurzarbeit beschäftigt wurden, dann heißt das, daß im Jahre 1932 nur noch jeder dritte deutsche Arbeiter voll beschäftigt war. Aber auch für diejenigen Arbeiter, die ihren Arbeitsplatz behalten hatten, brachte die Krise Lohnrückgang um mehr als ein Drittel der Reallöhne. Trotz der vielgerühmten Leistungen der deutschen Sozialversicherung dieser Zeit wurde Arbeitslosenversicherung nur in der ersten Zeit der Arbeitslosigkeit gezahlt, im Jahre 1931 nur noch an 28% der Arbeitslosen, 1932 sogar nur noch an 14%. Die übrigen waren auf die minimalen Unterstützungen der Fürsorge oder auf die kommunale Wohlfahrtsunterstützung, die längst nicht das Existenzminimum sichern konnten, angewiesen, wenn sie nicht bereits ganz ausgesteuert waren. Auch die Angestellten – in dieser Phase der kapitalistischen Entwicklung als Nichtbesitzer von Produktionsmitteln, nach Herkunft, Lebenslage, Tätigkeit und Entlohnung immer mehr den Arbeitern gleichgestellt, immer mehr Produzenten von Mehrwert (und nicht mehr nur Helfer bei seiner Realisierung) – wurden durch die Krise in Not gestürzt. Zwar sanken hier die Zahlen der Beschäftigten nicht ebenso tief ab, wohl aber wurde die Arbeitszeit im allgemeinen verlängert und gleichzeitig das Gehalt gekürzt. Entlassungen betrafen vor allem die älteren Angestellten.

Hatte sich die Lage der werktätigen Bauern schon in der Zeit der relativen Stabilisierung dadurch verschlechtert, daß die von ihnen benötigten industriellen Erzeugnisse, meist von Monopolen produziert und zu Monopolpreisen auf den Markt gebracht, teurer wurden, während ihre Einnahmen sanken, so brachte die Krise eine weitere Verschlechterung. Besonders charakteristisch ist, daß die Getreidepreise infolge einer Erhöhung der Agrarzölle sich nur unwesentlich verringerten – diejenigen Produkte also, die vor allem in junkerlichen und großbäuerlichen Wirtschaften erzeugt wurden, sanken nicht wesentlich im Preis –, während die Erlöse für Vieh um etwa $^1/_3$ fielen, so daß die Einnahmequelle der Masse der werktätigen Bauern wesentlich spärlicher floß.

Ähnliches gilt für das Handwerk. War es schon in den vergangenen Jahren unter dem Einfluß der Konkurrenz der Großindustrie immer mehr auf Reparaturen zurückgedrängt worden, so wurde es nun besonders heftig von der Schrumpfung der Kaufkraft der Massen betroffen. Der Einzelhandel stand der Konkurrenz der Warenhäuser immer ohnmächtiger gegenüber. Die Folgen der Inflation, von der zeitweiligen Konjunktur einige Jahre lang verdeckt, wurden jetzt erst voll wirksam.

Auch für das Großkapital brachte die Krise natürlich Schwierigkeiten mit sich, sank die deutsche Industrieproduktion doch schließlich bis um 40% der Vorjahre. Aber diese Schwierigkeiten waren auch innerhalb dieser Schicht recht ungleich verteilt. Einige Zahlen mögen verdeutlichen, worum es sich hier handelt. In der Roheisenindustrie – einem Produktionszweig, der fast völlig durch Kartelle beherrscht war – sank die Produktion in der Krise um 61%, während die Preise für Roheisen nur um 19% fielen. In der Textilindustrie dagegen, in der noch bis zu einem gewissen Grade Verhältnisse freier Konkurrenz bestanden, ging die Produktion nur um 20% zurück, während hier die Preise um 61% fielen. Mit anderen Worten: die Monopole ließen in der Krise die Produktion rapide sinken, hielten aber gleichzeitig die Preise relativ hoch; dort dagegen, wo noch freie Konkurrenz herrschte, fielen die Preise prozentual viel tiefer als das Gesamtvolumen der Produktion. Mochte es auch insofern Gemeinsamkeiten zwischen den verschiedenen Monopolgruppen geben, als sie alle mehr oder minder ausdrücklich staatliche Unterstützung forderten, so spitzten sich doch die Gegensätze zwischen ihnen zu. Die Schwerindustrie setzte von Anfang an auf verstärkte Aufrüstung als Ausweg aus der Krise, während die chemische und die Elektroindustrie zunächst vor allem Möglichkeiten erhöhter Ausfuhr suchten und staatlichen Beistand bei der Sicherung der Absatzmärkte beanspruchten.

Staatsmonopolistische Maßnahmen der Krisenbekämpfung – das war jene Tendenz des staatsmonopolistischen Kapitalismus, die nun in den Vordergrund trat. Diejenigen, die eine Ausweitung staatlicher Kredite zur Förderung von Neuinvestitionen verlangten – also bereits Ansichten vertraten, wie sie der einflußreiche Engländer John Maynard Keynes 1936 in seiner „Allgemeinen Theorie der Beschäftigung, des Zinses und des Geldes" zu einem System staatsmonopolistischer Regulierungsmaßnahmen zusammenzufassen versuchte – blieben freilich zunächst noch eine Minderheit. Immerhin ist schon damals das Projekt größerer Autobahnen lebhaft diskutiert worden. Solche Vorhaben scheiterten aber nicht zuletzt an der reservierten Haltung der Reichswehrführung, die beim damaligen Stand der deutschen Aufrüstung bei einem Zweifrontenkrieg von Autobahnen in Ost-West-Richtung mehr Nach- als Vorteile gewärtigte.

Maßnahmen staatsmonopolistischer Art wurden vor allem in dem Sinne getroffen, daß bankrotte Unternehmen vom Staat subventioniert oder sogar übernommen wurden. Als das Kernstück der Vereinigten Stahlwerke, die Gelsenkirchner Bergwerks AG, zu Beginn des Jahres 1932 vom Bankrott bedroht war, kaufte die Reichsregierung die Mehrheit ihrer Aktien an, wobei ihr Großaktionär, Friedrich

Flick, aus Steuergeldern ein Geschenk von mehr als 60 Millionen Mark erhielt. Wesentlich beteiligt am Abschluß des Vertrages zwischen dem Reich und Flick war Kurt von Schleicher, der durch eine staatliche Kontrolle über die Schwerindustrie auf seine Weise im Gesamtinteresse des deutschen Imperialismus die Lehre aus den Erfahrungen des ersten Weltkrieges berücksichtigen wollte, in dem die Profitgier der Herren von Kohle und Stahl die Rüstungsproduktion behindert hatte.

Bankrotte Unternehmen wurden verstaatlicht. Unternehmen, die Profit brachten, wurden dagegen während der Krise privatisiert. Im Jahre 1931 verkaufte die Stadt Berlin die Aktien der BEWAG, ihres größten, durch den Neubau des Kraftwerkes Klingenberg soeben modernisierten und in der Ertragslage günstigsten Unternehmens. Während in der Zeit der relativen Stabilisierung Kapitalanlagen in der Energieversorgung für die großen Monopole deshalb wenig interessant waren, weil Profite hier nur langsam erwirtschaftet werden konnten, wurden sie in der Wirtschaftskrise wegen der hohen Stabilität ihrer Gewinne für das Finanzkapital wieder interessant. (Übrigens änderte sich die Situation in der Zeit der faschistischen Kriegsvorbereitungen: Jetzt war schneller an der Aufrüstung als der Stromversorgung zu verdienen, so daß derartige Unternehmen im allgemeinen wieder in staatlichen Besitz übergingen.)

Von besonderer Bedeutung wurde aber der Einsatz des Staatsapparates zur Umverteilung des durch die Krise geminderten Nationaleinkommens. Der Artikel 48 der Reichsverfassung, der den Reichspräsidenten zum Erlaß von Notverordnungen ohne vorherige Zustimmung des Reichstages ermächtigte, wurde zur Erhöhung der Abgaben für die Sozialversicherung und zur Senkung ihrer Leistungen benutzt, er wurde angewandt, um Gehälter und Löhne von Staats wegen zu senken, und er wurde auch zur Niederwerfung von Lohnkämpfen der Arbeiter ausgenutzt.

Damit sind wir bereits auf eines der Motive für den Abbau des bürgerlich-parlamentarischen Systems gestoßen, den das deutsche Finanzkapital in der Zeit der Weltwirtschaftskrise vollzog. Es war aber nicht das einzige, und es ging ja bei diesem Prozeß überhaupt nicht nur um unmittelbare ökonomische Tagesinteressen, sondern um Grundfragen der Politik des deutschen Imperialismus überhaupt. Bot bis dahin die Politik der rechten sozialdemokratischen Führer der Großbourgeoisie eine Massenbasis in Teilen der Arbeiterklasse, so änderte sich dies mit dem Ausbruch der Krise. Auch die sozialdemokratischen Arbeiter waren ja von ihren Folgen betroffen und zeigten durchaus keine Neigung, unter diesen Umständen eine Partei weiter zu unterstützen, die gemeinsam mit den bürgerlichen Parteien in der Regierung saß – einer Regierung, die alles tat, um die Lasten der Krise auf die Massen abzuwälzen. Wenn die Spaltung der Arbeiterbewegung aufrechterhalten werden sollte – und daß die deutsche Großbourgeoisie in dieser Frage ganz bewußt vorging, beweist ein Artikel der privaten Unternehmerkorrespondenz „Deutsche Führerbriefe" aus dem September 1932, in dem es ausdrücklich hieß: „Die notwendige Bedingung jeder sozialen Rekonsolidierung der bürgerlichen Herrschaft, die in Deutschland seit dem Krieg möglich ist, ist die Spaltung der Arbeiterschaft" –, wenn also diese Spaltung aufrechterhalten werden sollte, dann mußte die Sozialdemokratie aus der Regierung verschwinden. Ihre Führung mochte in den Augen der Konzernherren allenfalls noch dazu geeignet sein, den Prozeß des Abbaus des parlamentarischen Systems zu „tolerieren", indem sie ihre Mitglieder von außerparlamentarischen Aktionen gegen die herrschenden Klassen fernhielt und notfalls in kritischen Situationen im Parlament nicht gegen die Regierung stimmte.

Die Krise gab den aggressivsten Kreisen des deutschen Finanzkapitals ja zugleich die Chance, auf die sie seit 1918 gewartet hatten, die Chance, jene demokratischen Rechte und Freiheiten zu beseitigen, die die Arbeiterklasse erkämpft hatte und die zur Verhinderung neuer Kriegsvorbereitungen ausgenutzt werden konnten. Um das bürgerlich-parlamentarische System zu beseitigen, nutzten diese Kreise vor allem die Tatsache aus, daß sich in der Krise auch die Lage des städtischen Kleinbürgertums und der Bauernschaft kraß verschlechterte. Diese Mittelschichten konnten für eine demokratisch-antiimperialistische Politik gewonnen werden, wenn die Arbeiterklasse einheitlich und geschlossen auftrat – wenn das nicht geschah, konnten sie aber auch von den reaktionären Gegnern der Republik ausgenutzt werden, sobald diese unter den Verhältnissen der Krise die dafür geeigneten skrupellosen Demagogen fanden. Gefunden wurden sie in den Nazis. Zwar in der prätentiösen Sprache der bürgerlichen Soziologie, aber doch verständlich genug, erklärten die bereits zitierten „Führerbriefe", welches nach ihrer Ansicht die „positiven Möglichkeiten und Aufgaben des Nationalsozialismus" seien: „Ein bürgerliches Regime, dem an einer liberalen Sozialverfassung gelegen ist, muß nicht nur überhaupt parlamentarisch sein, es muß sich auf die Sozialdemokratie stützen und der Sozialdemokratie ausreichende Errungenschaften lassen; ein bürgerliches Regime, das diese Errungenschaften vernichtet, muß Sozialdemokratie und Parlamentarismus opfern, muß sich für die Sozialdemokratie einen Ersatz schaffen und zu einer gebundenen Sozialverfassung übergehen."

So erklärt es sich, daß gerade die NSDAP als geeignetes Werkzeug für die Beseitigung des parlamentarischen Systems und für die schrittweise Faschisierung befunden wurde – eine Partei, mit deren Hilfe die Weimarer Verfassung auf pseudo-legalem Wege, mit Hilfe des Reichstages und nicht, was sich ja im Kapp-Putsch als Fehlspekulation erwiesen hatte, durch offenen gewaltsamen Angriff auf die verfassungsmäßigen Einrichtungen der Republik beseitigt werden sollte.

Der Faschismus ist keine spezifisch deutsche Erscheinung. Faschistische Bewegungen entstanden nach dem ersten Weltkrieg in einer ganzen Reihe von Ländern, in Italien und Polen, in Rumänien, Bulgarien und Ungarn, in Frankreich, Spanien und England. Es handelt sich also um eine internationale Erscheinung. Diesen Bewegungen sind gewisse Züge gemeinsam: Extrem militaristisch und nationalistisch, ausgehalten von den herrschenden Kreisen, zum Teil mit ausländischer Hilfe, sollten sie durch soziale Demagogie diesen Klassen eine Massenbasis vor allem im Kleinbürgertum und unter den Bauern sichern, wobei Hauptkennzeichen ihrer Ideologie der extreme Antikommunismus war. Stets stand als Förderer und Nutznießer dieser Bewegungen im Hintergrund die Großbourgeoisie, vor allem in mehr agrarischen Ländern auch der Großgrundbesitz, die damit terroristisch die demokratischen und sozialistischen Bestrebungen, die unter dem Einfluß der Oktoberrevolution erstarkten, niederwerfen lassen wollten. Der deutsche Faschismus trug durchaus ähnliche Züge. Seine Verbrechen hatten aber nach Charakter und Umfang kein Gegenstück in anderen Ländern – Verbrechen an anderen Völkern und am deutschen Volk selbst. In Deutschland – darin liegt der wesentliche Unterschied – war der Faschismus eng verknüpft mit einem starken, aber geschlagenen aggressiven Imperialismus und Militarismus, der mit Hilfe dieser Bewegung den zweiten Versuch einer gewaltsamen Neuaufteilung der Welt erstrebte und der diejenige unter den faschistischen Gruppen, die dafür am geeignetsten war, finanziell und politisch förderte, die – wie sie sich zur Täuschung der Massen nannte – „Nationalsozialistische Deutsche Arbeiterpartei". Nur in diesem Zusammenhang mag die Biographie Hitlers und die Frühgeschichte der Nazipartei von einem gewissen Interesse sein.

Als Sohn eines Zollinspektors 1889 in Braunau am Inn geboren, in seinem Ehrgeiz, Architekt zu werden, gekränkt, lehnte ihn doch die Kunstakademie in Wien als unfähig ab, trieb sich Hitler vor dem ersten Weltkrieg jahrelang in der österreichischen Hauptstadt umher, bemalte Ansichtskarten und lernte im Zentrum der auseinanderfallenden Habsburger Monarchie Antisemitismus und soziale Demagogie kennen. Er zog 1913 nach München, diente im Kriege als österreichischer Freiwilliger in einem bayrischen Regiment und ergriff nach der Revolution eine Chance, Karriere zu machen: Hitler blieb bei der Reichswehr, lieferte Spitzelmaterial über die Teilnehmer der Münchener Räterepublik, wurde dann von dem Münchner

Historiker Karl Alexander von Müller als Propagandaredner in einer Soldatenversammlung entdeckt und im Mai 1919 V-Mann beim Reichswehrgruppenkommando in München. Als Reichswehrspitzel in die Versammlung einer obskuren „Deutschen Arbeiterpartei" entsandt, schloß er sich dieser Partei an und diktierte ihr im Februar 1920 ein Programm. Es ergänzte den Nationalismus, den auch andere völkische Splittergruppen vertraten, insofern um „neue" Elemente, als es sich besonders intensiv antisemitischer und pseudosozialistischer Demagogie bediente. Auf die Nachricht vom Ausbruch des Kapp-Putsches flog Hitler nach Berlin. Er kam zwar erst dort an, als dieses Abenteuer bereits gescheitert war, benutzte aber den Aufenthalt, um Verbindung mit der norddeutschen völkischen Bewegung und der Stahlhelmführung aufzunehmen und hat offenbar diese Verhandlungen so erfolgreich geführt, daß er mit dem 31. März, also bereits wenige Tage später, aus der Reichswehr ausscheiden konnte. Noch freilich wurde die Partei, die von dem ehemaligen Reichswehrspitzel geführt wurde, ihrerseits von Spitzeln der Polizei und der Reichswehr einigermaßen argwöhnisch beobachtet – die Berichte sind erhalten geblieben und veröffentlicht worden; dem Reichswehrgruppenkommando etwa wurde über die Versammlung am 28. August 1920 berichtet: „Der Saal war sehr voll, ein Mann, der den Herrn Hitler einen Affen hieß, wurde mit aller Gemütsruhe hinausbefördert." Gegen Ende des Jahres 1920 war die Unterstützung durch die Reichswehr bereits wirksam genug, daß mit ihren Geldern ein Winkelblättchen „Völkischer Beobachter" erworben werden konnte. Wenn bis dahin Gegner „mit aller Gemütsruhe hinausbefördert" worden waren, so änderte sich dies jetzt: Bald floß finanzielle Unterstützung reichlich genug, um Schlägertrupps zu besolden, die den Versammlungen der Nationalsozialistischen Deutschen Arbeiterpartei, wie sich die Partei nun demagogisch bezeichnete, einen neuen Charakter gaben: Der Terror gegen alle Demokraten, den das Programm der Nazis ankündigte, wurde zunächst in ihren eigenen Versammlungen exerziert.

Waren es zunächst nur einige Münchner Großbürger, so etwa der Klavierfabrikant Karl Bechstein, der Verleger Hugo Bruckmann und der Besitzer einer elektrochemischen Fabrik, Albert Pietsch, die die NSDAP finanzierten, so spendete doch bereits im Oktober 1923 Fritz Thyssen eine Summe von 100000 Goldmark, und auch Ernst von Borsig gehörte zu den ersten Großindustriellen, die die Nazis aushielten. „Jedermann weiß, daß die Verbrechen der Besitzenden durch nichts so geschützt sind, wie durch ihre Unwahrscheinlichkeit. Die Politiker können überhaupt nur deshalb Geld nehmen, weil man sich ihre Korruptheit allgemein feiner und geistiger vorstellt, als sie ist", schrieb Bertolt Brecht in seinem Dreigroschenroman.

Ein Putschversuch, den Hitler im November 1923 gemeinsam mit Ludendorff unternahm, brach schnell zusammen. Der Rädelsführer wurde wegen Hochverrates zu fünf Jahren Festung verurteilt, aber nach bequemer Festungshaft bereits im Dezember 1924 entlassen. Der „Märtyrer" zog in Landsberg die Lehre, die andere Reaktionäre schon nach dem Kapp-Putsch gezogen hatten: nicht durch offene Gewalt, sondern nur durch Scheinlegalität war die Republik zu beseitigen; dafür aber war eine Massenbasis notwendig und Hitler richtete nun seinen Ehrgeiz darauf, dem deutschen Finanzkapital diese Basis zu schaffen. „Mein Kampf", damals verfaßt, enthielt bereits die Sätze: „Wir stoppen den ewigen Germanenzug nach dem Süden und Westen Europas und weisen den Blick nach dem Land im Osten. Wir schließen endlich ab die Kolonial- und Handelspolitik der Vorkriegszeit und gehen über zur Bodenpolitik der Zukunft. Wenn wir aber heute in Europa von neuem Grund und Boden reden, können wir in erster Linie nur an Rußland und die ihm untertanen Randstaaten denken."

Bereits 1924 erschien auch eine Schrift des mit Hitler befreundeten Dietrich Eckart, die den absolut ernst gemeinten Titel trug „Der Bolschewismus von Moses bis Lenin". Es handelt sich um ein fiktives Gespräch zwischen beiden, aus dem deutlich hervorgeht, daß die Pläne zur

Ermordung der europäischen Juden, die später in so entsetzlicher Weise ausgeführt wurden, bereits in diese frühe Zeit zurückreichen. Eckart ließ Hitler nämlich ausdrücklich sagen, es genüge nicht, die Synagogen und Judenschulen anzuzünden: „... mit dem Verbrennen allein wäre es nicht getan ... der jüdische Geist wäre doch da."

Während der Periode der relativen Stabilisierung blieb diese Partei, auch wenn zeitweilig Emil Kirdorf vom Stahlverein zu ihren Geldgebern gehörte, relativ bedeutungslos. Sie war von Fraktionskämpfen zerrissen: Um in den norddeutschen Industriestädten Fuß zu fassen, mußte die soziale Demagogie besonders ausgeprägt sein, und der hierfür geeignet erscheinende Otto Strasser spielte 1926 sogar mit dem Gedanken, diese Demagogie durch die Beteiligung an der Bewegung für die Enteignung der Fürsten glaubhafter zu machen, wurde aber von Hitler energisch zurückgepfiffen.

Als die Krise heranreifte, wurden die Nazis wieder für die aggressivsten Monopole interessant.

Es waren Auseinandersetzungen um die Reparationen, in deren Verlauf die NSDAP zum ersten Male in die große Politik eingreifen durfte. Der Dawes-Plan hatte keine Festlegungen über die endgültige Höhe der deutschen Zahlungen enthalten. Im Jahre 1929 wurde unter dem Vorsitz des Amerikaners Owen Young in Paris von den beteiligten Staaten ein neuer Plan erarbeitet, in dem die Gesamthöhe der deutschen Reparationen auf 34,5 Milliarden Reichsmark fixiert wurde. Diese Summe sollte in jährlichen Beträgen, die zwischen einer und zwei Milliarden Mark lagen, aufgebracht werden, wobei die Zahlungsfrist bis zum Jahre 1988 lief. Die Verwaltung der deutschen Leistungen wurde der Bank für internationalen Zahlungsausgleich in Basel übertragen. Die Beschaffung und der Transfer der Devisen wurden in alleinige deutsche Verantwortlichkeit gelegt, womit eine Kontrolle der deutschen Wirtschaft, wie sie der Dawes-Plan noch enthalten hatte, sich erübrigte. Mit der Annahme des Young-Planes durch Deutschland sollte die vorfristige Räumung der noch von französischen Truppen besetzten Gebiete des Rheinlandes verbunden sein, wobei als Endtermin der 30. Juni 1930 vorgesehen war. Selbst wenn nicht anzunehmen war, daß Deutschland wirklich noch 59 Jahre lang Reparationen zahlen würde, war es doch abzusehen, daß auch die noch verbliebenen Lasten des verlorenen Krieges auf das Volk abgewälzt und besonders die deutschen Arbeiter einer doppelten Ausbeutung, nämlich durch ausländische und deutsche Kapitalisten, unterworfen werden würden. Zugleich mußte die Lockerung weiterer Einschränkungen des Versailler Vertrages die reaktionärsten Kreise zu weiteren Vorstößen ermuntern, wobei ihnen noch das Argument zugute kommen konnte, die Wirkungen der Krise, die noch in Wirklichkeit aus dem Wesen der kapitalistischen Gesellschaft selbst erwuchs, seien lediglich eine Folge der Reparationsverpflichtungen. Das waren Gründe, aus denen heraus die KPD den Young-Plan entschieden ablehnte.

Für die reaktionärsten Kreise des deutschen Finanzkapitals wurde der Young-Plan zum Anlaß, eine wilde chauvinistische Hetze zu entfachen. Es war der Verein der rheinisch-westfälischen Schwerindustrie, der sich am lautesten gegen den Plan erklärte. Einen Tag darauf wurde ein „Reichsausschuß für das deutsche Volksbegehren" konstituiert. Neben Hugenberg, dem Stahlhelmführer Seldte und dem Vorsitzenden des Alldeutschen Verbandes, Class, gehörte ihm auch Hitler an, dessen Partei bis dahin allenfalls eine Reservestellung in der Strategie des deutschen Finanzkapitals eingenommen hatte.

Der Young-Plan-Ausschuß stellte einen demagogisch „Gesetz gegen die Versklavung des deutschen Volkes" bezeichneten Entwurf zunächst zum Volksbegehren, das knapp die notwendige Stimmenzahl erhielt, und dann zum Volksentscheid. Verlangt wurde die Aufkündigung der Unterschrift unter den Artikel 231 des Versailler Vertrages und dementsprechend auch die Verweigerung weiterer Reparationen, die ja auf Grund dieses Artikels gefordert wurden. Der im Dezember 1929 durchgeführte Volksentscheid scheiterte freilich kläglich – nicht einmal 15% der Stimmberechtigten stimmten dem Gesetzentwurf zu. Immerhin war aber nun die NSDAP vor allem durch die Deutschnationalen zur Beteiligung an einer größeren politischen Aktion herangezogen worden und nicht länger mit dem Odium belastet, eine Splitterpartei unter Führung fragwürdiger Existenzen zu sein, mit deren Gesellschaft sich niemand kompromittieren mochte.

Hugenberg, der die Nazipartei in das offizielle politische Leben eingeführt hatte, erwartete dabei nicht zuletzt, sie würde nationalistischen und militaristischen Bestrebungen eine Basis in der Arbeiterklasse verschaffen können, im übrigen aber sich damit begnügen, gleichsam eine Filiale der Deutschnationalen zu sein. Das war nicht nur insofern eine Fehlkalkulation, als bald die aggressivsten Gruppen des Finanzkapitals sich von den Deutschnationalen ab- und den Hitlerfaschisten zuwenden sollten. Hugenberg verrechnete sich auch noch in einer anderen Hinsicht: Sieht man von einzelnen Schichten ab, etwa besonders langfristig Erwerbslosen, die manchmal die Verbindung zu den Organisationen ihrer Klasse verlieren mochten, und jungen Leuten, die während der Krise auslernten, keine Stellung erhielten und diese Verbindung also bisher kaum besessen hatten, so blieb die deutsche Arbeiterklasse als Ganzes bis weit in die Jahre der faschistischen Diktatur solchen Versuchen gegenüber immun. Das zeigt sich u. a. daran, daß die Summe der für die Arbeiterparteien bei den Wahlen dieser Jahre abgegebenen Stimmen konstant blieb – noch im März 1933, als bereits in einer Atmosphäre braunen Terrors gewählt wurde, erhielten sie fast ein Drittel der Stimmen. Tatsächlich kam die Masse der Nazianhänger aus den Schichten, die bisher den bürgerlichen Parteien gefolgt waren, nicht zuletzt gerade den Deutschnationalen.

Die Kampagne gegen den Young-Plan bildete, auch wenn sie ihr unmittelbares Ziel nicht erreicht hatte, das Signal für weitere Vorstöße der großbürgerlichen und junkerlichen Reaktion. Der nächste Angriff galt der Regierung selbst.

Als die Krise ausbrach, wurde Deutschland von einem Kabinett der „großen Koalition" von der Sozialdemokratie, der auch der Reichskanzler Hermann Müller angehörte, bis zur großbürgerlichen Deutschen Volkspartei regiert.

Der Reichsverband der deutschen Industrie hatte in einer Denkschrift vom Dezember 1929 bereits den Abbau der Sozialversicherung und eine Senkung der Löhne gefordert. Auf der Mitgliederversammlung, die diese Denkschrift beriet, war auch bereits die verstärkte Anwendung des Artikels 48 gefordert worden. Direktor Wittke, Vorsitzender des Verbandes sächsischer Industrieller, hatte darüber hinaus erklärt: „Ich stehe durchaus nicht isoliert da, wenn ich sage: ein Ermächtigungsgesetz kann vielleicht noch die einzige Hilfe sein, die aus diesem Elend hinausführt." Das war ein Programm, und dieses Programm wurde schnell verwirklicht. Mit dem jähen Anschnellen der Zahl der Arbeitslosen brachen die Gegensätze in der Regierung offen aus. Während die SPD forderte, die höheren Leistungen, die nun die Arbeitslosenversicherung aufzubringen hatte, sollten durch eine Erhöhung der Beiträge ausgeglichen werden, also auch die Unternehmer belasten, verlangte die Deutsche Volkspartei, die Leistungen an die Arbeitslosen müßten energisch eingeschränkt werden. Großbürgerliche Zeitungen erklärten ausdrücklich, es ginge aber nicht nur um diese Frage, es sei einfach an der Zeit, die sozialdemokratischen Minister aus dem Kabinett zu drängen.

Darüber hinaus wurde nun auch die Reichswehrführung aktiv. Der Chef des Ministeramtes im Reichswehrministerium, Kurt von Schleicher, erschien in den ersten Tagen des März 1930 zu einem Gespräch beim Reichspräsidenten und riet diesem ab, die Regierung Hermann Müller noch länger im Amt zu belassen. Er warnte vor allem davor, diese Regierung durch Notverordnungen auf Grund des Artikels 48 auch gegen das Parlament zu halten, falls die volksparteilichen Minister wegen der Meinungsverschiedenheiten in den Haushaltsfragen zurückträten und sie dann im Reichstag keine Mehrheit mehr fände. Gewiß solle nun ohne das Parlament und mit Notverordnungen regiert werden – aber die Regierung, die auf diese Weise vom Reichspräsidenten gestützt würde, sollte wesentlich weiter rechts stehen als das bisherige Kabinett. Schleicher wußte nach der erhalten gebliebenen Vortragsnotiz für dieses Gespräch mit Hindenburg auch sofort einen neuen Reichskanzler vorzuschlagen, nämlich den Fraktionsvorsitzenden der Zentrumspartei, Heinrich Brüning.

Genauso geschah es auch. Die Regierung Hermann Müller mußte am 27. März 1930 zurücktreten. Brüning wurde Reichskanzler im ersten der sogenannten Präsidialkabinette, mit deren Hilfe das bürgerlich-parlamentarische System schrittweise abgebaut wurde. Dabei bildete zunächst noch die Zentrumspartei die politische Stütze: eine katholisch-großbürgerliche Partei, die zugleich unter katholischen Werktätigen Einfluß besaß und die relativ stabil war, weil auch der Klerus für politische Disziplin unter ihren Anhängern sorgte. Noch aus einem weiteren Grund erwies sich das Zentrum den herrschenden Kreisen als ein geeigneter Träger der ersten Präsidialkabinette: SPD und Zentrum hatten in den vergangenen Jahren mehrfach im Reich und in den Ländern Koalitionen gebildet, und in der preußischen Landesregierung beispielsweise saßen auch jetzt noch Minister aus beiden Parteien. Das mußte es den rechten SPD-Führern erleichtern, das Kabinett Brüning zu tolerieren, d.h. es mit der Begründung, es sei ein „kleineres Übel" als eine Regierung der Nazis, zu unterstützen, obgleich in Wirklichkeit durch die Politik der Tolerierung des „kleineren Übels" dem größten, dem Faschismus, gerade der Weg frei gemacht wurde.

Schleicher hatte dem Reichspräsidenten vorausgesagt, „Industrie, Bank- und Handelskreise werden sich hinter diese Regierung stellen", und Brüning fand für seine Pläne tatsächlich besonders bei den IG Farben Sympathie. Das Finanzprogramm, das er unmittelbar nach seiner Ernennung aufstellte, sah vor allem eine Kürzung der Sozialleistungen und eine Erhöhung der Steuerlasten für die Mehrheit der Bevölkerung vor. Da sich im Reichstag, wie zu erwarten gewesen war, für ein derartiges Programm keine Mehrheit fand, wurde es als Notverordnung verkündet, und als eine Mehrheit daraufhin die Aufhebung der Notverordnung verlangte, wurde der Reichstag aufgelöst (18. Juli 1930). Bereits das stand im Widerspruch, wenn nicht zum Buchstaben, so doch wenigstens zum Sinn der Weimarer Verfassung: Zum ersten Male waren die Artikel 25 (Recht des Reichspräsidenten auf Auflösung des Reichstages) und Artikel 48 (Recht des Reichspräsidenten auf Erlaß von Notverordnungen) gemeinsam angewendet worden, obgleich Artikel 48 vorsah, daß der Reichstag die Aufhebung von Notverordnungen verlangen dürfe.

In dem nun entbrennenden Wahlkampf standen alle Grundfragen der deutschen Politik zur Debatte.

Am 24. August 1930 veröffentlichte die „Rote Fahne" die Programmerklärung der KPD zur nationalen und sozialen Befreiung des deutschen Volkes. Dieses Programm, das von der Parteiführung mit Unterstützung der Kommunistischen Internationale ausgearbeitet worden war, ist eines der wichtigsten Dokumente in der Geschichte der KPD. Gestützt auf die Lehren von Karl Marx, Friedrich Engels und W. I. Lenin, anknüpfend an die Traditionen des nationalen Kampfes der deutschen Arbeiterbewegung, gab es eine wissenschaftlich begründete Antwort auf die nationalen Probleme des deutschen Volkes, wie sie sich seit dem Beginn der imperialistischen Epoche entwickelt hatten. Die Partei zeigte, daß es im Interesse der Nation liege, Imperialismus und Militarismus zu überwinden, und bewies damit die nationale Rolle der Kommunisten in einem hochentwickelten imperialistischen Land. Ernst Thälmann hatte bereits am 27. März 1925 erklärt: „Die 90 Prozent der Werktätigen – sie verkörpern die Nation, und wir kämpfen für ihre Interessen." Die Proklamation stellte einleitend fest: „Die deutschen Faschisten (Nationalsozialisten) unternehmen gegenwärtig die schärfsten Vorstöße gegen die deutsche Arbeiterklasse. In einer Zeit der Knechtung Deutschlands durch den Versailler Frieden, der wachsenden Krise, der Arbeitslosigkeit und Not der Massen versuchen die Faschisten durch zügellose Demagogie und schreiende radikale Phrasen unter der Flagge des Widerstandes gegen die Erfüllungspolitik und den Young-Plan bedeutende Schichten des Kleinbürgertums, deklassierter Intellektueller, Studenten, Angestellter, Bauern sowie einige Gruppen rückständiger, unaufgeklärter Arbeiter für sich zu gewinnen."

„In dem Dokument widerspiegelte sich die entscheidende

Erkenntnis, daß die Nazipartei und die faschistische Bewegung überhaupt die Politik der extremsten, reaktionärsten und aggressivsten Kreise des Finanzkapitals repräsentierten und daß die faschistische Gefahr in jeder Gestalt ihrem Inhalt nach eine imperialistische Gefahr ist. Die KPD führte deshalb den Kampf gegen die Faschisten als Klassenkampf gegen die Monopole.“ (Geschichte der deutschen Arbeiterbewegung) Das war eine außerordentlich wesentliche Erkenntnis, und sie hatte eine außerordentlich wesentliche Konsequenz: Wenn der Faschismus eine Form der imperialistischen Diktatur darstellte, wenn er in krassem Gegensatz zu den wirklichen Interessen der Nation stand, dann war gerade der antifaschistische Kampf ein Kampf für die nationalen Interessen des deutschen Volkes. So zeigte das Programm, wie nationale Probleme gelöst werden müssen. Fragen wie die der Grenzen und der Reparationen können nur auf friedliche Weise, ohne Eroberungskrieg und Unterdrückung anderer Völker gelöst werden. Vor allem aber: Freundschaft zur Sowjetunion, der einzigen Großmacht, deren Politik nicht von imperialistischen Raubinteressen bestimmt war, lag auch im nationalen Interesse des deutschen Volkes. Das Programm wies nach, daß die Fesseln ausländischer imperialistischer Unterdrückung nur abgeworfen werden könnten, wenn in Deutschland selbst die Macht des Imperialismus gebrochen würde. So ist das Programm zur nationalen und sozialen Befreiung des deutschen Volkes, auch wenn es noch nicht alle entscheidenden Fragen der politischen Strategie unter den neuen Klassenverhältnissen in Deutschland klären konnte, ein bedeutender Schritt auf dem Wege zu diesem Ziele gewesen und war eine der Grundlagen für die Erfolge, die die KPD in dieser Periode errang.

Die Reichstagswahlen vom 14. September 1930 brachten der KPD einen Stimmenzuwachs gegenüber den vorausgegangenen Wahlen des Jahres 1928 um 1,3 Millionen Stimmen. 4,6 Millionen Wähler entschieden sich für die revolutionäre Partei der deutschen Arbeiterklasse. Diese Wahlen brachten aber auch ein sprunghaftes Anwachsen der Stimmen für die NSDAP, die 1928 ganze 800 000 Stimmen zählen konnte, jetzt aber mit mehr als 6 Millionen Stimmen über 100 Abgeordnete in den Reichstag entsandte – ein Ergebnis, das die Zuspitzung aller Gegensätze in Deutschland unter dem Eindruck der Krise anzeigte und zugleich der Verschärfung der internationalen Beziehungen Ausdruck gab.

Bald darauf unternahm die Regierung Brüning einen ersten Versuch der Expansion nach Südosten: Nach geheimgehaltenen Vorbereitungen wurde am 19. März 1931 ein Vertrag über eine deutsch-österreichische Zollunion unterzeichnet und bekanntgegeben. Das Projekt einer Zollunion scheiterte aber damals am Widerstand der Völker, die darin eine Gefahr für den Frieden erkannten, und am Einspruch der französischen Regierung, die dabei vor allem von Polen und Rumänien, aber auch von Italien unterstützt wurde. Der Haager Internationale Gerichtshof erklärte die Vereinbarungen über die Zollunion mit der knappen Stimmenmehrheit, über die diese Länder verfügten (übrigens gegen die Stimmen der USA und Englands) für unvereinbar mit den bestehenden internationalen Verträgen. Wenn der deutsche Imperialismus damit eine Schlappe erlitten hatte, konnte er doch im Sommer 1931 einen wesentlichen Akt ausländischer Unterstützung zu seinen Gunsten verbuchen. Bis dahin waren Großbetriebe von den Folgen der Krise noch nicht in vollem Umfang betroffen worden, ja die Großbourgeoisie hatte noch davon profitiert, daß kleinere und schwächere Konkurrenten den ökonomischen Schwierigkeiten als erste erlegen waren. Im Sommer 1931 verschärfte sich die Krise aber. Jetzt gerieten auch Monopole wie die Vereinigten Stahlwerke, Borsig und der Norddeutsche Lloyd in Zahlungsschwierigkeiten. Der Zusammenbruch der österreichischen Kreditanstalt (11. Mai 1931) zog den Bankrott auch einer der führenden deutschen Banken, der Darmstädter und Nationalbank, nach sich, und schließlich mußte das Reich sogar eine der beiden größten deutschen Banken, die Dresdner Bank, die mit der Danatbank verbunden war, durch Subventionen stützen. Die Reichsregierung erklärte sich in dieser Situation außerstande, die für die laufenden Reparationsverpflichtungen notwendigen Devisen aufzubringen. Jetzt griffen die USA ein: Am 20. Juni schlug der amerikanische Präsident Hoover einen einjährigen Zahlungsaufschub für Reparationen und zwischenstaatliche Schulden vor. Der amerikanische Staatssekretär hat im Rundfunk folgende Begründung für dieses eigenmächtige Vorgehen seiner Regierung abgeben wollen: „Falls Deutschland der Welt formell erklärt hätte, nicht weiter zu zahlen, hätten europäische Gläubigerstaaten interveniert, und es wäre zu ernsten Unruhen gekommen. Es sei wesentlich, die gegenwärtige Regierungsform in Deutschland zu erhalten, da es geographisch, wirtschaftlich und kulturell ein starkes Bollwerk gegen den Kommunismus sei." Wegen ihrer Unzweideutigkeit ist diese Erklärung zwar nicht öffentlich abgegeben worden – sie läßt aber die Motive der amerikanischen Unterstützung für den deutschen Imperialismus klar erkennen, eine Unterstützung, die dann letzten Endes auch den Widerstand aus Paris gegen ein Zahlungsmoratorium, das vor allem zu Lasten Frankreichs gehen mußte, überwand.

Mit der Annahme dieses amerikanischen Vorschlages war praktisch das Ende der Reparationen gekommen. Nach seinem Ablauf, im Sommer 1932, trat in Lausanne eine Reparationskonferenz zusammen, die die Ablösung aller deutschen Reparationsschulden durch eine einmalige Abfindungssumme in Höhe von 3 Milliarden Reichsmark vorsah – eine Summe, die dann später nicht einmal bezahlt worden ist.

Unter dem Eindruck der Verschärfung der Krise und angesichts der ausländischen Unterstützung, die die deutsche Großbourgeoisie gefunden hatte, eröffnete der Reichsverband der deutschen Industrie eine neue Offensive: Wenige Tage nachdem Duisberg als Vorsitzender abgelöst und durch Krupp ersetzt worden war, übergaben die führenden Unternehmerverbände der Regierung eine Erklärung, in der Lohn- und Gehaltssenkungen, eine Kürzung der Sozialleistungen und weitere Steuervergünstigungen für die Kapitalisten beantragt wurden. Das Kabinett Brüning wurde im Oktober 1931 „nach rechts" umgebildet. Der bisherige Innenminister Wirth wurde ersetzt durch Groener, der zu dem Reichswehrministerium nun auch dieses wichtige Ressort übernahm und der wachsenden politischen Rolle der Reichswehr damit offen Ausdruck gab. Die Reichswehrführung hatte sich bis zum Herbst 1930 gescheut, offen Sympathie für die Nazis zu zeigen. Bald nach den Septemberwahlen wurde aber vor dem Leipziger Reichsgericht ein Prozeß durchgeführt, in dem sich Offiziere wegen des Versuchs nationalsozialistischer Zellenbildung verantworten mußten. Hitler trat als Zeuge auf und erklärte, seine Partei werde keine „ungesetzlichen Mittel auf dem Wege zur Macht anwenden". Von nun an davon überzeugt, daß die auch von ihr erstrebte Beseitigung des bürgerlich-parlamentarischen Systems von den Nazis nicht durch einen offenen Putsch mit seinen gerade für die Armee gefährlichen Folgen erstrebt wurde, ließ die Reichswehrführung ihnen immer offener Unterstützung zuteil werden.

Brünings Kabinett war noch gut genug, die Verantwortung für den Krisenwinter 1931/32 mit der höchsten Zahl von Arbeitslosen, die es je in Deutschland gegeben hat, zu tragen. Es war auch noch in den Augen der führenden Monopolisten das geeignete Kabinett, um die Wiederwahl Hindenburgs zum Reichspräsidenten im Frühjahr 1932 zu unterstützen und dafür zu sorgen, daß sich auch die SPD-Führung für den kaiserlichen Generalfeldmarschall einsetzte. Die Kräfte, die einen weiteren Schritt auf dem Wege der Faschisierung durchsetzen wollten, hatten sich aber inzwischen bereits formiert. Daß Hitler am 27. Januar 1932 im Düsseldorfer Industrieclub einen Vortrag halten konnte, war ein Zeichen dafür, daß die einflußreichsten Gruppen des Finanzkapitals die Zeit gekommen sahen, ihre Sympathie für die NSDAP nun ganz offen zu zeigen. Hitlers Pressechef Otto Dietrich schrieb: „Die Wirkung bei den Wirtschaftlern war tief und zeigte sich in den nächsten schweren Kampfmonaten." Sie zeigte sich nicht zuletzt darin, daß Friedrich Flick wenige Tage später 100 000 RM an die NSDAP überweisen ließ. Am 29. Januar 1932 wurde auch das Verbot aufgehoben, Nazis in die Reichswehr aufzunehmen.

Anfang Mai 1932 brachen schließlich alle Konfliktherde

gleichzeitig auf. Reichswirtschaftsminister Warmbold, Vertrauensmann der IG Farben, trat am 3. Mai demonstrativ zurück und kündigte damit an, daß der einflußreichste Konzern, der Brüning bis dahin unterstützt hatte, ihm diese Unterstützung nicht länger gewähren würde. Reichswehrminister Groener, der im April 1932 ein Verbot der SA unterzeichnet hatte, wurde von der Reichswehrführung fallengelassen und erklärte einige Tage nach Warmbold ebenfalls seinen Rücktritt. Der letzte Anstoß zum Sturz Brünings ging von ostelbischen Junkern aus, einer Kaste, deren Bedürfnisse besonders geeignet schienen, Hindenburg nach seiner Herkunft, seinem Milieu und als Großgrundbesitzer zu interessieren. Den Junkern waren von der Reichstagsmehrheit Summen, die mehrere hundert Millionen betrugen, als „Osthilfe" zur Verfügung gestellt worden – Gelder, die sie zum Teil dazu benutzten, neue Güter aufzukaufen und nicht etwa ihre verschuldeten Besitzungen zu entschulden. In einer Ministerbesprechung hatte Brüning sich mit dem Vorschlag beschäftigt, Güter, die so verschuldet waren, daß auch Osthilfemittel keine Rettung mehr bildeten, den Besitzern abzunehmen und landwirtschaftlichen Siedlern zur Verfügung zu stellen. So wie am Beginn des 19. Jahrhunderts Stein mit seinen realistischen Plänen von den kurzsichtigsten Kreisen des preußischen Adels zu Fall gebracht worden war, wurde nun auch dieser Vorschlag von den borniertesten Junkern zum Anlaß genommen, Brüning des „Agrarbolschewismus" zu bezichtigen und bei Hindenburg seine Entlassung durchzusetzen.

Bereits die hier gegebene Skizze der Vorgänge, die zum Sturz Brünings führten, beweist aber, daß der Vorstoß der Junker nicht mehr als der letzte Anlaß seines Rücktritts war und daß nicht – wie es in der westdeutschen Geschichtsschreibung im allgemeinen behauptet wird – eine kleine Junkerclique Brüning zu Fall brachte, sondern die entscheidenden Kräfte des deutschen Finanzkapitals ausschlaggebend dafür waren, daß ein weiterer Ruck nach rechts erfolgte.

In diesen entscheidenden Tagen fand eine Tagung des ZK der KPD statt. Am 24. Mai referierte Ernst Thälmann über die veränderte Lage in Deutschland und die neuen Aufgaben der KPD. Inhalt des Referats und Bedeutung dieser Tagung werden in der „Chronik zur Geschichte der deutschen Arbeiterbewegung“ in den folgenden Worten zusammengefaßt: „Er betont, daß die taktischen Differenzen in der Großbourgeoisie über das Tempo der Faschisierung und über die Art und Weise, ob und wie die Nazipartei an der Regierung beteiligt werden soll, stärker als bisher von der KPD ausgenützt werden müssen. Es gelte, mit allen parlamentarischen und außerparlamentarischen Mitteln den Eintritt der Nazis in die Reichs- oder Preußenregierung zu verhindern. Thälmann verweist auf die Notwendigkeit, einerseits durch einen Kompromiß mit SPD und Zentrum im Preußischen Landtag alle Versuche der Nazis zu verhindern, auf parlamentarischem Wege in die Regierung zu kommen, andererseits neue Wege einer breiten antifaschistischen Einheitsfrontpolitik einzuschlagen. Thälmann schlägt vor, ‚eine große antifaschistische Aktion in Deutschland ... in die Wege zu leiten‘, um dem Hitlerfaschismus den Weg zur Macht zu verlegen. Er fordert, gegenüber den Sozialdemokraten das Einigende des Kampfes gegen den Faschismus in den Vordergrund zu stellen und kritisiert die häufige Gleichsetzung von Hitlerfaschismus und Sozialdemokratie. Diese Tagung des ZK ist ein bedeutender Schritt zu einer breiteren antifaschistischen Einheitsfrontpolitik der KPD und zur Überwindung von Erscheinungen des Dogmatismus und des Sektierertums.“

Wie dies Ernst Thälmann vorschlagen hatte, rief am folgenden Tage das ZK der KPD zur „Antifaschistischen Aktion“ auf. Der Aufruf bezeichnet die Nazibewegung als Terrororganisation des Finanzkapitals, die die Errichtung der offenen faschistischen Diktatur vorbereitet. Durch die Einheitsfront sollte den Nazis der Weg zur Macht verlegt werden. Die Antifaschistische Aktion war keine Organisation, sondern eine überparteiliche Massenbewegung, und in ihren Einheitsausschüssen und den Formationen des Massenselbstschutzes wirkten Kommunisten, Sozialdemokraten, Christen, Mitglieder des Reichsbanners, gewerkschaftlich organisierte und nichtorganisierte Arbeiter. Auf einer

Aussprache mit sozialdemokratischen Funktionären, die Ernst Thälmann am 8. Juli 1932 führte, betonte er noch einmal, daß die KPD für den gemeinsamen Kampf nur eine Bedingung stelle: Es gelte, aktiv gegen den Faschismus zu kämpfen. Er unterstrich, daß das unterschiedliche Mitgliedsbuch Kommunisten und Sozialdemokraten nicht trennen dürfe und daß Sozialdemokraten und Reichsbannermitglieder nicht aus SPD und Reichsbanner auszutreten brauchten, um an der Antifaschistischen Aktion teilzunehmen. „Die KPD rief die Sozialdemokraten als Mitglieder der Sozialdemokratie zum gemeinsamen Kampf auf; sie suchte die Einheitsfront mit den sozialdemokratischen Organisationen" – so charakterisiert die „Geschichte der deutschen Arbeiterbewegung" die grundsätzliche Bedeutung der Antifaschistischen Aktion für die Entwicklung der Einheitsfrontpolitik.

Nachfolger Brünings als Reichskanzler wurde der bis dahin wenig bekannte, aber durch wirtschaftliche und gesellschaftliche Beziehungen nach den verschiedensten Seiten empfohlene Franz von Papen – während des ersten Weltkrieges Militärattachée in den USA und dort ausgewiesen, weil er Unterlagen über deutsche Sabotagetätigkeit auf dem amerikanischen Kontinent in die Hände des englischen Geheimdienstes hatte fallen lassen. Schleicher übernahm das Reichswehrministerium, während das Innenministerium dem ostelbischen Junker Freiherr von Gayl übertragen wurde. Unter der Voraussetzung, daß diese neue Regierung das SA-Verbot aufhob, Vertreter der nationalistischen und militaristischen Kreise Ministerposten erhielten und der Reichstag aufgelöst werden würde, hatte die NSDAP eine wenigstens zeitweilige Tolerierung dieses Kabinetts im Parlament zugesagt. Diese Zusagen wurden erfüllt. Am 20. Juli 1932 unternahm Papen einen wesentlichen weiteren Schritt zur Veränderung der innenpolitischen Machtverhältnisse und zum Abbau der Weimarer Republik: Durch einen Staatsstreich wurde die preußische Landesregierung, eine Koalitionsregierung zwischen SPD, DDP und Zentrum, durch Reichswehr ihres Amtes enthoben und als Reichskommissar der bisherige Oberbürgermeister von Essen, der mit Krupp eng verbunden war, eingesetzt. Damit sollte vor allem das wichtigste Machtinstrument, das sich noch in den Händen bürgerlich-parlamentarischer Kräfte befunden hatte, die preußische Polizei, in die Hände derjenigen Kräfte fallen, die den Faschisierungsprozeß vorantrieben.

Die KPD hat damals die Sozialdemokratische Partei und die Gewerkschaften zum gemeinsamen Generalstreik gegen diesen Putsch aufgerufen. Walter Ulbricht hat im August 1961 an die damalige Situation erinnert: „Stellen Sie sich bitte einmal vor, diese 100 000 Mann preußischer Polizei wären 1932 gegen Reaktion und Faschismus eingesetzt worden, dazu die Arbeiter aus dem Reichsbanner, dem Roten Frontkämpferbund, dazu alle die sozialdemokratischen und kommunistischen Arbeiter aus den Betrieben – das wäre eine Kraft gewesen, die völlig ausgereicht hätte, die Reaktion und das ganze faschistische Gesindel zum Teufel zu jagen."

In der Entwicklung der politischen Machtverhältnisse in Deutschland war ein entscheidender Wendepunkt erreicht worden. Würde die rechtssozialdemokratische Führung, die mit dem Argument, man müsse das „kleinere Übel" wählen, die ökonomische und politische Offensive der Reaktion bisher toleriert hatte, diese Politik auch noch fortsetzen, da nun – ermöglicht nicht zuletzt durch eben diese Tolerierungspolitik – ein offener Rechtsbruch durch die Regierung erfolgt war, da Papen und seine junkerlichen und schwerindustriellen Gönner offensichtlich gar keinen Wert mehr darauf legten, ihrerseits von der SPD toleriert zu werden? Sollte auch dieses Übel noch geduldet, der bisher schwerste Schlag der faschistischen Reaktion gegen das bürgerlich-parlamentarische System einfach hingenommen werden?

Überall warteten die Massen darauf, daß die sozialdemokratische Führung und die Gewerkschaften dem Appell der KPD zustimmen würden. In den Berliner Arbeitervierteln demonstrierten Werktätige gegen den Staatsstreich Papens. Mitglieder des Reichsbanners hofften auf das befreiende Wort.

Aber die sozialdemokratische Parteiführung lehnte den Vorschlag der KPD ab. Sie vertröstete auf „legale" Mittel, während die Reaktion längst den Boden der Legalität verlassen hatte, und sie überließ die Entscheidung den für den 31. Juli 1932 vorgesehenen Reichstagswahlen. Mit dieser Kapitulation wurden wichtige Machtpositionen der Sozialdemokratie preisgegeben. Die Wahlen aber, zur Zeit des Tiefpunktes der Weltwirtschaftskrise ausgeschrieben und unter dem Eindruck der militärischen Zwangsmaßnahmen veranstaltet, die dem Staatsstreich der Papen-Regierung folgten, brachten eine weitere Verdoppelung der Stimmen für die Nazipartei, nämlich auf über 13 Millionen. Zugleich aber zeigten die Wahlen, daß sich in der Arbeiterklasse eine Linksbewegung vollzog: Die KPD zählte mehr als 5 Millionen Stimmen, während die Stimmenzahlen der SPD zurückgegangen waren.

Bis zu diesem Zeitpunkt agierte das Kabinett Papen noch einigermaßen einheitlich. Jetzt brachen aber die latenten Gegensätze zwischen dem Reichskanzler von Papen und dem Innenminister von Gayl auf der einen, dem Reichswehrminister von Schleicher auf der anderen Seite offen auf. Papen und Gayl traten für einen Kurs ein, der letzten Endes auf eine Neuauflage des Kapp-Putsches hinausgelaufen wäre: Sie forderten, daß der Reichstag, in dem es für ihre Politik offensichtlich keine Mehrheit geben würde, aufgelöst, Neuwahlen vertagt und in der Zwischenzeit völlig ohne Parlament regiert werden sollte – eine Konzeption, die alle demokratischen Kräfte unverhohlen provozieren und zu einer so schroffen Zuspitzung aller Gegensätze führen mußte, daß sie auch innerhalb der herrschenden Klasse auf Widerspruch stieß. Es war insbesondere die Reichswehrführung, die das wichtigste Machtinstrument des deutschen Imperialismus vor dem Einsatz in einem Bürgerkrieg bewahren wollte, da sie erkannte, daß die Durchführung dieser Pläne den einheitlichen Widerstand der gesamten Arbeiterklasse und darüber hinaus der werktätigen Klassen und Schichten überhaupt auslösen würde.

Schleicher dagegen bemühte sich, die Gegensätze innerhalb der NSDAP, die ja schon 1926 im Zusammenhang mit der Fürstenenteignungskampagne deutlich gewesen waren, auszunutzen. Er hoffte, daß es gelingen würde, den durch Gregor Strasser repräsentierten Flügel der Nazipartei, der die pseudo-sozialistische Demagogie besonders weit trieb, durch staatliche Unterstützung so stärken zu können, daß auch Hitler, der ja stets abwartete, bis sich gezeigt hatte, auf welcher Seite die stärkeren Bataillone standen, sich für ihn entschied, während der durch Göring repräsentierte schwerindustrielle Flügel der NSDAP isoliert werden sollte. Der Reichswehrminister, der sich gern als „sozialer General" bezeichnete und bezeichnen ließ, gefiel sich in der Illusion, Reichswehr, Gewerkschaften und der Strasser-Flügel der NSDAP würden eine stabile Basis für eine Art Militärfaschismus bilden können – stabil genug jedenfalls, daß man auch auf Tolerierung durch die NSDAP hoffen könne. Um diese Pläne durchzusetzen, ließ er eine Planübung im Reichswehrministerium veranstalten, in der geprüft werden sollte, ob sich die Reichswehr, wie sich dies bei einer weiteren Verfolgung der Pläne Papens als unumgänglich erweisen würde, gegen einen Generalstreik, der von der Arbeiterklasse einheitlich unterstützt würde, durchsetzen könne. Das Ergebnis dieser Übung, daß nämlich die Situation für die herrschenden Kreise dann mehr als prekär und die Reichswehr nicht in der Lage sein würde, sich in derartigen Auseinandersetzungen durchzusetzen, wurde Hindenburg vorgelegt, der daraufhin Papen fallenließ und Schleicher am 3. Dezember 1932 zum Reichskanzler ernannte.

Daß die reaktionärsten Kreise der Junker und des Finanzkapitals auf Staatsstreichpläne wie die Papens verzichten mußten und das „Kabinett der Barone" zum Rücktritt gezwungen wurde, war zweifellos ein Erfolg der demokratischen Kräfte. Es war ein Erfolg des Kampfes vor allem der KPD und der von ihr initiierten „Antifaschistischen Aktion", die sich für die ökonomischen und politischen Interessen des Volkes zugleich einsetzte. Das zeigte sich besonders deutlich in der Welle von Streiks, die einer Notverordnung Papens vom 4. September, mit der neue Lohnsenkungen angeordnet worden waren, folgten und die im Zeichen der „Antifaschistischen Aktion" geführt wurden. Diese Streiks beschränkten sich zwar im allgemeinen auf kleine und mittlere Betriebe der Metall-, Textil- und Bauindustrie, waren aber in vielen Fällen erfolgreich und widerlegten in der Praxis die opportunistische Auffassung, es sei nicht möglich, während einer Krise das proletarische Kampfmittel des Streiks einzusetzen.

Höhepunkt dieser Streikwelle war der Streik der 22000 Arbeiter und Arbeiterinnen der Berliner Verkehrsgesellschaft Anfang November. Als die Direktion nach wiederholten Lohn- und Gehaltskürzungen einen erneuten Abbau des Stundenlohnes anordnete, legten die BVG-Arbeiter den Verkehr still.

Eben während dieser Tage, am 6. November, wurde noch einmal zum Reichstag gewählt. Die KPD konnte einen erneuten Stimmenzuwachs um 700000 gegenüber den Juli-Wahlen verzeichnen, erhielt 6 Millionen Stimmen und wurde drittstärkste Partei (in Berlin sogar die stärkste). Von ebenso großer Bedeutung war der beträchtliche Stimmenrückgang der Nazipartei, und zwar in allen Wahlbezirken, die insgesamt 2 Millionen Stimmen verlor. Der Höhepunkt ihres Masseneinflusses war offensichtlich überschritten. Gerade das veranlaßte eine Reihe führender deutscher Monopolisten, sich auf Vorschlag Schachts einige Tage später in einer Denkschrift an Hindenburg zu wenden und zu verlangen, daß Hitler nun endlich zum Reichskanzler ernannt würde. Zu den Unterzeichnern dieses Schreibens, das dem Reichspräsidenten am 19. November vorgelegt wurde, gehörten Schacht selbst, Kurt Freiherr von Schroeder, der Vorsitzende des Reichslandbundes Graf Eberhard von Kalckreuth und Fritz Thyssen. Albert Vögler, Paul Reusch und Fritz Springorum, Prominente der Schwerindustrie, ließen mitteilen, daß sie mit dieser Eingabe einverstanden seien.

In dieser Situation begann Schleicher zu regieren. Seine Konzeption, die NSDAP zu spalten, erwies sich freilich schnell als Illusion. Angesichts der Tatsache, daß sich auch nationalsozialistische Arbeiter am BVG-Streik beteiligt hatten, wuchs der Druck der Schwerindustrie auf die Naziführung, endlich ihrem sozialen Auftrag gemäß in ihren Reihen nicht länger Elemente zu dulden, die die pseudo-sozialistische Demagogie allzuweit trieben. Als Schleicher Strasser den Posten eines Vizekanzlers in seinem Kabinett anbot, setzte sich Göring – Exponent des schwerindustriellen Flügels in der NSDAP, hinter dem vor allem Fritz Thyssen und Hjalmar Schacht standen – durch. Hitler lehnte eine Beteiligung der Nazipartei am Schleicher-Kabinett ab. Strasser mußte alle Parteiämter niederlegen. Goebbels schrieb in sein Tagebuch: „Ein toter Mann" – $1^1/_2$ Jahre später, als Hitler alte Rechnungen beglich, wurde das Wort in buchstäblichem Sinne wahr: Strasser, der SA-Führer Röhm und Schleicher fielen dem Blutbad des 30. Juni 1934 zum Opfer.

Ende des Jahres 1932 hatte die Krise offenbar ihren Höhepunkt überschritten. Wenn die Arbeitslosenziffer noch einmal im Winter 1932/33 anwuchs, war dies saisonbedingten Ursachen zuzuschreiben. Die industrielle Produktion aber hatte, wenn man diese Bewegung ausschaltet, ihren Tiefpunkt bereits überschritten und wuchs langsam wieder an. Das Ende der Krise war gekommen. Die NSDAP war von Gegensätzen zerrissen und begann an Einfluß zu verlieren. Wenn dieser Partei die Macht übertragen und Hitler als „Retter" aus der Krise dargestellt werden sollte, dann war es höchste Zeit für das deutsche Großkapital, dieses Vorhaben zu verwirklichen. Das ist der eigentliche Hintergrund, vor dem sich die letzten Vorbereitungen zur Machtübertragung an den Faschismus abspielten. Am 4. Januar 1933 trafen im Hause des Kölner Bankiers von Schröder Hitler und Papen zusammen. Sie einigten sich über ein gemeinsames Kabinett, dessen Aufgabe – wie Schröder im Nürnberger Hauptkriegsverbrecherprozeß erklärte – „die Entfernung aller Sozialdemokraten, Kommunisten und Juden von führenden Stellen in Deutschland und die Wiederherstellung der Ordnung im öffentlichen Leben" sein sollte. Hitler reiste von Köln nach Berlin, um seine Ernennung zum Reichskanzler zu betreiben, Papen hingegen fuhr zunächst nach Dortmund. Die Gespräche, die er dort mit Friedrich Springorum, dem Vorsitzenden der Hoesch AG für Bergbau und Hüttenbetrieb, und Albert Vögler, dem Generaldirektor der Vereinigten Stahlwerke, führte, werden sicherlich den Zweck einer Bestätigung der in Köln getroffenen Vereinbarungen durch die Herren über Kohle und Eisen verfolgt haben. Wenige Tage später überwiesen jedenfalls die Ruhrkonzerne der Schröder-Bank den Betrag von 1 Million Mark zugunsten der NSDAP und ermöglichten es ihr damit, Wahlschulden zu bezahlen, die sie an den Rand des Bankrotts gebracht hatten. Nun waren auch die Deutschnationalen bereit, sich an einem Kabinett Hitler zu beteiligen. Schleicher war damit nach allen Seiten isoliert. Als er Hindenburg am 23. Januar bat, den Reichstag, in dem er keine Mehrheit mehr finden konnte, aufzulösen und Neuwahlen aufzuschieben – also selbst an die Klippe geraten war, an der auch Papen am Ende seiner Kanzlerschaft scheiterte, als er seine Politik nur noch mit Hilfe eines unverhohlenen Bruches der Verfassung, der einem Putsch gleichkam, fortsetzen konnte –, antwortete Hindenburg mit dem Hinweis auf jene Planübung im Reichswehrministerium, die Schleicher als Waffe gegen Papen benutzt hatte und die sich nun gegen ihn selbst kehrte.

In eben den Tagen, als die reaktionärsten Kreise des deutschen Finanzkapitals diese Vorbereitungen trafen, um Deutschland der faschistischen Diktatur auszuliefern, schrieb Johannes R. Becher in der „Roten Fahne“:

„Genossen, Ihr müßt wissen: Alle Arbeiter der Welt
schauen auf Euch und fragen: was werdet Ihr machen?
Der Arbeiter im Ural die Frage stellt
und am Yangtse der Fischer in seinem Nachen.
Genossen, wer heute stehen bleibt,
trägt Schuld daran, wenn täglich es heißt:
‚Tote, Tote . . .!‘ “

3.
Der Weg in den zweiten Weltkrieg: Die faschistische Diktatur und das deutsche Finanzkapital

Am 30. Januar 1933 wurde Adolf Hitler zum Reichskanzler ernannt. Das neu gebildete Kabinett bezeichnete sich als „Regierung der nationalen Konzentration“. Die unmittelbare Machtübertragung an den Faschismus war auf Betreiben derjenigen Teile des deutschen Finanzkapitals erfolgt, die sich einerseits um die Monopole in der Kohle-, Eisen- und Stahlindustrie, andererseits um Schacht und Thyssen gruppierten. Dementsprechend bildete dieses Kabinett eine Koalitionsregierung zwischen Nationalsozialisten, Stahlhelmführern, Deutschnationalen und einigen nicht parteigebundenen Konservativen. Aber die entscheidenden Machtpositionen befanden sich in den Händen von Nazifaschisten: Ihr „Führer“ war Reichskanzler, Wilhelm Frick wurde Reichsinnenminister und Hermann Göring Minister ohne Portefeuille, zugleich kommissarischer Innenminister von Preußen. Darüber hinaus fiel das Reichswehrministerium dem Hitleranhänger General Werner von Blomberg zu. Wenn Franz von Papen sich als Vizekanzler und Reichskommissar für Preußen bezeichnen durfte und Alfred Hugenberg das Wirtschafts- und das Ernährungsministerium in seiner Hand vereinigen konnte, waren doch in Wirklichkeit bereits die Machtverhältnisse zwischen den Koalitionspartnern besiegelt. Das erwies sich bereits in der ersten Sitzung des neuen Kabinetts, die noch am 30. Januar 1933 stattfand und in der beraten wurde, wie das neue Regime seine Macht stabilisieren könne, ohne daß – wie Hitler sagte – für die „Wirtschaft eine größere Gefahr" entstünde. Hugenberg, der sich darüber klar war, daß die Nazis Neuwahlen zum Reichstag durch den Einsatz staatlicher Machtmittel dazu ausnützen würden, das Ergebnis der Novemberwahlen 1932 auch auf Kosten der Deutschnationalen zu korrigieren, trat dafür ein, das Parlament sofort zu vertagen und die KPD zu verbieten. Er konnte sich jedoch gegen die Naziminister nicht durchsetzen.

Hermann Göring teilte mit, die Kommunisten hätten für den Abend desselben Tages eine Demonstration geplant, die er jedoch verboten habe. „Nach seinen Feststellungen, so heißt es in dem Protokoll der Sitzung, würde die SPD im Augenblick einen Generalstreik nicht mitmachen. Die Sozialdemokratie dränge zur Zeit auf eine Aussprache im Reichstag. Nach seiner Auffassung sei es am besten, möglichst bald den Reichstag aufzulösen und zu Neuwahlen zu kommen." Das Kabinett schloß sich schließlich diesem Vorschlag an.

Eben zu der Zeit, da man in der Reichskanzlei über die Wege zur Unterdrückung der Arbeiterklasse und der anderen fortschrittlichen Kräfte beriet und dabei die Furcht vor einem geschlossenen Abwehrkampf der Arbeiterklasse zum Ausdruck kam, überbrachte Walter Ulbricht im Auftrage Ernst Thälmanns und des Zentralkomitees der KPD dem Parteivorstand der Sozialdemokratie ein Angebot zur Aktionseinheit und dem gemeinsamen Generalstreik. Sein Wortlaut wurde auch als Flugblatt verbreitet. An vielen Orten Deutschlands haben sich in diesen Stunden und an den folgenden Tagen fortschrittliche Deutsche zu Protestkundgebungen und Kampfaktionen gegen den gemeinsamen Feind zusammengefunden. In der Nacht des 30. Januar wurde in Berlin-Charlottenburg von Kommunisten und anderen Werktätigen den faschistischen Terrorbanden eine regelrechte Straßenschlacht geliefert. In den meisten Großstädten wurden antifaschistische Aufmärsche und Kundgebungen organisiert und in einigen Städten, so in Lübeck und in Staßfurt, in Streiks gegen die faschistische Diktatur demonstriert. In Wuppertal sprengten Kommunisten, Sozialdemokraten und Reichsbannerkameraden einen Fackelzug der Nazis. Trotz solcher Zeugnisse dafür, daß die Bereitschaft zum Zusammengehen und zum gemeinsamen Handeln auch bei vielen Sozialdemokraten vorhanden war, waren jedoch nur wenige sozialdemokratische Führer gewillt, diesen gemeinsamen Kampf aufzunehmen. Der sozialdemokratische Parteivorstand lehnte das Angebot der Kommunistischen Partei Deutschlands ab. Hatte der „Vorwärts" am 30. Januar erklärt, die Sozialdemokratie stelle sich „mit beiden Füßen auf den Boden der Verfassung und Gesetzlichkeit. Sie wird den ersten Schritt von diesem Boden nicht tun", so veröffentlichte er am folgenden Tag noch einmal einen Aufruf des Vorstandes und der sozialdemokratischen Reichstagsfraktion, in dem es hieß: „Wir führen unseren Kampf auf dem Boden der Verfassung . . . Jeder Versuch der Regierung, ihre Macht gegen die Verfassung anzuwenden oder zu behaupten, wird auf den äußersten Widerstand der Arbeiterklasse und aller freiheitlich gesinnten Volkskreise stoßen. Zu diesem entscheidenden Kampf sind alle Kräfte bereitzuhalten." Nach Meinung der Mehrheit der sozialdemokratischen Führer sollte man also „bereit sein", aber das, worauf es nun ankam, der Aufruf zum Kampf gegen diese Regierung, sollte unterbleiben, und es sollte keine Gemeinschaft mit den Kommunisten gesucht werden, weil das angeblich der „verfassungsmäßigen Rechtsregierung", wie das Hitlerkabinett auf der Sitzung des sozialdemokratischen Parteivorstandes am 31. Januar bezeichnet wurde, den Vorwand zu schärfsten Angriffen geben würde.

Unfähig, den Charakter des Hitlerkabinetts als Regierung der offenen faschistischen Diktatur zu erkennen, hoffte also die Mehrheit der sozialdemokratischen Führer, das Hitlerregime legal zu überleben. Diese Haltung verhinderte, daß jene Kräfte freigesetzt wurden, die Deutschland und die Welt vor dem heraufziehenden Unheil hätten bewahren können, sie verhinderte, daß die Einheit der Arbeiterklasse zustande kam. Auch die meisten bürgerlich-demokratischen Politiker erkannten, im Antikommunismus befangen, nicht den Charakter des Hitlerfaschismus, waren ihm gegenüber wehrlos und bereiteten so selbst den Untergang ihrer Parteien vor.

Was hat sich im gesellschaftlichen Kräfteverhältnis in Deutschland mit dem 30. Januar 1933 verändert, und was blieb unverändert? Die Einsetzung des Hitlerkabinetts und die Errichtung der faschistischen Diktatur hat selbstverständlich weder die von den Nationalsozialisten versprochene „Volksgemeinschaft" herbeigeführt, noch war sie, wie linksbürgerliche und rechtssozialdemokratische Soziologen und Publizisten meinten, das Ergebnis eines Aufstandes rabiat gewordener Kleinbürger. Die Hauptklassen der deutschen Gesellschaft blieben vor und nach dem 30. Januar 1933 die gleichen, und der grundlegende Widerspruch des deutschen Imperialismus, der Widerspruch zwischen den Expansions- und Aggressionsinteressen des deutschen Finanzkapitals und den Interessen der Massen der Nation an Demokratie und Frieden, blieb der gleiche. Aber den herrschenden Klassen war es nun gelungen, Ergebnisse und Erfolge der Novemberrevolution, die bisher noch unangetastet geblieben waren, zu beseitigen und den offenen Terror zur wesentlichen Methode ihrer Herrschaft zu machen, den Terror im Dienste eines zweiten Versuchs zur gewaltsamen Neuaufteilung der Welt. Hitler gab den reaktionärsten Kreisen des deutschen Finanzkapitals die Gewähr, dieses Ziel nie aus dem Auge zu verlieren, und weil er ihnen diese Gewähr gab, haben diese Kreise des deutschen Finanzkapitals dem Faschismus die Macht übertragen. Er hatte bereits in der Kabinettssitzung am 30. Januar erklärt, „zur Unterdrückung eines evtl. Generalstreiks dürfe Reichswehr nach Möglichkeit nicht eingesetzt werden". Der Reichswehrminister hatte ihm damals ausdrücklich für diese Auffassung gedankt und betont, „daß der Soldat als einzig möglichen Gegner einen äußeren Feind anzusehen gewohnt sei". Wenige Tage darauf, am 3. Februar, traf er mit Befehlshabern des Heeres und der Marine zusammen und bekräftigte in einer Ansprache, er erstrebe

„die völlige Umkehrung der gegenwärtigen innenpolitischen Zustände in Deutschland“, worunter vor allem zu verstehen sei: „Keine Duldung der Betätigung irgendeiner Gesinnung, die dem Ziel entgegensteht (Pazifismus!). Wer sich nicht bekehren läßt, muß gebeugt werden. Ausrottung des Marxismus mit Stumpf und Stiel. Einstellung der Jugend und des ganzen Volkes auf den Gedanken, daß nur der Kampf uns retten kann und diesem Gedanken gegenüber alles zurückzutreten hat.“ Nach den Notizen des Generalleutnants Liebmann über diese Ausführungen Hitlers hieß es dann weiter: „Wie soll politische Macht, wenn sie gewonnen ist, gebraucht werden? Jetzt noch nicht zu sagen. Vielleicht Erkämpfung neuer Exportmöglichkeiten, vielleicht – und wohl besser – Eroberung neuen Lebensraumes im Osten und dessen rücksichtslose Germanisierung.“

So bestätigen die Zusammensetzung, die ersten Maßnahmen und die programmatischen Erklärungen der Regierung Hitler die Charakteristik des Faschismus, die die Kommunistische Internationale damals traf, nach der der Faschismus an der Macht „die offene terroristische Diktatur der reaktionärsten, am meisten chauvinistischen, am meisten imperialistischen Elemente des Finanzkapitals“ darstellt.

Die Geschichte der vorangegangenen Jahre hatte gezeigt, daß es eine Alternative zur faschistischen Diktatur gab und worin sie bestand. Eine einfache Rückkehr zum bürgerlich-parlamentarischen System – das hatten die Jahre der Weltwirtschaftskrise bewiesen – war in Deutschland am Ende der Weimarer Republik nicht mehr möglich: Keine der ausschlaggebenden Gruppen der deutschen Großbourgeoisie war an der Aufrechterhaltung parlamentarischer Verhältnisse, wie sie die Weimarer Verfassung vorgesehen hatte, interessiert. So war die faschistische Diktatur nur dadurch zu verhindern, daß die Macht dieser Kräfte eingeschränkt, daß die Kräfte des deutschen Imperialismus gebändigt würden. Ernst Thälmann hat auf der bereits illegalen Tagung des Zentralkomitees der KPD, die am 7. Februar 1933 im Sporthaus Ziegenhals bei Zeuthen stattfand, das Hitler-Hugenberg-Papen-Kabinett als die offene faschistische Diktatur gekennzeichnet, als Regierung der Kapitalisten und Großgrundbesitzer, als Regierung des imperialistischen Krieges, die die letzten spärlichen Rechte der Arbeiter vernichten und alle Formen des faschistischen Terrors anwenden werde. „Schon die ersten Taten der Hitlerregierung beweisen den ganzen tiefen Ernst der Situation. Es wäre ein Verbrechen, irgendwelche legalistischen Illusionen in unseren Reihen zu dulden. Wir müssen in der ganzen Arbeiterklasse darüber Klarheit schaffen, daß es wahrscheinlich keine andere Art der Ablösung dieser Regierung geben kann, als ihren revolutionären Sturz." Thälmann traf in dieser Rede aber auch die wichtige Feststellung: „Das bedeutet nicht, daß der Sturz der Hitlerregierung und der Sieg der proletarischen Revolution unbedingt ein und dasselbe sein müssen."

Die KPD hatte gewarnt: „Hitler, das ist der Krieg." Seit dem Tage, da ihn das deutsche Finanzkapital zum Reichskanzler gemacht hatte, wurde der zweite Weltkrieg bewußt und in aller Systematik vorbereitet. Die Geschichte des deutschen Faschismus zwischen 1933 und 1939 zu skizzieren – das heißt vor allem, die einzelnen Phasen der Kriegsvorbereitung zu verfolgen.

Zunächst war freilich eine Konsolidierung dieser Diktatur für die herrschenden Kreise des deutschen Imperialismus notwendig. Das war die erste dieser Phasen. Sie reicht bis zum Sommer des Jahres 1934.

In der ersten Hälfte des Jahres 1933 sollte vor allem der Terror legalisiert, sollten die Reste des bürgerlich-parlamentarischen Systems völlig vernichtet werden. Am 2. Februar wurden in Preußen und anderen norddeutschen Ländern der KPD alle Demonstrationen verboten. Auch eine Kundgebung der SPD im Berliner Lustgarten wurde untersagt. Zwei Tage darauf brachte eine „Verordnung zum Schutze des deutschen Volkes" faktisch ganz Deutschland unter den Ausnahmezustand. Legal zu arbeiten war der Kommunistischen Partei nun kaum mehr möglich. Kundgebungen unter freiem Himmel waren ihr untersagt, ihre Druckschriften und Zeitungen verboten oder beschlagnahmt. SA-Banden überfielen kommunistische Parteilokale und vielfach auch Büros der Sozialdemokratie und der Gewerkschaften. Mitglieder und Funktionäre dieser Organisationen wurden schon in den ersten Tagen des Februar verfolgt und grausam mißhandelt. Am 22. Februar übertrug Göring den Terrororganisationen der Nazis und dem Stahlhelm hilfspolizeiliche Befugnisse; sie wurden nicht nur ermächtigt, sondern auch ausdrücklich angewiesen, rücksichtslos von der Schußwaffe Gebrauch zu machen. Wenige Tage später, in den Abendstunden des 27. Februar, stand das Reichstagsgebäude in hellen Flammen. Die Polizei verhaftete einen Holländer, van der Lubbe, als angeblichen Brandstifter. Tatsächlich aber war es gar nicht möglich, daß ein einzelner das ausgedehnte Gebäude anzünden konnte; durch einen unterirdischen Gang, der das Gebäude mit dem Palais des Reichstagspräsidenten Hermann Göring verband, werden die eigentlichen Täter, vermutlich Angehörige eines ausgesuchten SA-Trupps, vielmehr entkommen sein, und Göring hat sich später selbst dieses Verbrechens gerühmt, das noch vor den für den 5. März ausgeschriebenen Reichstagswahlen eine Pogromstimmung gegen die Kommunisten erzeugen und darüber hinaus Sozialdemokraten und andere antifaschistische Kräfte einschüchtern sollte. Noch in der Brandnacht wurden in Deutschland über 10 000 Gegner des Faschismus verhaftet; allein in Berlin waren es über 1500, darunter führende Funktionäre der Kommunistischen Partei wie Walter Stoecker, bekannte Schriftsteller und Publizisten wie Egon Erwin Kisch, Erich Mühsam und Carl von Ossietzky, und – ungeachtet ihrer parlamentarischen Immunität – Reichstagsabgeordnete der KPD wie Ernst Schneller und der SPD wie Carl Mierendorff.

Am 28. Februar unterzeichnete Hindenburg eine „Verordnung des Reichspräsidenten zum Schutz von Volk und Staat“, in der unter Berufung auf Artikel 48 der Weimarer Verfassung alle Grundrechte beseitigt wurden, also das Recht der persönlichen Freiheit, das Recht der freien Meinungsäußerung, die Pressefreiheit, das Vereins- und Versammlungsrecht und das Brief-, Post- und Fernsprechgeheimnis. Diese Notverordnung, die bis 1945 in Kraft blieb, sollte Massenverhaftungen, Mißhandlung und Mord legalisieren. Unmittelbar nach dem Reichstagsbrand wurden die ersten Konzentrationslager eingerichtet. Am 3. März 1933 fiel der Vorsitzende der Kommunistischen Partei, Ernst Thälmann, den Faschisten in die Hände. Am 9. März wurde Georgi Dimitroff unter der unsinnigen Beschuldigung verhaftet, an der Reichstagsbrandstiftung beteiligt gewesen zu sein.

In dieser Atmosphäre der Hetze und des Terrors fanden am 5. März Reichstagswahlen statt. Trotz der unerhört schwierigen Bedingungen des Wahlkampfes und der Stimmabgabe konnte die KPD 4,85 Millionen Stimmen erlangen. Für die SPD stimmten 7,18 Millionen Wähler. Die beiden Arbeiterparteien haben also auch nach der Errichtung der faschistischen Diktatur zusammen noch fast $^1/_3$ der Wählerstimmen erhalten – ein Beweis dafür, daß es den Nationalsozialisten auch jetzt noch nicht gelungen war, hier ernsthafte Einbrüche zu erzielen, und ein Zeugnis der politischen Reife und des nationalen Verantwortungsbewußtseins der deutschen Arbeiterklasse. Die Nazis konnten zwar im Vergleich zu den Reichstagswahlen des November 1932 erhebliche Stimmengewinne verbuchen, erreichten mit 43,3% der Stimmen aber nicht die absolute Mehrheit, geschweige denn die Zweidrittelmehrheit, die sie angestrebt hatten und für die Annahme eines Ermächtigungsgesetzes benötigten. Deshalb ließen sie wenige Tage nach der Wahl die 81 Reichstagsmandate der KPD annullieren. Versprechungen und Betrugsmanöver der Nazis gegenüber den bürgerlichen Parteien der Mitte trugen dazu bei, im Reichstag eine verfassungsändernde Mehrheit zusammenzuschieben, die am 23. März ein Ermächtigungsgesetz beschloß. Die Regierung konnte jetzt ohne Zustimmung des Reichstages Gesetze erlassen – auch solche verfassungsändernden Charakters. Der Reichstag verzichtete auf das Haushaltsrecht. Er ermächtigte die Regierung schließlich, Verträge mit anderen Staaten auch ohne seine Zustimmung abzuschließen. Dieses Ermächtigungsgesetz, mit dem die Naziregierung vom Reichstag fast unbeschränkte Vollmachten erhielt, fand die Zustimmung aller bürgerlichen

Parteien. Die sozialdemokratische Reichstagsfraktion stimmte gegen das Gesetz. Das war eine mutige Tat. Aber der Sprecher der sozialdemokratischen Fraktion, der Parteivorsitzende Otto Wels, minderte ihren Wert, indem er der Forderung Hitlers nach „Gleichberechtigung" des imperialistischen Deutschlands zustimmte und darüber hinaus behauptete, die ausländische Presse übertreibe in der Berichterstattung über die faschistischen Grausamkeiten in Deutschland. Die Annahme des Ermächtigungsgesetzes durch den Reichstag schloß einen Prozeß ab, der drei Jahre zuvor begonnen hatte. Den aggressivsten Kreisen der deutschen Großbourgeoisie war es gelungen, ihre politische Strategie durchzusetzen, nämlich die Weimarer Verfassung mit Hilfe eben dieser Verfassung zu beseitigen, den Übergang vom bürgerlich-parlamentarischen System zur faschistischen Diktatur auf pseudolegale Weise durchzusetzen und damit die wesentlichste innenpolitische Voraussetzung für ihre aggressive Außenpolitik zu sichern. Auf der Grundlage des Ermächtigungsgesetzes erfolgte nun die Konsolidierung der faschistischen Diktatur in zwei Linien, durch die „Gleichschaltung" des Staatsapparates und durch die Zerschlagung der Parteien und Gewerkschaften.

Wichtigste Schritte bei der staatlichen Gleichschaltung waren die Auflösung der Länderparlamente, ihre Neubildung entsprechend den Ergebnissen der Reichstagswahlen vom 5. März und die Ernennung von Reichsstatthaltern, die am 7. April verkündet wurde. Mit dem gleichen Tage war ein „Gesetz zur Wiederherstellung des Berufsbeamtentums" datiert, mit dem alle Beamten – darunter auch Hochschullehrer und Richter – aus dem Staatsdienst entfernt wurden, die sozialistischen oder bürgerlich-demokratischen Bewegungen verbunden oder jüdischer Abstammung waren (bei letzteren freilich zunächst noch mit gewissen Ausnahmen, die etwa bei Teilnehmern des ersten Weltkrieges, die an der Front gekämpft hatten, gemacht wurden). War schon am 1. April ein befristeter Boykott jüdischer Geschäfte, Ärzte, Rechtsanwälte usf. – vorgeblich zur Abwehr ausländischer „Greuelhetze" – durchgeführt worden, so wurden nun auch die ersten formellen gesetzlichen Maßnahmen gegen die jüdischen Mitbürger erlassen.

Parallel dazu lief die Zerschlagung der Parteien und der Gewerkschaften. Der Vorsitzende des Allgemeinen Deutschen Gewerkschaftsbundes, Leipart, hatte am 21. März in einem Brief an Adolf Hitler würdelos erklärt, der ADGB sei zur Mitarbeit im faschistischen Staat bereit. Wenige Tage später bot er in einem zweiten Schreiben an, die Verbindungen zur Sozialdemokratischen Partei aufzugeben. Als die Naziregierung den 1. Mai zum „Tag der nationalen Arbeit" erklärte, empfahl der Vorsitzende des ADGB seinen Mitgliedern, an den faschistischen Maifeiern teilzunehmen. Aber die entscheidenden Schichten der organisierten Arbeiterschaft, auf deren Teilnahme die Naziführer gehofft hatten, blieben den Kundgebungen fern. Am darauffolgenden Tag besetzten SA-Trupps die Gewerkschaftshäuser, beschlagnahmten die Gewerkschaftskassen und verschleppten viele Angestellte und Gewerkschaftsfunktionäre in die Konzentrationslager. An die Stelle der gewerkschaftlichen Organisation, die sich die Arbeiterklasse in vielen Jahrzehnten geschaffen hatte, trat am 10. Mai die nach dem Führerprinzip aufgebaute „Deutsche Arbeitsfront", die von der Nazipartei im Sinne ihrer Sozialdemagogie von der „Volksgemeinschaft" geleitet wurde. Trotz aller dieser Terrormaßnahmen versuchten Teile der sozialdemokratischen Reichstagsfraktion noch immer, einen legalen Platz im System der faschistischen Diktatur zu erlangen: Als Hitler am 17. Mai im Reichstag eine außenpolitische Erklärung abgab, die die Revision des Versailler Vertrages und „Gleichberechtigung" forderte, stimmten die in der Sitzung anwesenden 65 sozialdemokratischen Abgeordneten ebenso wie alle Abgeordneten der bürgerlichen Parteien diesem Programm zu. Während einige sozialdemokratische Führer Deutschland verlassen und in Prag eine Auslandsleitung der Sozialdemokratischen Partei gebildet hatten, versuchten einige im Lande verbliebene rechte Führer noch einmal, um jeden Preis „Legalität" zu erlangen, indem sie sich vom Emigrationsvorstand in Prag ausdrücklich distanzierten und am 19. Juni auf Betreiben

Paul Löbes alle jüdischen Mitglieder aus dem Parteivorstand hinauswählten. Aber auch diese Versuche scheiterten: Am 22. Juni verbot die Hitlerregierung der Sozialdemokratie jede politische Betätigung, ihre Abgeordnetenmandate wurden in allen Parlamenten eingezogen und Tausende sozialdemokratischer Funktionäre für kürzere oder längere Zeit verhaftet. Dem Verbot der SPD folgte die Gleichschaltung oder Selbstauflösung auch aller übrigen Parteien, und am 14. Juli erließ die Naziregierung ein Gesetz, das eine Neubildung verbot. Als einzige Partei war nur noch die NSDAP zugelassen, und sie wurde darüber hinaus am 1. Dezember zu einer Körperschaft des öffentlichen Rechts (das ist im bürgerlichen Recht ein Verband, der staatliche Aufgaben mit staatlichen Mitteln wahrnimmt) erhoben. Der formelle Gleichschaltungsprozeß wurde mit dem 30. Januar 1934 durch ein „Gesetz über den Neuaufbau des Reiches" abgeschlossen, das die Landtage endgültig beseitigte und die Hoheitsrechte der Länder auf das Reich übertrug.

Wenn die Gleichschaltung und die Zerschlagung der Gewerkschaften und Parteien Naziparteiund Staat verschmolzen, so sollte damit vor allem die Wirtschaft den großen Monopolen untergeordnet, die Entwicklung des staatsmonopolistischen Kapitalismus weiter gefördert und den entscheidenden Kräften des deutschen Finanzkapitals die ausschlaggebende Rolle im gesellschaftlichen Leben Deutschlands übertragen werden. Daß die ersten Maßnahmen der Hitlerregierung dem Terror gegen die revolutionäre Arbeiterbewegung galten, hatten die großen Monopole – vor allem Krupp, die Vereinigten Stahlwerke und die IG Farben – sofort honoriert, indem am 20. Februar auf einer Zusammenkunft zwischen Naziführung und führenden Monopolisten auf ein entsprechendes Ersuchen Schachts hin drei Millionen Mark für den Wahlfonds der NSDAP zur Verfügung gestellt wurden. Der Reichsverband der deutschen Industrie äußerte am 24. März „Genugtuung und Freude" über das Ermächtigungsgesetz, schüfe doch der neue Staat die Grundlagen, um die Wirtschaft vor Störungen und politischen Schwankungen zu bewahren, die der frühere, eng an die Verfassung gebundene Staat gebracht hatte."

In den ersten Monaten nach der Errichtung der faschistischen Diktatur hatte ein „Kampfbund für den gewerblichen Mittelstand", in dem sich Nazianhänger gesammelt hatten, die die antimonopolistische Demagogie ernst nahmen, einige Positionen in den Wirtschaftsverbänden zu erlangen versucht. Der Vorsitzende dieses Verbandes hatte sich im Mai sogar selbst zum Präsidenten von Reichsständen des deutschen Handels und des Handwerks gemacht. Bereits im August aber wurde der Kampfbund aufgelöst und in die Deutsche Arbeitsfront eingegliedert.

Alfred Hugenberg, als Vorsitzender der Deutschnationalen Volkspartei Exponent des traditionellen Bündnisses zwischen Schwerindustrie und Junkern, wurde bereits Ende Juni zum Rücktritt von seinen Ämtern als Wirtschafts- und Landwirtschaftsminister gezwungen, da seine mehr oder minder herkömmlichen Auffassungen den Bedürfnissen der aggressivsten Gruppen des Finanzkapitals nicht mehr entsprachen. Sein Nachfolger im Wirtschaftsministerium wurde Kurt Schmitt, bisher leitend im Allianz-Versicherungskonzern tätig, und das Reichsministerium für Ernährung und Landwirtschaft übernahm Walter Darré, bisher Agrarspezialist in der Nazipartei.

Am 15. Juli wurde ein Generalrat der deutschen Wirtschaft gegründet, dem Nazibonzen und Konzernführer angehörten. Die Unterordnung der Wirtschaft unter die großen Monopole wurde durchgesetzt mit Hilfe staatsmonopolistischer Organisationen. Das am 20. Januar 1934 erlassene „Gesetz zur Ordnung der nationalen Arbeit" machte das Wesen der „Volksgemeinschaft" noch deutlicher: Der Unternehmer erhielt den Charakter eines Betriebsführers, und die bei ihm beschäftigten Arbeiter und Angestellten galten als seine Gefolgschaft. An die Stelle der Betriebsräte trat ein Vertrauensrat, dessen Leitung bei keinem anderen als dem Kapitalisten selbst lag.

Der Klassencharakter der faschistischen Diktatur wird auch aus den Maßnahmen deutlich, die in ihrem ersten Jahr im agrarischen Bereich vorgenommen wurden. Ein am

14. September 1933 gegründeter „Reichsnährstand" war eine Zwangsorganisation der Land- und Forstwirtschaft, der Fischerei, des Gartenbaues und des Landhandels. Eine „Bäuerliche Marktordnung" hatte faktisch eine staatsmonopolistische Regulierung der Agrarproduktion zur Vorbereitung der Autarkie und der Sicherung einer Ernährungs- und Rohstoffgrundlage für den Krieg zur Folge. Am 29. September wurde ein Erbhofgesetz erlassen. Es bestimmte, daß ein Erbhof mindestens so groß sein müßte, daß von seinen Erträgen eine Familie ernährt werden konnte, aber nicht größer als 125 ha sein dürfe. Erbhöfe waren unveräußerlich und unbelastbar und gingen ungeteilt an den ältesten Sohn über. Nur der Eigentümer eines Erbhofes durfte sich nun noch Bauer nennen. Erbhofbauer konnte nur werden, wer seine „arische Reinrassigkeit" ab 1800 nachweisen konnte und im Sinne des faschistischen Staates politisch zuverlässig war. Die Privilegien, die den recht zahlreichen Erbhofbauern zugesprochen wurden – unmittelbar vor dem zweiten Weltkrieg gab es etwa 700 000 Erbhöfe, sie bildeten also etwa $^1/_5$ aller landwirtschaftlichen Betriebe –, sollten der faschistischen Diktatur eine Massenbasis auf dem Lande sichern und zugleich Voraussetzungen für die Kriegführung auch von dieser Seite her garantieren. Während die Landarbeiter immer weiter entrechtet wurden – im Jahre 1936 wurde schließlich die Freizügigkeit auf diesem Gebiet beseitigt –, wurden sofort nach dem 30. Januar alle Untersuchungen über den Mißbrauch oder die Veruntreuung von Osthilfegeldern niedergeschlagen.

Ausschlaggebend aber war der sofortige Beginn der Aufrüstung, die in doppeltem Sinne im Interesse derjenigen lag, die Hitler zur Macht gebracht hatten und in deren Auftrage er diese Macht ausübte: im Interesse des Profits, der bei der Aufrüstung selbst zu machen war, und im Interesse des Profits, der durch die Expansionen und Aggressionen zu machen war, denen diese Aufrüstung galt.

Auch hier wurden die Weichen bereits in den ersten Kabinettssitzungen gestellt. Als der Verkehrsminister, Freiherr von Eltz-Rübenach, am 8. Februar vorschlug, Arbeitslose an Wasserbauvorhaben in Oberschlesien zu beschäftigen, wandte sich Hitler sofort schroff gegen diesen Vorschlag. Er erklärte, auch die Arbeitsbeschaffung müsse unter dem obersten Prinzip der „Wehrhaftmachung" behandelt werden. Eltz-Rübenach wies, um für seinen Vorschlag bei anderen Ministern Sympathie zu wecken, auf die strategische Bedeutung der von ihm angeregten Unternehmungen hin, fand aber auch beim Reichswehrminister keine Unterstützung. Auch Blomberg betonte vielmehr die Vordringlichkeit unmittelbarer Rüstungsmaßnahmen. Dementsprechend beschloß das Kabinett, daß zuerst die Bedürfnisse der Wehrmacht zu befriedigen seien und dann erst geprüft werden könne, wieviel Mittel für zivile Maßnahmen übrigblieben. Damit wird auch der Zweck des wenige Tage später von Hitler bei der Eröffnung einer Autoschau lauthals angekündigten Autobahnbaues noch einmal sichtbar – eines Vorhabens, das, wie wir gesehen haben, ja schon früher erwogen und mit dem Bau der Straße Köln-Bonn bereits eingeleitet worden war, das also von Hitler nicht erfunden, sondern nur von der Naziregierung aufgegriffen worden ist – aufgegriffen zum Zweck der Kriegsvorbereitung. Am 14. Dezember wurde zwischen dem Reich und den IG Farben ein Vertrag geschlossen, dessen Bedeutung erst in diesem Zusammenhang ganz verständlich wird. Die IG Farben verpflichteten sich, jährlich 300000 bis 350000 t synthetisches Benzin zu liefern, während der Staat sich zur Abnahme des Treibstoffes zu einem entsprechend hohen Preis verpflichtete – Anzeichen dafür, daß die IG Farben allmählich zum ausschlaggebenden Monopol im faschistischen Deutschland aufzurücken begann. Die Finanzierung der Aufrüstung wurde durch Schacht – seit März 1933 wieder Präsident der Reichsbank – organisiert. Im Mai 1933 entstand eine „Metallurgische Forschungs-GmbH" abgekürzt Mefo, mit einem Aktienkapital von einer Million Reichsmark. Unter dem Patronat der Reichsbank und des Reichswehrministeriums beteiligten sich an der Gründung der Mefo einige der stärksten und zugleich am meisten an der Aufrüstung interessierten deutschen Konzerne, nämlich Krupp, Siemens, die Rheinmetall und die Deutschen Werke. Firmen, die

Aufträge von militärischen Beschaffungsstellen entgegennahmen, zogen auf diese Scheinfirma Wechsel, die vom Reich garantiert und von der Reichsbank diskontiert wurden. Die Mefowechsel, formell mit einer Laufzeit von drei Monaten ausgegeben, wurden stets prolongiert und liefen im März 1938 in einer Höhe von 12 Milliarden Mark um.

Um die Aufrüstung zugleich zu tarnen und zu sichern, betrieb die Naziregierung zunächst eine scheinbar zurückhaltende Außenpolitik. Tatsächlich aber wurde bereits jetzt versucht, Ausgangspositionen für den Krieg um die Neuaufteilung der Welt zu sichern. Nazideutschland trat im Oktober 1933 aus dem Völkerbund und der Abrüstungskonferenz aus. Hatte mit dem am 20. Juli 1933 unterzeichneten Konkordat, mit dem der Vatikan die Zentrumspartei als politische Vertretung des Katholizismus preisgab und dafür der katholischen Kirche Betätigungsfreiheit im faschistischen Deutschland zugesichert wurde, das Hitlerregime bereits einen ersten Akt diplomatischer Anerkennung verbuchen können, so kündigte ein im Januar 1934 auf zehn Jahre geschlossenes „Verständigungs-Abkommen" mit Polen an, daß die Gemeinsamkeit antikommunistischer und antisowjetischer Haltung dem Naziregime bald weitere außenpolitische Erfolge eintragen würde. Dieses Abkommen richtete sich gegen das ganze System der Bündnisse zwischen Frankreich und einigen ost- und südosteuropäischen Staaten und deutete bereits das Prinzip der faschistischen Außenpolitik an, die jeweils nächsten Opfer der Aggressionen zunächst einmal zu isolieren.

Bereits um die Wende der Jahre 1933/34 entwickelten sich jedoch unter den herrschenden Kreisen der faschistischen Diktatur lebhafte Auseinandersetzungen. Dazu hatten nicht zuletzt Verlauf und Ausgang des Prozesses über den Reichstagsbrand beigetragen, der vom 21. September bis zum 23. Dezember 1933 vor dem Reichsgericht geführt wurde. Die faschistische Regierung hatte beabsichtigt, mit dem Reichstagsbrandprozeß ihren Terror zu rechtfertigen und darüber hinaus mit ihm einen weiteren Prozeß gegen die KPD und ihren Führer Ernst Thälmann vorzubereiten. Vor allem durch das mutige, entschiedene und überlegte Auftreten Georgi Dimitroffs wurde die Verwirklichung dieses Planes verhindert. Dimitroff zwang die Belastungszeugen faktisch zuzugeben, daß weder die Angeklagten noch die KPD den Reichstag angezündet haben konnten, und er überführte auch den als Zeugen hinzugezogenen Hermann Göring der Lüge. Indem er in seinen Reden vor dem Gericht nachwies, daß die Kommunisten ein fester Bestandteil der Arbeiterklasse und des Volkes sind, daß sie sich im Kampf um die Eroberung der politischen Macht der Arbeiterklasse auf die Massen stützen und deshalb nicht der Mittel des Putsches bedürfen, verwandelte sich der Angeklagte Georgi Dimitroff in einen Ankläger der Faschisten. Sein vorbildliches Auftreten belebte den antifaschistischen Kampf in Deutschland und fand in der ganzen Welt bis tief in Kreise des Bürgertums lebhaften Widerhall. So hatte die Hitlerregierung im Reichstagsbrandprozeß eine empfindliche Niederlage einzustecken: Georgi Dimitroff und die anderen angeklagten Kommunisten mußten freigesprochen werden.

Der Ausgang des Reichstagsbrandprozesses hatte um so größeren Einfluß auf den Kampf gegen den Faschismus, als bereits das erste Jahr der Tätigkeit der Hitlerregierung die pseudo-sozialistische Demagogie der Nazis in der Praxis widerlegt hatte. Es war zwar gelungen, gewisse Erfolge bei der Beseitigung der Arbeitslosigkeit zu erzielen – die Zahl der Beschäftigten war um etwa $^1/_3$ gewachsen. (Dabei ist jedoch zu berücksichtigen, daß der Tiefpunkt der Krise im Herbst 1932 bereits überschritten war und ja auch in anderen Ländern jetzt eine gewisse Belebung der Wirtschaft eintrat.) Die Löhne lagen aber nicht wesentlich über den Leistungen, die erwerbslosen Arbeitern früher von der Arbeitslosenversicherung gezahlt worden waren. Die ausschließlich im Dienste der Monopole und der Aufrüstung durchgeführte „Arbeitsbeschaffung“ hatte die Disproportionen im Wirtschaftsleben noch gesteigert: Wenn im Mai 1934 die Produktion gegenüber dem Januar 1933 um

35% gestiegen war, hatte sich der Umsatz des Einzelhandels nur um 17% erhöht. Als im Frühjahr 1934 zum ersten Mal die im „Gesetz zur Ordnung der nationalen Arbeit" vorgesehenen Wahlen zu den Vertrauensräten in den Betrieben durchgeführt wurden, erhielten die Nazikandidaten nur so wenige Stimmen, daß – entgegen den ursprünglichen Absichten der herrschenden Kreise – die bisher geltenden Tarifverträge nach diesen Wahlen verlängert werden mußten.

Unter diesen Umständen drängten besonders die kleinbürgerlichen oder lumpenproletarischen Elemente in der SA darauf, daß die ihnen früher gemachten Versprechungen nun endlich eingehalten würden. Die unter ihnen umlaufende Forderung nach einer „zweiten Revolution" war für die herrschenden Kreise der Großbourgeoisie um so bedrohlicher, als der faschistischen Terrororganisation inzwischen immerhin vier Millionen Mann, mehr oder minder gut bewaffnet, angehörten. Die Führung der SA, insbesondere ihr Stabschef Röhm, sahen sie als eine Miliz an, die das Kernstück der Armee des aufrüstenden deutschen Imperialismus bilden würde, und geizten nicht mit Versprechungen über die baldige Ernennung von SA-Führern zu Offizieren. Röhm, Mitte Februar 1934 zum Mitglied des Kabinetts ernannt, hatte den Ehrgeiz, selbst Reichswehrminister zu werden.

Zwar gab es im Frühjahr 1934 innerhalb der herrschenden Klassen des faschistischen Deutschland Übereinstimmung über die Fortsetzung und Erweiterung der Unterdrückungsmaßnahmen gegenüber allen demokratischen Kräften und über die Fortsetzung der Aufrüstung und Kriegsvorbereitung. Übereinstimmend war man auch der Auffassung, daß Hitler seine Aufgaben als Reichskanzler im Sinne der aggressivsten Kräfte zufriedenstellend gelöst hatte – zufriedenstellend nicht zuletzt deshalb, weil er, wie schon früher in der viel zitierten „Kampfzeit der Bewegung", in Konflikten stets abgewartet hatte, auf welcher Seite die stärkeren Bataillone stehen würden, und erst dann seine eigene Haltung festgelegt hatte. Trotz der Übereinstimmung in diesen Grundfragen bestanden in den herrschenden Kreisen damals aber drei verschiedene Konzeptionen über die Wege des weiteren Vorgehens. Da allbekannt war, daß Hindenburg nur noch wenige Monate zu leben hatte, also die Entscheidung über seine Nachfolge nicht mehr lange verzögert werden konnte, und da die Reichswehrführung angesichts des Drängens Röhms auf eine Einordnung der SA in die Armee immer energischer seine Beseitigung forderte, entwickelten sich aus diesen drei verschiedenartigen Konzeptionen drei politische Strömungen, die in Gegensatz zueinander gerieten.

Eine monarchistische Gruppierung, der u.a. Vizekanzler von Papen nahestand, wollte den Tod Hindenburgs ausnutzen, um einen Hohenzollernprinzen als seinen Nachfolger einzusetzen, und damit den ersten Schritt zur Restaurierung der Monarchie machen. Papen hielt am 17. Juni 1934 eine Rede, in der er Kritik an der Nazipartei anmeldete.

Eine zweite Strömung gruppierte sich um den SA-Führer Röhm, den ehemaligen Reichswehrminister und Reichskanzler Schleicher und den im Dezember 1932 abgehalfterten Naziorganisationschef Gregor Strasser. Bei aller Unterschiedlichkeit der Herkunft und der politischen Tradition stimmten sie doch in gewissen Auffassungen überein. Sie wollten der wachsenden Massenunzufriedenheit durch eine gewisse Erhöhung der Reallöhne und durch den verstärkten Import von Verbrauchsgütern Rechnung tragen. Die Vertreter dieser Konzeption waren sich klar darüber, daß die Aufrüstung unter diesen Umständen verlangsamt werden müsse. Sie nahmen frühere Pläne wieder auf, heruntergewirtschaftete Junkergüter zu Siedlungszwecken zu verwenden, und mit dieser Ablehnung traditioneller Adelsprivilegien hängt auch zusammen, daß sie, wie dies vor allem Röhm verlangte, die deutsche Aufrüstung auf dem Wege der Bildung einer Milizarmee, deren Kern die SA bilden sollte, zu verwirklichen beabsichtigten. Kernstück der Wirtschaftspolitik dieses Kreises war die Aufrechterhaltung der staatlichen Kontrolle über die Dresdner Bank und die Vereinigten Stahlwerke, die auf dem Höhepunkt der Weltwirtschaftskrise durchgesetzt worden war. Gemeinsam war ihnen die außenpolitische Konzeption, nach der sich Deutschland stärker auf Frankreich orientieren sollte. Eine Reihe von Verbindungen liefen zum französischen Botschafter in Berlin, François-Poncet.

Die stärkste und aggressivste Gruppe des deutschen Finanzkapitals sammelte sich weiter um Schacht und Thyssen. Neben Göring als ihren Vertrauensmann in der Naziführung trat nun auch Heinrich Himmler. Befand sich die SS bisher noch im Schatten der zahlenmäßig stärkeren SA, so sollte sie nach den im Sommer 1934 ausgetragenen Auseinandersetzungen zur mächtigsten und verbrecherischsten aller Terrororganisationen der Nazipartei werden. Diese dritte Gruppe wandte sich im Interesse einer forcierten Aufrüstung gegen jedes Zugeständnis an die Forderungen der Massen, wollte Importe von Rohstoffen und Devisen nur für die Bedürfnisse der Kriegsvorbereitung verwenden und orientierte sich in außenpolitischer Hinsicht auf die USA, mit der man sich vor allem in der Gemeinsamkeit des Antibolschewismus verbunden sah. Bereits der Abschluß des deutsch-polnischen Vertrages (Januar 1934) entsprach dem außenpolitischen Kurs dieser Gruppe. Die aggressivsten Teile des deutschen Finanzkapitals, deren Interessen von dieser Strömung am adäquatesten vertreten wurden, sahen in der Reichswehr den Kader der nun zu errichtenden Aggressionsarmee, und umgekehrt war es besonders Reichswehrminister von Blomberg, der Hitler zu einer Entscheidung zwischen diesen drei Strömungen und zugunsten der drittgenannten drängte und lockte – drängte, indem er die sofortige Ausschaltung der SA verlangte, lockte, indem er Hitler der Zustimmung der Reichswehrführung versicherte, wenn er nach dem Tode Hindenburgs Staatsoberhaupt werden solle.

Hitler hat sich schließlich, wenn auch nach einigem Zögern, für diese dritte Konzeption entschieden. Wie dies in Krisensituationen des deutschen Imperialismus schon öfter geschehen war, war die Entscheidung mit einer Konsultation führender Monopolisten verbunden. Am 28. Juni

1934 traf Hitler mit Krupp zusammen, und zwei Tage später wurde – unter dem Vorwand, man müsse einem beabsichtigten Putsch der SA zuvorkommen – unter ihren Führern ein Blutbad angerichtet. Röhm und einige andere SA-Führer wurden ermordet. Darüber hinaus benutzte die nun in den Vordergrund gelangte Gruppierung die Gelegenheit, alte Rechnungen zu begleichen, Rivalen und Konkurrenten, Mitwisser früherer Verbrechen und unbequeme Politiker zu liquidieren, wobei es nicht darauf ankam, ob durch bloße Namensverwechselung auch der eine oder andere absolut Unschuldige ebenfalls dem Tode verfiel. Unter den Hunderten von Ermordeten – insgesamt sind zwischen dem 30. Juni und dem 2. Juli 1934 wahrscheinlich etwa 1000 Morde verübt worden – befanden sich Röhm, Schleicher und sein Mitarbeiter General von Bredow, Gregor Strasser, aber auch die beiden nächsten Vertrauten des Vizekanzlers von Papen, von Bose und Edgar Jung. Ein Gesetz vom 3. Juli erklärte die in den Vortagen getroffenen „Maßnahmen als Staatsnotwehr rechtens".

Hindenburg ist tatsächlich einen Monat später, am 2. August 1934, gestorben und – einem bereits am vorausgegangenen Tage beschlossenen Gesetz entsprechend – wurde nun das Amt des Reichspräsidenten mit dem des Reichskanzlers vereinigt, so daß sich Hitler fortan als „Führer und Reichskanzler" bezeichnen konnte.

Für eine Beurteilung des Verlaufs und des Ergebnisses der Auseinandersetzungen des Sommers 1934 ist nicht unwichtig, daß nun Schacht als Reichswirtschaftsminister an die Stelle Schmitts trat. Schon diese Tatsache deutet darauf hin, daß es sich nicht nur und nicht zuerst um Auseinandersetzungen zwischen Reichswehr und SA handelte. Ihr Konflikt um die Priorität – so hat Kurt Gossweiler nachgewiesen – war nicht mehr als Erscheinungsform und zugleich auslösendes Moment tieferer Gegensätze. Der Widerspruch zwischen den sozialen Trägern der faschistischen Diktatur und der Massenbasis, die zur Errichtung und Konsolidierung dieser Diktatur notwendig war, war, wie schon mehrfach, von neuem aufgebrochen, er kam zum Ausdruck in den Gegensätzen in den herrschenden Kreisen, und er wurde auch diesmal im Sinne der aggressivsten Kreise der herrschenden Klassen entschieden.

Das Blutbad des 30. Juni 1934 leitete eine neue Phase der Kriegsvorbereitung ein, die Phase, in der der deutsche Imperialismus zur offenen Aufrüstung überging. Die Unterdrückung im Innern wurde verstärkt, und die bisher intensiv propagierte Sozialdemagogie trat jetzt etwas zurück. So verzichteten auch die einzelnen Gruppen innerhalb der herrschenden Klassen von nun an darauf, zur Durchsetzung ihrer Forderungen innerhalb des Systems der faschistischen Diktatur an die Massen zu appellieren – künftige Konflikte innerhalb des staatsmonopolistischen Systems wurden hinter verschlossenen Türen ausgehandelt und ausgetragen. Mit dem Sommer 1934 erlitt aber auch die rechtssozialdemokratische Konzeption einen offenen Bankrott: Die Hoffnung, Richtungsgegensätze innerhalb des deutschen Finanzkapitals könnten dazu führen, daß sich der Faschismus gleichsam selbst liquidiere, erwies sich als blanke Illusion. Wenn das faschistische Regime von den Deutschen selbst beseitigt werden sollte, so war dies nur dann möglich, wenn sich die Gegner des Faschismus im Kampf für seinen Sturz vereinigten.

Dies wurde um so notwendiger, als der Konsolidierung der faschistischen Diktatur der sofortige Übergang zur offenen Aufrüstung folgte. Die wirtschaftlichen Voraussetzungen dafür sollte der von Schacht ausgearbeitete, seit dem 24. September 1934 durchgeführte „Neue Plan" sichern. Import, Export und Devisenverkehr wurden völlig unter staatsmonopolistische Kontrolle gestellt. Der Import von Fertigwaren und auch von Nahrungsmitteln wurde reduziert, die Einfuhr von Rohstoffen und Halbfabrikaten dagegen erhöht. Bilaterale Handelsabkommen, besonders mit den südosteuropäischen Ländern, waren ein Mittel, kriegswichtige Rohstoffe im Austausch von Ware gegen Ware zu erlangen. Dumpingexport auf den westeuropäischen Märkten und in Lateinamerika sollte die Devisenbestände erhöhen. Diese Wirtschaftspolitik mußte aber die Spannungen mit den USA und England erhöhen. So hat die Wirtschaftspolitik des deutschen Faschismus, die im Dienste der Aufrüstung stand, ihrerseits noch weiter die imperialistischen Gegensätze vertieft. Auch in den künftigen Krisen sollte sich diese Gesetzmäßigkeit auswirken: die Maßnahmen zur Vorbereitung des Krieges trugen dazu bei, den Krieg unvermeidlich zu machen.

Zunächst freilich erwiesen sich die von Schacht getroffenen ökonomischen Maßnahmen als wirksame Hilfe für die Aufrüstung. Wenn der Versailler Vertrag die Reichswehr auf 100 000 Mann begrenzt hatte, standen im Oktober 1934 tatsächlich bereits 240 000 Mann unter Waffen. Eine weitere Ausweitung war im Rahmen der Reichswehr nun nicht mehr möglich. Nachdem kurz zuvor der Aufbau einer Luftwaffe verkündet worden war, wurde am 16. März 1935 die allgemeine Wehrpflicht eingeführt. Das war ein offener Bruch des Versailler Vertrages. Die Sowjetunion unternahm angesichts dieser aggressiven Maßnahmen des deutschen Faschismus große Anstrengungen, um ein System der kollektiven Sicherheit in Europa zu schaffen. Im September 1934 war sie eingeladen worden, Mitglied des Völkerbundes zu werden. Ihre Regierung nahm diese Einladung an, erhielt sie doch damit die Möglichkeit, auch von hier aus für Abrüstung und kollektive Sicherheit zu wirken. Am 2. Mai 1935 schloß sie ferner mit der französischen Regierung einen Vertrag über gegenseitige Hilfeleistung ab, und wenige Tage darauf kam ein solcher Vertrag auch mit der Tschechoslowakei zustande. Führende Kreise des britischen Imperialismus dagegen waren bereit, den Bruch des Versailler Vertrages durch die Hitlerregierung offiziell anzuerkennen. Am 18. Juni 1935 wurde ein deutsch-britisches Flottenabkommen abgeschlossen, das Hitlerdeutschland berechtigte, seine Kriegsmarine auf 35% der Gesamttonnage der britischen Flotte zu vergrößern. Für die U-Boot-Tonnage wurde Deutschland sogar der Gleichstand zugebilligt.

Etwa mit dem Herbst 1935 trat die deutsche Aufrüstung in ihr nächstes Stadium, das der allseitigen Kriegsvorbereitung. Der Beginn dieser Phase wird etwa markiert mit dem Erlaß der „Nürnberger Gesetze" (15. September 1935). Sie beseitigten die bürgerliche Gleichberechtigung der Juden, indem die deutsche Bevölkerung in „Staatsangehörige“ und „Reichsbürger“ eingeteilt wurde. Wer nicht „Reichsbürger“ war, wurde fortan immer größeren Einschränkungen und Diffamierungen unterworfen, war faktisch bald völlig rechtlos.

Judenfrage und Antisemitismus sind keine vom Leben der Gesellschaft isolierten Erscheinungen, und auch die Rassenfrage ist letzten Endes eine soziale Frage, eine Frage des Klassenkampfes. So hängt auch die Geschichte des Antisemitismus im Deutschland des 20. Jahrhunderts mit der Geschichte des deutschen Imperialismus zusammen, entsprang das Unheil, das der Faschismus den Juden Deutschlands und ganz Europas brachte, nicht einfach den Wahnvorstellungen einzelner Naziführer, übten vielmehr Judenhaß, Judenverfolgung und schließlich das grauenvolle Ende sechs Millionen europäischer Juden in den Vernichtungslagern ihre exakt bestimmbare Funktion im System des faschistischen Terrors aus.

Die im Zusammenhang mit den preußischen Reformen 1812 unter Hardenberg eingeleitete Judenemanzipation war in der Zeit der Reichseinigung mit der formellen Gewährung bürgerlicher Gleichberechtigung für die im deutschen Reich lebenden Juden abgeschlossen worden. Bereits während des Gründerkrachs der siebziger Jahre hatten aber konservative und katholische Gegner bürgerlich-liberaler Bestrebungen mit antisemitischen Parolen Unterstützung vor allem im Kleinbürgertum zu erlangen versucht. Zu dieser Zeit sollte die antisemitische Agitation vor allem dazu führen, wirtschaftliche Ressentiments gegen das „jüdische Kapital“ zu lenken, wobei mit Vorliebe Bismarck, damals noch bis zu einem gewissen Grade auf liberalen Bahnen wandelnd, wegen seiner allbekannten Verbindungen zu dem Bankier Bleichröder ins Schußfeld der Polemik geriet. Als Bismarck mit dem Übergang zum Schutzzoll und dem Erlaß des Sozialistengesetzes sich in Politik und Wirtschaftspolitik vom Liberalismus abwandte, bediente er sich zeitweilig seinerseits der antisemitischen Agitation: Der Hofprediger Adolf Stoecker hatte 1875 versucht, in die Arbeiterbewegung einzudringen und eine pseudosozialistische „christlich-soziale" Arbeiterpartei zu schaffen, war aber an der klassenbewußten Haltung vor allem des Berliner Proletariats gescheitert. Im folgenden Jahre bemühte sich Stoecker durch die Bildung einer „christlich-sozialen" Partei mit antisemitischem Charakter, den Konservativen für den Kampf gegen den Liberalismus eine Massenbasis im Kleinbürgertum zu schaffen. Zeitweilig betrachtete auch der Reichskanzler den Hofprediger als durchaus brauchbaren Bundesgenossen. Die damaligen Beziehungen zwischen Bismarck und Stoecker bilden jedoch, wie der amerikanische Soziologe Paul W. Massing richtig erkannt hat, insofern einen Wendepunkt in der Geschichte des politischen Antisemitismus in Deutschland, als Bismarck der erste war, der sich seiner pragmatisch-taktisch zu bedienen versuchte und antisemitische Agitation je nach den aktuellen Bedürfnissen seiner Politik gleichsam an- und abstellen wollte. Nachdem Stoeckers christlich-soziale Partei ein klägliches Ende genommen hatte und der Hofprediger auch am Hofe in Ungnade gefallen war (es war den herrschenden Kreisen bei seiner Demagogie selbst unbehaglich geworden), wurde noch einmal in den neunziger Jahren durch den ehemaligen Schulrektor Ahlwardt versucht, eine antisemitische Partei aufzuziehen. Sie betrieb Bauernfängerei im übelsten Sinne des Wortes, versprach doch Ahlwardt einzelnen Bauern, die er auf seinen Wahlreisen aufsuchte, jeweils in exakten Zahlen, wieviel Stück Vieh etwa der Betreffende nach Beseitigung des jüdischen Einflusses in Deutschland erhalten sollte.

Mit dem Übergang zur imperialistischen Epoche wurde der Antisemitismus in Deutschland in den herrschenden Klassen zunächst mehr praktiziert als propagiert – praktiziert in dem Sinne, daß es beispielsweise einem Juden unmöglich war, Offizier zu werden, was wohl noch zu verschmerzen sein mochte, aber es an einer deutschen Hochschule jüdischen Gelehrten auch praktisch verwehrt war, ein Ordinariat zu erlangen. Die nationalistische Massenagitation für den „Platz an der Sonne" hat sich zwar vor dem ersten Weltkrieg bei rabiaten Alldeutschen wie etwa Heinrich Class mit der Forderung verbunden, die Judenemanzipation wieder rückgängig zu machen. Die für die weitere Entwicklung folgenreichste neue Erscheinung aber war, daß nun, anknüpfend etwa an die von dem französischen Aristokraten Gobineau und dem gebürtigen Engländer und engen persönlichen Freund Wilhelms II., Houston Stewart Chamberlain, entwickelte Rassenlehre, der pseudoreligiös begründete Antisemitismus in den rassistischen, pseudowissenschaftlich drapierten Antisemitismus umschlug.

Mit dem Beginn der allgemeinen Krise des Kapitalismus, nach der Oktoberrevolution in Rußland und der Novemberrevolution in Deutschland gingen Antisemitismus und Antikommunismus eine unheilvolle Verbindung ein. Antisemitische Agitation erhielt nun eine unmittelbar politische Note: Völkische Gegner der Republik begannen bereits 1918 vom bürgerlich-parlamentarischen Staat als der „Judenrepublik" zu sprechen, und auf eine diesbezügliche Klage hin wagte es sogar ein Gericht, die wegen solcher Äußerungen Angeklagten freizusprechen, da sie ja wegen des angeblich hohen Anteils jüdischer Politiker gar keine Unwahrheit behauptet hätten. Wenn die Nationalsozialisten die Rassenideologie zu einem wesentlichen Bestandteil ihrer „Weltanschauung" machten, brauchten sie also insofern nur zu übernehmen, was reaktionäre Politiker und Propagandisten schon früher erprobt hatten. Das Wesentliche aber war, daß der Antisemitismus bereits vor 1933 und erst recht nach der Machtübertragung an den Faschismus nun seine Funktion im innenpolitischen Terror bei der Vorbereitung und schließlich bei der Durchführung der Aggressions- und Vernichtungsfeldzüge gegen andere Völker auszuüben begann. In den ersten beiden Jahren der Naziherrschaft wurden, wie etwa durch den Judenboykott (1. April 1933) und die Ausschließung jüdischer Beamter, Richter und Hochschullehrer, zunächst einzelne Maßnahmen zur Ausschließung der Juden aus dem gesellschaftlichen Leben angeordnet, zugleich aber durch zügellose Propaganda und antisemitische Hetze die Voraussetzungen für das weitere Vorgehen bereitet.

Die in der „Stadt der Reichsparteitage", wie Nürnberg im offiziellen Nazijargon hieß, im September 1935 verkündeten Gesetze beseitigten in aller Form die bürgerliche Gleichberechtigung der Juden und wurden sofort durch das Verbot von „Mischehen" und des außerehelichen Verkehrs zwischen Juden und „Reichsbürgern" ergänzt. Die unmittelbare und allseitige Kriegsvorbereitung, die jetzt begann, wurde am inneren Terror gegen die jüdischen Mitbürger erprobt und einexerziert. So betrachtet, ist es auch kein Zufall, daß die nächste Phase der Kriegsvorbereitung, der Übergang zu den ersten offenen Annexionen des deutschen Faschismus, auch mit einer Intensivierung der Pogrome verknüpft war und die „Kristallnacht" (9./10. November 1938) dem Diktat von München folgte. Hitler hatte auf dem Höhepunkt der Krise, die diesem „Abkommen" vorausging, am 27. September 1938 in Berlin eine demonstrative Parade von Panzertruppen veranstalten lassen, aber feststellen müssen, daß die Berliner die Wehrmacht nicht mit Jubel begrüßten, sondern mit düsterem Schweigen die Kriegsmaschinerie der Nazis anstarrten. Mehrfach bezeugt ist, daß er zu den ihn umgebenden Naziführern damals äußerte, „mit diesem Volk kann ich keinen Krieg führen". Das Attentat, das der junge Herschel Grynszpan am 7. November 1938 auf den Gesandtschaftsrat von Rath in der deutschen Botschaft in Paris unternahm, war der nur zu willkommene Anlaß, um durch organisierte Judenpogrome dem Mangel an Kriegsbereitschaft entgegenzuwirken. Wenn damals alle Synagogen verbrannt, jüdische Geschäfte in aller Öffentlichkeit geplündert, etwa 26 000 Juden verhaftet und viele von ihnen ermordet wurden, wenn ihnen als Sühneleistung für das Attentat eine Milliarde Mark als „Judenbuße" auferlegt wurden und die Juden nun auch völlig aus dem deutschen Wirtschaftsleben ausgeschaltet wurden, so konnten sich an den „Arisierungen" sicherlich viele Nazis und manche ihrer Mitläufer bereichern, konnten Banditen der SA und der SS sadistische Gelüste befriedigen.

Die wesentliche Funktion der Kristallnacht aber war, durch die Verstärkung des inneren Terrors weitere Voraussetzungen für die Entfesselung des zweiten Weltkrieges zu sichern. Es waren etwa 250 antijüdische Maßnahmen, die am Vorabend des Krieges die Rechte der etwa 375 000 in Deutschland verbliebenen Juden beschnitten. Sie durften nur noch bestimmte Vornamen tragen, und sie besaßen kein Wahlrecht mehr. Alle Gebiete des kulturellen Lebens und alle Berufe mit akademischer Vorbildung blieben ihnen verschlossen, und sie konnten nicht mehr als Einzelhändler, selbständige Handwerker oder Unternehmer tätig sein. Nach Kriegsbeginn wurden diese Sonderbestimmungen dann durch Maßnahmen ergänzt, die in ihrer niederträchtigen Bösartigkeit bereits die stimmungsmäßigen Voraussetzungen für die „Endlösung" schaffen sollten: Jetzt wurde den Juden u.a. der Besuch kultureller Veranstaltungen, das Betreten des „deutschen Waldes" und das Halten von Haustieren verboten. Seit dem September 1941 durften sie sich in der Öffentlichkeit nur noch mit dem gelben Stern zeigen. Das alles endete in den Beschlüssen der „Wannsee-Konferenz" (20. Januar 1942) über die physische Vernichtung der europäischen Juden. Wolfgang Heise hat darauf hingewiesen, daß die Ausrottungspolitik systematisch erst nach Beginn des zweiten Weltkrieges, der technisierte Massenmord dann mit dem Überfall auf die Sowjetunion einsetzte. Hatten die antisemitischen Maßnahmen der Vorkriegszeit der Korrumpierung und der Erziehung zum „Herrenvolk", das zum Überfall auf andere Völker bereit ist, gedient, so wurde die Judenverfolgung nach 1941 zum Bestandteil des Systems der Versklavung. „Sie statuiert geradezu das Herrenmenschentum als Ordnung, bei gleichzeitiger Ausrottung jeden Widerstandes als Unordnung. Sie macht die Sklavenexistenz zu einer Existenz, abhängig von unbegriffener Gnade. Dies System bedarf somit einer Sphäre willkürlicher Vernichtung als Herrschaftsinstrument."

So ist die Geschichte der faschistischen Verbrechen an den Juden ein Bestandteil der Geschichte des Faschismus selbst, der Geschichte des Versuches des deutschen Imperialismus, seine Herrschaft erst über Europa und dann über die Welt zu errichten.

Die mit dem Erlaß der Nürnberger Gesetze angekündigte Politik allseitiger Kriegsvorbereitung fand bald ihren unmittelbaren Ausdruck. Indem Deutschland den Überfall, den das faschistische Italien im Oktober 1935 auf Abessinien unternahm, unterstützte, sicherte es sich dessen Duldung bei den Vorbereitungen für einen „Anschluß" Österreichs, das bis dahin Mussolinis Protektion gefunden hatte. Im März 1936 wurden die auf Grund des Versailler Vertrages entmilitarisierten Gebiete des Rheinlands von der Wehrmacht besetzt. Nazideutschland kündigte den Locarnopakt in aller Form auf. Im Juli 1936 wurde die österreichische Regierung zu einem Abkommen gezwungen, in dem Deutschland die „Souveränität" des Landes formell anerkannte, diese Erklärung aber an die Voraussetzung band, daß sich Österreich als „deutscher Staat" verhalten würde, was die Zusage faktisch wieder zunichte machte. Die Unterstützung, die der spanischen Reaktion nach dem Putsch Francos (18. Juli 1936) durch Deutschland und Italien, die sich nun als „Achsenmächte" bezeichneten, zuteil wurde, bildete bereits eine unmittelbare militärische Probe für den zweiten Weltkrieg, verfolgte aber zugleich das Ziel, deutschen Monopolisten spanische Rohstoffe zugänglich zu machen. War die Einführung der allgemeinen Wehrpflicht, die maritime Aufrüstung und die Besetzung des Rheinlandes mit wohlwollender Duldung der Westmächte erfolgt, wenn nicht gar mit ausdrücklicher Zustimmung ihrer Regierungen, so zwang doch die gesteigerte Aggressivität, die mit der Intervention zugunsten des spanischen Faschismus zum Ausdruck kam, zur grundsätzlichen Entscheidung über das künftige Verhältnis zu den anderen imperialistischen Mächten. Hatte bisher die Gruppe um Schacht und Thyssen den stärksten Einfluß im System des staatsmonopolistischen Kapitalismus in Deutschland besessen, so erfolgte nun eine Umgruppierung in der deutschen Monopolbourgeoisie. Bisher hatten diejenigen Kreise dominiert, die die deutsche Aufrüstung auf solche Rohstoffe stützen wollten, die aus den USA und dem britischen Empire zu beziehen waren. Diese Absicht war aber nur zu verwirklichen, wenn keine krasse Verschlechterung der Beziehungen zu diesen Ländern erfolgte, wenn sich die deutschen Aggressionspläne nur in östliche Richtung erstreckten und ein Zweifrontenkrieg ausgeschlossen blieb. Jetzt traten die IG Farben, die Elektro- und Flugzeugkonzerne und darüber hinaus solche Monopole wie Mannesmann und Flick in den Vordergrund, die innere Rohstoffreserven in Deutschland erschließen, dabei ihren Profit machen und zugleich die Rohstoffabhängigkeit der deutschen Kriegsvorbereitungen ausgleichen wollten. Daß die Führung von der Schwerindustrie an den Chemietrust, die nun aggressivste Gruppe, übergegangen war, zeigte sich auch daran, daß Hermann Göring seine Verbindung zu den IG Farben intensivierte, wie umgekehrt die maßgeblichen staatlichen Funktionen im staatsmonopolistischen System jetzt von Schacht auf Göring übergingen: im April 1936 wurde er zum Reichskommissar für Rohstoffe und Devisen ernannt. Der im Herbst 1936 im Kabinett angenommene Vierjahrplan hatte zum Ziel, „den Krieg im Frieden vorzubereiten", Heer und Wirtschaft innerhalb von vier Jahren kriegsbereit zu machen. Treibstoffe und Gummi sollten nun aus eigenen Rohstoffen hergestellt werden, und zur Steigerung der inländischen Eisenerzförderungen wurden im Juli 1937 die „Reichswerke Hermann Göring, AG für Erzbergbau und Eisenhütten" gegründet. Da die Montanindustrie Investitionen in Unternehmen, die angesichts der Eisenarmut der in Deutschland vorkommenden Erze unrentabel bleiben mußten, scheute, wurden die Reichswerke vom Staat ausgerüstet.

So begann gegen Ende des Jahres 1937 die letzte Phase der Kriegsvorbereitungen, die des Übergangs zu den ersten offenen Aggressionen und Annexionen. In einer Besprechung mit den Oberbefehlshabern der drei Wehrmachtsteile, die am 5. November 1937 stattfand, entwickelte Hitler seine Pläne für ein baldiges Vorgehen gegen Österreich und die Tschechoslowakei. Die „Eroberung neuen Lebensraumes", so zeigt das Protokoll der Sitzung, das Oberst Hossbach verfaßte, wurde nun zum unmittelbar aktuellen Ziel. Personelle Veränderungen in einigen leitenden staatlichen Funktionen gaben dem Übergang in diese neue Phase Ausdruck: Blomberg, bisher Reichskriegsminister, wurde – vorgeblich wegen einer nicht standesgemäßen Heirat – zum Rücktritt gezwungen, und der Oberbefehlshaber des Heeres, von Fritsch, auf Grund einer Intrige Himmlers und Görings, die eine Personenverwechslung ausnutzten, um ihn homosexueller Verfehlungen zu bezichtigen, durch von Brauchitsch ersetzt. Von Ribbentrop übernahm anstelle von Neuraths das Außenministerium, und auch Schacht wurde entlassen. In Wirtschaft, Diplomatie und Generalität setzten sich somit wieder diejenigen Kreise durch, die die aggressivste Variante imperialistischer Politik vertraten und auch auf das Risiko eines Zweifrontenkrieges den sofortigen Übergang zu offenen Annexionen befürworteten. Dem im November 1937 entwickelten Plan entsprechend wurde im März des folgenden Jahres Österreich annektiert. Ein halbes Jahr später wurde die Tschechoslowakei auf der Konferenz in München (29. September 1938), an der Hitler, Mussolini, Chamberlain und Daladier teilnahmen, ohne daß der tschechoslowakische Vertreter überhaupt gehört worden wäre, gezwungen, ihre Grenzgebiete an Deutschland abzutreten. Nazipropagandisten und „Befriedungspolitiker" in Frankreich und England verbreiteten die Legende, das Münchener Abkommen habe den Frieden in Europa gerettet. „Frieden für unsere Zeit" wähnte der englische Premier nach seiner Rückkehr. In Wirklichkeit war Hitler ein weiterer Schritt zur Entfesselung des zweiten Weltkrieges ermöglicht worden. Bereichert durch das Industriepotential der annektierten tschechischen Gebiete, militärisch gestärkt (die tschechoslowakische Armee mußte die Grenzbefestigungen unversehrt übergeben), ideologisch gestützt durch den Prestigegewinn, der bei vielen Deutschen die Illusion verstärkte, „Hitler gelingt alles", konnte der deutsche Imperialismus nun seine Kriegsvorbereitungen noch verstärken.

„Den Frieden zu retten, das ist jetzt die Sache der Völker. Hitler muß fallen – das, und nichts anderes ist die Rettung des Friedens." 20000 Menschen hatten Thomas Mann zugestimmt, als er auf einer Kundgebung in New York im

September 1938 diese Worte sprach. Aber der Schriftsteller mußte dem Bericht über die Veranstaltung hinzufügen: „Es sollte nicht sein. Genau dies, der Zusammenbruch des Faschismus, war das, was die Herrschenden Englands nicht wollten. Sie wollten den Krieg nicht, weil sie den gemeinsamen Sieg mit Rußland und den Zusammenbruch des Faschismus nicht wollten – einen Krieg, der zu Ende gewesen wäre, ehe er begonnen." Das Diktat von München bildete einen brutalen Gewaltakt des deutschen Faschismus gegen die Völker der Tschechoslowakei. Indem aber Frankreich und Großbritannien diesem Gewaltakt zustimmten und damit die Tschechoslowakei verrieten, verfolgten sie die Linie, die Stoßkraft des deutschen Imperialismus nach dem Osten zu lenken, um sie zur Zerschlagung des ersten sozialistischen Staates auszunutzen. Wenn so das Münchener Abkommen den Höhepunkt der Appeasementpolitik der Westmächte bildete, einer Politik, die den deutschen Faschismus befriedigen und beschwichtigen sollte, indem sie ihm den Weg nach Osten freimachte, so traten doch jetzt auch in den imperialistischen Kreisen der Westmächte selbst Kritiker dieser Politik auf. Churchill, der am deutlichsten erkannte, daß der deutsche Imperialismus auch die Interessen der herrschenden Kreise Englands bedrohte, stellte damals fest: „England hatte die Wahl zwischen Krieg und Schande. Seine Minister haben die Schande gewählt, um dann auch den Krieg zu erhalten." Noch aber – und das sollte bis in die ersten Monate des zweiten Weltkrieges so bleiben – dominierten in England und Frankreich diejenigen Kreise, die, in borniertem Antikommunismus befangen, die heraufziehende Gefahr nicht sehen wollten. Die Unterstützung, die der deutsche Faschismus durch auswärtige imperialistische Mächte erhielt, mußte daher den Kampf für den Sturz des Hitlerregimes noch erschweren.

Dieser Kampf mußte freilich vor allem Sache der Deutschen selbst sein. W. I. Lenin hatte gefordert, daß die revolutionäre Arbeiterklasse „das gesamtdemokratische Banner hissen muß, um alle Schichten und Elemente um sich zu gruppieren, die fähig sind. für die politische Freiheit zu kämpfen oder wenigstens diesen Kampf in irgendeiner Weise zu unterstützen". Es war die Brüsseler Parteikonferenz der KPD, die – anknüpfend an die Beschlüsse des VII. Weltkongresses der Kommunistischen Internationale, der kurz zuvor stattgefunden hatte – die von Lenin bereits 1905 entwickelten Grundsätze über die Strategie und Taktik der proletarischen Partei in der bürgerlich-demokratischen Revolution auf die Bedingungen in Deutschland anwandte. Die Konferenz, die vom 3. bis 15. Oktober 1935 stattfand und bei Moskau durchgeführt wurde (um die Rückkehr der Delegierten zu sichern, verbreitete die Parteiführung damals, sie habe in Brüssel stattgefunden), war die erste Parteikonferenz der KPD nach dem Sieg des Faschismus in Deutschland. Georgi Dimitroff hatte in seinem Hauptreferat auf dem VII. Weltkongreß nachgewiesen, daß die faschistische Diktatur in Deutschland vor allem deshalb errichtet werden konnte, weil die Arbeiterbewegung durch die Zusammenarbeit von Führern der Sozialdemokratie mit der Bourgeoisie gespalten und dadurch gegenüber der angreifenden Reaktion politisch und organisatorisch geschwächt war. Umgekehrt hatte das Beispiel Frankreichs bewiesen, daß eine proletarische Einheitsfront auch die Voraussetzung für die Entwicklung einer breiten Volksfront der demokratischen Kräfte war. Deshalb legte der Weltkongreß fest, „daß die Herstellung der Einheitskampffront der Arbeiterklasse in der gegenwärtigen historischen Etappe die wichtigste, nächstliegende Aufgabe der internationalen Arbeiterbewegung ist". Diese proletarische Einheitsfront könnte zugleich den Kern einer breiten antifaschistischen Volksfront bilden, in der sich alle Anhänger der Demokratie und des Friedens zusammenschließen würden.

Von diesen Erkenntnissen ausgehend und unter Berücksichtigung der Charakteristik des Faschismus als offener terroristischer Diktatur des Monopolkapitals, stellte die Brüsseler Konferenz der KPD fest, daß auch in einem hochentwickelten imperialistischen Land wie Deutschland, in dem schon seit der Jahrhundertwende die sozialökonomischen Voraussetzungen für den Sozialismus herangereift waren, die demokratische Umgestaltung notwendig war. „Im Unterschied zu den bürgerlich-demokratischen Revolutionen des 19. Jahrhunderts, die antifeudalen Charakter trugen, mußte sich diese demokratische Umwälzung gegen die neuen Träger der politischen Reaktion, die hinter der faschistischen Diktatur stehenden Klassenkräfte richten und damit antiimperialistischen Charakter tragen. Unter den gegebenen objektiven und subjektiven Bedingungen konnte der Sturz der faschistischen Diktatur also nicht durch den unmittelbaren Kampf um die sozialistische Revolution und um die Errichtung der Diktatur des Proletariats herbeigeführt werden, sondern die Massen mußten auf der Grundlage eines demokratischen Programms für die nächsten Schritte zum Kampf gegen die Hitlerdiktatur gewonnen werden. Die revolutionäre Erhebung gegen die faschistische Diktatur des deutschen Monopolkapitals mußte demokratischen Charakter tragen." (Geschichte der deutschen Arbeiterbewegung) Unter Verwertung der Erfahrungen aus dem Kampf der Antifaschistischen Aktion des Jahres 1932, in Weiterentwicklung der Hinweise, die Ernst Thälmann in seiner letzten Rede auf der illegalen Tagung des Zentralkomitees (7. Februar 1933) gegeben hatte, arbeitete das Zentralkomitee der KPD die neue Strategie und Taktik aus, wie sie vor allem von Wilhelm Pieck und Walter Ulbricht durchdacht und vertreten worden war.

Dem Kampf für das „neue, freie Deutschland", der nur erfolgreich sein konnte, wenn die Aktionseinheit zwischen der Kommunistischen Partei und der Sozialdemokratie hergestellt würde, dienten die Maßnahmen, die die Parteiführung nach der Brüsseler Konferenz traf. Im November 1935 fanden in Prag, im Büro des sozialdemokratischen Emigrationsverbandes, Verhandlungen statt, an denen vom Zentralkomitee der KPD Franz Dahlem und Walter Ulbricht und von sozialdemokratischer Seite Friedrich Stampfer und Hans Vogel teilnahmen. Zum ersten Mal seit 1922 saßen offizielle Vertreter beider Parteileitungen an einem Tisch. Die Vertreter des ZK der KPD informierten über die Beschlüsse der Brüsseler Konferenz, vor allem über die Beschlüsse zur Herstellung der Einheitsfront. Aber die überwiegende Mehrheit der Mitglieder des Prager Emigrationsverbandes lehnten den gemeinsamen antifaschistischen Kampf der Arbeiterklasse und ihrer Verbündeten ab. Sie hofften auf bestimmte Kreise in der deutschen Großbourgeoisie und der Generalität, für die sie koalitionsfähig bleiben wollten.

Obgleich die sozialdemokratischen Führer also die Beschlüsse der Brüsseler Konferenz ablehnten, lebte doch der antifaschistische Kampf in Deutschland nun spürbar auf. In Thüringen und im rheinisch-westfälischen Industriegebiet entwickelte sich eine engere Zusammenarbeit zwischen Kommunisten und Sozialdemokraten. Im Juni 1936 stellte die gesamte Belegschaft des Betriebes für Karosseriebau in der Adam Opel AG in Rüsselsheim aus Protest gegen Lohnverschlechterungen die Arbeit ein, und auch in mehreren anderen Orten wurden Ende 1935 und in der ersten Hälfte des Jahres 1936 eine Reihe von Streiks geführt. Die Verschärfung des Gestapoterrors, aber auch eine gewisse Verstärkung des Einflusses, den der Faschismus unter den Werktätigen in diesen Jahren erreichen konnte, verhinderten freilich, daß diese neuen Formen des einheitlichen Kampfes der Arbeiter Massencharakter annahmen.

Den Beschlüssen des VII. Weltkongresses der Kommunistischen Internationale und der Brüsseler Konferenz der KPD entsprechend wurden auch alle Anstrengungen unternommen, um eine deutsche Volksfront zu schaffen. Im Herbst 1935 tagte im Hotel Lutetia in Paris unter dem Vorsitz von Heinrich Mann der vorbereitende Ausschuß zu einer deutschen Volksfront. Die Erfolge der französischen und spanischen Volksfront förderten den Prozeß der Sammlung der deutschen Hitlergegner. Wenn die Bemühungen um eine Volksfront erfolgreich sein sollten, mußte aber die Frage beantwortet werden, welche Ordnung nach dem Sturz des Faschismus in Deutschland errichtet werden sollte. Deshalb fand im Juni 1936 eine erweiterte Sitzung des Politbüros der KPD statt, die Richtlinien für eine politische Plattform der Volksfront beschloß und die Staatsgrundsätze einer neuen demokratischen Republik formulierte. In diesen Richtlinien hieß es: „Die in der Volksfront verbundenen Parteien, Richtungen, Organisationen, Gruppen und Personen erklären als den wichtigsten Staatsgrundsatz, daß das neue Reich eine demokratische Republik sein wird, in der das Volk frei über alle Fragen der Wirtschaft, der Innen- und Außenpolitik des Landes entscheidet und die Regierung durch eine Entscheidung des werktätigen Volkes auf Grund des allgemeinen, gleichen, geheimen und direkten Wahlrechts bestimmt wird." Auf der Grundlage dieser Beschlüsse beschloß der Ausschuß zur Vorbereitung einer deutschen Volksfront am 21. Dezember 1936 einen gemeinsamen Aufruf, der die Unterschrift führender Vertreter der KPD und der SPD trug und in dem sich auch führende Vertreter der deutschen Intelligenz zu einem neuen Deutschland bekannten, das eine antiimperialistisch-demokratische Republik und eine Macht des Friedens sein würde.

Daß Heinrich Mann Vorsitzender dieses Ausschusses war (er sprach auch auf einer Tagung, die der Ausschuß am 10. und 11. April 1937 in Paris veranstaltete und die von den in Spanien kämpfenden deutschen Antifaschisten als wirksame Unterstützung betrachtet wurde) und daß gerade zahlreiche bedeutende Schriftsteller und Publizisten wie Johannes R. Becher, Lion Feuchtwanger, Egon Erwin Kisch und Arnold Zweig diesen Aufruf unterschrieben, ist von symbolischer Bedeutung. In Nazideutschland hatte die am 10. Mai 1933 von Goebbels inszenierte Bücherverbrennung die Absage des faschistischen Regimes an alle humanistischen Traditionen und Ideen sichtbar zum Ausdruck gebracht. Auch das geistige Leben war dort „gleichgeschaltet" worden. Die offizielle Literatur hatte als zentrales Leitbild nicht viel mehr zu bieten als den Helden, der sich der „Herrenrasse" zugehörig fühlt und dies wie im Rausch durch den Tod für das Vaterland besiegelt. Auch Schriftsteller, die nicht gewillt waren, faschistische Ideen zu propagieren, waren doch mindestens zu äußerlichen Konzessionen und Kompromissen gezwungen – charakteristisch dafür Falladas „Eiserner Gustav" mit dem vom Autor offensichtlich widerwillig veränderten Schluß, der die Titelgestalt, einen Berliner Droschkenkutscher, sich zum Nazi bekehren läßt.

In der Emigration aber entstand ein antifaschistisches Bündnis sozialistischer und bürgerlich-demokratischer Schriftsteller, entwickelte sich eine Literatur, die – so unterschiedlich auch die weltanschaulichen, politischen und ästhetischen Positionen ihrer einzelnen Repräsentanten waren – doch eines gemeinsam hatte: Sie sollte das neue Deutschland des Friedens und der Demokratie vorbereiten, und sie konnte von dieser Position aus zugleich aktuelle und dauerhafte künstlerische Bedeutung erlangen. Thomas Mann, den die Nazis ausgebürgert und dem die Universität Bonn 1935 die Würde des Ehrendoktors entzogen hatte, gestaltete in „Lotte in Weimar" und im „Doktor Faustus" wesentliche Konflikte der deutschen Geschichte und der deutschen Gesellschaft in der ersten Hälfte unseres Jahrhunderts in der Gestalt des alternden Goethe und im Irrweg des Adrian Leverkühn. Der französische König Heinrich IV. wurde für Heinrich Mann zum Symbol eines kämpferischen Humanismus, der Geist und Macht endlich zur Übereinstimmung bringt. Lion Feuchtwanger schrieb einmal, die Gesetze der Geschichte „in ihren Auswirkungen zu gestalten, ist wohl das höchste Ziel, das ein historischer Roman erreichen kann", und formulierte damit die Konzeption auch seines eigenen Werkes.

Im Werk sozialistischer Autoren erreichte unsere Nationalliteratur in dieser Zeit eine neue Entwicklungsstufe. Im „Siebten Kreuz" von Anna Seghers wurde der proletarische Widerstandskämpfer repräsentativ für ein besseres Deutschland. Aus Johannes R. Bechers Lyrik sprachen zugleich Trauer um die geschändete Heimat und die Hoffnung und Liebe zum künftigen wirklichen Vaterland. „Im Gleichnis einer Gangsterstory gelingt Brecht die in der bisherigen deutschen Literatur immer in Ansätzen steckengebliebene große politische Komödie", bemerkt die „Skizze zur Geschichte der deutschen Nationalliteratur" (1964) über den „Aufhaltsamen Aufstieg des Arturo Ui". Sein „Leben des Galilei" schließlich gab dem antifaschistischen

Kampf die welthistorische Perspektive einer Gesellschaft, in der auch die Wissenschaft ihrer eigentlichen Aufgabe gerecht werden kann, ,,die Mühseligkeit der menschlichen Existenz zu erleichtern".

Die von der Brüsseler Konferenz und bei der Vorbereitung der Volksfront von der KPD konzipierte politische Linie wurde von der Berner Konferenz der KPD angesichts der unmittelbar drohenden Gefahr eines neuen Weltkrieges weiter konkretisiert.

Diese Konferenz, die vom 30. Januar bis zum 1. Februar 1939 südlich von Paris (Bern wurde als Tagungsort angegeben, um die Gestapo irrezuführen) stattfand, arbeitete das Programm für ein neues, demokratisches Deutschland weiter aus. In ihrer Resolution hieß es: ,,Die neue demokratische Republik wird aber, im Gegensatz zur Weimarer Republik, den Faschismus mit der Wurzel ausrotten, ihm seine materielle Basis durch die Enteignung des faschistischen Trustkapitals entziehen und sich, wieder im Gegensatz zur Weimarer Republik, in der Armee, der Polizei und dem Beamtenapparat zuverlässige Verteidiger der demokratischen Freiheiten und der demokratischen Volksrechte schaffen. In der neuen demokratischen Republik wird, im Gegensatz zu Weimar, nicht die Großbourgeoisie, gedeckt durch eine Koalition mit einer Arbeiterpartei, ihre wirtschaftlichen und politischen Anschläge gegen das Volk richten können, sondern die einige Arbeiterklasse, vereint mit den Bauern, dem Mittelstand und der Intelligenz in der Volksfront wird das Schicksal des Landes bestimmen." Die Berner Konferenz ließ keinen Zweifel darüber, daß das Endziel des Kampfes der Arbeiterklasse die Errichtung des Sozialismus in ganz Deutschland sein würde. Aber das konnte nicht die unmittelbare Aufgabe sein. Im Kampf gegen den Krieg und die faschistische Diktatur hieß es, Forderungen zu stellen, die der politischen Lage in Deutschland, dem Kräfteverhältnis der Klassen und dem Bewußtseinsstand der Volksmassen entsprachen. Es hieß vor allem, die drohende Gefahr eines Weltkrieges zu bannen.

Nicht nur nach der Klarheit der politisch-strategischen Konzeption war die Hauptkraft des Kampfes gegen den deutschen Faschismus der von der Kommunistischen Partei Deutschlands geführte antifaschistische Widerstand der revolutionären Arbeiterklasse. Hauptkraft war er auch nach der Kompromißlosigkeit und nach der Zahl der Beteiligten wie der Opfer; erinnert sei nur daran, daß von den 300000 Mitgliedern, die der Kommunistischen Partei Deutschlands am Vorabend der faschistischen Diktatur angehörten, etwa die Hälfte verfolgt, eingekerkert oder in Konzentrationslager verschleppt und zehntausende Funktionäre und Mitglieder der Partei ermordet wurden. Das ist vor allem den antikommunistischen Zwecklegenden entgegenzuhalten, die von führenden westdeutschen Historikern verbreitet werden und nach denen die Opposition einiger Generale (wir haben bereits gesehen, daß ihre Bedenken lange Zeit nicht viel weiter gingen, als daß sie einen Zweifrontenkrieg als ein allzu gewagtes Abenteuer betrachteten, eine Grundhaltung also, die völlig ungeeignet war, sich in ernsthaften Aktionen auszudrücken), vor allem aber die kirchliche Opposition Hauptform des Widerstandes gewesen sei. Gerhard Ritter etwa behauptet schlankweg: „Tatsächlich haben nur die Kirchen in der Hitlerzeit so etwas wie eine wirkliche Volksbewegung gegen den Nationalsozialismus in Gang gebracht." In Wirklichkeit ging der Schnitt zwischen Anhängern und Gegnern des Faschismus mitten durch die Kirchen hindurch, und umgekehrt waren nicht alle führenden Nationalsozialisten Anhänger des Rosenbergschen Neuheidentums. Wenn aber gesellschaftliche Spannungen und Klassenkämpfe in allen Epochen der Vergangenheit auch in den kirchlich-religiösen Raum hinüberreichten, so gilt dies in einem besonderen Sinne für die Zeit des deutschen Faschismus.

Die faschistische Ideologie richtete sich vor allem gegen die marxistisch-leninistische Weltanschauung. So wurden auch solche philosophischen Anschauungen, die mit ihr in der einen oder anderen Hinsicht verwandt waren oder auch nur zu sein schienen, also etwa der mechanische Materialismus und das Freidenkertum, besonders intensiv verfolgt und aus dem öffentlichen Leben verbannt. Das beeinflußte die weltanschauliche Haltung vor allem solcher

Gegner des Nationalsozialismus, die aus dem Bürgertum oder dem Kleinbürgertum kamen. Die verschiedensten Motive mochten sie schon in den ersten Jahren der faschistischen Diktatur in Gegensatz zum Nationalsozialismus bringen: Unbehagen angesichts des offen verkündeten Bruches mit allen humanistischen Traditionen, Empörung über die Demagogie der „Volksgemeinschaft", die doch durch den wachsenden Einfluß der alten und neuen Monopole nur zu sichtbar widerlegt wurde, Mitgefühl mit den verfolgten jüdischen Mitbürgern, Abscheu über den Terror der Nazis gegen alle Demokraten und Sozialisten, Furcht angesichts der unverhüllten Kriegsvorbereitungen. Unter diesen Umständen geschah es häufig, daß sie sich, wenn sie ihre Position weltanschaulich begründen wollten, den Kirchen auch dann wieder näherten, wenn sie zuvor kaum mehr eine innere Beziehung zu ihnen besessen hatten.

Damit erhielt die eigentliche kirchliche Opposition ein um so größeres Gewicht: Um sie gruppierten sich Gegner des Nationalsozialismus, die nicht alle theologisch-dogmatischen Auffassungen der betreffenden Konfession teilten, wohl aber mit den humanistischen Zügen ihrer Weltanschauung und vor allem mit ihrer politischen Haltung sympathisierten. Auch hier bestätigt sich, daß in unserer Periode der gesellschaftlichen Revolution auf der einen Seite zwar ein Prozeß der Wendung der bürgerlichen Philosophie zur Religion vor sich geht, auf der anderen Seite aber „innerhalb der traditionell christlich gläubigen Massen ein Prozeß der politischen Aktivierung der humanistischen Gehalte des Christentums". (W. Heise)

Analoges gilt für die Problematik der Organisationsformen: Nachdem die Kommunistische Partei Deutschlands in die Illegalität getrieben worden war und alle nichtnationalsozialistischen Parteien „gleichgeschaltet" wurden, fanden Gegner des Faschismus aus dem Bürgertum und dem Kleinbürgertum in der kirchlichen Opposition den Anschluß an mehr oder minder feste, mehr oder minder legale Organisationen, die eine gewisse Unabhängigkeit vom faschistischen Staat erstrebten. Es war vor allem die Bekennende Kirche, die sie – manchmal nur für kurze Zeit –

als Rahmen für größere gemeinsame Aktionen gegen die Nazidiktatur betrachteten und die dadurch umgekehrt relativ große Einfluß- und Wirkungsmöglichkeiten erhielt. Sie war freilich alles andere als ein einheitliches Gebilde. In der Ablehnung einer bedingungslosen Unterordnung der evangelischen Kirche unter die faschistische Diktatur konnten sich diejenigen begegnen, die einen höheren Preis für diese Unterordnung verlangten, und diejenigen, die diese Unterordnung überhaupt ablehnten, knapper formuliert: Vertreter eines Klerikalfaschismus und Gegner des Faschismus. Unter denjenigen, die eine Klerikalisierung der faschistischen Diktatur erstrebten, wurde der prominenteste Vertreter Otto Dibelius, der noch am 21. März 1933, als er eine Festpredigt zur Eröffnung des Reichstags hielt, seine Ziele verwirklicht glaubte, dann in der weiteren Entwicklung des Faschismus aber das klerikale Element nicht genügend berücksichtigt sah. Ihnen standen diejenigen gegenüber, die sich der faschistischen Weltanschauung und der faschistischen Praxis tatsächlich widersetzten. Unmittelbarer Anlaß für die Formierung der Opposition war der Versuch der Nazifaschisten, mit Hilfe der Einigung der verschiedenen evangelischen Landeskirchen in einer „Reichskirche" und der Übertragung der Leitung dieser Kirche an die „Deutschen Christen", gleichsam einem Stoßtrupp der NSDAP in der evangelischen Kirche, den deutschen Protestantismus völlig dem faschistischen Staat unterzuordnen. Insbesondere die Bemühungen der „Deutschen Christen", den Arierparagraphen auch im Bereich der Kirchen anzuwenden, veranlaßten den Widerstand. Martin Niemöller, seit 1931 Pfarrer in Berlin-Dahlem und Gründer des Pfarrernotbundes gegen die faschistischen Kirchenleitungen, wurde zum profiliertesten Kirchenpolitiker der Bekennenden Kirche. Die zweite Synode der Bekennenden Kirche, die am 19. und 20. Oktober 1934 in Berlin-Dahlem tagte, stellte insofern einen Höhepunkt der Opposition dar, als sie ausdrücklich jede Zusammenarbeit mit den faschistischen Organen innerhalb der evangelischen Kirche ablehnte. Zu den tapfersten Leistungen gehört die Kanzelabkündigung gegen die völkisch-rassistische Weltanschauung und die „neue Religion" eines „ewigen Reiches", die Heinrich Vogel verfaßt hatte. Diese Abkündigung wurde am 17. März 1935 in dem Gebiet der Altpreußischen Union verlesen, und von den Pfarrern, die sie verbreiteten, wurden zeitweilig mehr als 700 eingekerkert.

Etwa seit dem Beginn des Jahres 1937 verzichteten die Naziführer im wesentlichen auf die Förderung der „Deutschen Christen". Sie hatten ihre Rolle ausgespielt. Hatte 1933 die deutsch-christliche Bewegung das Eindringen faschistischer Ideologien in das Kleinbürgertum fördern sollen, so wurden, nachdem der Faschisierungsprozeß weiter fortgeschritten war, pseudochristliche Ideologien nicht länger gefördert, nun vielmehr recht offen eine Massenaustrittsbewegung aus den Kirchen organisiert, die eine neue Phase im Prozeß der ideologischen Vorbereitung des zweiten Weltkrieges darstellte. Eine Verhaftungswelle gegen Pfarrer und Gemeindemitglieder der Bekennenden Kirche setzte ein.

Auch Martin Niemöller wurde am 1. Juli 1937 verhaftet. Ein gerichtliches Urteil auf sieben Monate Festungshaft vom 2. März des folgenden Jahres galt als durch die Untersuchungshaft verbüßt. Er wurde aber nicht freigelassen, sondern beim Verlassen des Gerichtssaales von neuem festgenommen und bis zur Befreiung vom Faschismus erst im Konzentrationslager Sachsenhausen und dann in Dachau eingekerkert. Zu den Märtyrern des antifaschistischen Widerstandskampfes gehört auch Pfarrer Paul Schneider, der am 27. November 1937 verhaftet wurde und am 18. Juli 1939 den schrecklichen Mißhandlungen, die er im Konzentrationslager Buchenwald erdulden mußte, erlag.

Aber die außenpolitischen Erfolge, die der deutsche Faschismus erzielen konnte, stützten gerade jene nationalistischen Vorstellungen, die in den bürgerlichen Kreisen, die der Bekennenden Kirche nahestanden, vorherrschten und nun zur Lähmung der kirchlichen Opposition ausgenutzt werden konnten. Das letzte öffentliche Auftreten der Bekennenden Kirche war die Verteilung einer Gebetsliturgie gegen den drohenden Krieg, die am Vorabend des

Münchner Abkommens, am 27. September 1938, an die Gemeinden versandt wurde und öffentlich zum Frieden aufforderte. Zugleich enthielt dieser Entwurf die Feststellung des Bekenntnisses der „Sünden unseres Volkes ... Öffentlich und im geheimen ist viel Unrecht geschehen.“ In diesem Zusammenhang sei auch der Brief erwähnt, den Karl Barth am 19. September 1938 an seinen Prager Kollegen J. Hromadka schrieb und in dem er „die Söhne der alten Hussiten“ zum Widerstand gegen die drohende Auslieferung der Tschechoslowakei an den deutschen Faschismus aufrief: „Sicher ist nur eines: daß, was von menschlicher Seite an Widerstand möglich ist, heute an den Grenzen der Tschechoslowakei geleistet werden muß.“ Aber von nun an waren diejenigen Geistlichen und Gemeindemitglieder, die mit dem Nationalsozialismus keinen Kompromiß eingehen wollten, im wesentlichen auf sich gestellt. Eine organisierte Tätigkeit größeren Umfanges gab es seit September 1938 nur noch auf einem Gebiet. Heinrich Grüber gründete zu dieser Zeit ein Büro für Rassenverfolgte, meist „Büro Grüber“ genannt. Bis es von den faschistischen Machtorganen geschlossen wurde (September 1941), konnte es die Lage zahlreicher jüdischer oder von Juden abstammender deutscher Mitbürger wenigstens zeitweilig erleichtern und eine ganze Reihe von ihnen vor der Verschleppung und Ermordung retten.

Im Unterschied zur protestantischen Auffassung bildet nach katholischer Lehre die Kirche selbst eine Offenbarung Gottes. Die straffere Organisation des Klerus erschwerte es dementsprechend katholischen Gegnern des Faschismus, selbständig aufzutreten, wenn der hohe Klerus dies nicht wünschte, und er wünschte dies nicht. Das am 20. Juli 1933 unterzeichnete Konkordat mit dem Vatikan hatte das nationale und internationale Prestige der faschistischen Diktatur gefestigt. Die Kirche hatte ihre politischen Organisationen und ihre Jugendorganisationen preisgegeben. Sie hatte keine Grenzen der Kollaboration, wohl aber Grenzen des Widerstandes festgelegt, und sie hatte dafür in rechtlicher und materieller Hinsicht eine grundsätzliche Sicherung vor staatlichen Eingriffen erhalten. Das hinderte die Nazis freilich nicht daran, im Frühjahr 1935 eine Kampagne gegen die Klöster zu eröffnen, in denen es angeblich von Devisenschiebern und Sittlichkeitsverbrechern wimmeln sollte, und auf diese Weise den faschistisch-völkischen Irrationalismus weiter durchzusetzen. Aber die faschistische Rassenhetze und die barbarischen Maßnahmen der Judenverfolgungen waren es vor allem, die auch den Protest vieler Katholiken hervorriefen. Um das Jahr 1937 waren bereits Hunderte von katholischen Geistlichen in Gefängnisse und Konzentrationslager verschleppt worden. Vom 4. bis 28. April 1937 wurde in Berlin von den Nazis ein Schauprozeß gegen den katholischen Kaplan Joseph Rossaint und gegen einige Führer katholischer Jugendverbände inszeniert. Sie wurden angeklagt, weil sie als Mitglieder des Friedensbundes deutscher Katholiken gegen die Kriegsvorbereitungen aufgetreten waren und sich seit Ende 1933 mit Funktionären des Kommunistischen Jugendverbandes Deutschlands unter direkter Anleitung seines Vorsitzenden Fritz Grosse darüber beraten hatten, wie man gemeinsam für den Frieden wirken könne. „Die Gemeinsamkeit des Strebens zur Rettung des Friedens und zur Verhinderung des Krieges nach Meinungs-, Glaubens- und Gewissensfreiheit hatte Katholiken und Kommunisten zusammengeführt und ein hervorragendes Beispiel für ein festes Zusammenwirken in einer deutschen Volksfront geschaffen.“ (Geschichte der deutschen Arbeiterbewegung) Obgleich die bereits zu Zuchthausstrafen verurteilten kommunistischen Jugendfunktionäre, die als Zeugen geladen waren, die Angeklagten zu entlasten versuchten, wurden sie zu hohen Zuchthaus- und Gefängnisstrafen verurteilt.

Alle diese Zeugnisse standhafter Gesinnung und politischer Klarsicht im antifaschistischen Kampf können aber nichts an der Tatsache ändern, daß es dem Nationalsozialismus sechs Jahre nach der Errichtung der Diktatur gelungen war, durch zügellosen Terror und Demagogie große Teile des deutschen Volkes chauvinistisch zu verhetzen oder in Passivität und Resignation zu versetzen.

Die antisowjetische Haltung der Westmächte und ihre Befriedungspolitik hatten verhindert, daß das von der Sowjetunion erstrebte System der kollektiven Sicherheit in Europa zustande kam. Ohne daß ein Schuß gefallen wäre, konnte Hitlerdeutschland am 15. März 1939 den in München um ein Drittel seines Territoriums und seiner Bevölkerung beraubten tschechoslowakischen Staat zerschlagen. Am darauffolgenden Tage wurde das sog. Protektorat Böhmen und Mähren errichtet und in der Slowakei ein faschistischer Marionettenstaat proklamiert. Seit Ende März 1939 bereitete der deutsche Imperialismus den Überfall auf Polen direkt vor. Entgegen den Interessen und Forderungen ihrer Völker spielten die Regierungen Frankreichs und Großbritanniens ein Doppelspiel. Verhandlungen von Militärkommissionen Frankreichs, Großbritanniens und der UdSSR über den Abschluß eines Beistandspaktes, die vom 11. bis 21. August 1939 auf Initiative der Sowjetunion in Moskau geführt wurden, erwiesen endgültig, daß Frankreich und Großbritannien im Falle der Entfesselung eines Krieges durch Deutschland keine Koalition mit der Sowjetunion bilden wollten. Zu der gleichen Zeit, da diese Besprechungen in Moskau abgehalten wurden, verhandelte die britische Regierung insgeheim mit Deutschland. Sie schlug Hitler vor, einen Nichtangriffspakt und ein Abkommen über die Aufteilung der Welt in Einflußsphären abzuschließen und auch China und die Sowjetunion in diese Aufteilung einzubeziehen. Der deutschen Regierung wurde angedeutet, Großbritannien sei bereit, Polen preiszugeben und die Verhandlungen mit der UdSSR abzubrechen. Offensichtlich beabsichtigten die reaktionärsten Kreise der Westmächte, den faschistischen deutschen Imperialismus als Stoßtrupp gegen den Osten zu benutzen. Während die Sowjetunion im Fernen Osten vom japanischen Militarismus bedroht war, entstand die akute Gefahr der Bildung eines imperialistischen Blocks gegen die UdSSR auch in Europa und damit eines Zweifrontenkrieges gegen das Sowjetland. Den ersten sozialistischen Staat zu erhalten und zu sichern lag im Interesse der Bürger der Sowjetunion, aber auch im Interesse der Werktätigen aller Länder, lag im Interesse des Friedens, der Demokratie und des Sozialismus in der ganzen Welt. Die Regierung der Sowjetunion faßte deshalb den schweren Entschluß, einem deutschen Angebot zu folgen und am 23. August 1939 mit der Hitlerregierung einen Nichtangriffspakt auf zehn Jahre abzuschließen. Die Sowjetunion war sich darüber klar, daß der deutsche Faschismus trotz des Abschlusses des Vertrages nicht von seinem „Drang nach Osten" lassen würde, und sie hegte keine Illusionen gegenüber der Vertragstreue des Hitlerregimes. Mit dem Abschluß des Nichtangriffspaktes wurde aber verhindert, daß sich die mächtigsten imperialistischen Länder zu einem Angriff auf die Sowjetunion zusammenschlossen. Zugleich gewann sie weitere Jahre für den sozialistischen Aufbau. Mahnend hatte das ZK der KPD am 25. August 1939 erklärt: „Das werktätige deutsche Volk und besonders die deutschen Arbeiter müssen die Friedenspolitik der Sowjetunion unterstützen, sich an die Seite aller von den Nazis unterdrückten und bedrohten Völker stellen und nunmehr erst recht dafür kämpfen, daß im Geiste des von der Sowjetunion mit Deutschland abgeschlossenen Nichtangriffspaktes sofort eben solche Friedenspakte mit Polen, mit Rumänien, mit Frankreich und England, mit allen Völkern, die sich mit Recht durch die Angriffspolitik Hitlers bedroht fühlen, geschlossen werden."

Weil aber solchen Mahnungen der Erfolg versagt blieb, konnte der deutsche Faschismus am 1. September 1939 mit dem Überfall auf Polen den zweiten Weltkrieg entfesseln. Wenn die britische und die französische Regierung am 3. September daraufhin den Kriegszustand mit Deutschland verkündeten, bedeutet dies aber nicht, daß sich dort schon endgültig die Kreise durchgesetzt hatten, die auf die Appeasementpolitik verzichten wollten: Während die Hitlerwehrmacht rasch nach Osten vordrang, große Teile Polens eroberte und Warschau einschloß, führten Großbritannien und Frankreich in Westeuropa jenen „seltsamen Krieg", der seinem Wesen nach die Fortsetzung der Münchner Politik mit neuen Methoden war. Die polnische Armee, von den Verbündeten ohne Unterstützung gelassen, unterlag dem materiell-technisch überlegenen Aggressor. Für das polnische Volk begann nach der Kapitulation der polnischen Armee die nazistische Okkupation, eine Zeit rücksichtsloser Ausplünderung, brutaler Unterdrückung und bestialischer Ausrottung. Polen hatte vom ersten Kriegstage an einen gerechten Verteidigungskampf geführt, und auch die herrschenden Kreise des Landes befanden sich, insoweit sie gegen Hitlerdeutschland kämpften, objektiv in Übereinstimmung mit dem von Anfang an gerechten Kampf des polnischen Volkes. „Obwohl der zweite Weltkrieg als ein beiderseits imperialistischer Krieg begann, enthielt er von Anfang an Elemente eines gerechten, antifaschistischen Krieges auf der Seite der gegen Hitlerdeutschland kämpfenden Völker und Kräfte." (Geschichte der deutschen Arbeiterbewegung) Nach der Annexion Polens überfiel die Hitlerwehrmacht am 9. April 1940 Dänemark und Norwegen. Die dänische Regierung kapitulierte kampflos. Dänemark wurde im Laufe eines einzigen Tages okkupiert. Die norwegischen Truppen leisteten den faschistischen Eindringlingen vielerorts erbitterten Widerstand, erlagen jedoch der Übermacht des Feindes. Am 10. Mai 1940 fiel die Wehrmacht in Belgien, Frankreich, Luxemburg und den Niederlanden ein. Während ihr Vordringen Großbritannien zu einer entschlosseneren Kriegführung veranlaßte – Chamberlain wurde zum Rücktritt gezwungen und Winston S. Churchill, der ausdrücklich erklärte, Großbritannien werde sich niemals ergeben, wurde zum Ministerpräsidenten ernannt –, kam es zu einer solchen Wende in Frankreich nicht. Jene klerikalfaschistischen Kreise, die schon früher die Losung ausgegeben hatten „lieber Hitler als die Volksfront", sabotierten die Verteidigung. Am 14. Juni wurde Paris kampflos besetzt. Eine „Neuordnung Europas" begann, die dem deutschen Monopolkapital die Vorherrschaft über große Teile des Kontinents sichern sollte. Den Aggressionen in Westeuropa folgte die Okkupation der Länder des Balkans. Im Oktober 1940 marschierten faschistische Truppen in Rumänien, im März 1941 in Bulgarien ein. Ohne Kriegserklärung eröffnete die faschistische Wehrmacht am 6. April 1941 die Aggression gegen Jugoslawien und Griechenland. Das waren Aggressionen, die bereits unter der Zielstellung erfolgten, die strategische Lage Hitlerdeutschlands für den unmittelbar bevorstehenden Überfall auf die Sowjetunion zu verbessern.

Am 22. Juni 1941 überfiel Hitlerdeutschland ohne Kriegserklärung die Sowjetunion. „Der Überfall Hitlerdeutschlands auf die UdSSR war nicht nur ein schweres Verbrechen gegen das Sowjetvolk; er war vor allem das schwerste Verbrechen, das der deutsche Imperialismus seit seinem Bestehen an der deutschen Nation begangen hatte." (Geschichte der deutschen Arbeiterbewegung) Mit dem Beginn des Großen Vaterländischen Krieges der Sowjetunion veränderte sich der gesamte Verlauf des zweiten Weltkrieges entscheidend. Die sowjetisch-deutsche Front wurde zur Hauptfront des zweiten Weltkrieges. Mochte auch die Hitlerwehrmacht durch eine zeitweilige kriegswirtschaftliche Überlegenheit, durch die Ausnutzung der wirtschaftlichen und militärischen Hilfsmittel großer Teile Europas und durch das zeitweilige Wirken des Überraschungsmomentes anfangs beträchtliche Erfolge erzielen – indem die Sowjetarmee vor Moskau die faschistische Offensive und damit den Blitzkrieg überhaupt zum Scheitern brachte, schuf sie die Voraussetzung, um dem Feind die Initiative zu entreißen und selbst zur Gegenoffensive überzugehen. Mit dem Sieg bei Stalingrad, wo am 31. Januar 1943 die Südgruppe und am 2. Februar die Nordgruppe der eingeschlossenen 6. Armee kapitulieren mußte, trat der grundlegende Umschwung im zweiten Weltkrieg ein. Während der faschistische Kriegsblock nun zu zerfallen begann, festigten die Siege der Roten Armee die Antihitlerkoalition, der sich nach dem japanischen Überfall auf den amerikanischen Flottenstützpunkt Pearl Harbour (Dezember 1941) auch die USA anschlossen.

Hitlerdeutschland war in eine umfassende Krise geraten. So riefen die Nazis im Februar 1943 den „totalen Krieg" aus. Das war mehr als ein bloßes Propagandamanöver. Ein ganzes System von Maßnahmen sollte aus dieser Krise herausführen. Durch Stillegungs- und Schließungsaktionen in Industrie und Verwaltung sollten Arbeitskräfte mobilisiert werden, die Deportation ausländischer Zwangsarbeiter nach Deutschland wurde noch weiter verstärkt, und auf diese Weise sollte mit bisher freigestellten deutschen Arbeitern auch die Wehrmacht aufgefüllt werden. Die gesamte Wirtschaft wurde staatsmonopolistischen Lenkungsorganen unterstellt, in denen die führenden Monopolisten oder ihre direkten Beauftragten die entscheidenden Stellungen einnahmen. Der Widerspruch zwischen den herrschenden Kreisen der faschistischen Diktatur und ihrer Massenbasis wirkte freilich auch unter den veränderten Bedingungen des „totalen Krieges" fort: Die „totale Mobilisierung" von Arbeitskräften in Deutschland selbst hatte nicht den erwünschten Erfolg, da z. B. Offiziers- und Soldatenfrauen nicht einfach in die Rüstungsproduktion gepreßt werden konnten, wenn die Stimmung an der Front nicht noch weiter gefährdet werden sollte. So führte der „totale Krieg" vor allem zu einer Verschärfung des Terrors in den okkupierten Gebieten und zur Erweiterung des Systems der Zwangsarbeit.

Erst nachdem die Sowjetarmee die Wende des Krieges erzwungen hatte, wurde mit der Landung der Alliierten in der Normandie am 6. Juni 1944 die „zweite Front" endlich errichtet. Das beschleunigte die Zerschlagung der Kriegsmaschinerie der Nazis, schien aber zugleich gewissen Kreisen der deutschen Großbourgeoisie die Chance ihrer Rettung zu bieten. Gerhard Ritter, der selbst diesen Kreisen nahestand, hat in seinem Buch über Goerdeler mit aller Offenheit die Pläne der Führer der Verschwörung vom 20. Juli 1944 wiedergegeben – der Führer wohlgemerkt, die zu unterscheiden sind von den echten Patrioten im Kreisauer Kreis oder dem Grafen Stauffenberg. Beck und Goerdeler haben – so berichtet Ritter – im Frühjahr 1944 „nicht nur an einen Waffenstillstand mit Verkürzung der Westfront (etwa an der Ostgrenze Frankreichs oder am sogenannten Westwall) gedacht, sondern an eine Art Vereinigung deutscher und angelsächsischer Streitkräfte – zum mindesten an eine sofortige Besetzung Deutschlands vom Westen her, ehe die Rote Armee auch noch Polen überrannt und die östlichen Reichsgrenzen erreicht hätte". Der

Sinn dieser Pläne war es, die Herrschaft des deutschen Finanzkapitals auf dem ganzen Territorium des damaligen Reiches zu erhalten und zu verhindern, daß die Sowjetarmee den Hitlerfaschismus auf deutschem Boden zerschlug. Aber diese Pläne scheiterten an der Kraft der Sowjetunion, am Willen der Völker und auch – und nicht zuletzt – an der inneren Widersprüchlichkeit der Konzeption Goerdelers und Becks selbst: Daß sie keine wirklich demokratische Alternative zu bieten vermochten, mußte dazu führen, daß der Kreis der Verschwörer eingeengt und in seiner Initiative behindert wurde. Dem widerspricht nicht, daß die Aktion des 20. Juli selbst, besonders das Attentat Stauffenbergs, eine echte antinazistische Tat war, darauf gerichtet, das Hitlerregime zu beseitigen.

Der blutige Terror, den die faschistischen Verbrecher nach dem Scheitern des Putsches vom 20. Juli 1944 noch steigerten, trug das seine dazu bei, daß es bis zum Ende des Krieges zu keinen großen antifaschistischen Massenaktionen des deutschen Volkes kam. Das festzustellen, heißt nicht, die Leistungen, die Standhaftigkeit und den Mut derjenigen zu mindern, die auch während der faschistischen Diktatur das andere Deutschland repräsentierten. Viele anständige und anständig gebliebene Deutsche haben auf ihre Weise dem Übel getrotzt, haben Leidenden geholfen, Verfolgte verborgen, haben auf die Befreiung gehofft. Aber es gab nur eine einzige Partei, die dem Hitlerfaschismus vom ersten bis zum letzten Tage organisierten Widerstand entgegensetzte. Das war die Kommunistische Partei. Unter ihrer Führung, innerhalb und außerhalb der Partei, ging der Kampf für die Befreiung von Imperialismus und Militarismus auch während des Nazikrieges unablässig weiter. So nahm seit 1940 die illegale Organisation um den Metallarbeiter Robert Uhrig, die 1936 entstanden war, immer festere Gestalt an. Der Kommunist Arvid von Harnack, Oberregierungsrat im Reichswirtschaftsministerium, und der Antifaschist Harro Schulze-Boysen, Oberleutnant im Reichsluftfahrtministerium, hatten seit 1933 Widerstandsgruppen aufgebaut, die seit Herbst 1939 zusammenarbeiteten und später eine gemeinsame Leitung bildeten.

Seit Anfang 1941 erschien in Berlin, von Beauftragten des ZK der KPD herausgegeben, erneut „Die Rote Fahne“, illegal hergestellt und vor allem in Betrieben verteilt. Als sozialistischer Kundschafter übermittelte der Kommunist Dr. Richard Sorge aus Japan der Sowjetregierung die erste Warnung über den bevorstehenden Überfall Hitlerdeutschlands. Trotz aller Gefahr, die ihnen drohte, nahmen Mitglieder der Schulze-Boysen/Harnack-Organisation Verbindung zu sowjetischen Nachrichtenorganen auf und trugen durch ihre Informationen dazu bei, daß das erste sozialistische Land der Welt verteidigt und Deutschland vom Hitlerfaschismus befreit werden konnte.

„Der Eintritt der UdSSR in den Krieg verlieh den vom Hitlerfaschismus unterdrückten und bedrohten Völkern neue Kraft, gab ihnen weiteren Auftrieb und volle Zuversicht in den Sieg ihrer gerechten Sache. Er gab auch den von der KPD geführten antifaschistischen Kräften des deutschen Volkes die reale Perspektive zur Überwindung der volksfeindlichen, antinationalen Herrschaft des faschistischen Imperialismus, zur Lösung der nationalen Frage im Sinne des Volkes.“ (Geschichte der deutschen Arbeiterbewegung) Nun fanden auch viele sozialdemokratische Mitglieder und Funktionäre den Weg des gemeinsamen antifaschistischen Kampfes mit der KPD. Die großen Widerstandsorganisationen in Berlin haben seit Sommer 1941 ihre Zusammenarbeit weiter gefestigt. Anfang 1942 begann aber die Gestapo mit Massenverhaftungen, denen auch Robert Uhrig zum Opfer fiel, und im Herbst 1942 kam sie der Schulze-Boysen/Harnack-Organisation auf die Spur. Nahezu 600 Antifaschisten wurden verhaftet, und mehr als 50 Männer und Frauen mußten ihre mutige Aktion mit dem Leben bezahlen. Aber so wie die der Verhaftung entgangenen Mitglieder der Uhrig-Organisation den illegalen Kampf fortsetzten – sie schlossen sich vor allem der von Franz Jacob und Anton Saefkow geleiteten Organisation an, die 1940 entstanden war –, hat auch eine von dem Jungkommunisten Herbert Baum geleitete Gruppe, der vor allem junge deutsche Juden angehörten, trotz des Terrors, der sich gerade gegen ihre Mitglieder richtete, u. a. im Mai

1942 eine Hetzausstellung der Nazis gegen die Sowjetunion im Berliner Lustgarten in Brand gesteckt. Große Widerstandsorganisationen entstanden unter der Leitung von Dr. Theodor Neubauer und Magnus Poser auch in Thüringen und unter Leitung von Otto Engert, Kurt Kresse und Georg Schumann in Leipzig, traten untereinander und mit der illegalen Organisation der KPD in Berlin-Brandenburg in Verbindung und schufen so Voraussetzungen für die Bildung einer unter der Führung des ZK der KPD stehenden Leitung der Partei und des antifaschistischen Kampfes in Deutschland. Diese operative Leitung entstand im November 1943. Auch über den Deutschen Volkssender, der im September 1941 in Moskau seine Tätigkeit aufnahm, und durch illegal nach Deutschland entsandte Funktionäre hat das ZK der KPD seine führende Rolle direkt verwirklicht.

Der sowjetische Sieg an der Wolga leitete auch eine Wende in der Entwicklung der deutschen antifaschistischen Bewegung ein: Ein festes antifaschistisches Bündnis verschiedener Volksschichten und nationaler Kräfte der Armee, in dem die Arbeiterklasse unter Führung der KPD ihre Hegemonie verwirklichte, kam in der Bewegung „Freies Deutschland" zustande, das seinem Wesen nach die deutsche Antihitlerkoalition darstellte. Das am 12. und 13. Juli 1943 in Krasnogorsk bei Moskau gegründete Nationalkomitee zeigte in seinem Manifest die einzige reale deutsche Alternative zum Hitlerkrieg, zur Nazidiktatur und zum faschistischen Imperialismus. Organisationen dieser Bewegung entstanden in vielen Ländern, und auch zwischen den Patrioten um den Grafen Stauffenberg, der dem Programm und der Tätigkeit des NKFD im wesentlichen zustimmte, und den Vertretern der Bewegung „Freies Deutschland" sind im Sommer 1944 mehrere Besprechungen geführt worden.

Der Widerstandskampf hat auch in den faschistischen Konzentrationslagern nicht aufgehört. Gerade hier wurde der Geist der internationalen Solidarität wirksam. Häftlinge aus vielen Nationen konnten etwa in Buchenwald am 11. April 1945 gemeinsam die Befreiung erzwingen. Deutsche Hitlergegner und Patrioten haben in den letzten Wochen des Krieges durch mutige Aktionen Städte und Ortschaften vor der Vernichtung gerettet. So war in Greifswald im Auftrage Anton Saefkows eine illegale Widerstandsgruppe „Freies Deutschland“ entstanden und hatte durch ihre Arbeit vorbereitet, daß der Stadtkommandant Oberst Rudolf Petershagen gemeinsam mit anderen Vertretern der Bevölkerung die Stadt kampflos der Roten Armee übergab.

Das ist die entsetzliche Bilanz des zweiten Weltkrieges: Krieg und Barbarei des deutschen Faschismus kosteten 20 Millionen Bürgern der Sowjetunion das Leben. Polen verlor 6 Millionen, Jugoslawien 1,7 Millionen Menschen, Frankreich 600000, die USA etwa 405000, Großbritannien 375 000 Menschen.

Im zweiten Weltkrieg verloren 6 Millionen Deutsche das Leben. Davon sind weit über 4 Millionen gefallen, 410000 wurden Opfer des Luftkrieges, etwa 200000 fielen dem faschistischen Terror zum Opfer. In den Zuchthäusern und Konzentrationslagern, in den Gaskammern und den Vernichtungslagern sind etwa 8 Millionen Menschen verschiedener Nationalitäten ermordet worden.

„Niemals wurde die Ehre einer Nation in schändlicherer Weise mit Schmutz und Blut besudelt, niemals wurde eine Nation von ihrer herrschenden Klasse in eine größere Katastrophe geführt als die deutsche Nation durch die Herrschaft der deutschen Großbourgeoisie“ – das sind ebenso bittere wie wahre Worte aus dem programmatischen Dokument des Nationalrats der Nationalen Front des demokratischen Deutschland aus dem Jahre 1962.

Zu spät erschienen und zu kurz gekommen bei der Aufteilung der Erde, hatte das deutsche Finanzkapital zweimal versucht, durch räuberische Kriege seine maßlosen Weltherrschaftspläne durchzusetzen. In der ersten Hälfte unseres Jahrhunderts hatte das deutsche Volk fast ständig darunter zu leiden, daß seine herrschenden Klassen Kriege vorbereiteten, Kriege führten und dann Kriege verloren. Die Versuche des deutschen Imperialismus, sich mit militärischer Gewalt die Welt zu eigen zu machen, standen von vornherein im Gegensatz zu den Interessen des deutschen Volkes selbst. Diese Versuche waren darüber hinaus ohne jede Perspektive. Bereits im ersten Weltkrieg hatte den herrschenden Klassen das wirtschaftliche, politische und militärische Potential gefehlt, das zur Verwirklichung ihrer Pläne notwendig gewesen wäre. Nachdem mit der Großen Sozialistischen Oktoberrevolution eine neue Epoche der Weltgeschichte begonnen hatte, nachdem der Übergang vom Kapitalismus zum Sozialismus im internationalen Maßstab eingeleitet worden war, nachdem die Volksmassen immer größeren Einfluß auf den Verlauf der Ereignisse in der Welt erlangt hatten, mußte der Versuch, durch den zweiten Weltkrieg und den Überfall auf die Sowjetunion das Rad der Geschichte zurückzudrehen, erst recht zum Scheitern verurteilt sein. Das war eine historische Gesetzmäßigkeit, und sie konnte weder mittels einer Militärdoktrin geändert werden, die sich in ihrer Abenteuerlichkeit und Brutalität über jedes Recht hinwegsetzte, noch durch den „totalen Krieg", für den das Volk lediglich als Werkzeug der Militaristen in Betracht kam. Daran konnte auch kein Terror gegen die überfallenen Völker und gegen das andere Deutschland, keine Versklavung und Ausrottung von Millionen Menschen etwas ändern.

So war der weltgeschichtliche Sieg der Sowjetunion und der Völker der Antihitlerkoalition eine Befreiung auch für das deutsche Volk. Eine grundlegende Wende in der deutschen Geschichte begann. Worte, die Thomas Mann im Juni 1942 gesprochen hatte, konnten nun Wirklichkeit werden: „Geschichtsphilosophen haben die Macht an sich böse genannt. Ich glaube das nicht. Nur Entartete sehen in der Macht die Möglichkeit, ungestraft Böses zu tun. Möge dieser Krieg die Macht denen zuwenden, hinter deren Stirnen Vernunft, in deren Herzen Sympathie wohnt und denen Macht ein Mittel zum Guten ist!"

V.
VON DER BEFREIUNG VOM FASCHISMUS BIS IN UNSERE TAGE

1. Die antifaschistisch-demokratische Umwälzung im Osten Deutschlands, der Kampf um Demokratie und Einheit und die imperialistische Spaltungspolitik

Das Ende des furchtbarsten aller Kriege, des zweiten Weltkrieges, in den der deutsche Imperialismus Deutschland, Europa und die Welt gestürzt hatte, konnte für das ganze deutsche Volk ein neuer Anfang sein. Millionen Tote, Zerstörung, Lähmung des Wirtschaftslebens, Ruinen – das war die eine Seite der Niederlage. Während des Krieges, solange andere Länder ausgeplündert werden konnten, lag der Lebensstandard in Deutschland relativ hoch, er sank erst in den letzten Kriegsmonaten jäh ab, und Hunger und Mangel an lebensnotwendigen Gütern begannen für viele erst nach der Niederlage – ebenso wie die von den Siegermächten gemeinsam beschlossenen Gebietsabtrennungen und Grenzregelungen und die Umsiedlung aus den Gebieten östlich von Oder und Neiße und aus der ČSSR unvermeidliche Folgen des vom deutschen Imperialismus entfesselten Krieges, aber natürlich auch Belastungen und Erschwerungen des Neuaufbaus, die die progressiven Kräfte der Mehrheit des Volkes erst verständlich machen mußten.

Aber es gab auch eine andere Seite, und sie konnte auf längere Sicht die ausschlaggebende werden. Daß die Sowjetunion die entscheidende Kraft der Antihitlerkoalition gewesen war, daß ihre Armeen die Hauptlast des Krieges getragen hatten, daß sich das internationale Kräfteverhältnis zugunsten des Sozialismus verändert hatte und Teile Deutschlands von der Armee des sozialistischen Staates besetzt waren, daß die imperialistische deutsche Großbourgeoisie zu dieser Zeit nicht mehr über Armee, Polizei und andere bewaffnete Formationen verfügte und ihr zentraler Staats- und Wirtschaftsapparat zerschlagen war – all das eröffnete die Möglichkeit, Imperialismus und Militarismus nun endlich endgültig zu beseitigen, ihre Wurzeln auszureißen und auf dem so bereiteten Boden ein neues, demokratisches Staatswesen und eine fortschrittliche Gesellschaftsordnung zu errichten.

Nicht nur die Veränderungen im internationalen Kräfteverhältnis und erst recht nicht nur die Tiefe der Katastrophe, die mit der Niederlage verbunden war, unterschieden die Situation in Deutschland am Ende des zweiten Weltkrieges gegenüber der Situation des Jahres 1918. Auch im Kräfteverhältnis der Klassen in Deutschland selbst gab es beträchtliche Unterschiede. Obgleich der faschistische Terror sich vor allem gegen die Kommunistische Partei Deutschlands gerichtet hatte und viele ihrer besten Funktionäre und Mitglieder von den Nazis ermordet worden waren und obgleich 12 Jahre faschistischer Herrschaft auch das Klassenbewußtsein vieler deutscher Arbeiter verschüttet hatten, besaß die deutsche Arbeiterklasse jetzt eine revolutionäre, marxistisch-leninistische Partei, die die Massen im Kampf um die nun notwendige Umgestaltung führen konnte, die sich dieser ihrer nationalen Verantwortung bewußt war und deren Führungskern sich schon vor der Befreiung in gründlichen Arbeiten auf die Lösung der neuen Aufgaben vorbereitet hatte. Die Arbeiter hatten am schwersten an den Lasten des Krieges zu tragen gehabt, begriffen aber mit ihrem praktischen Sinn als erste, auf welche Weise allein die Voraussetzungen eines neuen Lebens zu sichern waren, indem sie die ersten Aufräumungsarbeiten in den Trümmern leisteten und die Betriebe in Gang brachten. Auch wenn sich viele von ihnen zunächst noch einfach als ,,Besiegte" betrachteten – die Niederlage des Hitlerstaates war doch gerade auch ihre Befreiung gewesen, und an diese Tatsache konnte die

Partei anknüpfen, konnte ihnen zum Bewußtsein bringen, daß ihre Klasse im Grunde einen entscheidenden Sieg errungen hatte.

Es gab aber noch weitere Unterschiede gegenüber der Situation in Deutschland am Ende des ersten Weltkrieges. Die Erfahrungen, die auch andere Klassen und Schichten während der faschistischen Diktatur und während des zweiten Weltkrieges gemacht hatten, waren weitere Voraussetzungen, daß jetzt ein neues, demokratisches Deutschland entstehen konnte. Die Masse der Bauern, Handwerker und Gewerbetreibende, Teile des Bürgertums und nicht zuletzt die Intelligenz konnten auf Grund dieser Erfahrungen für ein Bündnis mit der Arbeiterklasse gewonnen werden, waren zu der Einsicht zu bringen, daß der monopolistischen Großbourgeoisie und den Junkern, die zeitweilig keine politischen Machtinstrumente mehr besaßen, ihre Macht nun auch endgültig genommen werden mußte – unter der Voraussetzung freilich, daß die Arbeiterklasse selbst ihre Kräfte einte und durch ihre Stärke und die Geschlossenheit ihres Handelns damit Beispiel, Vorbild und Anziehungspunkt für alle diejenigen wurde, die einen neuen Weg gehen wollten.

Das Potsdamer Abkommen (2. August 1945) fixierte die äußeren, völkerrechtlichen Grundlagen einer antifaschistisch-demokratischen Umgestaltung, der Aufruf des Zentralkomitees der Kommunistischen Partei Deutschlands vom 11. Juni 1945 formulierte, was das deutsche Volk selbst zu tun hatte, um dieses Ziel zu erreichen.

Im Potsdamer Abkommen kam der Wille der Völker, auf staatlicher Ebene repräsentiert durch die Regierung der UdSSR, zum Ausdruck, den deutschen Imperialismus und Militarismus gründlich und endgültig zu beseitigen und damit die Gefahr weiterer von ihm ausgehender Aggressionen zu bannen. Die Politik der Alliierten gegenüber Deutschland wurde eindeutig mit den Worten festgelegt: „Der deutsche Militarismus und Nazismus werden ausgerottet, und die Alliierten treffen nach gegenseitiger Vereinbarung in der Gegenwart und in der Zukunft auch andere Maßnahmen, die notwendig sind, damit Deutschland niemals mehr seine Nachbarn oder die Erhaltung des Friedens in der Welt bedrohen kann." Den deutschen Imperialismus und Militarismus gründlich und endgültig zu beseitigen: das hieß vor allem, seine ökonomischen Grundlagen zu vernichten. Die Sowjetunion hat nicht nur die Hauptlast des Krieges gegen den deutschen Faschismus getragen, sondern es ist ihr auch zu danken, daß in das Dokument, das die Ergebnisse des gerechten Krieges der Antihitlerkoalition in völkerrechtlich bindender Form formulierte, die Verpflichtung aufgenommen wurde, „das deutsche Wirtschaftsleben zu dezentralisieren mit dem Ziel der Beseitigung der bestehenden übermäßigen Konzentration der Wirtschaft, dargestellt insbesondere durch Kartelle, Syndikate, Trusts und andere Monopolvereinigungen."

Deutschland sollte nie mehr den Frieden in der Welt bedrohen können – auf der Grundlage dieses Bedürfnisses der vom deutschen Imperialismus zweimal innerhalb weniger Jahrzehnte überfallenen Völker nach Sicherheit, eines legitimen Bedürfnisses, das zugleich eine Verpflichtung des deutschen Volkes vor den Völkern der Welt war, kam in Potsdam ein echter Kompromiß zwischen der UdSSR, den USA und Großbritannien zustande. Entgegen späteren Entstellungen durch imperialistische Politiker und Historiker, die den Bruch des Abkommens durch die Westmächte mit dem Argument rechtfertigen wollen, diese seien damals „überlistet" worden, ist nachdrücklich festzustellen, daß die offiziellen Kriegsziele, die die Regierungen der Westmächte in bezug auf Deutschland während des Krieges proklamiert hatten, weitgehend berücksichtigt wurden. „Zweifellos stellte das Potsdamer Abkommen einen Kompromiß zwischen den Vertragspartnern dar, wie das bei frei ausgehandelten internationalen Vereinbarungen nicht anders sein kann. Die Beteiligung der Sowjetunion an diesen Verhandlungen, ihre Macht und ihr Prestige (sowie die anderen den Charakter des Krieges bestimmenden Faktoren) führten dazu, daß dieser Kompromiß nicht auf Kosten der Interessen des deutschen Volkes, sondern auf der Grundlage demokratischer völkerrechtlicher Prinzipien zustande kam.“ (Rolf Badstübner)

Die grundlegenden Festlegungen dieses Abkommens entsprachen den Interessen vor allem des deutschen Volkes selbst, wiesen sie doch den Weg zur Demokratisierung ganz Deutschlands, wie sie nach der Befreiung vom Faschismus unmittelbar möglich war. Dieser Zielsetzung entsprechend haben auch die sowjetischen Besatzungsorgane bereits zu einer Zeit, als in den Westzonen der deutschen Bevölkerung noch jegliche politische Tätigkeit verboten war, die Bildung demokratischer Parteien und Massenorganisationen gefördert und den deutschen Antifaschisten und Demokraten die Freiheit gesichert, ihre Kräfte zu entfalten.

„Daß die entscheidenden Interessen des deutschen Volkes in der gegenwärtigen Lage für Deutschland . . . den Weg der Aufrichtung eines antifaschistischen, demokratischen Regimes, einer parlamentarisch-demokratischen Republik mit allen demokratischen Rechten und Freiheiten für das Volk“ vorschrieben, war der zentrale Gedanke des Aufrufs der KPD. Diese antifaschistisch-demokratische Ordnung bedeutete keine Wiederholung der formalen Demokratie von Weimar, die dem Faschismus keinen Widerstand hatte entgegensetzen können, deren Schoß er vielmehr gerade entsprossen war, aber auch noch keine sozialistische Demokratie. Bestrafung der Kriegsverbrecher, Anerkennung der Pflicht zur Wiedergutmachung für die durch die Hitleraggression den anderen Völkern zugefügten Schäden, Enteignung des Vermögens der Kriegsverbrecher und Liquidierung des Großgrundbesitzes, aber auch Herstellung der demokratischen Rechte des Volkes, Bildung demokratischer Selbstverwaltungsorgane und friedliches Zusammenleben mit anderen Völkern – das war ein Programm, dessen konsequente Durchführung in ganz Deutschland in Übereinstimmung mit der Verpflichtung des Potsdamer Abkommens stehen würde, Deutschland solle nie wieder den Frieden in der Welt bedrohen. Dieses Programm entsprach den Lehren der deutschen Geschichte, und seine Verwirklichung lag im Interesse breitester Schichten des ganzen deutschen Volkes. Des ganzen deutschen Volkes: Die Arbeiterbewegung und ihre Verbündeten orientierten sich nach der Befreiung ursprünglich auf die offene Auseinandersetzung mit der Reaktion in gesamtdeutschem Rahmen. Die Spaltung Deutschlands und die Entstehung zweier deutscher Staaten war „nicht potentieller Ausgangspunkt, sondern historisches Resultat der Klassenkämpfe“ (Günter Benser) der ersten Nachkriegsjahre. Es gab eine reale Alternative zur Zerreißung Deutschlands und zum Wiedererstehen des Imperialismus in Westdeutschland, und der Kampf für eine einheitliche demokratische Republik war der Grundzug des Ringens der marxistischen deutschen Arbeiterpartei und der mit ihr verbündeten Kräfte während eines ganzen Zeitraums. Diese Konzeption faßte Walter Ulbricht im Dezember 1962 rückblickend mit folgenden Worten zusammen: „Wir waren schon 1945 für eine konsequente Politik des Friedens, der Demokratie und der Einheit ganz Deutschlands. Wir waren dafür, daß nach 1945 im Sinne der Potsdamer Abkommen der Kampf um die Demokratie und Sicherung des Friedens in ganz Deutschland geführt wird. Wir wollten, daß der Kampf gegen den Nazismus sozusagen in offener Feldschlacht geführt wird, obwohl wir nicht annahmen, daß die KPD unter diesen Bedingungen eine Mehrheit in Gesamtdeutschland bekommen hätte. Aber wir waren sicher, daß im Prozeß dieses Kampfes doch die Vereinigung der Arbeiterschaft und der antifaschistisch-demokratischen Kräfte erfolgen würde und – wenn auch in langen Fristen – eine friedliche Ordnung in Deutschland erreicht würde.“

Dem Aufruf der KPD vom 11. Juni entsprechend sind in der sowjetischen Besatzungszone demokratische Verwaltungen als erste Voraussetzung für die Lösung der neuen Aufgaben gebildet worden. Erstmals in Deutschland entstanden staatliche Organe, die mit den Massen verbunden waren und ihre Interessen vertraten. (Erwähnt sei hier die lebendige Schilderung der „Großen Wende in einer kleinen Stadt“, die Franz Becker, damals Bürgermeister in Storkow, veröffentlicht hat.)

Ein Befehl der sowjetischen Militäradministration vom 10. Juni gestattete die Bildung antifaschistisch-demokratischer Parteien und freier Gewerkschaften. So entstand in der sowjetischen Besatzungszone nach der KPD auch die Sozialdemokratische Partei, deren Zentralausschuß in seinem Aufruf vom 15. Juni 1945 die Entschlossenheit bekundete, für eine antifaschistisch-demokratische Republik einzutreten. Bereits in der Tatsache, daß der Ausschuß ausdrücklich diesen Forderungen des Aufrufes der KPD zustimmte, kam etwas Neues zum Ausdruck: Die Bereitschaft der Sozialdemokraten zur Einheit der Arbeiterklasse war zur Massenerscheinung geworden, bildete eine günstige Voraussetzung für die Aktionseinheit der Arbeiterklasse und für die Vorbereitung der organisatorisch-politischen Einheit. Ende Juni und Anfang Juli 1945 entstanden auch zwei antifaschistische Parteien bürgerlichen Charakters, die CDU und die LDPD.

Mit der Bildung des Blocks der antifaschistisch-demokratischen Parteien am 14. Juli 1945 wurde der Gedanke der Volksfront in Deutschland verwirklicht. Diese Blockpolitik unterschied sich grundsätzlich von der Koalitionspolitik der Weimarer Zeit. In der Koalitionspolitik hatte die Führung bei der Monopolbourgeoisie und ihren Parteien gelegen, und diese Koalitionen hatten das Ziel verfolgt, mit Hilfe der SPD die Arbeiterklasse der Bourgeoisie unterzuordnen. Die Blockpolitik, die unter der Führung der KPD nun begann, ermöglichte es dagegen der Arbeiterklasse, alle antiimperialistischen Kräfte um sich zu sammeln. Wilhelm Külz und Otto Nuschke wurden repräsentativ für die Gegner des Faschismus, die aus dem Bürgertum kamen und sich für eine fortschrittliche Politik einsetzten.

„Wir sind immer von der gemeinsamen Verantwortung der demokratischen Kräfte ausgegangen und haben bereits vor 30 Jahren – entgegen allen sektiererischen Auffassungen – die Politik der Volksfront entwickelt, für die Einheit der Arbeiterklasse gewirkt und eine fruchtbare Zusammenarbeit mit namhaften demokratischen Vertretern des deutschen Bürgertums angebahnt. In der Tätigkeit des antifaschistisch-demokratischen Blocks und der Nationalen

Front fanden die Ideen der Volksfront unter den neuen Bedingungen der gesellschaftlichen Entwicklung auf noch breiterer Grundlage ihre Verwirklichung.

Das Mehrparteiensystem, das sich in der DDR hervorragend bewährt hat, ist gerade eines der wichtigsten Kennzeichen unserer Bündnispolitik, mit der wir den nationalen und historischen Bedingungen unseres Landes Rechnung getragen und bewiesen haben, daß auch in einem hochindustrialisierten Land mit einer starken Arbeiterklasse ein solches Bündnis nicht nur möglich, sondern zugleich notwendig ist und daß eine marxistisch-leninistische Partei mit anderen demokratischen Parteien und mit Menschen verschiedener Weltanschauung im Interesse des gesellschaftlichen Fortschritts erfolgreich zusammenarbeiten kann und muß. Dank dieser Zusammenarbeit vermochten wir unseren erfolgreichen Weg ohne wesentliche Erschütterungen zurückzulegen und den Übergang zur sozialistischen Umgestaltung friedlich zu vollziehen. Es gab in dieser Entwicklung keinen Stillstand, aber wir haben es auch stets vermieden, notwendige Etappen zu überspringen. Für jeden Schritt wird genügend Zeit gebraucht, um die jeweiligen Errungenschaften zu festigen, die nächsten Schritte systematisch vorzubereiten und auf diese Weise die Menschen systematisch an die geschichtlich auf der Tagesordnung stehenden gesellschaftlichen Aufgaben heranzuführen.“ (Walter Ulbricht)

Das alles heißt jedoch nicht, daß das gesellschaftliche Kräfteverhältnis im Block und in den neuen Verwaltungsorganen von vornherein und eindeutig entschieden gewesen wäre. Führende Politiker der bürgerlichen Parteien der Weimarer Republik wie Ferdinand Friedensburg, Andreas Hermes und Eugen Schiffer erklärten in den Verhandlungen, die damals mit ihnen geführt wurden, sie seien bereit, mit den Arbeiterparteien ein Stück Weges gemeinsam zu gehen. Ein Stück Weges – im Prozeß der weiteren Entwicklung, so erwarteten sie, würden sich schließlich doch die bürgerlich-kapitalistischen Interessen, von denen sie sich leiten ließen, durchsetzen lassen. Die Frage „Wer – wen?“ war also keineswegs entschieden. Es gab Gemeinsamkeiten in den antifaschistischen Zielen, gewiß – aber erst in einem längeren Differenzierungs- und Auseinandersetzungsprozeß konnte die Arbeiterklasse ihre Hegemonie in der antifaschistisch-demokratischen Umwälzung verwirklichen.

Mit der demokratischen Bodenreform erlebte der jahrhundertelange Kampf der deutschen Bauern – erinnern wir uns an den Bauernkrieg, an die Erhebungen, die die Französische Revolution auslöste, an die Bauernbewegungen der Jahre 1848/49, an die Kämpfe der Bauern und Landarbeiter während der Novemberrevolution und in der Zeit der Weimarer Republik – endlich seinen Erfolg. Der Beginn einer demokratischen Schulreform – die Beseitigung aller Bildungsprivilegien, der Aufbau eines einheitlichen Schulsystems, die Herausbildung einer neuen, demokratischen Lehrerschaft und die Ausarbeitung neuer Lehrpläne – leitete eine Revolution auch auf dem Gebiet des geistigen und kulturellen Lebens ein.

Die antifaschistisch-demokratische Umgestaltung beeinflußte nicht zuletzt auch das Geschichtsdenken und die Geschichtswissenschaft. Es war vor allem die politisch-historische Bildungsarbeit der KPD und später der SED, die die Überwindung der imperialistischen Geschichtsideologie ermöglichte. Zu dieser Bildungsarbeit gehörte die Neuherausgabe der historischen Arbeiten von Marx, Engels und Lenin, aber auch der Schriften Franz Mehrings. Unter den historischen Untersuchungen, die deutsche Antifaschisten in der Emigration verfaßt hatten und die nun endlich in Deutschland selbst erscheinen konnten, seien zwei besonders erwähnt. Walter Ulbrichts Werk „Die Legende vom deutschen Sozialismus" wurde bereits im Sommer 1945 im befreiten Berlin veröffentlicht. Hier wurde der wissenschaftliche Nachweis erbracht, daß es die reaktionärsten Gruppen des deutschen Finanzkapitals gewesen waren, die Hitler zur Macht gebracht hatten und die die eigentlichen Herrscher und Nutznießer der faschistischen Diktatur waren. Albert Nordens Buch „Lehren deutscher Geschichte" trug durch die Analyse der politischen Rolle des Finanzkapitals und der Junker im imperialistischen Deutschland wesentlich dazu bei, die historische Notwendigkeit der antifaschistisch-demokratischen Umwälzung nachzuweisen. Norden zeigte zugleich aber auch, daß die Befreiung vom Faschismus einen neuen Anfang in Deutschland ermöglichte, „daß zum ersten Mal in Deutschland nach Prinzipien regiert werde, die dem Volk erlauben, sich frei und gesund zu entfalten und der Welt nicht mehr ein Schrecken, sondern ein liebens- und achtenswerter Nachbar zu sein". Heinrich Mann, der 1949 eine Charakteristik dieses Buches schrieb, faßte seinen Sinn in zwei knappen Sätzen zusammen: „Der Begriff des Vaterlandes ist sozialistisch. Truste kennen kein Vaterland."

Wenigstens ein Zeugnis eines bedeutenden älteren Historikers bürgerlicher Prägung für die Bereitschaft, in demokratischen Sinne Konsequenzen aus der Befreiung zu ziehen, sei hier erwähnt. Fritz Rörig, Professor an der Humboldt-Universität zu Berlin, schrieb in einer historischen Betrachtung über den deutschen Fürstenstaat, die am 16. Februar 1946 in der „Täglichen Rundschau" erschien: „Wem es wirklich Ernst ist mit dem Aufbau eines wahrhaft demokratischen Deutschland, der kann kaum an eine ihrer Herkunft und Gesinnung nach ungeeignetere Instanz anknüpfen als den deutschen Partikularstaat jenes in seinen gänzlich unorganischen Grenzen erstarrte Zufallsprodukt des dynastischen Machtkampfes aller gegen alle . . . Gegen eine solche innere Selbstauflösung aus dem Einheitsgefühl des ganzen deutschen Volkes Front zu machen, wie es in den besten Zeiten einer wahrhaft demokratischen Bewegung in Deutschland geschehen ist – man denke nur an 1848/49 –, das scheint mir ein würdigeres Beginnen zu sein."

Im Kampf um die Durchführung der antifaschistisch-demokratischen Umwälzung festigte sich die Kraft, ohne die die künftigen Aufgaben nicht gelöst werden konnten: die Aktionseinheit der Arbeiterklasse.

Faschismus und Befreiung vom Faschismus ließen auch große Teile der Sozialdemokratie die richtigen Schlußfolgerungen ziehen. Solche Schlußfolgerungen wurden auch von solchen Sozialdemokraten gezogen, die noch von reformistischen Vorstellungen beeinflußt waren, und sie wurden in allen Besatzungszonen gezogen. In ganz Deutschland, auch in den Westzonen, erklang die Forderung nach einer Neuorientierung der SPD. Es gibt kaum eine große Stadt, in der nicht in diesen Monaten Aktionsabkommen zwischen KPD und SPD geschlossen worden wären.

Aber diese Einheitsbewegung wurde durch Eingriffe der westlichen imperialistischen Besatzungsmächte und durch die Haltung der von antikommunistischen Kräften wie Kurt Schumacher beherrschten Instanzen der Sozialdemokratie in den Westzonen außerordentlich behindert. Schumacher, in der Weimarer Zeit einer der „Neuerer" in der SPD, die die Sozialdemokratie nach rechts drängen wollten, von den Nazis jahrelang eingekerkert und wegen seiner antifaschistischen Haltung hoch angesehen, glaubte, ein neues Aufleben des Rechtsradikalismus könne verhindert werden, wenn die SPD selbst nationalistische Forderungen vertrete. Gleichzeitig propagierte er den Sozialismus als „Tagesaufgabe", verstand aber unter dem Staat, der Teile der Wirtschaft nationalisieren solle, den bürgerlichen Staat. So enthielt sein Programm alles Notwendige, um die Sozialdemokratie in den kapitalistischen Staat zu integrieren. Er wurde zunächst von der britischen, dann auch von den anderen imperialistischen Besatzungsmächten unterstützt. Damit wurde die Herstellung der Einheit der Arbeiterklasse in den Westzonen versperrt. Es war nicht äußerer Zwang, der die Vereinigung der Arbeiterparteien in der sowjetischen Besatzungszone herbeiführte, äußerer Zwang trug vielmehr umgekehrt wesentlich dazu bei, daß diese Vereinigung in Westdeutschland und Westberlin nicht zustande kam.

So mußten die leitenden Organe der beiden Arbeiterparteien im Osten Deutschlands vorwärtsgehen und mit den Vorbereitungen zur Gründung der Sozialistischen Einheitspartei Deutschlands das Beispiel für ganz Deutschland geben. Diese Vorbereitungen bestanden vor allem in gründlichen Auseinandersetzungen über die theoretischen

Grundlagen und das organisatorische Gefüge der Partei, die sich auf der Grundlage des gemeinsamen Kampfes um die Beseitigung der Kriegsschäden, für die antifaschistisch-demokratische Erziehung des Volkes und im Ringen um die Durchführung der Bodenreform abspielten. Sie ermöglichten es, daß am 21. und 22. April 1946 der Vereinigungsparteitag von KPD und SPD zusammentreten konnte. Der Vorsitzende der KPD, Wilhelm Pieck, und der Vorsitzende der SPD, Otto Grotewohl, reichten einander für mehr als eine Million Mitglieder der beiden Arbeiterparteien die Hände, und über 1000 Delegierte dieser Parteien beschlossen einstimmig die Vereinigung zur Sozialistischen Einheitspartei Deutschlands. Das war ein historischer Wendepunkt für die deutsche Arbeiterklasse. Von nun an trat sie in einem großen Teil Deutschlands als geschlossene Kraft auf. Zum ersten Male wurde nach langjähriger Spaltung in einem hochindustrialisierten Land die Einheit der Arbeiterbewegung auf der Grundlage des Marxismus wiederhergestellt. Aber es war ein Wendepunkt nicht nur für die Arbeiterklasse. Daß die Spaltung der Arbeiterbewegung wenigstens in einem Teil Deutschlands nun überwunden war, entsprach den Lehren der Vergangenheit, die aus der Geschichte der ganzen deutschen Nation gezogen wurden, und es war ein Markstein in einem geschichtlichen Prozeß, der von Bedeutung für Gegenwart und Zukunft der ganzen deutschen Nation werden sollte. Die Einheit der Arbeiterbewegung war die wesentliche Voraussetzung dafür, daß die antifaschistisch-demokratische Umwälzung konsequent durchgeführt und in den folgenden Jahren in der Deutschen Demokratischen Republik der Übergang zur sozialistischen Umgestaltung vollzogen werden konnte,

Nach der Vereinigung von KPD und SPD rückte in der sowjetischen Besatzungszone der Kampf um die Entmachtung des Monopolkapitals in den Mittelpunkt der politischen Auseinandersetzung. Die Bedingungen, um die Hauptschuldigen an Faschismus und Krieg zu enteignen und dadurch die Grundlagen des deutschen Imperialismus wenigstens in einem Teil Deutschlands zu beseitigen, waren nun herangereift. In dem industriell fortgeschrittensten Gebiet der sowjetischen Besatzungszone, in Sachsen mit seiner traditionsreichen Arbeiterbewegung, wurde durch einen Volksentscheid, der am 30. Juni 1946 stattfand und in dem mehr als 77% aller Abstimmungsteilnehmer der Übergabe von Betrieben von Kriegs- und Naziverbrechern in das Eigentum des Volkes zustimmten, das Vorbild auch für die übrigen Länder der sowjetischen Besatzungszone geschaffen. Unter dem Eindruck dieser starken Bewegung nahm auch die Berliner Stadtverordnetenversammlung am 13. Februar 1947 mit überwältigender Mehrheit ein Gesetz zur Überführung von Konzernen und sonstigen wirtschaftlichen Unternehmen in Gemeineigentum an. Aber das Gesetz konnte in der Aliierten Stadtkommandantur nicht bestätigt werden: Während sich die sowjetischen Vertreter für eine Annahme des Beschlusses aussprachen, zögerten die drei westlichen Stadtkommandanten ihre Zustimmung immer weiter hinaus, um ihn schließlich ganz abzulehnen. Er ist daher nur im sowjetischen Sektor von Berlin verwirklicht worden.

In der Industrie der sowjetischen Besatzungszone war ein starker volkseigener Sektor entstanden. Die neue Ordnung besaß nun eine feste Basis. Im ersten Halbjahr 1948 hatte die Herausbildung der antifaschistisch-demokratischen Ordnung einen gewissen Abschluß gefunden. Die weitere Festigung dieser Ordnung wurde nicht mehr auf dem Wege der Enteignung, sondern auf der Grundlage der inzwischen geschaffenen neuen ökonomischen Verhältnisse vollzogen. „Es galt jetzt, das Übergewicht des volkseigenen Sektors mit ökonomischen Mitteln herzustellen, mit Hilfe der Wirtschaftsplanung, der Akkumulation, der Nutzung aller Kapazitäten, der Steigerung der Arbeitsproduktivität, des ökonomischen Wettbewerbs mit den anderen Sektoren der Volkswirtschaft. Die revolutionären Veränderungen hatten auch neue Klassenverhältnisse geschaffen. Die imperialistische Großbourgeoisie und die Junker waren verschwunden. Die Arbeiterklasse hatte sich zur bestimmenden Kraft der Gesellschaft entwickelt. Ihr Klassenbewußtsein und ihre Organisiertheit waren gewachsen. Die fortgeschrittensten Arbeiter fühlten sich mit der neuen Ordnung eng verbunden und setzten ihre ganze Kraft für den demokratischen Neuaufbau ein. Es war der Arbeiterklasse gelungen, im Kampf gegen das Junkertum ein enges Bündnis mit der Bauernschaft herzustellen. Viele werktätige Bauern und Vertreter der städtischen Mittelschichten hatten sich im nationalen Kampf fest um die Arbeiterklasse zusammengeschlossen. Da sich die Arbeiterklasse für die unmittelbaren Interessen der Gesamtheit der Bevölkerung einsetzte und auch die besonderen Belange der Bauern, der Handwerker und Gewerbetreibenden, der Intelligenz vertrat, wurde sie von diesen Schichten unterstützt. Die Mittelschichten und auch Teile der Arbeiterklasse erlagen aber noch leicht dem starken gegnerischen Druck, sobald die Imperialisten ihre Politik des kalten Krieges verstärkten und den Klassenkampf zuspitzten. Wiederholt wurden bei ihnen Zweifel an der Richtigkeit des eingeschlagenen Weges wach, wenn die Partei der Arbeiterklasse kühn neue Schritte tat. Deshalb hatte die SED in den Jahren 1948/49, als viele neue große Probleme gelöst werden mußten, einen besonders schweren ideologischen Kampf zu führen." (Geschichte der deutschen Arbeiterbewegung)

Unter Ausnutzung der neuen ökonomischen Gesetze, die in der antifaschistisch-demokratischen Ordnung zu wirken begannen, konnte mit dem Zweijahrplan 1949–1950, den die 11. Tagung des Parteivorstandes der SED am 29. Juni 1948 beschloß, der Übergang zur langfristigen Wirtschaftsplanung beginnen. Das war zugleich eine Antwort auf die Frage, ob die sowjetische Besatzungszone den Kampf für eine einheitliche, demokratische deutsche Republik führen oder sich jener erpresserischen imperialistischen Politik unterwerfen sollte, die der Entwicklung in den Westzonen immer mehr das Gepräge gab.

Die Elemente der Strategie des deutschen Finanzkapitals waren bereits während des zweiten Weltkrieges ausgearbeitet worden, und sie hatten ihren Niederschlag in jenen Plänen der rechtesten Gruppen der Verschwörung des 20. Juli 1944 gefunden, die – nach dem hier bereits erwähnten Bericht Gerhard Ritters – „an eine Art Vereinigung deutscher und angelsächsischer Streitkräfte" gedacht hatten und so die Herrschaft des deutschen Finanzkapitals auf dem ganzen Territorium des damaligen deutschen Reiches erhalten wollten. Solche Gedanken bewegten schließlich auch die Nazis, als die Strafe für ihre Untaten nahte: der Erzverbrecher Himmler spekulierte in den letzten Monaten des Krieges auf Sonderverhandlungen mit den Westmächten, und als ihm das Wasser bis zum Hals stand, flüchtete sich sogar noch Hitler selbst in den Wahn, ein Bruch zwischen den Alliierten stehe unmittelbar bevor: Als die Nachricht vom Tode Roosevelts am 12. April 1945 im Bunker unter der Reichskanzlei eintraf, erging er sich, wie mehrfach bezeugt ist, in Vergleichen mit dem Mirakel des Hauses Brandenburg aus dem 18. Jahrhundert, dem Tode der Zarin im Siebenjährigen Krieg.

Ebenso wie bereits im Dezember 1918, unmittelbar nach der Niederlage des deutschen Imperialismus im ersten Weltkrieg, deutsche Generalstabsoffiziere, unter ihnen Seeckt und Schleicher, zusammenkamen, um die politische Strategie zur Wiedererrichtung des Militarismus zu beraten, gingen bereits wenige Tage nach der bedingungslosen Kapitulation führende Nazioffiziere an die Planung neuer Verbrechen. Generaloberst Jodl – später auf Grund des Urteils des Nürnberger Prozesses gegen die Hauptkriegsverbrecher hingerichtet – veranstaltete noch nach dem 8. Mai 1945 in aller Form als Chef des Wehrmachtsführungsstabes im OKW unter der Regierung Dönitz in Mürwik bei Flensburg bis zur Verhaftung dieses „Kabinetts" am 23. Mai „Lagebesprechungen". Jodl stellte sich freilich damals vor, er und seinesgleichen würden einfach die alten Praktiken aus der Vergangenheit wieder anwenden können. „Ich will die alten Tugenden, insbesondere die deutsche Generalstabsarbeit, so wie sie früher üblich war, wieder einführen", sagte er wörtlich am 13. Mai. Auch nach der bedingungslosen Kapitulation hatten diese geschlagenen Nazigenerale den ganzen Umfang der Niederlage noch nicht begriffen. Auch für sie dürfte das Potsdamer Abkommen dann freilich Klarheit geschaffen haben.

Die amerikanische und die englische Regierung hatten sich, so sahen wir, in Potsdam mit der Sowjetregierung über eine gemeinsame Politik gegenüber Deutschland geeinigt. Die Frage blieb aber, inwiefern die westlichen Besatzungsmächte in den von ihnen okkupierten Zonen das Potsdamer Abkommen auch tatsächlich durchführen würden. Nicht nur in den Bestrebungen zur Aktionseinheit der Arbeiterparteien kam die Entschlossenheit zum Ausdruck, auch in Westdeutschland die Lehren aus der Geschichte zu ziehen. Die Beschlüsse westdeutscher Länderparlamente und ein Volksentscheid in Hessen zeigen ebenfalls, welche Potenzen es auch in den Westzonen gab, die für grundlegende Umgestaltungen in Wirtschaft, Gesellschaft und Politik genutzt werden konnten. Am 1. Dezember 1946 bejahten in einem Volksentscheid etwa 76% der Wähler die hessische Verfassung mit einem Artikel 41, der die Verstaatlichung des Bergbaues, der Betriebe der Eisen-, Stahl- und Energieerzeugung und der Großbanken vorsah. Der Landtag von Nordrhein-Westfalen billigte am 6. August 1948 mit den Stimmen von KPD, SPD und Zentrum ein Gesetz zur Sozialisierung des Kohlenbergbaus. Aber in beiden Fällen griffen die imperialistischen Besatzungsmächte ein, um eine Durchführung dieser Beschlüsse zu hintertreiben. Eine Verordnung der amerikanischen Besatzungsmacht verhinderte die Verwirklichung der Entscheidung der hessischen Wähler, indem sie den gewählten Organen des Landes die Kompetenz für die Durchführung der Verstaatlichung bestritt, und das vom nordrhein-westfälischen Landtag beschlossene Gesetz wurde vom britischen Militärgouverneur am 23. August suspendiert. Im Bündnis mit den Westmächten verhinderte die Großbourgeoisie der westlichen Besatzungszonen die Durchführung der entscheidenden Festlegungen des Potsdamer Abkommens – verhinderte sie um den Preis der Spaltung Deutschlands.

Freilich hat die deutsche Großbourgeoisie sich in den Jahren 1945/46 noch nicht geschlossen und einheitlich auf dieses Ziel orientiert. Damals „zeigte sich im Lager der imperialistischen deutschen Reaktion in den Fragen der Strategie und Taktik kein einheitliches Bild ... Grundsätzlich einig in der Fronde gegen das Potsdamer Abkommen und in ihren restaurativen Zielen, gab es doch über die Einschätzung des internationalen und nationalen Kräfteverhältnisses, über die Möglichkeiten, Wege und Etappen einer restaurativen Politik in Deutschland zum Teil recht unterschiedliche Auffassungen.

Während 1945 noch viele, wenn nicht die meisten politischen Exponenten der deutschen Reaktion gesamtdeutsch-restaurative Vorstellungen entwickelten beziehungsweise zum Ausdruck brachten, hegte der 69jährige Oberbürgermeister von Köln, Konrad Adenauer, bereits damals andere Pläne." (Rolf Badstübner/Siegfried Thomas) Nach dem Bericht seines offiziellen Biographen hatte Konrad Adenauer schon am 5. Oktober 1945 vorgeschlagen, „sofort aus den drei westlichen Zonen einen Bundesstaat zu bilden" und diesen wirtschaftlich „so eng wie möglich" mit Frankreich und Belgien zu verflechten.

Auch in der bürgerlichen Geschichtsschreibung wurde schon in der Phase der sog. „Reeducation" die Tendenz maßgebend, eine neue politische Strategie der deutschen Großbourgeoisie zu propagieren. Friedrich Meinecke veröffentlichte 1946 das Buch „Die deutsche Katastrophe". Er erklärte darin, es sei „dem Zeitalter der äußeren Fremdherrschaft, wie es zunächst jetzt über uns hereingebrochen ist, ein Zeitalter der inneren Fremdherrschaft, der Herrschaft eines Verbrecherklubs, vorangegangen". Aber wie diese Verbrecher zur Macht gelangen konnten, wurde – wenn er auch einige Hinweise auf die historische Schuld des deutschen Bürgertums und der Militärs gab – im wesentlichen doch nur mit vagen geistesgeschichtlichen Andeutungen erklärt, nach denen letzten Endes die Hauptverantwortung bei den Volksmassen lag. Wenn schon der Begriff „Fremdherrschaft", den Meinecke für die zeitweilige Übernahme der Regierungsfunktionen durch die Mächte der Antihitlerkoalition zum Zweck der Durchführung des Potsdamer Abkommens verwendet, bedenklich stimmen mußte, so wird das Gemeinte noch deutlicher, wenn als geziemende Haltung zu diesen Mächten bezeichnet wurde: „Soweit ... die Fremden, die uns jetzt beherrschen, alle nationalsozialistischen Einflüsse auf das Volk auszurotten versuchen und christlich-abendländischer Gesittung dadurch wieder Luft schaffen, müssen wir ihnen nicht nur grundsätzlich Recht geben, sondern selbst auch mithelfen" – wobei die präzise Einschränkung der Mitwirkung auf die Verbreitung „christlich-abendländischer Gesittung" einige Seiten weiter noch näher erläutert wurde: „Anteil der Macht" könnte Deutschland „nur als Glied einer künftigen, freiwillig sich zusammenschließenden Föderation mittel- und westeuropäischer Völker ... zurückgewinnen."

Ludwig Dehio empfahl eine Revision des Geschichtsbildes, die in einer Anknüpfung an Ranke bestehen sollte. Er stellte die Befreiung vom Faschismus als entscheidenden Schritt zu einem Weltstaatensystem dar und deutete damit das an, was einige Jahre später zum Dogma der führenden westdeutschen Historiker werden sollte: Die Deutung des Zusammenbruchs des deutschen Imperialismus im zweiten Weltkrieg als Symptom dafür, daß das Zeitalter des souveränen Nationalstaates beendet sei, und die daraus abgeleitete Empfehlung des Anschlusses an einen imperialistischen Mächteblock auf antikommunistischer Grundlage.

Es war vor allem die amerikanische Politik, bei der die Initiative und die Führung in diesem Prozeß lag. „Der Zwang der Realitäten während der Kriegsjahre (die USA waren auf die sowjetische Unterstützung im Kampf gegen den deutschen und japanischen Konkurrenten angewiesen; der spürbare Druck der antifaschistischen und prosowjetischen Volksstimmung im In- und Ausland) hatte das Gewicht und den Einfluß der Kreise um Roosevelt wesentlich erhöht und die politische Handlungsfreiheit der aggressivsten antisowjetischen Gruppen des USA-Monopolkapitals eingeschränkt. Gleichzeitig waren aber gerade diese Finanzgruppen die hauptsächlichen Nutznießer der Kriegskonjunktur, und ihre ins Gigantische angewachsene ökonomische Macht drängte nun verstärkt nach Umsetzung in politische Aktion ... Man wurde in Washington gewahr, daß der Völkersieg über den Faschismus nicht nur in den Ländern Ost- und Südosteuropas zu revolutionären Umwälzungen führte, deren Ausmaß selbst für die realistischeren Gruppierungen unerwartet war, sondern sogar in Westeuropa trotz Schutz durch anglo-amerikanische Truppen das kapitalistische Herrschaftssystem ernsthaft gefährdete ... Die Machtverschiebungen innerhalb der politischen Führungsgremien der USA setzten sich nicht in Form einer abrupten außenpolitischen Wende durch, sondern als allmählicher Prozeß, der bis in das Jahr 1947 reichte." (Percy Stulz) Schon im September 1946 deutete der amerikanische Staatssekretär des Äußeren, Byrnes, in einer Rede, die er in Stuttgart hielt, an, daß sich Amerika von den Potsdamer Beschlüssen zurückziehen wolle. Unter Ausnutzung des zeitweiligen Atombombenmonopols der USA wurde der kalte Krieg gegen die Sowjetunion und die Länder der Volksdemokratie begonnen. Seine offizielle Ankündigung erfolgte am 12. März 1947, als der Präsident der USA in einer Botschaft an den Kongreß die sogenannte Truman-Doktrin verkündete. Zum Hauptziel der amerikanischen Außenpolitik wurde erklärt, alle reaktionären Regime zu stützen, die durch die demokratische Bewegung bedroht waren, und den konterrevolutionären Bestrebungen in den volksdemokratischen Staaten Hilfe zu erweisen. Im Namen der „Freiheit" wurden amerikanische Truppen in der Türkei und in Griechenland eingesetzt. Kernstück der aggressiven Politik des amerikanischen Imperialismus wurde der nach dem amerikanischen Außenminister benannte Marshall-Plan. Die rasche Veränderung des Kräfteverhältnisses zu ungunsten des Imperialismus einerseits, die Anzeichen einer drohenden Wirtschaftskrise in den USA andererseits, veranlaßten die amerikanische Regierung, den im Kriege geschwächten Ländern mit politischen Bedingungen verknüpfte amerikanische Kredite und Warenlieferungen anzubieten. Der Marshall-Plan hat zwar tatsächlich die Wirtschaft in den westeuropäischen Ländern belebt, dort jedoch zugleich die Positionen des Monopolkapitals gestärkt und die Entwicklung des staatsmonopolistischen Kapitalismus gefördert. Er hat diese Staaten vor alldem in wachsende ökonomische, politische und militärische Abhängigkeit von den USA gebracht, und er hat den Weg zur Restauration des Imperialismus in Westdeutschland frei gemacht.

Deutschlands nationale Einheit war damit unmittelbar bedroht. Ein Berater der amerikanischen Militärregierung in Deutschland erklärte unverhohlen: „Das deutsche Volk soll sich keinen Illusionen hingeben. Der Marshall-Plan ist die konsequenteste Restauration des Privateigentums. Mit ihm ist keine Art von Sozialismus zu vereinbaren." Die reaktionären Kreise in den Westzonen und ihre führende Partei, die CDU, begrüßten das amerikanische Vorhaben, mit dem den deutschen Monopolherren ein Rettungsanker zugeworfen würde. Aber auch der Parteivorstand der SPD unterstützte die „Wirtschaftshilfe" der USA-Regierung. Kurt Schumacher erklärte in dem Hauptreferat, das er auf dem Parteitag in Nürnberg (29. Juni bis 2. Juli 1947) hielt: „Die Politik der SPD ist es, ganz Deutschland in den Marshall-Plan hineinzubringen." Diese Erklärung wurde gegeben, obgleich sich die führenden Politiker der SPD der Tatsache bewußt waren, daß die Annahme dieses Planes die von ihnen geforderte Sozialisierung verhindern würde und die Eingliederung der Westzonen in den Marshall-Plan ein weiterer Schritt auf dem Wege der wirtschaftlichen und politischen Spaltung Deutschlands war.

Indessen war die Spaltung Deutschlands für die imperialistische Bourgeoisie nicht nur ein Mittel, um ihre Macht in Westdeutschland wieder etablieren zu können. Mit den dort durchgeführten Maßnahmen verfolgte sie zugleich das Ziel, die demokratischen Kräfte in Ostdeutschland unter Druck zu setzen.

„Man muß daran erinnern, daß die Konzeption der Monopolherren zwar ein Hohn auf die nationalen Interessen des deutschen Volkes ist, aber nicht ohne jede Aussicht auf Erfolg war. Sie verfügten über den größeren Teil Deutschlands, über die ökonomisch entwickelteren Gebiete, die unter den Folgen der Spaltung weniger zu leiden hatten. Sie entzogen sich weitgehend der Verpflichtung der Reparationsleistung und entwickelten ihre Wirtschaft mit Hilfe von Marshall-Plan-Lieferungen. Sie hatten nicht mit den tausend Schwierigkeiten fertig zu werden, die unvermeidlich auftreten müssen, wenn eine neue, in der Leitung des Staates und der Produktion nicht erfahrene Klasse die Führung übernimmt, die erst lernen muß, alle Bereiche des gesellschaftlichen Lebens zu leiten. Anfangs bestand auch noch kein sozialistisches Lager, auch in den volksdemokratischen Staaten war die Frage, wer – wen?‘ noch nicht entschieden, die Sowjetunion, obwohl politisch und militärisch gestärkt aus dem zweiten Weltkrieg hervorgegangen, war noch wesentlich mit der Behebung der Kriegsschäden beschäftigt. Dennoch ist die Konzeption des deutschen Imperialismus gescheitert.“ (Günter Benser/Heinz Heitzer)

Die Rechnung der imperialistischen Bourgeoisie, die demokratischen Kräfte in Ostdeutschland würden dem imperialistischen Druck nicht standhalten können, ging nicht auf. Die Hoffnungen der Konzernherren, sie würden erst Ostdeutschland wieder unter ihre Herrschaft bringen und dann zur Rückeroberung der Gebiete antreten können, die im zweiten Weltkrieg verspielt worden waren, wurden zunichte gemacht. Sie scheiterten an der Macht der Sowjetunion und des sich herausbildenden sozialistischen Lagers, und sie scheiterten, weil die SED diesen Plänen eine starke Volksbewegung entgegensetzte, die für ein demokratisches Deutschland eintrat und im Osten das Beispiel für ein Deutschland der Zukunft schuf.

Es gelang der imperialistischen Bourgeoisie aber, zu verhindern, daß die Klassenauseinandersetzung zwischen den demokratisch-antifaschistischen Kräften und der Reaktion im Rahmen eines einheitlichen Staates geführt wurde – da in den Westzonen die Einheit der Arbeiterklasse und ein antifaschistisch-demokratischer Block verhindert wurden, war dort auch die Volksbewegung zu schwach, um die imperialistischen Besatzungsmächte und die westdeutsche Reaktion an der Verwirklichung ihrer Pläne im Rahmen dieser Zonen zu hindern.

Nachdem bereits im Januar 1947 die amerikanische und

die britische Besatzungszone zu einer sogenannten Bizone zusammengeschlossen worden waren, wurde mit der separaten Währungsreform für die Westzonen Deutschlands am 20. Juni 1948 Deutschland in zwei Währungsgebiete geteilt. Die normalen Wirtschaftsbeziehungen zwischen Ostdeutschland und den drei Westzonen wurden damit zerstört. Auf dieser Grundlage erfolgte dann die politische Spaltung. Entsprechend den „Empfehlungen" einer Sechsmächtekonferenz (es nahmen Vertreter Belgiens, Frankreichs, Großbritanniens, Luxemburgs, der Niederlande und der USA teil), die im Frühjahr 1948 in London durchgeführt worden war, faktisch einer Anordnung der amerikanischen Regierung, konstituierte sich am 1. September 1948 in Bonn der Parlamentarische Rat, ein Gremium, das die Verfassung eines westdeutschen Separatstaates ausarbeiten sollte. Vorsitzender dieses Rates wurde Konrad Adenauer. Als Machtinstrument der mächtigsten Industriekreise entstand der westdeutsche Staat, und die amerikanische Zeitung „Washington Post" bemerkte am 16. Mai 1949 treffend: „Die CDU/CSU wird die Regierungsfassade hergeben, hinter der die Industriellen die wahren Herrscher sein werden." Der Parlamentarische Rat verabschiedete am 8. Mai 1949 das westdeutsche Grundgesetz mit seiner Anmaßung auf Geltung auch auf dem Territorium anderer Staaten (einschließlich der nach dem zweiten Weltkrieg abgetrennten Gebiete), mit der Sicherung der Machtstellung des Bundeskanzlers gegenüber dem Parlament (der Bundespräsident dagegen hat nach dem Grundgesetz nicht die Vollmachten, die der Reichspräsident nach der Weimarer Verfassung besessen hatte), aber auch mit gewissen demokratischen Rechten: so konnte z. B. verhindert werden, daß Notstandsvollmachten, wie sie ein Verfassungsentwurf der CDU/CSU vorgesehen hatte, in die Verfassung aufgenommen wurden.

Die kommunistischen Abgeordneten lehnten diese Separatverfassung entschieden ab. Max Reimann und Heinz Renner erklärten übereinstimmend: „Ich unterschreibe nicht die Spaltung Deutschlands." Später sagte Max Reimann voraus: „Die Gesetzgeber aber werden im Verlauf ihrer volksfeindlichen Politik ihr eigenes Gesetz brechen. Wir Kommunisten aber werden die im Grundgesetz verankerten wenigen demokratischen Rechte gegen die Verfasser des Grundgesetzes verteidigen." (Freies Volk, Düsseldorf, 12. September 1951) Am 15. August 1949 wurden Wahlen zum westdeutschen Bundestag durchgeführt, der dann seinerseits am 15. September Konrad Adenauer mit nur einer Stimme Mehrheit zum Bundeskanzler machte. Am 21. September trat ein Besatzungsstatut in Kraft, das der Bundesrepublik wesentliche Souveränitätsrechte vorenthielt und es ihr vor allem versagte, in allen die Einheit Deutschlands betreffenden Fragen selbständig zu handeln.

Die Kommunistische Partei Deutschlands, die SED und der antifaschistisch-demokratische Block der sowjetischen Besatzungszone hatten sich, wie wir gesehen haben, für eine demokratische Entwicklung ganz Deutschlands eingesetzt. Der II. Parteitag der SED (September 1947) erklärte den Kampf um die Einheit Deutschlands zur dringendsten Aufgabe des deutschen Volkes. Der Parteitag beschloß, den Marshall-Plan mit einem deutschen Plan des Aufstiegs aus eigener Kraft zu beantworten. Gegen die drohende Spaltung entstand auf Initiative der SED im Herbst 1947 in ganz Deutschland die Volkskongreßbewegung für Einheit und gerechten Frieden. Im Mai und Juni 1948 setzten sich in einem Volksbegehren fast 15 Millionen Deutsche in allen Zonen mit ihrer Unterschrift für einen Volksentscheid über die Einheit Deutschlands ein. Aus der Volkskongreßbewegung ging später die Nationale Front des demokratischen Deutschland hervor. Die führenden politischen Kräfte im Osten Deutschlands setzten sich auch nach der Gründung des westdeutschen Separatstaates weiter für die Schaffung eines einheitlichen Staatswesens in ganz Deutschland ein, in dem die demokratischen und sozialistischen Kräfte den ihnen angemessenen Boden des Wirkens und des Kampfes erhalten würden. Nachdem aber im September 1949 die westdeutsche Bundesrepublik als staatliche Basis des Kampfes der deutschen Großbourgeoisie zur Revision der Ergebnisse des zweiten Weltkrieges gebildet worden war, mußte die Spaltungspolitik mit der Bildung einer nationalen und demokratischen Regierung beantwortet werden.

Der Parteivorstand der SED beschloß am 4. Oktober 1949 das Dokument „Die Nationale Front des demokratischen Deutschland und die Sozialistische Einheitspartei Deutschlands". Dieses Dokument wies die Verantwortung der aggressiven Kräfte des amerikanischen und des deutschen Imperialismus für die Spaltung Deutschlands und den Zusammenhang zwischen den amerikanischen Weltherrschaftsplänen und der Politik der Spaltung Deutschlands nach. Die SED rief zum Zusammenschluß aller patriotischen Kräfte des deutschen Volkes bis hin zu den national gesinnten Teilen der Bourgeoisie auf. Auf Grund der neuen Lage, die durch die Bildung des westdeutschen Separatstaates entstanden war, schlug Wilhelm Pieck vor, mit den anderen Parteien (zu denen seit dem Sommer 1948 noch zwei weitere Parteien, die NDPD und die DBD, gehörten) und Massenorganisationen über die Bildung einer provisorischen Regierung für eine deutsche demokratische Republik zu beraten. „Für die patriotischen Kräfte war die Schaffung eines friedliebenden, demokratischen deutschen Staates zum Gebot der Stunde geworden." (Geschichte der deutschen Arbeiterbewegung)

2.
Die Deutsche Demokratische Republik und die Wandlungen im gesellschaftlichen Kräfteverhältnis in Europa.

Unser Weg durch die deutsche Geschichte hat uns bis zu dem Zeitpunkt geführt, da auf dem Territorium des 1945 untergegangenen Reiches zwei deutsche Staaten entstanden, die sich nach ihren historischen Wurzeln und ihrem gesellschaftlichen Charakter grundsätzlich voneinander unterscheiden. Die Ereignisse der seither vergangenen zwei Jahrzehnte können daher nicht im gleichen Sinne als eine Geschichte der beiden deutschen Staaten dargestellt werden, wie dies etwa für die Geschichte vor 1871 gilt: zwar gab es damals die staatliche Zersplitterung, aber es handelte sich doch um Staaten, die ähnliche ökonomische und soziale Fundamente besaßen, und trotz dieser Zersplitterung konnte sich auf der Grundlage der heranreifenden kapitalistischen Produktionsweise eine deutsche Nation bürgerlichen Charakters herausbilden. Nun, nach 1949, handelt es sich um eine ganz andere Situation: die Deutsche Demokratische Republik und die Bundesrepublik Deutschland befinden sich auf verschiedenen gesellschaftlichen Entwicklungsstufen, und wenn die Geschichte der Deutschen Demokratischen Republik im Einklang mit den Gesetzmäßigkeiten der welthistorischen Epoche des Überganges vom Kapitalismus zum Sozialismus steht und sie mit der Sowjetunion und den anderen Staaten der sozialistischen Gemeinschaft fest verbunden ist, so sind in der westdeutschen Bundesrepublik monopolkapitalistische Gesellschafts- und Machtverhältnisse in einem Umfang restauriert worden, gliederte sich dieser Staat in einem Maße in das imperialistische System ein, daß von einer einheitlichen deutschen Nation und einer einheitlichen deutschen Nationalgeschichte nicht mehr die Rede sein kann.

Deshalb gehen unsere abschließenden Überlegungen von der Frage aus, wie sich die DDR als sozialistischer Nationalstaat entwickelte und welche Bedeutung sie für die Wandlungen im gesellschaftlichen Kräfteverhältnis in Europa besitzt.

Als sich am 7. Oktober 1949 der Deutsche Volksrat als Provisorische Volkskammer der Deutschen Demokratischen Republik konstituierte, begann eine neue Etappe der erbitterten Klassenauseinandersetzung zwischen den Kräften des Imperialismus einerseits, den Kräften des Sozialismus und des Friedens andererseits. Das Monopolkapital hatte mit der Proklamierung der westdeutschen Bundesrepublik dort zwar wieder die politische Macht in seinen Händen konzentriert, aber für die Pläne, seine Herrschaft über die Elbe weiter nach Osten auszudehnen, war ein weiteres, ausschlaggebendes Hindernis entstanden: mit der Gründung des Arbeiter- und Bauernstaates nahmen die freundschaftlichen Beziehungen zur Sowjetunion und den anderen sozialistischen Staaten, die sich seit der Befreiung in vielfältigen Formen herausgebildet hatten, nun auch feste staatliche Gestalt an. Seit der Reichsgründung war ein deutscher Staat stets ein Zentrum potentieller oder faktischer Aggression, ein Faktor der Unsicherheit in Europa gewesen. Nun war etwas Neues entstanden: der deutsche Staat, in dem das werktätige Volk unter der Führung der Arbeiterklasse die Macht ausübte, nahm auch in der Hinsicht die progressiven Traditionen der deutschen Geschichte auf, daß er seine auswärtigen Beziehungen im Geiste des proletarischen Internationalismus, des Friedens und der Freundschaft der Völker gestaltete.

Dem gesellschaftlichen Charakter dieses Staates als eines Machtinstrumentes der Arbeiter und Bauern entsprach auch die erste Verfassung, die die Volkskammer auf ihrer konstituierenden Sitzung in Kraft setzte. Sie ging vom Grundsatz der Volkssouveränität aus und ließ keine Einschränkung der Rechte des Parlaments als des höchsten demokratischen Organs zu. Sie kannte auch keine Dreiteilung der Gewalten mehr, also der gesetzgebenden, der ausführenden und der richterlichen Gewalt, wie sie in bürgerlichen Verfassungen vorgesehen ist und von den reaktionären Kreisen ausgenutzt wird, um die Verwirklichung fortschrittlicher Beschlüsse des vom Volke gewählten Parlaments zu verhindern. Noch wesentlicher aber war, daß die Verfassung auf den bisherigen Ergebnissen der antifaschistisch-demokratischen Phase der gesellschaftlichen Umwälzung beruhte und diese Ergebnisse fixierte, um die Volkssouveränität zu sichern: sie verbot Monopole und Unternehmerverbände, und sie erklärte privaten Grundbesitz über 100 ha für ausgelöst. Bis sie 1968 durch eine neue Verfassung ersetzt wurde, die den inzwischen entstandenen sozialistischen Verhältnissen entsprach, hat die erste Verfassung der DDR die Entwicklung des Arbeiter- und Bauernstaates wirksam unterstützen können.

Das alles bedeutet nicht, daß sich die führenden Kräfte der DDR über die Schwierigkeiten im unklaren gewesen wären, die auf ihrem weiteren Weg noch zu überwinden waren. Da waren nicht nur die wirtschaftlichen Disproportionen, der Druck der reaktionären Kräfte vor allem der Bundesrepublik und alle die Schwierigkeiten, die sich daraus ergeben, daß eine Klasse das Regieren erst lernen muß. Auch die Lasten der Vergangenheit können nicht mit einem Male abgeworfen werden. Johannes R. Becher hat damals in seinem Tagebuch denen geantwortet, denen die Nationalhymne „nicht revolutionär genug“ ist: „Wir haben ... nichts dagegen vermocht, daß Hitler zur Macht kam. Wir haben nichts dagegen vermocht, daß Hitler seine Macht ausübte, wir haben nichts gegen den Hitlerkrieg vermocht – und wohl die überwiegende Mehrheit des deutschen Volkes war für den siegenden Hitler –, aber wir haben ernsthaft auch nichts dagegen vermocht, um die Sache vor ihrem bitteren Ende zum Abschluß zu bringen .... Also, nicht über die Verhältnisse leben! Bescheiden bleiben, wie wir nun einmal sein wollen. Dann, und nur dann, 'muß es uns doch gelingen, daß die Sonne schön wie nie über Deutschland scheint.'"

Die DDR entstand im Prozeß der Herausbildung und Festigung des sozialistischen Weltlagers und als dessen Bestandteil. Die Politik der sozialistischen Staaten richtete sich zu dieser Zeit darauf, in Europa eine stabile und dauerhafte Friedensordnung zu schaffen und dabei vor allem die Ergebnisse des zweiten Weltkrieges zu sichern und zu garantieren. Ein antiimperialistischer deutscher Staat auf der Grundlage des Potsdamer Abkommens würde einen wesentlichen Beitrag zu einer solchen Friedensordnung leisten. Dieser Politik entsprach die Konzeption der SED, auch nach dem Entstehen zweier deutscher Staaten jede Möglichkeit zu nutzen, um einen einheitlichen Staat zu schaffen, in dem der Kampf um die Demokratie geführt werden konnte. In diesen Jahren gab es ja noch immer einige Aussicht, eine antifaschistisch-demokratische Entwicklung auch in der Bundesrepublik durchzusetzen: die ökonomische und politische Macht des Monopolkapitals war noch nicht vollständig restauriert, und es verfügte noch nicht über nennenswerte militärische Machtinstrumente. Antifaschistisch-demokratische Ideen waren in breiten Schichten der Bevölkerung, vor allem der Arbeiterklasse, noch immer lebendig, wirkten doch die Schrecken des Faschismus und des von ihm entfesselten Krieges noch immer unmittelbar fort.

Der Druck auf die Gegner einer Remilitarisierung wuchs aber, nicht zuletzt der Druck antikommunistischer Propaganda, die sich nun vor allem gegen die DDR richtete. Es ist schwer, heute noch im einzelnen zu beurteilen, was dabei bewußte Zweckfälschung und was interessierte Illusion über das wirkliche Kräfteverhältnis war, wenn etwa im Herbst 1949 die „Ruhrnachrichten" schrieben: „Diese sogenannte DDR, deren wirtschaftliche Existenz nur auf Ruinenfledderei beruht, wird das Jahr 1950 kaum er-, geschweige denn überleben", wenn Herbert Wehner laut „Neuer Vorwärts" vom 5. November 1949 erklärte: „Es ist verwirrend und es gehört zu den bewußt in Szene gesetzten Verwirrungsmanövern, wenn nun auch schon in einem Teil der Presse der Bundesrepublik von angeblich zwei deutschen Präsidenten, von angeblich zwei deutschen Regierungen geschrieben wird", und wenn der westdeutsche Kanzler Konrad Adenauer in einer Regierungserklärung am 21. Oktober 1949 die Bundesrepublik „die alleinige legitimierte staatliche Organisation des deutschen Volkes" nannte. Die aggressiv-imperialistische Konzeption des Monopolkapitals kam unter den neuen Bedingungen des Bestehens zweier deutscher Staaten nun vor allem in dieser Alleinvertretungsanmaßung zum Ausdruck. Sie war der konzentrierte Ausdruck für die Bestrebungen, die Festigung der DDR aufzuhalten und ihre Annexion vorzubereiten. Dabei wollten die reaktionären Kreise in der Bundesrepublik die Tatsache ausnutzen, daß sich die Grundstoff- und Schwerindustrie im Westen konzentrierten, daß die Bundesrepublik die größere Einwohnerzahl besaß, daß sie über wirtschaftlich, politisch und militärisch erfahrene bürgerliche Führungskräfte verfügte und daß sie vom amerikanischen Imperialismus im kalten Krieg unterstützt wurde. Deshalb wurde ein Friedensvertrag, wie ihn die Sowjetunion am 10. März 1952 vorschlug, abgelehnt, deshalb wurde in der Illusion, die Arbeiterklasse der DDR würde ihre eigene Staatsmacht beseitigen, am 17. Juni 1953 ein konterrevolutionärer Putsch in der DDR ausgelöst, und nicht zuletzt deshalb wurde, nachdem im August 1954 die Mehrheit der französischen Nationalversammlung das Projekt einer „Europäischen Verteidigungsgemeinschaft" unter westdeutscher Beteiligung zum Scheitern gebracht hatte, im September 1954 in London eine Neunmächtekonferenz durchgeführt, die auf amerikanischen Druck beschloß, dem NATO-Rat die Aufnahme der Bundesrepublik zu empfehlen. Westdeutschland erhielt offiziell die Möglichkeit, eine Armee von 500000 Mann aufzustellen.

Überblickt man das Verhalten der führenden politischen Kräfte der Bundesrepublik in der Ära Adenauer, dann kann kein Zweifel daran bestehen, daß sie gestützt auf die NATO, eine Annexion der Deutschen Demokratischen Republik als Teil der Politik der Zurückdrängung des Sozialismus in Europa einkalkulierten. Wenn es zu einer derartigen Aktion nicht gekommen ist, so widerlegt das nicht, daß es solche Absichten gab, sondern beweist, daß sich das gesellschaftliche Kräfteverhältnis ganz anders entwickelte, als die Initiatoren dieser Pläne hofften. Das gesellschaftliche Kräfteverhältnis im weiteren Sinne: nicht nur militärische Faktoren waren dafür maßgebend, wenngleich die Tatsache, daß die Sowjetunion das amerikanische Atombombenmonopol durchbrechen konnte, dabei natürlich eine Rolle spielte. Aber entscheidend dafür, daß die Aggressionspläne des westdeutschen Monopolkapitals scheiterten, war die vielseitige Festigung der Macht der sozialistischen Staaten – ihre Festigung in ökonomischer, politischer, militärischer und ideologischer Hinsicht.

Unter solchen Gesichtspunkten muß gerade die ökonomische Entwicklung der Deutschen Demokratischen Republik besondere Aufmerksamkeit beanspruchen. Nachdem der Zweijahrplan in allen wesentlichen Positionen vorfristig bereits im Sommer 1950 erfüllt und der Stand der Vorkriegsproduktion wieder erreicht war, beschloß der III. Parteitag der SED (20. bis 24. Juli 1950) die Richtlinien für den ersten Fünfjahrplan zur Entwicklung der Volkswirtschaft (1951–1955). Dieser Fünfjahrplan stellte vor allem das Ziel, die infolge der Spaltung entstandenen Disproportionen in der Volkswirtschaft so weit wie möglich zu beseitigen: die metallverarbeitende Industrie, zwischen Elbe und Oder seit langem durchaus entwickelt, besaß jedoch hier bisher keine schwerindustrielle Grundlage, und es galt, die metallurgische Basis und den Schwermaschinenbau zu fördern.

Zugleich vollzog sich in diesen Jahren der Übergang zu einer neuen Etappe der gesellschaftlichen Umwälzung: nach der Gründung der DDR und dem erfolgreichen Abschluß des Zweijahrplanes erlangten die Elemente des Sozialismus, die bereits in der antifaschistisch-demokratischen Ordnung entstanden waren, eindeutig das Übergewicht und wurden bestimmend für die gesellschaftliche Entwicklung der DDR. Solche Elemente waren einmal die Entwicklung der antifaschistisch-demokratischen Staatsmacht zur Arbeiter- und Bauernmacht, zur Diktatur des Proletariats, waren ferner das Anwachsen der Produktion im volkseigenen Sektor und die Entwicklung sozialistischer Produktionsverhältnisse, war die allmähliche Herausbildung der sozialistischen Demokratie, die Entwicklung der SED zur Partei neuen Typus und die Festigung der Hegemonie der Arbeiterklasse, war die weitere Festigung des Bündnisses der Arbeiterklasse mit der Bauernschaft vor allem durch den Ausbau der Maschinenausleihstationen, waren schließlich die engen politischen und ökonomischen Beziehungen zu den sozialistischen Staaten. Die Voraussetzungen für den Übergang zum Sozialismus waren also herangereift. Die erste der Etappen, die die Arbeiterklasse und ihre Partei auf dem Wege zum Sieg des Sozialismus zurücklegen müssen, war abgeschlossen: in der DDR war die ökonomische und politische Herrschaft des Imperialismus beseitigt und eine Arbeiter- und Bauernmacht errichtet. Die Arbeiterbewegung erhielt neue Aufgaben, einen neuen Inhalt: der Aufbau und die Festigung der sozialistischen Gesellschaft, die schnelle Mehrung der Produktivkräfte im Interesse der gesamten Bevölkerung der DDR und die allseitige Entfaltung der schöpferischen Kräfte des Volkes.

So beschloß die 2. Parteikonferenz der SED im Juli 1952, den Gesetzmäßigkeiten vor allem der inneren Entwicklung der DDR entsprechend, den planmäßigen und systematischen Aufbau der Grundlagen des Sozialismus. Zum ersten Male in der Geschichte mußte eine revolutionäre Partei die Frage beantworten, ob es möglich sei, in dem kleineren, ökonomisch weniger entwickelten und an Naturschätzen ärmeren Teil eines industriell hochentwickelten, ehemals imperialistischen Landes und bei offener Grenze zum Imperialismus den Sozialismus zu errichten. Die SED entschied in Übereinstimmung mit den anderen Blockparteien und der Nationalen Front diese Frage positiv. Sie konnte neben den erwähnten inneren Bedingungen dabei berücksichtigen, daß sich der Sozialismus zu einem Weltsystem entwickelt hatte, daß die Hilfe und die Erfahrungen der Sowjetunion und der anderen sozialistischen Länder zur Verfügung standen und daß die Anwesenheit von Streitkräften der Sowjetarmee die DDR vor einer imperialistischen Intervention schützte.

Auch in den folgenden Jahren verfolgten die SED und die Regierung der DDR zunächst noch das Ziel, den Kampf mit der Reaktion in offener demokratischer Auseinandersetzung im Rahmen eines einheitlichen Staates zu führen. Die Dialektik des Kampfes der fortschrittlichen Kräfte mußte nun darin bestehen, die sozialistische Umgestaltung in der DDR mit der Entfaltung der demokratischen Bewegung in der Bundesrepublik zu verbinden.

Die Eingliederung Westdeutschlands in die NATO schuf jedoch eine neue Situation: nachdem die BRD dem imperialistischen Militärbündnis beigetreten war und ihre herrschende Klasse über eine eigene, schnell und modern ausgerüstete Armee verfügte, waren die Voraussetzungen für eine Wiedervereinigung Deutschlands auf demokratischer Grundlage entfallen. Die Monopolbourgeoisie hatte die Spaltung zementiert und den Weg zu einem einheitlichen Staat auf der Grundlage des Potsdamer Abkommens versperrt. Innerhalb des imperialistischen Systems war gerade der BRD eine besonders aggressive Funktion in Europa zugewiesen.

So wurde im Mai 1955 in Warschau der Vertrag über Freundschaft, Zusammenarbeit und gegenseitigen Beistand unterzeichnet, ein Verteidigungsbündnis, durch das sich die DDR mit den befreundeten sozialistischen Staaten in wirtschaftlicher, politischer, militärischer und kultureller Zusammenarbeit eng verband. Zugleich erhielt der sozialistische Aufbau in der DDR erhöhte Bedeutung für die Sicherung des Friedens in Europa: er trug dazu bei, die imperialistischen Pläne, durch einen Eroberungsfeldzug die Arbeiter- und Bauernmacht zu beseitigen, zu durchkreuzen.

Unter solchen Umständen zog die 3. Parteikonferenz der SED (März 1956) zugleich die Konsequenzen aus dem XX. Parteitag der KPdSU. Der Parteitag hatte nachgewiesen, daß sich der Sozialismus zu einem Weltsystem entwickelt hatte, daß die reale Möglichkeit bestand, einen Weltkrieg zu verhindern, und er hatte durch die offene

Verurteilung des Personenkults um Stalin und seiner tragischen Folgen neue schöpferische Energien der kommunistischen Weltbewegung freigesetzt. Die Parteikonferenz ging von der Erkenntnis aus, daß der Aufbau des Sozialismus Sache aller Bürger der Deutschen Demokratischen Republik ist und daß er allen Schichten eine sichere Zukunft gibt. Indem sie für Handwerker, Gewerbetreibende, Einzelhändler und kapitalistische Unternehmer annehmbare Formen des Übergangs zur sozialistischen Wirtschaftsweise entwickelte, gab sie auch den Mittelschichten die Perspektive ihres Lebens in der sozialistischen Gesellschaft.

Von besonderer Bedeutung war, daß durch das beispielhafte Wirken der fortgeschrittensten landwirtschaftlichen Produktionsgenossenschaften und in einem Prozess tiefgreifender Auseinandersetzungen allmählich die Vorbehalte gegen die genossenschaftliche Arbeit überwunden wurden, die mit der bäuerlichen Eigentümerideologie verbunden waren. Bis zum Frühjahr 1960 traten alle Bauern der DDR in landwirtschaftliche Produktionsgenossenschaften ein. Daß nach einer unvermeidlichen Periode der Umstellung die landwirtschaftlichen Erträge rasch anwuchsen, widerlegte die gegnerischen Behauptungen von der nun „unvermeidlichen Hungersnot“: die durchschnittlichen Hektarerträge für Getreide etwa, die 1959 bei 24,4 dt lagen, betrugen in der zweiten Hälfte der 60ziger Jahre 26,1 und 33,4 dt. Zugleich war damit ein wesentlicher Schritt in der Entwicklung der sozialistischen Gesellschaft erfolgt: es bildete sich eine sozialistische Klasse von Genossenschaftsbauern, neben der Arbeiterklasse die Hauptklasse dieser Gesellschaft.

Ausgehend von den Veränderungen der Lage, wie sie sich vor allem mit dem Beitritt der BRD zur NATO ergeben hatten, entwickelte die Sowjetunion seit 1954/1955 Vorschläge für ein System der kollektiven Sicherheit in Europa unter Teilnahme beider deutscher Staaten. Ohne die Teilnahme der Deutschen selbst war ja die Herstellung eines solchen Systems nicht möglich. Auf solche konzeptionellen Überlegungen gründete sich auch die Politik der SED. Auf der 30. Tagung des ZK (30. Januar/1. Februar 1957) schlug Walter Ulbricht vor, eine Konföderation der DDR und der BRD zu bilden, die auf antiimperialistischer Grundlage beruhen und das friedliche Nebeneinander beider Staaten gewährleisten sollte. Der Aufbau des Sozialismus sollte weiterhin bei offener Grenze fortgesetzt werden, damit alle Möglichkeiten für die Verbesserung der Beziehungen zwischen beiden Staaten genutzt werden könnten. Im Mittelpunkt dieser strategischen Konzeption standen die Sicherung des Friedens und der sozialistischen Entwicklung der DDR. Der Konföderationsvorschlag wurde jedoch mit der Bekräftigung des Anspruchs der Bundesregierung beantwortet, „als einzige Regierung für das ganze deutsche Volk zu sprechen berechtigt" zu sein. Ende der 50ziger Jahre war die Bundesrepublik zur zweitstärksten Wirtschaftsmacht in der kapitalistischen Welt geworden. Die volle Herausbildung des staatsmonopolistischen Kapitalismus und die Ausnutzung der wissenschaftlich-technischen Revolution für die Interessen der Monopole gaben neue Möglichkeiten, mit Hilfe des Opportunismus das imperialistische System zu sichern. Das auf dem Godesberger Parteitag der SPD (November 1959) angenommene Grundsatzprogramm war seinem theoretischen und ideologisch-politischem Gehalt nach offen gegen alle marxistischen Traditionen gerichtet. Die rechten Führer der SPD bekräftigen ihre antikommunistische Grundhaltung und bekannten sich zur BRD als dem ihren wirtschafts- und sozialpolitischen Vorstellungen entsprechenden Gesellschaftsmodell. Die Restauration des Imperialismus der BRD war im wesentlichen abgeschlossen, und der Widerspruch zwischen seinen beträchtlichen ökonomischen Potenzen und dem begrenzten politischen Machtbereich und internationalen Einfluß verschärfte sich.

Weil die herrschenden Kreise der Bundesrepublik versuchten, diesen Widerspruch durch eine Erweiterung ihres Machtbereiches nach Osten auszugleichen, spitzte sich die Lage in diesen Jahren immer mehr zu, und noch nie seit dem Ende des zweiten Weltkrieges war der Frieden in Europa so gefährdet, wie im Spätsommer 1961. In einer Erklärung des Bundesvorstandes der westdeutschen CDU vom 11. Juli 1961 wurde es als ausdrückliches Ziel bezeichnet, die DDR zu annektieren und so „ein wiedervereinigtes Deutschland. . . zu schaffen, das in die europäische Gemeinschaft integriert“ ist. Landsmannschaften organisierten groß angelegte Veranstaltungen in Westdeutschland und Westberlin, und General Heusinger teilte provokatorisch mit, sieben Divisionen der Bundeswehr seien bereit, „unverzüglich jede Mission auszuführen“. Franz Josef Strauß, damals Kriegsminister, erklärte im Juli 1961 auf einer Reise in die USA, die Bundesrepublik sei entschlossen, die „Krise bis zur letzten Konsequenz zuzuspitzen“. Der Imperialismus der BRD bemühte sich auf vielfältige Weise, möglichst viele Bürger der DDR zum Verlassen der Republik zu bewegen. Dabei sollte ausgenutzt werden, daß die BRD eine bessere Ausgangsposition im ökonomischen Wettbewerb der Systeme besessen hatte als die DDR, aber auch, daß nicht wenige Menschen, denen es in der DDR materiell gut ging, aufgrund der jahrzehntelangen Herrschaft des deutschen Imperialismus geistig nicht mit den Problemen des Kampfes zwischen der alten und der neuen Gesellschaft fertig wurden. Diejenigen, die die bestehenden Grenzen revidieren wollten, hatten Westberlin zu einer Frontstadt des kalten Krieges ausgebaut und wollten von hier aus bewaffnete Provokationen gegen die Arbeiter- und Bauernmacht inszenieren.

Diese Konzeption beruhte zwar auf einer völligen Fehleinschätzung des wirklichen Kräfteverhältnisses. Die Geschichte zeigt jedoch, daß die deutschen Militaristen diesen Fehler schon mehrfach begangen hatten und daß die Gefahren, die ihre abenteuerliche Politik heraufbeschwor, gerade dadurch anwuchsen. So wurde die Sicherung des Friedens durch die eindeutige Fixierung der nach dem zweiten Weltkrieg entstandenen Lage notwendig. Am 13. August 1961 wurde in einer gemeinsamen und koordinierten Aktion der Staaten des Warschauer Pakts die bis dahin offene Staatsgrenze der DDR nach Westberlin unter Kontrolle gestellt und befestigt. Die Grenzen der Macht des Imperialismus der BRD wurden für jedermann sichtbar: die deutsche Arbeiterklasse, unterstützt von starken Verbündeten, hatte ihm eine Niederlage zugefügt, bevor seine Politik „am Rande des Krieges“ zum Krieg geführt hatte. Das ist innerhalb des imperialistischen Lagers freilich nicht zuerst von den führenden Politikern der Bundesrepublik begriffen worden – die Sicherung der Staatsgrenze der DDR war für sie zunächst lediglich ein Mißgeschick, das durch ein schnelles Eingreifen der anderen imperialistischen Mächte hätte verhindert oder wenigstens rückgängig gemacht werden können (eine solche Einstellung faßte die Bild-Zeitung wenige Tage nach dem 13. August in der viel zitierten Überschrift zusammen: „Der Osten handelt – was tut der Westen? Der Westen tut NICHTS“). Der erste maßgebende imperialistische Staatsmann, der sich auf das veränderte gesellschaftliche Kräfteverhältnis zwischen Sozialismus und Imperialismus in der Welt einstellte, dürfte John F. Kennedy gewesen sein, und er bemühte sich, die Potenzen des amerikanischen Imperialismus auf die Systemauseinandersetzung zu konzentrieren. Solche Flexibilität ließ die Politik Adenauers vermissen, und Walter Lippmann schrieb am 21. November 1961 in der New York Herald Tribune: „Seit dem 13. August ist Westdeutschland mit der schwierigen Aufgabe beschäftigt, den Realitäten ins Auge zu blicken, die in den letzten zehn Jahren künstlich und vorsätzlich ignoriert wurden“. Mit der „Ära Adenauer“ war es jedenfalls zu Ende. Ludwig Erhard, der im Oktober 1963 seine Nachfolge als Bundeskanzler antrat, ließ die Umstellung auf die veränderten Bedingungen kaum vorankommen – in seiner Regierungserklärung behauptete er ausdrücklich, Deutschland bestehe weiterhin in den Grenzen von 1937, und Verhandlungen mit der DDR oder gar ihre Anerkennung kämen nicht in Frage. Die forcierte Verflechtung der Monopole mit dem Staat ließ vielmehr gerade autoritäre Herrschaftstendenzen anwachsen und bereitete einer nationalistischen Welle den Boden, die das Entstehen und zeitweilige Anwachsen der neonazistischen NPD begünstigte. Die Auseinandersetzungen auch innerhalb der herrschenden Kreise der Bundesrepublik verschärften sich und die rechten Führer der SPD bereiteten sich nun unmittelbar auf die Teilnahme an der Regierung vor.

In all dem kam zum Ausdruck, daß der moderne Imperialismus mehr und mehr gezwungen war, die Herausforderung des Sozialismus anzunehmen. Zu Beginn der 60ziger Jahre konnte das sozialistische Weltsystem seinen internationalen Einfluß beträchtlich verstärken, und in den meisten europäischen sozialistischen Staaten hatten zu dieser Zeit die sozialistischen Produktionsverhältnisse gesiegt.

Auch die DDR trat nun in eine neue Entwicklungsetappe ein. Der weitere Aufbau der sozialistischen Gesellschaft konnte nach dem Sieg der sozialistischen Produktionsverhältnisse und nach der Sicherung der Staatsgrenze nun auf der eigenen sozialistischen Grundlage erfolgen. Der VI. Parteitag der SED (Januar 1963) beschloß das Programm der Gestaltung der entwickelten sozialistischen Gesellschaft. Es ging davon aus, daß die Arbeiterklasse und die anderen Bevölkerungsschichten den kleineren und ökonomisch rückständigeren Teil Deutschlands in einen der leistungsfähigsten Industriestaaten der Welt verwandelt hatten: die DDR, die weniger als ein Viertel der Fläche des früheren Deutschen Reiches umfaßt, erzeugte bereits 1964 mehr als 90% der Industrieproduktion ganz Deutschlands im Jahre 1936. Der Anteil des sozialistischen Sektors am gesellschaftlichen Bruttoprodukt war dabei auf mehr als 85% angewachsen. Eine nichtantagonistische Klassenstruktur war entstanden, in der an die Stelle des Klassenkampfes neue, für die sozialistische Gesellschaft charakteristische Triebkräfte der Geschichte traten. Eine neue, sozialistische Nation entstand.

Nach dem Grundsatz „Alles, was der Gesellschaft nützt, muß auch für den Betrieb und den einzelnen Werktätigen vorteilhaft sein“, wurde in den folgenden Jahren in der DDR ein neues ökonomisches System der Planung und Leitung der Volkswirtschaft konzipiert und verwirklicht, das die einzelnen wirtschaftlichen Maßnahmen zugleich in den Zusammenhang des volkswirtschaftlichen Gesamtinteresses stellte. Das sei an einem Beispiel erläutert. Zum neuen ökonomischen System gehörte auch eine Industriepreisreform, die den gesellschaftlich notwendigen Arbeitsaufwand zur Grundlage der Preisbildung nahm. Bis dahin hatten z.B. verhältnismäßig niedrige Preise für Elektroenergie gegolten, die den erheblichen Investitionsbedarf für die Erschließung der Kohlevorräte und den Aufbau von Wärmekraftwerken nicht berücksichtigten, und es war damals in Aussicht genommen worden, das Streckennetz der Eisenbahn verstärkt zu elektrifizieren. Unter Berücksichtigung des volkswirtschaftlichen Gesamteffekts, auch angesichts der Bindung großer Baukapazitäten bei der Elektrifizierung der Eisenbahnen, erwies sich nun die Dieseltraktion als wesentlich vorteilhafter. Dabei konnte auch die wirtschaftliche Zusammenarbeit der sozialistischen Länder, darunter der Bau einer Erdölleitung aus der Sowjetunion, genutzt werden – ein Beispiel zugleich für die freundschaftlichen Beziehungen, die ihren Ausdruck in einem Vertrag über Freundschaft, gegenseitigen Beistand und Zusammenarbeit fanden, der am 12. Juni 1964 abgeschlossen wurde. Dieser Freundschaftsvertrag bildete einen Bestandteil eines umfassenden Systems bi- und multilateraler Verträge der sozialistischen Staaten. Ein solches Vertragssystem entsprach der höheren Stufe ihrer Zusammenarbeit und leitete über zur sozialistischen ökonomischen Integration. Es entsprach aber auch den nun entstandenen Bedingungen des Kampfes gegen den Imperialismus.

Die flexibleren Formen der imperialistischen Strategie berücksichtigen zwar das gegenwärtige Kräfteverhältnis insofern, als sie auf Versuche eines militärischen Zurückdrängens des Sozialismus wenigstens in einer unmittelbaren Konfrontation der führenden Mächte beider Systeme verzichten, keineswegs aber verzichten sie auf den Kampf gegen den Sozialismus überhaupt. So erhält der ideologische Klassenkampf nun besonderes Gewicht: auf der einen Seite benötigt die sozialistische Gesellschaft, die die gesellschaftlichen Gesetze bewußt ausnutzt, ein höheres Maß an Einsicht und theoretisch-weltanschaulichem Wissen bei all ihren Bürgern als jede frühere Gesellschaft, können die Potenzen der demokratisch-antiimperialistischen Bewegung in den anderen Ländern nur zur Geltung kommen, wenn sich die Arbeiterklasse und ihre Verbündeten über den Weg und das Ziel ihres Kampfes bewußt sind. Auf der anderen

Seite versuchen die reaktionären Kräfte, die imperialistische und vor allem die revisionistische Ideologie zu verbreiten, um die Arbeiterbewegung in das imperialistische System zu integrieren und umgekehrt die politisch-moralische Stabilität der sozialistischen Staaten zu desintegrieren.

Unter solchen Gesichtspunkten war der Versuch, durch politisch-weltanschauliches Eindringen in die CSSR das sozialistische Lager von innen heraus zu zersetzen, eine Probe aufs Exempel und von grundsätzlicher Bedeutung – eine Probe aufs Exempel und von grundsätzlicher Bedeutung freilich auch insofern, als das Scheitern dieses Versuches durch die gemeinsame Aktion von Ländern des Warschauer Pakts im August 1968 besiegelt wurde. Wieder einmal erwies es sich, daß der Imperialismus nicht mehr imstande ist, die verlorene historische Initiative zurückzuerlangen. „Die Hauptrichtung der Entwicklung der Menschheit wird vom sozialistischen Weltsystem, von der internationalen Arbeiterklasse, von allen revolutionären Kräften bestimmt", stellte die internationale Beratung der kommunistischen und Arbeiterparteien (Moskau 1969) fest.

Diese Veränderungen im gesellschaftlichen Kräfteverhältnis sind die wesentliche Ursache dafür, daß sich die herrschenden Kreise des Monopolkapitals auch in der BRD mehr und mehr dazu gezwungen sehen, eine Strategie zu entwickeln, die den neuen Bedingungen angepaßt ist. Bereits unter der Regierung Kiesinger/Brandt wurde begonnen, die Außenpolitik in engere Übereinstimmung mit der amerikanischen Globalstrategie zu bringen. Bestimmend wurden diese Tendenzen, als im Herbst 1969 nach einer Wahlniederlage der CDU/CSU die SPD mit der FDP die Regierungskoalition bildete. Die Regierung Brandt/Scheel hat gewiß nicht die grundlegenden gesellschaftlichen Verhältnisse in der BRD verändert. Ihre Aussenpolitik ist vielschichtig, und in ihr verknüpfen sich verschiedenartige Tendenzen. Mit der Unterzeichnung von Verträgen mit der Sowjetunion und mit der Volksrepublik Polen, in denen die Bundesrepublik endlich die im Ergebnis des zweiten Weltkrieges entstandenen Grenzen anerkannte, und mit dem Abschluß einer Viermächtevereinbarung über Westberlin, in der zum ersten Male die DDR durch die drei Westmächte in einem völkerrechtlichen Abkommen als souveräner Staat respektiert wird, gelangten aber – teilweise gegen den Widerstand der reaktionärsten Kräfte, wie sie politisch von CDU/CSU repräsentiert werden – die realistischen Elemente dieser Politik zur Wirkung. Die Aussicht auf das Ende der Nachkriegsepoche und auf eine neue Periode der internationalen Beziehungen auf dem europäischen Kontinent eröffnet sich: eine Periode, die gekennzeichnet wird durch die Politik der friedlichen Koexistenz, durch die Zusammenarbeit zu gegenseitigem Nutzen und durch die europäische Sicherheit.

Daß solche Wandlungen möglich werden, liegt vor allem an den gewachsenen wirtschaftlichen und gesellschaftlichen Potenzen der sozialistischen Staatengemeinschaft. Daran hat auch die Festigung und erfolgreiche Entwicklung der sozialistischen Gesellschaft in der Deutschen Demokratischen Republik ihren Anteil. Solche Stabilität beruht nicht nur auf ökonomischen oder gar nur auf militärischen Machtfaktoren. Der VIII. Parteitag der SED (Juli 1971) hat betont, daß im Mittelpunkt der Gestaltung des Sozialismus die Menschen, ihre Interessen und ihre Bedürfnisse stehen, und er hat als Hauptaufgabe des Fünfjahrplans (1971 bis 1975) die weitere Erhöhung des materiellen und und kulturellen Lebensniveaus des Volkes bezeichnet. Er hat festgestellt – und diese Feststellung entspricht wesentlichen Lehren der deutschen Geschichte –, daß die zahlenmäßig stärkste, am engsten mit der sozialistischen Produktion verbundene und durch ihre Partei am besten organisierte Klasse der sozialistischen Gesellschaft, die Arbeiterklasse, die führende Kraft auf diesem Wege ist, dem Weg zugleich zur weiteren Herausbildung und Festigung des sozialistischen Nationalstaats. Indem sie eine solche Politik verfolgt, trägt die Deutsche Demokratische Republik auch weiterhin zur Sicherheit in Europa und zum Frieden bei.

Literaturverzeichnis

Es entspricht dem Charakter eines derartigen Überblicks, daß sich der Verfasser auf umfassendere Gesamtdarstellungen und Untersuchungen zu einzelnen Problemen und Zeitabschnitten stützte. Sie werden im Text im allgemeinen nur im Kurztitel oder mit dem Namen ihres Verfassers zitiert und sind im folgenden genauer angegeben. Nützliche Hinweise und kritische Ratschläge, für die ich auch an dieser Stelle herzlich danken möchte, erhielt ich zu den Kapiteln I–IV von Roland-Franz Schmiedt, zu Kapitel V von Heinz Heitzer und zum Gesamtentwurf von Horst Bartel.

I. Werke der Klassiker der Marxismus-Leninismus und führender Persönlichkeiten der deutschen Arbeiterbewegung sowie Beschlüsse der Sozialistischen Einheitspartei Deutschlands

Honecker, Erich, Bericht des Zentralkomitees an den VIII. Parteitag der Sozialistischen Einheitspartei Deutschlands: Protokoll der Verhandlungen des VIII. Parteitags der SED, Bd. 1, Berlin 1971, S. 34 ff.

Karl Marx/Friedrich Engels, Werke, Bd. 1 ff., Berlin 1956 ff.
Bd. 1 Karl Marx, Zur Kritik der Hegelschen

Rechtsphilosophie, Einleitung, S. 378 ff.

Bd. 2 Friedrich Engels, Deutsche Zustände, S. 564 ff.

Bd. 3 Karl Marx/Friedrich Engels, Die deutsche Ideologie.

Bd. 4 Karl Marx, Der Kommunismus des „Rheinischen Beobachters", S. 191 ff.
Karl Marx/Friedrich Engels, Manifest der Kommunistischen Partei, S. 459 ff.

Bd. 5 Karl Marx/Friedrich Engels, Artikel aus der „Neuen Rheinischen Zeitung"

Bd. 7 Friedrich Engels, Der deutsche Bauernkrieg, S. 327 ff.

Bd. 13 Karl Marx, Zur Kritik der politischen Ökonomie, S. 3 ff.

Bd. 16 Karl Marx, Inauguraladresse der Internationalen Arbeiter-Assoziation, S. 12 ff.
Friedrich Engels, Die preußische Militärfrage und die deutsche Arbeiterpartei, S. 37 ff.

Bd. 18 Friedrich Engels, Ergänzung der Vorbemerkung von 1870 zu „Der deutsche Bauernkrieg", S. 512 ff.
Friedrich Engels, Varia über Deutschland, S. 589 ff.

Bd. 19 Friedrich Engels, Die europäischen Arbeiter im Jahre 1877, S. 117 ff.
Friedrich Engels, Zur Urgeschichte der Deutschen, S. 425 ff.

Bd. 21 Friedrich Engels, Zur Geschichte des Bundes der Kommunisten, S. 206 ff.
Friedrich Engels, Über den Verfall des Feudalismus und das Aufkommen der Bourgeoisie, S. 392 ff.
Friedrich Engels, Die Rolle der Gewalt in der Geschichte, S. 405 ff.

Bd. 22 Friedrich Engels, Kann Europa abrüsten?, S. 369 ff.

Bd. 23 Karl Marx, Das Kapital, Erster Band

Bd. 27 ff. Karl Marx/Friedrich Engels, Briefe

Lenin, W. I., Werke, 4. Aufl., Berlin 1961 ff.
Bd. 4 Entwurf eines Programms unserer Partei, S. 221 ff.
Bd. 5 Die Agrarfrage und die Marxkritiker, S. 97 ff.
Bd. 9 Zwei Taktiken der Sozialdemokratie in der demokratischen Revolution, S. 1 ff.
Bd. 21 Unter fremder Flagge, S. 123 ff.
Der Imperialismus als höchstes Stadium des Kapitalismus, S. 189 ff.
Bd. 27 Referat über die Ratifizierung des Friedensvertrages (14. März 1918), S. 160 ff.
Bd. 31 Der „linke Radikalismus", die Kinderkrankheit im Kommunismus, S. 1 ff.

Mehring, Franz, Deutsche Geschichte vom Ausgange des Mittelalters, in: Ges. Schriften, Bd. 5, Berlin 1964.

Ulbricht, Walter, Einheitsfront und Arbeiterregierung (Neue Zeitung, 22. November 1922) in: Zur Geschichte der deutschen Arbeiterbewegung. Aus Reden und Aufsätzen. Bd. 1, Berlin 1953, S. 69 ff.
Die Maßnahmen unserer Regierung haben den Frieden in Europa und in der Welt gerettet. Ansprache im Deutschen Fernsehfunk, 18. August 1961, in: Ebenda, Bd. 10, Berlin 1966, S. 11 ff.
Rede auf der Delegiertenkonferenz in Cottbus, Dezember 1962, in: Neues Deutschland, 5. Dezember 1962.
Vergangenheit und Zukunft der deutschen Arbeiterbewegung. Referat auf der 2. Tagung des ZK der SED, Berlin 1963
Die Bedeutung der marxistisch-leninistischen Theorie für die Entwicklung der SED (Interview). Einheit 1966, S. 150 ff.
Die gesellschaftliche Entwicklung in der Deutschen Demokratischen Republik bis zur Vollendung des Sozialismus (Referat auf dem VII. Parteitag der SED), Berlin 1967.

Die Novemberrevolution 1918 in Deutschland. Thesen anläßlich des 40. Jahrestages, beschlossen auf der 2. Tagung des ZK der SED, in: Zeitschrift für Geschichtswissenschaft, Sonderheft, Berlin 1958

II. Gesamtdarstellungen

Geschichte der deutschen Arbeiterbewegung. Bd. 1–8, Berlin 1966

Lehrbuch der deutschen Geschichte (Beiträge), Berlin

Bd. 1 Karl-Heinz Otto, Deutschland in der Epoche der Urgesellschaft

Bd. 2/1 Leo Stern/Hans-Joachim Bartmuß, Deutschland in der Feudalepoche von der Wende des 5./6. Jahrhunderts bis zur Mitte des 11. Jahrhunderts

Bd. 2/2 Leo Stern/Horst Gericke, Deutschland in der Feudalepoche von der Mitte des 11. Jahrhunderts bis zur Mitte des 13. Jahrhunderts

Bd. 2/3 Leo Stern/Erhard Voigt, Deutschland in der Feudalepoche von der Mitte des 13. Jahrhunderts bis zum ausgehenden 15. Jahrhundert

Bd. 3 Max Steinmetz, Deutschland von 1476 bis 1648

Bd. 4 Gerhard Schilfert, Deutschland von 1648 bis 1789

Bd. 5 Joachim Streisand, Deutschland von 1789 bis 1815

Bd. 6 Karl Obermann, Deutschland von 1815 bis 1849

Bd. 7 Ernst Engelberg, Deutschland von 1849 bis 1871

Bd. 8 Ernst Engelberg, Deutschland von 1871 bis 1897

Bd. 9 Fritz Klein, Deutschland von 1897/98 bis 1917

Bd. 10 Wolfgang Ruge, Deutschland von 1917 bis 1933

Weltgeschichte in zehn Bänden, hrsg. v. d. Akad. d. Wiss. d. UdSSR, dt. Übers., Berlin 1961 ff.

III. Einzeluntersuchungen

Badstübner, Rolf/Thomas, Siegfried, Die Spaltung Deutschlands 1945 bis 1949, Berlin 1966

Becker, Franz, Die große Wende in einer kleinen Stadt, Frankfurt (Oder) 1965

Benser, Günter, Die nationale Konzeption der deutschen Arbeiterklasse, Zeitschrift für Geschichtswissenschaft, 14. Jg. Berlin 1966, S. 1454 ff. und Heinz Heitzer, Die nationale Politik der SED, ebenda, S. 709 ff.

Berthold, Lothar/Neef, Helmut, Militarismus und Opportunismus gegen die Novemberrevolution, Berlin 1958

Childe, V. Gordon, Der Mensch schafft sich selbst, dt., Dresden 1959

Chronik. Geschichte der deutschen Arbeiterbewegung. Bd. 1 ff., Berlin 1965 ff.

Doernberg, Stefan, Kurze Geschichte der DDR, Berlin 1964

Engelberg, Ernst, Fragen der Evolution und Revolution in der Weltgeschichte. Zeitschrift für Geschichtswissenschaft, 13. Jg., Berlin 1965, Sonderheft, S. 9 ff.

Gossweiler, Kurt, Die deutsche Monopolbourgeoisie und das Blutbad des 30. Juni 1934, phil. Diss., Berlin 1963 (Ms.)

Groehler, Olaf, Probleme der preußischen Kriegskunst im Zeitalter der schlesischen Kriege (1740-1763). Zeitschrift für Militärgeschichte, 5. Jg., Berlin 1966. S. 286 ff.

Gutsche, Willibald, Bethmann Hollweg und die Politik der „Neuorientierung", Zeitschrift für Geschichtswissenschaft, 13. Jg., Berlin 1965, S. 209 ff.

Heise, Wolfgang, Antisemitismus und Antikommunismus, Deutsche Zeitschrift für Philosophie, 9. Jg., Berlin 1961, S. 1423 ff.

Aufbruch in die Illusion, Berlin 1964
Hermann, Joachim, Besprechung: Karl-Heinz Otto, Deutschland in der Epoche der Urgesellschaft, Zeitschrift für Geschichtswissenschaft, 8. Jg., Berlin 1960, S. 1440 ff.
Frühe klassengesellschaftliche Differenzierungen in Deutschland, ebenda, 14. Jg., Berlin 1966, S. 398 ff.
Heitzer, Heinz, Andere über uns. Das „DDR-Bild" des westdeutschen Imperialismus und seine bürgerlichen Kritiker. Berlin 1969
Hoffmann, Ernst, Social Economic Formations and Historical Science, Marxism Today, Vol. 9, London 1965, p. 270 ff.
Zwei aktuelle Probleme der geschichtlichen Entwicklungsfolge fortschreitender Gesellschaftsformationen, Zeitschrift für Geschichtswissenschaft, 16. Jg., Berlin 1968, S. 1265 ff.
Klein, Fritz, Die Rivalität zwischen Deutschland und Österreich-Ungarn in der Türkei am Vorabend des ersten Weltkrieges, in: Politik im Krieg, Berlin 1964, S. 1 ff.
Es begann in Sarajevo, Berlin 1964
Krüger, Horst, Zur Geschichte der Manufakturen und der Manufakturarbeiter in Preußen, Berlin 1958
Kuczynski, Jürgen, Die Geschichte der Lage der Arbeiter unter dem Kapitalismus, Bd. 1 ff., Berlin 1961 ff.
Studien zur Geschichte des deutschen Imperialismus, Bd. 1/2, Berlin 1948/50
Lachmann, Manfred, Probleme der Bewaffnung des kaiserlichen deutschen Heeres, Zeitschrift für Militärgeschichte, 6. Jg., Berlin 1966, S. 23 f.
Markov, Walter, 1792. Resümee über Krieg und Frieden, in: Jahrbuch für Geschichte, Bd. 1, Berlin 1967, S. 9 ff.
Massing, Paul W., Vorgeschichte des politischen Antisemitismus in Deutschland, dt., Frankfurt/M. 1959
Mathiez, Albert, Die Französische Revolution, dt., Bd.1/3 Hamburg 1950

Meusel, Alfred, Beiträge zur Geschichte des deutschen Imperialismus, T. 1, Geschichte in der Schule, Sonderheft, Berlin 1951
Thomas Müntzer und seine Zeit, Berlin 1952
Mottek, Hans, Wirtschaftsgeschichte Deutschlands, Bd. 1/2, Berlin 1957/64
Müller-Mertens, Eckhard, Vom Regnum Teutonicum bis zum Heiligen Römischen Reich Deutscher Nation, Zeitschrift für Geschichtswissenschaft, 11. Jg., Berlin 1963, S. 319 ff.
Otto, Helmut, Schlieffen und der Generalstab, Berlin 1966
Philosophie, Marxistische. Lehrbuch, Berlin 1967
Priester, Eva, Kurze Geschichte Österreichs, Bd. 1/2, Wien 1946/49
Scheel, Heinrich, Süddeutsche Jakobiner, Berlin 1962
Schildhauer, Johannes, Grundzüge der Geschichte der deutschen Hanse, Zeitschrift für Geschichtswissenschaft, 11. Jg., Berlin 1963, S. 729 ff.
Skizze zur Geschichte der deutschen Nationalliteratur von den Anfängen der deutschen Arbeiterbewegung bis zur Gegenwart, in: Weimarer Beiträge, Berlin 1964, Heft 5
Steinmetz, Max, Die historische Bedeutung der Reformation und die Frage nach dem Beginn der Neuzeit in der deutschen Geschichte, Zeitschrift für Geschichtswissenschaft, 15. Jg., Berlin 1967, S. 663 ff.
Stolpe, Heinz, Die Auffassung des jungen Herder vom Mittelalter, Weimar 1955
Stulz, Percy, Die Bombe und die „große Politik“, Zeitschrift für Geschichtswissenschaft, 13. Jg., Berlin 1965, S. 933 ff.
Vetter, Klaus, Die Mediatstädte des ehem. Kurmärkischen Kreises Lebus im 17. und 18. Jahrhundert, phil. Diss., Berlin 1966 (Ms.)
Vogler, Günter, Perspektiven der deutschen Nationalentwicklung beim Übergang vom Feudalismus zum Kapitalismus, Zeitschrift für Geschichtswissenschaft, Berlin 1962, Sonderheft, S. 346 ff.

Personenregister

Inhalt